KB245370

한길그레이트북스

인 류 의 위 대 한 지 적 유 산

인류의위대한지적유산

原本

三國史記

金富軾 著

李康來 校勘

三國史記卷第四十五
宣撰
列傳第五　乙巴素　金后稷　祿真　密友紐由　明臨
昔于老　朴堤上　貴山　溫達
乙巴素高句麗人也國川王時沛者於畀留
者左可慮等皆以外戚擅權多行不義國人
王怒欲誅之左可慮等謀反王誅竄之遂
令曰近者官以寵授位非德進毒流百姓動
王家此寡人不明所致也令汝四部各舉賢

한길사

인류의위대한지적유산

The Original Version of the Samguk-sagi

Kim Pu-sik

Revised by
Lee Kang-lae

Published by
Hangilsa Publishing Co., Ltd., Korea

인류의 위대한 지적 유산

김부식

원본 삼국사기

이강래 교감

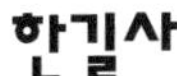

□ 일러두기

1. 이 책은 조선 中宗 7년(1512)에 간행된 목판본 『삼국사기』, 즉 세칭 正德本 혹은 壬申本 『삼국사기』를 1931년에 영인한 古典刊行會本 『삼국사기』를 다시 축쇄 영인한 것이다. 이 영인본의 활용을 허락한 전남대학교 도서관에 감사드린다. 또한 이 책의 교감기는 오직 교감자의 역주서 『삼국사기』 Ⅰ·Ⅱ의 내용과 일치하는 것임을 밝혀둔다.
2. 교감을 위해 참고한 전적은 다음과 같다.
   ① 주자본 및 영인본 '삼국사기'
      顯宗實錄字本 『三國史記』
      金貞培 校勘, 『校勘 三國史記』, 韓國古典叢書 2, 民族文化推進會, 1973
      趙炳舜 編, 『增補修註 三國史記』, 誠庵古書博物館, 1984
   ② 활자본 '삼국사기'
      李丙燾 校勘, 『三國史記 原文篇』, 乙酉文化社, 1977
      鄭求福·盧重國·申東河·金泰植·權悳永, 『譯註 三國史記―勘校 原文篇』, 韓國精神文化硏究院, 1996
      고전연구출판위원회, 『삼국사기』 상·하, 북한 과학원출판사, 1958·1959

③ 국내 관련 자료

『三國遺事』(晩松文庫本), 高麗大學校中央圖書館 영인본, 1983

『三國史節要』, 亞細亞文化社 영인본, 1973

『東國通鑑』, 朝鮮光文會, 1911

『高麗史』, 亞細亞文化社 영인본, 1972

④ 중국 관련 자료

『二十五史』, 景仁文化社 편

『冊府元龜』, 臺灣 中華書局 영인본, 1967

『資治通鑑』, 上海 古籍出版社 영인본, 1987

『十三經注疏』, 學古房 영인

3. 우리 나라와 중국의 전적으로서 교감의 근거가 된 자료명을 각 교감기의 괄호 안에 밝혔다. 주요 참조 자료의 특징과 자주 등장하는 경우들의 약칭 및 교감기 작성의 기준을 제시하면 다음과 같다.

① 顯宗實錄字本『三國史記』는 肅宗代에『顯宗實錄』을 출간하기 위해 주자한 銅活字로 찍은 것으로 목판본에 등장하는 많은 異體字들을 확인하는 데 매우 유효하였으므로 대교 작업에 가장 우선적으로 고려하였다. '鑄字本'으로 약칭하였다.

②『三國史節要』는 鑄字本 다음으로 중시하였으며, 주로 鑄字本에서 正德本의 오류를 바로잡지 못한 경우에 한정해 전거로 삼았다. '節要'로 약칭하였다.

③ 金貞培 교감의『校勘 三國史記』는 古典刊行會本을 축소 영인하고 顯宗實錄字本『三國史記』와의 대교를 충실히 하였으며, 아울러 1928년에 발행한 朝鮮史學會本『三國史記』와 대교하였다. 특히 顯宗實錄字本『三國史記』와의 대교 작업에 지침으로 삼았다. 朝鮮史學會本을 포함하여 일부 교감자의 판단이 적용된 경우는 '金貞培'로 약칭하였다.

④ 趙炳舜 편『增補修註 三國史記』역시 古典刊行會本을 축소 영인하고『三國史節要』와의 비교 작업에 세밀한 지침을 제시하였

다. 특히 권44에서 권50까지는 정덕본 이전의 고판본으로 이해되고 있는 誠庵古書博物館 소장본(보물 제722호)과도 대교하였다. 이 경우는 전거를 밝힐 때 『三國史節要』에 우선하였으며, '誠庵本'으로 약칭하였다.

⑤ 李丙燾 교감의 『三國史記 原文篇』은 국내외 관련 전거를 폭넓게 살펴 교감기를 작성한 것이지만, 목판본의 판독 과정을 일일이 제시하지는 않았다. 그러나 일부 교감기가 작성되지 않은 경우에도 판독의 결과를 존중하여 전거에서 '李丙燾'로 약칭하였다.

⑥ 韓國精神文化硏究院의 『譯註 三國史記──勘校 原文篇』은 기왕의 영인본 및 활자본을 광범하게 동원하여 철저한 비교를 제시한 것으로 현재까지의 교감 작업 가운데 가장 풍부한 성과를 거두었다. 본서의 작성에 총괄적 지침으로 삼았으며, '精文硏'으로 약칭하였다.

⑦ 고전연구출판위원회의 『삼국사기』는 正德本 및 朝鮮史學會本과 비교한 校勘表를 별도로 작성하였으나, 극히 일부의 경우에 한정하여 '北'으로 약칭해 제시하였다.

⑧ 그 밖에도 교감의 전거를 일일이 지시하지 않았지만, 誠庵本을 위주로 한 대교를 다룬 千惠鳳·黃天午의 『三國史記調査報告書』(1981)와 柳富鉉의 「'三國史記'(卷44~50) 文字異同에 대한 一考」(『新羅文化』 12, 1995), 그리고 河廷龍·李根直이 작성한 「'三國遺事'의 異體字 資料」(『三國遺事 校勘硏究』, 新書苑, 1997) 등에도 도움을 받았다.

⑨ 국내 자료 가운데서는 鑄字本 『삼국사기』를 최우선으로 하고, 다음으로 誠庵本 『삼국사기』와 『三國史節要』를 중시하였다. 그러므로 일부 필요한 경우를 제외하고는 같은 사항에 관한 전거를 중복 제시하지 않았다. 단 교감의 직접 근거가 되는 국내외의 별도 사서가 있을 경우 이를 우선하여 교감본의 별도 제시는 생략하였다.

⑩ 아울러 삼국의 각 '本紀'나 '列傳', 그리고 '年表' 및 '志' 등을 지시하여 정덕본 『삼국사기』 자체의 다른 편목을 전거로 활용한 경우도 있다. 또 문맥의 흐름에서 파악될 수 있는 단순한 추독이나 수정은 그 전거를 따로 제시하지 않은 경우도 있다.

4. 교감의 대상은 다음과 같다.

① 교감의 주요 대상은 우선 오각과 결각 등 판각 과정의 병리적 요소가 된다. 따라서 고려 왕들의 이름자를 피하기 위해 의도적으로 缺劃한 경우는 문맥을 통해 해독이 용이하므로 원칙적으로 대상에서 제외한다. 예를 들어 고려 惠宗의 이름 '武'는 缺筆을 하거나 의미가 통할 수 있는 代字 '虎'를 취한 경우가 있는데, 이 가운데 용이하게 추독할 수 있는 缺筆의 사례에 대해서는 교감기를 작성하지 않았다. 그러나 뜻이 같은 다른 글자(同義 代字)를 사용한 경우는 교감 대상으로 삼았다. 또한 고려 태조의 이름 '建'을 缺筆한 사례들 가운데 반복되는 기계적 복각 과정에서 야기된 다양한 오류(津, 律 등)도 수정 교감하였다. '淵'을 '泉'으로, 그리고 '隆'을 '豊'으로 代筆한 경우도 각각 唐 高祖 李淵과 王建의 父 世祖를 避諱한 사례로 간주하였다.

② 이와 관련하여 『삼국사기』가 편찬된 인종대까지의 고려 왕의 이름자와 고려 시대에 빈번히 쓰인 同義 代字를 제시하면 아래와 같다.

1. 太祖, 建(立) 2. 惠宗, 武(虎) 3. 定宗, 堯(高) 4. 光宗, 昭(照·明) 5. 景宗, 伷 6. 成宗, 治(理) 7. 穆宗, 誦 8. 顯宗, 詢 9. 德宗, 欽 10. 靖宗, 亨 11. 文宗, 徽 12. 順宗, 勳 13. 宣宗, 運 14. 獻宗, 昱 15. 肅宗, 顒 16. 睿宗, 俁 17. 仁宗, 楷

③ 마찬가지로 오각이 아니라 해도 판독이 난해한 경우는 판독 글

자를 작성하였다. 또한 위에 제시한 국내외의 관련 자료들과 상이한 대목들을 모두 교감 대상으로 삼은 것이 아니라 정덕본 『삼국사기』의 오류라고 판단되는 경우에 한정했으며, 관련 자료들간에 서로 다른 글자로 기록된 경우에는 합당하다고 판단되는 경우만을 소개하였다. 그러나 일부의 경우 관련 자료 혹은 기존 교감의 내용 가운데 설득력이 있는 글자가 둘 이상 있을 때는 함께 제시하였다. 아울러 기본적으로는 문맥에 크게 어긋나지 않는 이상 최대한 정덕본의 표기와 내용을 존중하고자 하였다.

④ 단순 오각이나 결각이 아니라, 찬자가 '誤認'하거나 '誤引'한 경우, 그리고 인용 과정에 의도적으로 변용시킨 경우라고 판단될 때는 원문의 의도를 살려 그대로 두었다. 특히 중국 사서를 인용한 대목에서 연대를 포함한 차이점들이 종종 발견되는바, 원문의 병리 현상을 추적하는 데는 오류나 오인 자체를 그대로 보존하는 것이 필요하다고 생각하여 교감 수정을 생략하였다. 이 점은 활자본으로서는 기대하기 어려운 목판본만의 특장으로서, 독자에게 판단의 여지를 열어놓는다는 점에서도 그 의의가 적지 않다고 본다. 더구나 그 가운데에는 인용자가 의도적으로 변용을 가한 경우도 있으므로, 일률적으로 원전에 충실한 교감을 하다 보면 뜻하지 않게 인용자의 의도를 손상할 여지마저 있는 것이다.

5. 교감 작업의 효율을 고려하여, 刻字된 글자 가운데 흔히 발견되는 특징적 오류들과 경향에 내해 몇 가지 제한적 기준을 적용하였다.

① '己'와 '已'와 '巳'는 대부분 서로 혼용되었으나, 지명이나 인명 혹은 干支와 같이 구분을 할 필요가 있는 경우를 제외하고는 문맥에 따라 판단할 수 있으므로 일일이 교감하지 않았다. '母'와 '毋'와 '毌'의 경우도 마찬가지로 처리하였다. '未'와 '末' 역시 단독으로 쓰인 경우가 아니라 다른 部首와 조합된 경우는 동일

한 기준으로 읽었다. 또 部首 가운데 다음과 같은 것들은 매우 유사하여 거의 혼용된 것처럼 보이는바, 오각이 현저한 사례만 바로잡았으며 일일이 교감기를 작성하지는 않았다.

'忄'－'扌', '厂'－'广', '冫'－'氵', '木'－'扌'－'衤'－'示'－'礻',
'冖'－'宀', '辶'－'廴', '耳'－'目', '艸'－'竹', '卩'－'阝', '見'－'貝'

② 本字와 俗字·略字·古字·同字의 관계에 있는 글자들, 그리고 쓰임에 따라 通用되는 글자들과 異體字들은 일일이 교감의 전거를 작성하지는 않았다. 그 가운데 흔히 쓰인 사례를 들면 다음과 같다. (本字의 발음순)

奸 : 姦과 通用
减 : 減의 俗字
挐 : 據의 俗字
皷 : 鼓의 俗字
恠 : 怪의 俗字
勾 : 句의 俗字
皈 : 歸와 同字
弃 : 棄의 俗字
覊 : 羈와 同字
侫 : 佞의 俗字
荅 : 答과 通用
道 : 導와 同字
畧 : 略과 同字
寮 : 僚와 通用
脉 : 脈의 俗字
畧 : 博의 俗字

閒 : 間의 本字
崗 : 岡의 俗字
决 : 決의 俗字
頋 : 顧의 俗字
関 : 關의 俗字
国 : 國의 俗字
尅 : 剋과 同字
饑 : 飢와 同字
廼 : 乃와 同字
衂 : 衄의 俗字
大 : 太와 通用
度 : 渡와 同字
旅 : 膂와 通用
万 : 萬의 俗字
皃 : 貌와 同字
駮 : 駁과 同字

鑒 : 鑑과 同字
盖 : 蓋의 俗字
堦 : 階와 同字
龔 : 恭과 通用
旧 : 舊의 俗字
羣 : 群의 本字
禽 : 擒과 同字
岐 : 歧와 同字
秊 : 年과 同字
党 : 黨의 略字
㠀 : 島의 本字
啚 : 圖의 略字
礼 : 禮의 古字
罔 : 網과 同字
弥 : 彌와 同字
反 : 返과 通用

蕃 : 藩과 通用　　辺 : 邊의 略字　　宝 : 寶의 俗字
保 : 堡와 通用　　缶 : 缶의 俗字　　蜚 : 飛와 同字
賔 : 賓의 俗字　　冰 : 氷의 本字　　祠 : 祀와 通用
師 : 獅와 通用　　虵 : 蛇의 俗字　　辞 : 辭의 俗字
辝 : 辤의 大篆　　辤 : 辭와 同字　　邪 : 耶와 同字
筭 : 算과 同字　　常 : 嘗과 通用　　舩 : 船의 俗字
声 : 聲의 俗字　　踈 : 疏와 同字　　属 : 屬의 俗字
竪 : 豎의 俗字　　唇 : 脣과 混用　　丞 : 承의 古字
実 : 實의 俗字　　岩 : 巖과 同字　　嵓 : 嵒과 同字
与 : 與의 俗字　　烟 : 煙과 同字　　㳂 : 沿의 俗字
徃 : 往의 俗字　　偶 : 遇와 同字　　疑 : 擬와 通用
尒 : 爾와 同字　　尔 : 爾와 同字　　蚕 : 蠶의 俗字
匝 : 帀과 同字　　灾 : 災와 同字　　狄 : 犾과 同字
齊 : 齋와 通用　　聀 : 職의 俗字　　陳 : 陣과 同字
珎 : 珍의 俗字　　着 : 著의 俗字　　迁 : 遷의 俗字
体 : 體의 俗字　　摠 : 總과 同字　　惣 : 摠의 俗字
耻 : 恥의 俗字　　沉 : 沈의 俗字　　称 : 稱의 俗字
托 : 託과 同字　　躭 : 耽의 俗字　　兎 : 兔의 俗字
霸 : 覇의 本字　　豊 : 豐의 略字　　献 : 獻의 俗字
嶮 : 險과 同字　　弦 : 絃과 通用　　恊 : 協과 同字
号 : 號와 同字　　昏 : 婚과 通用　　礭 : 確과 通用
効 : 效의 俗字　　还 : 還의 俗字　　况 : 況의 俗字
携 : 攜의 俗字　　兇 : 凶과 同字　　戯 : 戲의 俗字

6. 교감기 작성의 편리를 위해 다음의 몇 가지 부호와 원칙을 적용하였다.

① 우선 교감 대상이 되는 단일 글자의 경우는 옆에 ●를 부기하였다.

② 교감 대상 글자가 둘 이상일 경우는 우측에 |를 그어 해당 범위를 표시하였다.

③ 缺刻된 부분에서 추정 복원이 가능한 부분은 글자 수만큼 ●로 표시하였다.

④ 결각의 심증은 있으나 복원이 불가능한 경우는 글자 수만큼 □로 표시하였다.

⑤ 원문에 글자가 들어갈 여백은 없으나 文意를 고려하여 글자를 보입할 경우는 해당 대목에 ◀로 표시하였다.

⑥ 추정 글자 수는 半葉마다 9행, 그리고 1행마다 최대 18자의 판형을 기준으로 헤아렸다.

⑦ 교감 대상이 속한 행 상단 외곽에 번호 ①, ② 등을 붙였다.

⑧ 한 행에 둘 이상의 서로 다른 교감 대상 글자가 있을 때는 하나의 번호 아래 쉼표로 구분하여 병기하였다. 단 한 행에 두 줄로 작성한 分註는 두 행으로 간주하였다. 年表의 경우는 행보다 칸의 상하 순서를 우선하였다.

⑨ 한 행 속에 동일한 교감 대상자가 둘 이상 있을 때는 모두 부호를 표기하고, 교감기는 하나로 제시하였다.

⑩ 하나의 교감 대상자에 두 가지 이상의 견해를 소개할 때는 '혹은'으로 표현하였다.

⑪ 흔히 쓰이는 俗字나 缺劃字 등이 반복될 때는 '이하 생략'이라 하고 이후 교감기에 전거를 밝히지 않았으며, 또는 '이하 표기 생략'이라 하고 교감기 작성 자체를 생략하였다. 또 약칭한 전거가 아니면서 바로 앞 번호나 앞 항목에 제시된 전거와 동일한 전거를 표시할 때는 '上同'이라고 하였다.

⑫ 그 밖에 단순 판독 글자나 전거 제시를 생략한 글자의 경우는 행 가운데 부호를 표기하고 행 상단에 번호 표시 대신 직접 교감 글자를 기입하였다. 그러나 같은 행 속에 서로 다른 둘 이상의 교감 대상 글자가 있을 때는 비록 그것이 단순 판독이나

반복되는 전거 제시를 생략한 경우라 해도 번호를 붙인 교감기에 함께 기입하였다. 또한 번호를 붙인 교감기 가운데 전거가 밝혀져 있지 않은 사례 가운데는 기존의 주요 교감서에 제시되지 않은 본 교감자의 고유한 판단도 포함되어 있다.

⑬ 각 판의 중심에 있는 판심(版心)들은 체제와 표기에서 일관성을 잃거나 누락된 부분이 많으므로, 모두 공란 처리한 다음 각 단의 왼편에 권과 쪽의 서차를 기재하여 찾아보기에 용이토록 하였다.

原本 三國史記 · 차례

◈ 일러두기 7
◈ 삼국사기 목록 26

삼국사기 권 제1

신라본기 제1

시조 혁거세 거서간(始祖赫居世居西干) 36 남해 차차웅(南解次次雄) 37 유리 이사금(儒理尼師今) 38 탈해 이사금(脫解尼師今) 39 파사 이사금(婆娑尼師今) 41 지마 이사금(祇摩尼師今) 42 일성 이사금(逸聖尼師今) 44

삼국사기 권 제2

신라본기 제2

아달라 이사금(阿達羅尼師今) 46 벌휴 이사금(伐休尼師今) 46 내해 이사금(奈解尼師今) 47 조분 이사금(助賁尼師今) 49 첨해 이사금(沾解尼師今) 49 미추 이사금(味鄒尼師今) 50 유례 이사금(儒禮尼師今) 51 기림 이사금(基臨尼師今) 52 흘해 이사금(訖解尼師今) 52

삼국사기 권 제3

신라본기 제3

내물 이사금(奈勿尼師今) 55 실성 이사금(實聖尼師今) 56 눌지 마립간(訥祇麻立干) 57 자비 마립간(慈悲麻立干) 58 소지 마립간(炤知麻立干) 59

삼국사기 권 제4

신라본기 제4

지증 마립간(智證麻立干) 63 법흥왕(法興王) 64 진흥왕(眞興王) 65 진지왕(眞智王) 68 진평왕(眞平王) 68

삼국사기 권 제5

신라본기 제5

선덕왕(善德王) 73　진덕왕(眞德王) 76　태종 무열왕(太宗武烈王) 78

삼국사기 권 제6

신라본기 제6

문무왕(文武王) 상 84

삼국사기 권 제7

신라본기 제7

문무왕 하 93

삼국사기 권 제8

신라본기 제8

신문왕(神文王) 104　효소왕(孝昭王) 106　성덕왕(聖德王) 107

삼국사기 권 제9

신라본기 제9

효성왕(孝成王) 115　경덕왕(景德王) 116　혜공왕(惠恭王) 119　선덕왕(宣德王) 120

삼국사기 권 제10

신라본기 제10

원성왕(元聖王) 123　소성왕(昭聖王) 125　애장왕(哀莊王) 126　헌덕왕(憲德王) 127　흥덕왕(興德王) 130　희강왕(僖康王) 131　민애왕(閔哀王) 132　신무왕(神武王) 132

삼국사기 권 제11

신라본기 제11

문성왕(文聖王) 135　헌안왕(憲安王) 136　경문왕(景文王) 137　헌강왕(憲康王) 139　정강왕(定康王) 140　진성왕(眞聖王) 140

삼국사기 권 제12

신라본기 제12

효공왕(孝恭王) 144 신덕왕(神德王) 145 경명왕(景明王) 145 경애왕(景哀王) 146 경순왕(敬順王) 147

삼국사기 권 제13

고구려본기 제1

시조 동명성왕(始祖東明聖王) 152 유리명왕(琉璃明王) 154

삼국사기 권 제14

고구려본기 제2

대무신왕(大武神王) 159 민중왕(閔中王) 162 모본왕(慕本王) 162

삼국사기 권 제15

고구려본기 제3

태조대왕(太祖大王) 165 차대왕(次大王) 168

삼국사기 권 제16

고구려본기 제4

신대왕(新大王) 171 고국천왕(故國川王) 172 산상왕(山上王) 174

삼국사기 권 제17

고구려본기 제5

동천왕(東川王) 178 중천왕(中川王) 180 서천왕(西川王) 180 봉상왕(烽上王) 181 미천왕(美川王) 182

삼국사기 권 제18

고구려본기 제6

고국원왕(故國原王) 186 소수림왕(小獸林王) 187 고국양왕(故國壤王) 187 광개토왕(廣開土王) 188 장수왕(長壽王) 189

삼국사기 권 제19

고구려본기 제7

문자명왕(文咨明王) 194 안장왕(安臧王) 196 안원왕(安原王) 196 양원왕(陽原王) 197 평원왕(平原王) 198

삼국사기 권 제20

고구려본기 제8

영양왕(嬰陽王) 201 영류왕(榮留王) 206

삼국사기 권 제21

고구려본기 제9

보장왕(寶臧王) 상 210

삼국사기 권 제22

고구려본기 제10

보장왕 하 219

삼국사기 권 제23

백제본기 제1

시조 온조왕(始祖溫祚王) 227 다루왕(多婁王) 230 기루왕(己婁王) 231 개루왕(蓋婁王) 232 초고왕(肖古王) 232

삼국사기 권 제24

백제본기 제2

구수왕(仇首王) 235 사반왕(沙伴王) 235 고이왕(古尒王) 235 책계왕(責稽王) 237 분서왕(汾西王) 237 비류왕(比流王) 237 계왕(契王) 238 근초고왕(近肖古王) 238 근구수왕(近仇首王) 239 침류왕(枕流王) 239

삼국사기 권 제25

백제본기 제3

진사왕(辰斯王) 242 아신왕(阿莘王) 242 전지왕(腆支王) 243 구이신왕(久尒辛王) 244 비유왕(毗有王) 244 개로왕(蓋鹵王) 245

삼국사기 권 제26

백제본기 제4

문주왕(文周王) 250 삼근왕(三斤王) 250 동성왕(東城王) 251 무령왕(武寧王) 252 성왕(聖王) 253

삼국사기 권 제27

백제본기 제5

위덕왕(威德王) 256 혜왕(惠王) 257 법왕(法王) 257 무왕(武王) 257

삼국사기 권 제28

백제본기 제6

의자왕(義慈王) 261

삼국사기 권 제29

연표 상 269

삼국사기 권 제30

연표 중 298

삼국사기 권 제31

연표 하 328

삼국사기 권 제32

잡지 제1

제사(祭祀) 357 악(樂) 359

삼국사기 권 제33

잡지 제2

색복(色服) 364　거기(車騎) 367　기용(器用) 368　옥사(屋舍) 368

삼국사기 권 제34

잡지 제3

지리1 신라 371

삼국사기 권 제35

잡지 제4

지리2 신라 378

삼국사기 권 제36

잡지 제5

지리3 신라 386

삼국사기 권 제37

잡지 제6

지리4 고구려 백제 393

삼국사기 권 제38

잡지 제7

직관(職官) 상 403

삼국사기 권 제39

잡지 제8

직관 중 412

삼국사기 권 제40

잡지 제9

직관 하 418

삼국사기 권 제41

열전 제1

김유신(金庾信) 상 430

삼국사기 권 제42

열전 제2

김유신 중 436

삼국사기 권 제43

열전 제3

김유신 하[아들 삼광(三光)·원술(元述)과 손자 윤중(允中)·윤문(允文)과 현손 암(巖) 붙임] 442

삼국사기 권 제44

열전 제4

을지문덕(乙支文德) 447 거칠부(居柒夫) 447 거도(居道) 448 이사부(異斯夫) 448 김인문(金仁問)[양도(良圖) 붙임] 449 김양(金陽)[김흔(金昕) 붙임] 450 흑치상지(黑齒常之) 452 장보고(張保皐)[정년(鄭年) 붙임] 452 사다함(斯多含) 453

삼국사기 권 제45

열전 제5

을파소(乙巴素) 456 김후직(金后稷) 456 녹진(祿眞) 457 밀우(密友)·유유(紐由) 458 명림답부(明臨荅夫) 458 석우로(昔于老) 459 박제상(朴堤上) 460 귀산(貴山) 461 온달(溫達) 462

삼국사기 권 제46

열전 제6

강수(强首) 465 최치원(崔致遠) 466 설총(薛聰)[최승우(崔承祐)·최언위(崔彥撝)·김대문(金大問)·박인범(朴仁範)·원걸(元傑)·거인(巨仁)·김운경(金雲卿)·김수훈(金垂訓) 붙임] 468

삼국사기 권 제47

열전 제7

해론(奚論)[아버지 찬덕(讚德) 붙임] 471 소나(素那)[아버지 심나(沈那) 붙임] 471 취도(驟徒)[형 부과(夫果)와 아우 핍실(逼實) 붙임] 472 눌최(訥催) 472 설계두(薛罽頭) 473 김영윤(金令胤)[할아버지 흠춘(欽春)과 아버지 반굴(盤屈) 붙임] 473 관창(官昌) 474 김흠운(金歆運) 474 열기(裂起)[구근(仇近) 붙임] 475 비령자(丕寧子)[아들 거진(擧眞)과 종 합절(合節) 붙임] 476 죽죽(竹竹) 476 필부(匹夫) 477 계백(階伯) 477

삼국사기 권 제48

열전 제8

향덕(向德) 480 성각(聖覺) 480 실혜(實兮) 480 물계자(勿稽子) 481 백결선생(百結先生) 481 검군(劍君) 481 김생(金生)[요극일(姚克一) 붙임] 482 솔거(率居) 482 효녀 지은(孝女知恩) 482 설씨(薛氏) 483 도미(都彌) 483

삼국사기 권 제49

열전 제9

창조리(倉助利) 486 개소문(蓋蘇文)[아들 남생(男生)·남건(男建)·남산(男産)과 손자 헌성(獻誠) 붙임] 486

삼국사기 권 제50

열전 제10

궁예(弓裔) 490 견훤(甄萱)[아들 신검(神劍)·용검(龍劍)·양검(良劍)·금강(金剛)과 사위 영규(英規) 붙임] 493

삼국사기 목록

삼국사목록 1

三國史記目錄

①[illegible]臣金富軾奉
宣撰

三國史記卷第一
新羅本紀第一
始祖赫居世居西干
南解次次雄
儒理尼師今
脫解尼師今
婆娑尼師今
祇摩尼師今
逸聖尼師今

三國史記卷第二
新羅本紀第二
阿達羅尼師今
伐休尼師今
奈解尼師今
助賁尼師今

① 輸忠定難靖國贊化同德功臣開府儀同三司檢校太師守太保門下侍中判尚書吏禮部事集賢殿大學士監修國史上柱國致仕臣金富軾奉宣撰. 이하 각 卷頭마다 동일.

삼국사목록 2

沾解尼師今
味鄒尼師今
儒禮尼師今
基臨尼師今
訖解尼師今

三國史記卷第三
新羅本紀第三
奈勿尼師今
實聖尼師今
訥祇麻立干
慈悲麻立干
照①知麻立干

三國史記卷第四
新羅本紀第四
智證麻立干
法興王
眞興王
眞智王

① 炤(권3 炤知麻立干 즉위년조)

삼국사목록 3

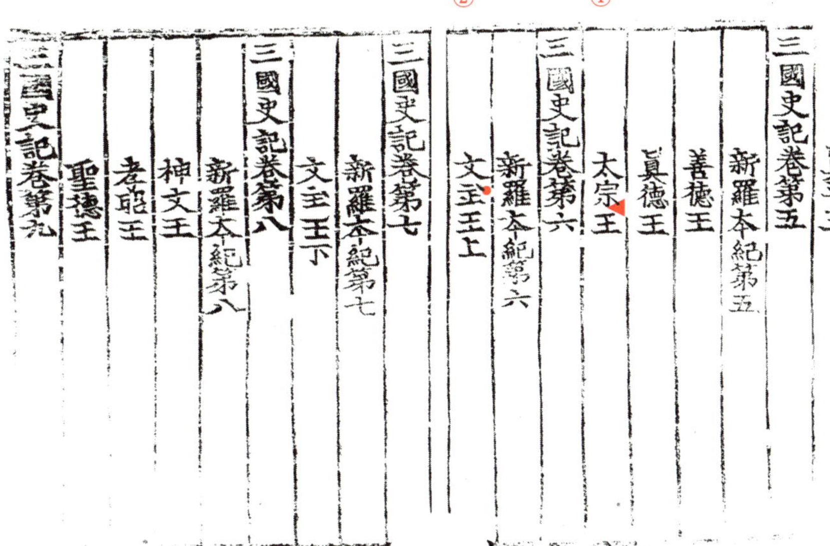
眞平王

三國史記卷第五
新羅本紀第五
善德王
眞德王
太宗①王
三國史記卷第六
新羅本紀第六
文武②王上

三國史記卷第七
新羅本紀第七
文武王下
三國史記卷第八
新羅本紀第八
神文王
孝昭王
聖德王
三國史記卷第九

① 武烈(권5 太宗武烈王 즉위년조)
② 惠宗의 諱 '武'(鑄字本)의 缺劃字. 이하 표기 생략.

삼국사목록 4

新羅本紀第九
孝成王
景德王
惠恭王
宣德王
三國史記卷第十
新羅本紀第十
元聖王
昭聖王

哀莊王
憲德王
興德王
僖康王
閔哀王
神武王
三國史記卷第十一
新羅本紀第十一
文聖王

삼국사목록 5

憲安王
景文王
憲康王
定康王
眞聖王
三國史記卷第十二
新羅本紀第十二
孝恭王
神德王
景明王
景哀王
敬順王
三國史記卷第十三
高句麗本紀第一
始祖東明聖王
琉璃王 ①
三國史記卷第十四
高句麗本紀第二

① 明(권13 琉璃明王 즉위년조 및 年表)

삼국사목록 6

大武神王
閔中王
慕本王
三國史記卷第十五
高句麗本紀第三
大祖王 ①
次大王
三國史記卷第十六
高句麗本紀第四
新大王
故國川王
山上王
三國史記卷第十七
高句麗本紀第五
東川王
中川王
西川王
烽上王

① 太(鑄字本). '大祖'의 경우 이하 생략. 大(권15 太祖大王 즉위년조)

삼국사목록7

美川王

三國史記卷第十八
高句麗本紀第六
故國原王
小獸林王
故國壤王
廣開土王
長壽王

三國史記卷第十九
高句麗本紀第七
文咨王①
安藏王②
安原王
陽原王
平原王

三國史記卷第二十
高句麗本紀第八
嬰陽王

① 明(권19 文咨明王 즉위년조)
② 臧(권19 安臧王 즉위년조 및 年表)

삼국사목록8

建武王①

三國史記卷第二十一
高句麗本紀第九
寶臧王上

三國史記卷第二十二
高句麗本紀第十
寶臧王下

三國史記卷第二十三
百濟本紀第一
始祖溫祚王
多婁王
己婁王
蓋婁王
肖古王

三國史記卷第二十四
百濟本紀第二
仇首王

① 榮留(권20 榮留王 즉위년조 및 年表)

삼국사 목록 9

① ② ③ 尒

沙伊王①
古尒王②
責稽王
分西王③
比流王
契王
近肖古王
近仇首王
枕流王

三國史記卷第二十五
百濟本紀第三
辰斯王
阿莘王
腆支王
久尒辛王
毗有王
蓋鹵王

三國史記卷第二十六

① 伴(권24 古 王 즉위년조 및 年表)
② 爾(鑄字本)·尒와 同字. 이하 생략.
③ 汾(鑄字本과 권24 汾西王 즉위년조 및 年表)

삼국사 목록 10

百濟本紀第四
文周王
三斤王
東城王
武寧王
聖王

三國史記卷第二十七
百濟本紀第五
威德王
惠王
法王
武王

三國史記卷第二十八
百濟本紀第六
義慈王

三國史記卷第二十九
年表上

三國史記卷第三十

③ ② ①

삼국사목록 11

年表中

三國史記卷第三十一

年表下

三國史記卷第三十二

志第一

祭祀 樂

三國史記卷第三十三

志第二

車服 屋舍

三國史記卷第三十四

志第二

地理二 新羅

三國史記卷第三十五

志第四

地理二 新羅

三國史記卷第三十六

志第五

地理三 新羅

① 色服車騎器用(권33의 목차)
② 三(鑄字本 및 본 目錄의 서차)
③ 一(鑄字本 및 본 目錄의 서차)

삼국사목록 12

三國史記卷第三十七

志第六

地理四 高句麗 百濟

三國史記卷第三十八

志第七

職官上

三國史記卷第三十九

志第八

職官中

三國史記卷第四十

志第九

職官下

三國史記卷第四十一

列傳第一

金庾信上

三國史記卷第四十二

列傳第二

金庾信中

三國史記卷第四十三
列傳第三
金庾信下 子三光 元述 孫允中 允文 玄孫巖附

三國史記卷第四十四
列傳第四
乙支文德
居柒夫
居道
異斯夫
金仁問 良圖附
金陽 金昕附
黑齒常之
張保皐 鄭年附
斯多含

三國史記卷第四十五
列傳第五
乙巴素
金后稷

祿眞
密友 紐由
明臨荅夫
昔于老
朴提上
貴山
溫達

三國史記卷第四十六
列傳第六
强首
崔致遠
薛聰 崔承祐 崔彦撝 金大問 朴仁範 元傑 巨仁 金雲卿 金垂訓附

三國史記卷第四十七
列傳第七
奚論 父讚德附
素那 父[illegible]川附①
驟徒 兄逼實 弟夫果附②
訥催

① 沈那(권47의 본문)
② 兄夫果弟逼實(권47의 본문)

삼국사목록 15

薛罽頭
金令尹 祖欽春 父盤屈附
官昌
金歆運
裂起 仇近附
丕寧子 子擧眞 奴合節附
竹竹
匹夫
階伯

三國史記卷第四十八
列傳第八
向德
聖覺
實兮
勿稽子
百結先生
劍君
金生 姚克一附

① 胤(권47의 본문 및 節要)
② 宣宗의 諱 '運'(鑄字本)의 缺劃字. 이하 표기 생략.

삼국사목록 16

率居
孝女知恩
薛氏
都彌

三國史記卷第四十九
列傳第九
倉助利
蓋蘇文 子男生 男建 男産 孫獻誠附

三國史記卷第五十
列傳第十
弓裔
甄萱 子神劍 龍劍 良劍 金剛 壻英規附

三國史記目錄

① 女(권48의 본문)

삼국사기 권 제1

신라본기 제1

시조 혁거세 거서간(始祖赫居世居西干)
남해 차차웅(南解次次雄)
유리 이사금(儒理尼師今)
탈해 이사금(脫解尼師今)
파사 이사금(婆娑尼師今)
지마 이사금(祇摩尼師今)
일성 이사금(逸聖尼師今)

삼국사본기 1/1

三國史記卷第一

宣撰

新羅本紀第一 始祖赫居世居西干 南解次次雄 儒理尼師今 脫解尼師今 婆娑尼師今 祇摩尼師今 逸聖尼師今

始祖姓朴氏諱赫居世前漢孝宣帝五鳳元年
甲子四月丙辰 一曰正月十五日 即位號居西干時年十
三國號徐那伐先是朝鮮遺民分居山谷之間
爲六村一曰閼川楊山村二曰突山高墟村三
曰觜山珍支村 或云干珍村 四曰茂山大樹村五曰金山加
利村六曰明活山高耶村是爲辰韓六部高墟
村長蘇伐公望楊山麓蘿井傍林間有馬跪而
嘶則往觀之忽不見馬只有大卵剖之有嬰兒
出焉則收而養之及年十餘歲岐嶷然夙成六
部人以其生神異推尊之至是立爲君焉辰人
謂瓠爲朴以初大卵如瓠故以朴爲姓居西干
辰言王 或云呼貴人之稱

四年夏四月辛丑朔日有食之

五年春正月龍見於閼英井右脇誕生女兒老

삼국사본기 1/2

嫗見而異之收養之以井名名之及長有德容
始祖聞之納以爲妃有賢行能內輔時人謂之
二聖

八年倭人行兵欲犯邊聞始祖有神德乃還

九年春三月有星孛于王良

十四年夏四月有星孛于參

十七年王巡撫六部妃閼英從焉勸督農桑以
盡地利

十九年春正月卞韓以國來降

二十一年築京城號曰金城是歲高句麗始祖
東明立

二十四年夏六月壬申晦日有食之

二十六年春正月營宮室於金城

三十年夏四月己亥晦日有食之樂浪人將兵
來侵見邊人夜戶不扃露積被野相謂曰此方
民不相盜可謂有道之國吾儕潛師而襲之無
異於盜得不愧乎乃引還

三十二年秋八月乙卯晦日有食之

삼국사본기 1/3

三十八年春二月遣瓠公聘於馬韓馬韓王讓
瓠公曰辰卞二韓爲我屬国①比年不輸職貢事
大之禮其若是乎對曰我國自二聖肇興人事
修天時和倉庾充實人民敬讓自辰韓遺民以
至卞韓樂浪倭人無不畏懷而吾王謙虗②遣下
臣修聘可謂過於禮矣而大王赫怒劫之以兵
是何意耶王憤欲殺之左右諫止乃許歸前此
中國之人苦秦亂東來者衆多處馬韓東與辰
韓雜居至是寖盛故馬韓忌之有責焉瓠公者
未詳其族姓本倭人初以瓠繫腰渡海而來故
稱瓠公
三十九年馬韓王薨或說上曰西韓王前辱我
使今當其喪征之其国(國)不足平也上曰幸人之
災不仁也不從乃遣使弔慰
四十年百濟始祖温祚立
四十三年春二月乙酉晦日有食之
五十三年東沃沮使者來獻良馬二十匹曰寡
君問③南韓有聖人出故遣臣來享

① 國(鑄字本)의 俗字. 이하 생략.
② 虛(節要)의 俗字. 이하 생략.
③ 聞(節要)

삼국사본기 1/4

五十四年春二月己酉星孛于河皷①
五十六年春正月辛丑朔日有食之
五十九年秋九月戊申晦日有食之
六十年秋九月二龍見於金城井中暴雷雨震
城南門
六十一年春三月居西干升遐葬虵②陵在[illegible]巖
寺北
南解次次雄立(次次雄或云慈充金大問云方言謂巫也世人以巫事鬼神尚祭祀故畏敬之遂稱尊長者爲慈充)赫居世嫡子也身長大性沉厚多智略母
閼英夫人妃雲帝夫人(一云阿婁夫人)繼父即位稱元
論曰人君即位踰年稱元其法詳於春秋此先
王不刊之典也伊訓曰成湯既沒大③甲元年正
義曰成湯既沒其歲即大甲元年然孟子曰湯
崩大④丁未立外丙二年仲壬四年則疑若尚書
之脫簡而正義之誤說也或曰古者人君即位
或踰月稱元年或踰年而稱元年踰月而稱元
年者成湯既沒大⑤甲元年是也孟子云大⑤丁未
立者謂大⑥丁未立而死也外丙二年仲壬四年

① 皷의 俗字. 이하 생략.
② 蛇의 俗字. 이하 생략. 曇(節要 및 三國遺事)
③ 太(鑄字本 및 尙書 伊訓 · 史記 殷本紀 · 孟子 萬章 上)
④ 太(上同)
⑤ 太(上同)
⑥ 太(上同)

삼국사본기 1 / 5

者皆謂大丁之子大甲二兄或生三年或生四
年而死大甲所以得繼湯耳史記便謂此仲壬
外丙爲二君誤也由前則以先君終年即位稱
元非是由後則可謂得商人之禮者矣
元年秋七月樂浪兵至國金城數重王謂左右
曰二聖弃國孤以國人推戴謬居於位危懼若
涉川水今鄰國來侵是孤之不德也爲之若何
左右對曰賊幸我有喪妄以兵來天必不祐不
足畏也賊俄而追歸

三年春正月立始祖廟冬十月丙辰朔日有食之
五年春正月王聞脫解之賢以長女妻之
七年秋七月以脫解爲大輔委以軍國政事
八年春夏旱
十一年倭人遣兵船百餘艘掠海邊民戶發六
部勁兵以禦之樂浪謂內虛求攻金城甚急夜
有流星墜於賊營衆懼而退屯於閼川之上造
石堆二十而去六部兵一千人追之自吐含山
東至閼川見石堆知賊衆乃止

① 太(鑄字本 및 尙書 伊訓 · 史記 殷本紀 · 孟子 萬章 上)
② 太(上同)
③ 圍(鑄字本)
④ 棄의 俗字. 이하 생략.
⑤ 妄(鑄字本)
⑥ 退(鑄字本)
⑦ 來(鑄字本)

삼국사본기 1 / 6

十三年秋七月戊子晦日有食之
十五年京城旱秋七月蝗民饑發倉廩救之
十六年春二月北溟人耕田得濊王印獻之
十九年大疫人多死冬十一月無氷
二十年秋大白入大微
二十一年秋九月蝗王薨葬蛇陵園內
儒理尼師今立南解太子也母雲帝夫人妃日
知葛文王之女也或云妃姓朴許婁王之女初南解薨儒理當
立以大輔脫解素有德望推讓其位脫解曰神

器大寶非庸人所堪吾聞聖智人多齒試以餅
噬之儒理齒理多乃與左右奉立之號尼師今
古傳如此金大問則云尼師今方言也謂齒理
昔南解將死謂男儒理壻脫解曰吾死後汝朴
昔二姓以年長而嗣位焉其後金姓亦興三姓
以齒長相嗣故稱尼師今
二年春二月親祀始祖廟大赦
五年冬十一月王巡行國內見一老嫗飢凍將
死曰予以眇身居上不能養民吏老幼至於此

① 太(鑄字本). '大白'과 '大微'의 경우 이하 생략.
② 使(鑄字本)

極是予之罪也解衣以覆之推食以食之仍命
有司在處存問鰥寡孤獨老病不能自活者給
養之於是鄰國百姓聞而來者衆矣是年民俗
歡康始製兠率歌此歌樂之始也
九年春改六部之名仍賜姓楊山部爲梁部姓
李高墟部爲沙梁部姓崔大樹部爲漸梁部一云牟梁
姓孫于[1]珍部爲本彼部姓鄭加利部爲漢祇部
姓裴明活部爲習比部姓薛又設官有十七等
一伊伐飡二伊尺飡三迊飡四波珍飡五大阿

飡六阿飡七一吉飡八沙飡九級伐飡十大奈
麻十一奈麻十二大舍十三小舍十四吉士十
五大烏十六小烏十七造位王既定六部中分
爲二使王女二人各率部内女子分朋造黨自
秋七月既望每日早集大部之庭績麻乙夜而
罷至八月十五日考其功之多小負者置酒食
以謝勝者於是歌舞百戯[2]皆作謂之嘉俳是時
負家一女子起舞嘆曰會蘇會蘇其音哀雅後
人因其聲而作歌名會蘇曲

① 干(新羅本紀 1 赫居世居西干 즉위년조)
② 戲의 俗字. 이하 생략.

十一年京都地裂泉湧夏六月大水
十三年秋八月樂浪犯北邊攻陷朶山城
十四年高句麗王無恤襲樂浪滅之其國人五
千來投分居六部
十七年秋九月華麗不耐二縣人連謀率騎兵
犯北境貊國渠帥以兵要曲河西敗之王喜與
貊國結好
十九年秋八月貊帥獵得禽獸獻之
三十一年春二月星孛于紫宮

三十三年夏四月龍見金城井有頃暴雨自西
北來五月大風拔木
三十四年秋九月王不豫謂臣寮曰脫解身聯
國戚位處輔臣屢著功名朕之二子其才不及
遠矣吾死之後俾即大位以無忘我遺訓冬十
月王薨葬虵陵園内
脫解尼師今立一云吐解時年六十二
姓昔妃阿孝夫人脫解本多婆那國所
生也其國在倭國東北一千里初其

삼국사본기 1/9

國王娶女國王女爲妻有娠七年乃生大卵王
曰人而生卵不祥也宜弃之其女不忍以帛裹
卵并寶物置於櫝中浮於海任其所往初至金
官國海邊金官人怪之不取又至辰韓阿珍浦
口是始祖赫居世在位三十九年也時海邊老
母以繩引繫海岸開櫝見之有一小兒在焉其
母取養之及壯身長九尺風神秀朗智識過人
或曰此兒不知姓氏初櫝來時有一鵲飛鳴而
隨之宜省鵲字以昔爲氏又解韞櫝而出宜名

脫解脫解始以漁釣爲業供養其母未嘗有懈
色母謂曰汝非常人骨相殊異宜從學以立功
名於是專精學問兼知地理望楊山下瓠公宅
以爲吉地設詭計以取而居之其地後爲月城
至南解王五年聞其賢以其女妻之至七年登
庸爲大輔委以政事儒理將死曰先王顧命曰
吾死後無論子壻以年長且賢者繼位是以寡
人先立今也宜傳其位焉
二年春正月拜瓠公爲大輔二月親祀始祖廟

삼국사본기 1/10

①

三年春三月王登吐含山有玄雲如蓋浮王頭
上良久而散夏五月與倭國結好交聘六月有
星孛于天舩
五年秋八月馬韓將孟召以覆巖城降
七年冬十月百濟王拓地至娘子谷城遣使請
會王不行
八年秋八月百濟遣兵攻蛙山城冬十月又攻
狗壤城王遣騎二千擊走之十二月地震無雪
九年春三月王夜聞金城西始林樹間有鷄鳴

②

聲遲明遣瓠公視之有金色小櫝掛樹枝白雞
鳴於其下瓠公還告王使人取櫝開之有小男
兒在其中姿容奇偉上喜謂左右曰此豈非天
遺我以令胤乎乃收養之及長聰明多智略乃
名閼智以其出於金櫝姓金氏改始林名雞林
因以爲國號
十年百濟攻取蛙山城留二百人居守尋取之
十一年春正月以朴氏貴戚分理國內州郡號
爲州主郡主二月以順貞爲伊伐飡委以政事

① 船과 同字. 이하 생략.
② 令(鑄字本), 胤.

⑤ ④ ③ ② ①

十四年百濟来侵
十一年倭人侵木出島王遣角干羽烏禦之不
克羽烏死之
十八年秋八月百濟寇邊遣兵拒之
十九年大旱民饑發倉賑給冬十月百濟攻西
鄙蛙山城拔之
二十年秋九月遣兵伐百濟攻取蛙山城自百
濟來居者二百餘人盡殺之
二十一年秋八月阿飡吉門與加耶兵戰於黃
山津口獲一千餘級以吉門為波珍飡賞功也
二十三年春二月彗星見東方又見北方二十
日乃滅
二十四年夏四月京都大風金城東門自壞秋
八月王薨葬城北壤井丘
婆娑尼師今立儒理王第二子也(或云儒理弟奈老之子也)
妃金氏史省夫人許婁葛文王之女也初脫解
薨臣僚欲立儒理太子逸聖或謂逸聖雖嫡嗣
而威明不及婆娑遂立之婆娑節儉省用而愛

① 七(鑄字本). 島의 本字. 이하 생략.
② 死之(鑄字本)
③ 發(鑄字本)의 略體字. 이하 생략.
④ 弟(鑄字本)
⑤ 許(鑄字本)

③ ② ①

民國人嘉之
二年春二月親祀始祖廟三月巡撫州郡發倉
賑給慮獄囚非二罪悉原之
三年春正月下令曰今倉廩空匱戎器頑鈍儻
有水旱之災邊鄙之警其何以禦之宜令有司
勸農桑練兵革以備不虞
五年春二月以明宣為伊飡允良為波珍飡夏
五月古陁郡主獻青牛南新縣麥連歧大有年
行者不賫糧
六年春正月百濟犯邊二月以吉元為阿飡夏
四月客星入紫微
八年秋七月下令曰朕以不德有此國家西鄰
百濟南接加耶德不能綏威不足畏宜繕葺城
壘以待侵軼是月築加召馬頭二城
十一年秋七月分遣使十人廉察州郡主不勤
公事致田野多荒者貶黜之
十四年春正月拜允良為伊飡啓其為波珍飡
二月巡幸古所夫里郡親問高年賜穀冬十月

① 革(鑄字本)
② 麥(鑄字本)
③ 允(鑄字本)

② ①

京都地震
十五年春二月加耶賊圍馬頭城遣阿飡吉元
將騎一千擊走之秋八月閱兵於閼川
十七年秋七月暴風自南拔金城南大樹九月
加耶人襲南鄙遣加城主長世拒之爲賊所殺
王怒率勇士五千出戰敗之虜獲甚多
十八年春正月擧兵欲伐加耶其國主遣使請
罪乃止
十九年夏四月京都旱

二十一年秋七月雨雹飛鳥死冬十月京都地
震倒民屋有死者
二十二年春二月築城名月城秋七月王移居
月城
二十三年秋八月音汁伐國與悉直谷國爭疆
詣王請決王難之謂金官國首露王年老多智
識召問之首露立議以所爭之地屬音汁伐國
於是王命六部會饗首露王五部皆以伊飡爲
主唯漢祇部以位卑者主之首露怒命奴躭下

① 詣(鑄字本), 決(鑄字本)
② 耽의 俗字. 이하 생략.

⑤ ④ ③ ② ①

里殺漢祇部主保齊而歸奴逃依音汁伐主陁
鄒干家王使人索其奴陁鄒不送王怒以兵伐
音汁伐國其主與衆自降悉直押督二國王來
降冬十月栱李華
二十五年春正月衆星隕如雨不至地秋七月
悉直叛發兵討平之徙其餘衆於南鄙
二十六年春正月百濟遣使請和二月京都雪三尺
二十七年春正月幸押督賑貧窮三月至自押
督秋八月命馬頭城主伐加耶

二十九年夏五月大水民飢發使十道開食賑
給遣兵伐比只國多伐國草八國幷之
三十年秋七月蝗害穀王遍祭山川以祈禳之
蝗滅有年
三十二年夏四月城門自毁自五月至秋七月
不雨
三十三年冬十月王薨葬蛇陵園內
祇摩尼師今立 祇或云婆 婆娑王嫡子母史省夫人妃
金氏愛禮夫人葛文王摩帝之女也初婆娑王

① 桃(鑄字本)
② 倉(節要)
③ 祈(鑄字本)
④ 園(鑄字本)

⑤ 子(鑄字本)

삼국사본기 1/15

獵於楡湌之澤太子從焉獵後過韓歧部①伊湌
許婁饗之酒酣許婁之妻擕②少女子出舞摩帝
伊湌之妻亦引出③其女太子見而悅之許婁不
悅王謂許婁曰此地名大庖公於此置盛饌美
醞以宴衎之宜位酒多在伊湌之上以摩帝之
女配太子焉酒多後云角干
二年春二月親祀始祖廟拜昌永爲伊湌以參
政事玉權爲波珍湌申權爲一吉湌順宣爲級
湌三月百濟遣使來聘

三年春三月雨雹麥苗傷夏四月大水慮囚除
死罪餘悉原之
四年春二月加耶寇南邊秋七月親征加耶帥
步騎度黃山河加耶人伏兵林薄以待之王不
覺直前伏發圍數重王揮軍奮擊決圍而退
五年秋八月遣將侵加耶王帥精兵一萬以繼
之加耶嬰城固守會久雨乃還
九年春二月大星墜月城西聲如雷三月京都
大疫

① 部(鑄字本)
② 携(李丙燾)
③ 出(鑄字本)

삼국사본기 1/16

十年春正月以昱宗爲伊湌助運爲波珍湌林
權爲河①湌二月築大甑山城夏四月倭人侵東邊
十一年夏四月大風東來折木飛瓦至夕而止
都人訛言倭兵大來爭遁山谷王命伊湌昱宗
等諭止之秋七月飛蝗害穀年饑多盜
十二年春三月與倭國講和夏四月隕霜五月
金城東民屋陷爲他②芙蕖生
十三年秋九月庚申晦日有食之
十四年春正月靺鞨大入北境殺掠吏民秋七

月又襲大嶺柵過於泥河王移書百濟請救百
濟遣五將軍助之賊聞而退
十六年秋七月甲戌朔日有食之
十七年秋八月長星竟天冬十月國東地震十
一月雷
十八年伊湌昌永卒以波珍湌玉權爲伊湌以
參政事
二十年夏五月大雨漂沒民戶
二十一年春二月宮南門災③

① 阿(鑄字本)
② 池(鑄字本)
③ 南(鑄字本), 災(鑄字本)와 同字. 이하 생략.

삼국사본기 1 / 17

② ①

二十三年春夏旱秋八月王薨無子
逸聖尼師今立儒理王之長子 或云日知葛文王之子 妃朴氏
支所禮王之女
元年九月大赦
二年春正月親祀始祖廟
三年春正月拜雄宣爲伊湌兼知内外兵馬事
近宗爲一吉湌
四年春二月靺鞨入塞燒長嶺五柵
五年春二月置政事堂於金城秋七月大閱閼
川西冬十月北巡親祀大白山①
六年秋七月隕霜殺菽八月靺鞨襲長嶺虜掠
民口冬十月又來雷②甚乃退
七年春二月立柵長嶺以防靺鞨
八年秋九月辛亥晦日有食之
九年秋七月召羣公議征靺鞨伊湌雄宣上言
不可乃止
十年春二月修葺宮室夏六月乙丑熒惑犯鎭
星冬十一月雷

① 太(鑄字本). '大白山'의 경우 이하 생략.
② 雷(鑄字本) 혹은 雪(節要)

삼국사본기 1 / 18

③ ② ①

十一年春二月下令農者政本食惟民天諸州
郡修完堤坊廣闢田野又下令禁民間用金銀
珠玉
十二年春夏旱南地最甚民飢移其粟賑給之
十三年冬十月押督叛發兵討平之徙其餘衆
於南地
十四年秋七月命臣寮各擧智勇堪爲將帥者
十五年封朴阿道爲葛文王 新羅追封王皆稱葛文王其義未詳
十六年春正月以得訓爲沙湌宣忠爲奈麻秋①

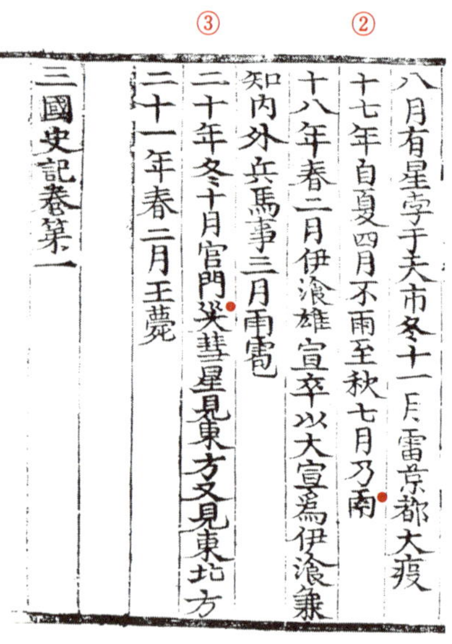

八月有星孛于天市冬十一月雷京都大疫
十七年自夏四月不雨至秋七月乃南②
十八年春二月伊湌雄宣卒以大宣爲伊湌兼
知内外兵馬事三月雨雹
二十年冬十月宮門災③彗星見東方又見東北方
二十一年春二月王薨

三國史記卷第一

① 秋(鑄字本)
② 雨(鑄字本)
③ 災(鑄字本)

삼국사기 권 제2

신라본기 제2

아달라 이사금(阿達羅尼師今)

벌휴 이사금(伐休尼師今)

내해 이사금(奈解尼師今)

조분 이사금(助賁尼師今)

첨해 이사금(沾解尼師今)

미추 이사금(味鄒尼師今)

유례 이사금(儒禮尼師今)

기림 이사금(基臨尼師今)

흘해 이사금(訖解尼師今)

三國史記卷第二

[illegible]

宣 撰

新羅本紀第二 阿達羅尼師今 伐休尼師今 奈解尼師今 助賁尼師今 沾解尼師今 味鄒尼師今 儒禮①尼師今 基臨尼師今 訖解尼師今

阿達羅尼師今立逸聖長子也身長七尺豊準有奇相母朴氏支所禮王之女妃朴氏内禮夫人祇摩王之女也

元年三月以繼元爲伊湌委軍國政事

二年春正月親祀②祖廟大赦以興宣爲一吉湌

三年夏四月隕霜開雞立嶺路

四年春二月始置甘勿馬山二縣三月巡幸長嶺鎭勞戍卒各賜征袍

五年春三月開竹嶺倭人來聘

七年夏四月暴雨閼川水溢漂流人家金城北門自毁

八年秋七月蝗害穀海魚多出死

九年巡幸沙道城勞戍卒

十一年春二月龍見京都

① 禮(鑄字本)의 古字. 이하 생략.
② 始(鑄字本)

十二年冬十月阿湌吉宣謀叛發覺懼誅亡入百濟王移書求之百濟不許王怒出師伐之百濟嬰城守不出我軍粮盡乃歸

十三年春正月辛亥朔日有食之

十四年秋七月百濟襲破國西二城虜獲民口一千而去八月命一吉湌興宣領兵二萬伐之王又率騎八千自漢水臨之百濟大懼還其所掠男女乞和

十五年夏四月伊湌繼元卒以興宣爲伊湌

十七年春二月重修始祖廟秋七月京師地震霜雹害穀冬十月百濟寇邉①

十八年春穀貴民飢

十九年春正月以仇道爲波珍湌仇須兮爲②吉湌二月有事始祖廟京都大疫

二十年夏五月倭女王卑彌乎遣使來聘

二十一年春正月雨王③二月旱井泉竭③

三十一年春三月王薨

伐休一作發暉尼師今立姓昔脫解王子仇鄒角干之

① 邊의 譌字. 이하 표기 생략.
② 一(鑄字本)
③ 土(鑄字本), 渴(鑄字本)

缶 ①

之子也母姓金氏只珍内禮夫人阿達羅薨無
子國人立之王占風雲預知水旱及年之豐儉
又知人邪正人謂之聖
二年春正月親祀始祖廟大赦二月拜波珍飡
仇道一吉飡仇須兮爲左右軍主伐召文國軍
主之名始於此
三年春正月巡幸州郡觀察風俗夏五月壬申
晦日有食之秋七月南新縣進嘉禾
四年春三月下令州郡無作土木之事以奪農

時冬十月北地大雪深一丈
五年春二月百濟來攻母山城命波珍飡仇道
出兵拒之
六年秋七月仇道與百濟戰於狗壤勝之殺獲
五百餘級
七年秋八月百濟襲西境圓山鄉又進圍缶谷
城仇道率勁騎五百擊之百濟兵佯走仇道追
及蛙山爲百濟所敗王以仇道失策貶爲缶谷
城主以薛支爲左軍主

① 襲(鑄字本). 缶의 俗字. 이하 생략.

① ②

八年秋九月蚩尤旗見于角亢
九年春正月拜國良爲阿飡述明爲一吉飡①
月京都雪深三尺夏五月大水山崩十餘所
十年春正月甲寅朔日有食之三月漢祇部女
一產四男一女六月倭人大饑來求食者千餘人
十一年夏六月乙巳晦日有食之
十三年春二月重修宮室三月旱夏四月震宮
南大樹又震金城東門王薨
奈解尼師今立伐休王之孫也母内禮夫人妃

昔氏助賁王之妹容儀雄偉有俊才前王太子
骨正及第二②伊買先死大孫尚幼少乃立伊
買之子是爲奈解尼師今是年自正月至四月
不雨及王卽位之日大雨百姓歡慶
二年春正月謁始祖廟
三年夏四月始祖廟前臥柳自起五月國西大
水免遭水州縣一年租調秋七月遣使撫問
四年秋七月百濟侵境
五年秋七月太白晝見隕霜殺草九月庚午朔

① 四(鑄字本) 혹은 三(節要)
② 子(節要)

① ② ③

日有食之大閼於閼川
六年春二月加耶國請和三月丁卯朔日有食
之大旱錄內外繫囚原輕罪
八年冬十月靺鞨犯境桃李華人大疫
十年春二月拜眞忠爲一伐飡以參國政秋七
月霜雹殺穀太白犯月八月狐鳴金城及始祖
廟庭
十二年春正月拜王子利音(或云奈音)爲伊伐飡兼
知內外兵馬事

十三年春二月西巡郡邑浹旬而返夏四月倭
人犯境遣伊伐飡利音將兵拒之
十四年秋七月浦上八國謀侵加羅加羅王子
來請救王命大子于老與伊伐飡利音將六部
兵往救之擊殺八國將軍奪所虜六千人還之
十五年春夏旱發使錄郡邑獄囚除二死餘悉
原之
十六年春正月拜萱堅爲伊飡允宗爲一吉飡
十七年春三月加耶逘王子爲質夏五月大雨

① 閱(鑄字本)
② 太(鑄字本). '大子'의 경우 이하 생략.
③ 送(鑄字本)

① ② ③

漂毁民屋
十九年春三月大風折才秋七月百濟來攻國
西腰車城殺城主薛夫王命伊伐飡利音率精
兵六千伐百濟破沙峴城冬十二月雷
二十三年秋七月武庫兵物自出百濟人來國
獐山城王親率兵出擊走之
二十五年春三月伊伐飡利音卒以忠萱爲伊
伐飡兼知兵馬事秋七月大閱楊山西
二十七年夏四月雹傷菽麥南新縣人死歷正月

復活冬十月百濟兵入牛頭州伊伐飡忠萱將
兵拒之至熊谷爲賊所敗單騎而返貶爲鎭主
以連珍爲伊伐飡兼知兵馬事
二十九年秋七月伊伐飡連珍與百濟戰烽山
下破之殺獲一千餘級八月築烽山城
三十一年春不雨至秋七月乃雨民飢發倉廩
賑給冬十月錄內外獄囚原輕罪
三十二年春二月巡狩西南郡邑三月還拜波
珍飡康萱爲伊飡

① 木(鑄字本)
② 圍(鑄字本)
③ 菽(鑄字本)

삼국사본기 2/7

蛇 ① ② ③ ④

三十四年夏四月蛇鳴南庫三日秋九月地震
冬十月大雪深五尺
三十五年春三月王薨
助賁尼師今立一云諸賁姓昔氏伐休尼師今之孫
也父骨正一作忽爭葛文王母金氏玉帽夫人仇道
葛文王之女妃阿爾兮夫人奈解王之女也前
王將死遺言以壻助賁繼位王身長美儀表臨
事明斷國人畏敬之
元年拜連忠爲伊湌委軍國事秋七月謁始
祖廟
二年秋七月以伊湌于老爲大將軍討破甘文
國以其地爲郡
三年夏四月倭人猝至圍金城王親出戰賊潰
走遣輕騎追擊之殺獲一千餘級
四年夏四月大風飛屋瓦五月倭兵寇東邊秋
七月伊湌千老與倭人戰沙道乘風縱火焚舟
賊赴水死盡
六年春正月東巡撫恤

① 帽(鑄字本)
② 表(節要)
③ 始(鑄字本)
④ 于(鑄字本 및 于老傳)

삼국사본기 2/8

七年春二月骨伐國王阿音夫率衆來降賜第
宅田莊安之以其地爲郡
八年秋八月蝗害穀
十一年百濟侵西邊
十三年秋大有年古陁郡進嘉禾
十五年春正月拜伊湌于老爲舒弗邯兼知兵
馬事
十六年冬十月高句麗侵北邊于老將兵出擊
之不克退保馬頭柵其夜苦寒于老勞士卒躬
燒柴煖之羣心感激
十七年冬十月東南有白氣如匹練十一月京
都地震
十八年夏五月王薨
沾解尼師今立助賁王同母弟也
元年秋七月謁始祖廟封父骨正爲世神葛文王
論曰漢宣帝卽位有司奏爲人後者爲之子也
故降其父母不得祭尊祖之義也是以帝所生
父稱親謚曰悼母曰悼后比諸侯王此合經義

삼국사본기 2 / 9

爲萬世法故後漢光武帝宋英宗法而行之新
羅自王親入繼大統之君無不封崇其父稱王
非特如此而已封其外舅者亦有之此非禮固
不可以爲法也
二年春正月以伊湌長萱爲舒弗邯以參國政
二月遣使高句麗結和
三年夏四月倭人殺舒弗邯于老秋七月作南
堂於宮南(南堂或云都堂)以良夫爲伊湌
五年春正月始聽政於南堂漢祇部人夫道者
家貧無諂工書算著名於時王徵之爲阿湌委
以物藏庫事務
七年夏四月龍見宮東池金城南臥柳自起自
五月至七月不雨禱祀祖廟及名山乃雨年饑①
多盜賊
九年秋九月百濟來侵一伐湌翊宗逆戰於槐②
谷西爲賊所殺冬十月百濟攻烽山城不下
十年春三月國東海出大魚三長三丈高丈有
二尺冬十月晦日有食之

① 饑(鑄字本)
② 槐(鑄字本)

삼국사본기 2 / 10

十三年秋七月旱蝗年荒多盜
十四年夏大雨山崩四十餘所秋七月星孛于
東方二十五日而滅
十五年春二月築達伐城以奈麻克宗爲城主
三月百濟遣使請和不許冬十二月二十八日
王暴疾薨
味鄒尼師今立(一云味照)姓金母朴氏葛文王伊柒之
女妃昔氏光明夫人助賁王之女其先閼智出
於雞林脫解王得之養於宮中後拜爲大輔閼
智生勢漢勢漢生阿道阿道生首留首留生郁
甫郁甫生仇道仇道則味鄒之考也沾解無子
國人立味鄒此金氏有國之始也
元年春三月龍見宮東池秋七月金城西門災
延燒人家三百餘區
二年春正月拜伊湌良夫爲舒弗邯兼知內外
兵馬事二月親祀國祖廟大赦封考仇道爲葛文王
三年春二月東巡幸望海三月幸黃山問高年
及貧不能自存者賑恤之

삼국사본기 2/11

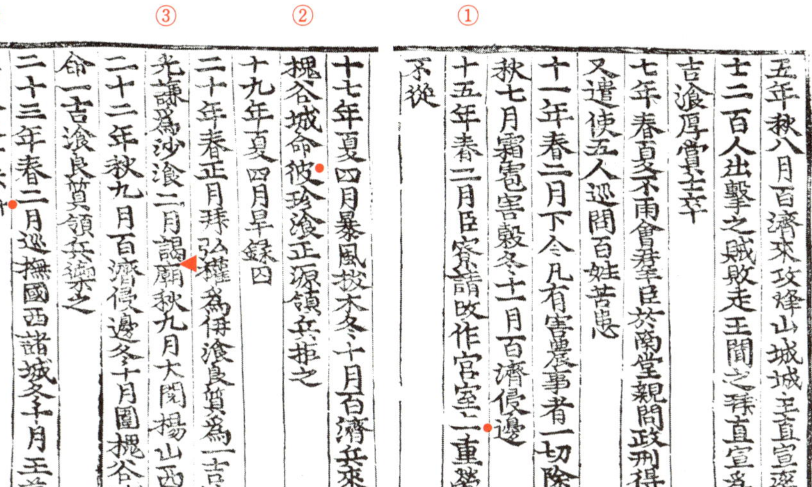
①

五年秋八月百濟來攻蜂山城城主直宣率壯
士二百人出擊之賊敗走王聞之拜直宣爲一
吉湌厚賞士卒
七年春夏不雨會羣臣於南堂親問政刑得失
又遣使五人巡問百姓苦患
十一年春二月下令凡有害農事者一切除之
秋七月霜雹害穀冬十月百濟侵邊
十五年春二月臣寮請改作宮室二重勞人
不從

② ③ ④

十七年夏四月暴風拔木冬十月百濟兵來圍
槐谷城命彼珍湌正源領兵拒之
十九年夏四月旱錄囚
二十年春正月拜弘權爲伊湌良質爲一吉湌
光謙爲沙湌二月謁廟秋九月大閱楊山西
二十二年秋九月百濟侵邊冬十月圍槐谷城
命一吉湌良質領兵禦之
二十三年春二月巡撫國西諸城冬十月王薨
葬大陵一云什長陵

① 上(鑄字本) 혹은 王(節要)
② 波(鑄字本)
③ 祖(節要)
④ 竹(三國遺事 味鄒王竹葉軍조 및 節要)

삼국사본기 2/12

①

儒禮尼師今立 古記第三第十四二王同諱儒理或云儒禮未知孰是 助賁王
長子母村氏葛文王奈音之女嘗夜行星光入
口因有娠載誕之夕異香滿室
二年春正月謁始祖廟二月拜伊湌弘權爲舒
弗邯委以機務
三年春正月百濟遣使請和三月旱
四年夏四月倭人襲一禮部縱火燒之虜人一
千而去
六年夏五月聞倭兵至理舟楫繕甲兵

七年夏五月大水月城頹毁
八年春正月拜末仇爲伊伐湌末仇忠貞有智
略王常訪問政要
九年夏六月倭兵攻陷沙道城命一吉湌大谷
領兵救完之秋七月旱蝗
十年春二月改築沙道城移沙伐州豪民八十
餘家
十一年夏倭兵來攻長峯城不克秋七月多沙
郡進嘉禾

① 朴(鑄字本)

①

十二年春王謂臣下曰倭人屢犯我城邑百姓不得安居吾欲與百濟謀一時浮海入擊其國如何舒弗邯弘權對曰吾人不習水戰冒險遠征恐有不測之危況百濟多詐常有呑噬我國之心亦恐難與同謀王曰善

十四年春正月以智良爲伊湌長昕爲一吉湌順宣爲沙湌伊西古國來攻金城我大擧兵防禦不能攘忽有異兵來其數不可勝紀人皆珥竹葉與我軍同擊賊破之後不知其所歸人或見竹葉數萬積於竹長陵由是國人謂先王以陰兵助戰也

十五年春二月京都大霧不辨人五月雨雹冬十二月王薨

基臨一云基立尼師今立助賁尼師今之孫也父乞淑用湌一云乞淑助賁之孫也性寬厚人皆稱之

二年春正月拜長昕爲伊湌兼知內外兵馬事二月祀始祖廟

三年春正月與倭國交聘二月巡幸比列忽親

① 我(鑄字本)
② 日(鑄字本)
③ 立(三國遺事 王曆)
④ 伊(李丙燾)

問高年及貧窮者賜穀有老三月至牛頭州望祭太白山樂浪帶方兩國歸服

五年春夏旱

七年秋八月地震泉湧九月京都地震壞民屋有死者

十年復國号新羅

十三年夏五月王寢疾彌畱赦內外獄囚六月王薨

訖解尼師今立奈解王孫也父于老角干母命元夫人助賁王女也千老事君有功累爲舒弗邯見訖解狀貌俊異心膽明敏爲事異於常流乃謂諸候曰興吾家者必此兒也至是基臨薨無子群臣議曰訖解幼有老成之德乃奉立之

二年春正月以急利爲阿湌委以政要兼知內外兵馬事二月親杞始祖廟

三年春三月倭国王遣使爲子求婚以阿湌急利女送之

四年秋七月旱蝗民飢發使救恤之

① 差(鑄字本)
② 號와 同字. 이하 생략.
③ 留(鑄字本)
④ 王(鑄字本)
⑤ 于(鑄字本)
⑥ 侯(鑄字本)
⑦ 祀(鑄字本)

삼국사본기 2/15

五年春正月拜阿湌急利爲伊湌二月重修宮
闕不雨乃止
八年春夏旱王親録囚多原之
九年春二月下令向以旱災年不順成今則土
膏脉起農事方始凡所勞民之事皆停之
二十一年始開碧骨池岸長一千八百步
二十八年春二月遣使聘百濟三月雨雹夏四
月隕霜
三十五年春二月倭國遣使請婚辤以女旣出
嫁夏四月暴風拔宮南大樹
三十六年春正月拜康世爲伊伐湌二月倭王
移書絶交
三十七年倭兵猝至風島抄掠邊戶又進圍金
城急攻王欲出兵相戰伊伐湌康世曰賊遠至
其鋒不可當不若緩之待其師老王然之閉門
不出賊食盡將退命康世率勁騎追擊走之
三十九年宮井水暴溢
四十一年春三月鶴巢月城隅夏四月大雨浹

① 宮(鑄字本)
② 脈의 俗字. 이하 생략.
③ 辭와 同字인 辤의 大篆, 혹은 辭의 俗字인 辞의 오각. 이하 모두 辭로 바로잡음.
④ 島의 本字.

삼국사본기 2/16

旬平地水三四尺漂沒官私屋舍山崩十三所
四十七年夏四月王薨
三國史記卷第二

삼국사기 권 제3

신라본기 제3

내물 이사금(奈勿尼師今)
실성 이사금(實聖尼師今)
눌지 마립간(訥祇麻立干)
자비 마립간(慈悲麻立干)
소지 마립간(炤知麻立干)

삼국사본기3/1

④③ ② ①

三國史記卷第三
宣撰
新羅本紀第三 奈勿尼師今 實聖尼師今 訥祇麻立干 慈悲麻立干 炤知麻立干
奈勿一云那密尼師今立姓金仇道葛文王之孫也
父末仇角干母金氏休禮夫人妃金氏味鄒王
女訖解薨無子奈勿繼之 末仇末鄒尼師今兄弟也
論曰取妻不取同姓以厚別也是故魯公之取
於吳晉侯之有四姬陳司敗鄭子産深譏之若

庭 祀 ⑤

新羅則不止取同姓而已兄弟子姑姨從姊妹
皆聘爲妻雖外國各異俗責之以中國之禮則
大悖矣若凶奴之烝母報子則又甚於此矣
二年春發使撫問鰥寡孤獨各賜穀三斛孝悌
有異行者賜職一級
三年春二月親祀始祖廟紫雲盤旋廟上神雀
集於廟廷
七年夏四月始祖廟廷樹連理
九年夏四月倭兵大至王聞之恐不可敵造草

① 炤(본문의 炤知麻立干 즉위년조)
② 干(鑄字本)
③ 味(본문의 味鄒尼師今 즉위년조)
④ 今(上同)

⑤ 匈(鑄字本)

삼국사본기3/2

①

偶人數千衣衣持兵列立吐含山下伏勇士一
千於斧峴東原倭人恃衆直進伏發擊其不意
倭人大敗走追擊殺之幾盡
十一年春三月百濟人來騁夏四月大水山崩
十三所
十三年春百濟遣使進良馬二匹
十七年春夏大旱年荒民飢多流亡發使開倉
廩賑之
十八年百濟禿山城主率人三百來投王納之

③ ②

分居六部百濟王移書曰兩國和好約爲兄弟
今大王納我逃民甚乖和親之意非所望於大
王也請還之答曰民者無常心故思則來斁則
去固其所也大王不患民之不安而責寡人何
其甚乎百濟聞之不復言夏五月京都雨魚
二十一年秋七月夫沙郡進一角鹿大有年
二十四年夏四月楊山有小雀生大鳥
二十六年春夏旱年荒民飢遣衛頭入符秦
貢方物符堅問衛頭曰卿言海東之事與古不

① 聘(鑄字本)
② 秦(鑄字本 및 晉書 112 前秦載記)
③ 苻(上同), 卿(鑄字本)

棄

同何耶答曰亦猶中國時代變革名號改易今
焉得同
三十三年夏四月京都地震六月又震冬無氷
三十四年春正月京都大疫二月雨土秋七月
蝗穀不登
三十七年春正月高句麗遣使王以高句麗强
盛送伊飡大西知子實聖爲質
三十八年夏五月倭人來圍金城五日不解將
士皆請出戰王曰今賊弃舟深入在於死地鋒
不可當乃閉城門賊無功而退王先遣勇騎二
百遮其歸路又遣步卒一千追於獨山夾擊大
敗之殺獲甚衆
四十年秋八月靺鞨侵北邊出師大敗之於悉
直之原
四十二年秋七月北邊何瑟羅旱蝗年荒民飢
曲赦囚徒復一年租調
四十四年秋七月飛蝗蔽野
四十五年秋八月星孛于東方冬十月王所乘

① ② ③

御內廐馬跪膝流淚哀鳴
四十六年春夏旱秋七月高句麗質子實聖還
四十七年春二月王薨
實聖尼師今立閼智裔孫大西知伊飡之子母
伊利夫人(伊一作金)昔登保阿干之女妃味鄒王女
也實聖身長七尺五寸明達有遠識奈勿薨其
子幼少國人立實聖繼位
元年三月與倭國通好以奈勿王子未斯欣
爲質
二年春正月以未斯品爲舒弗邯委以軍國之
事秋七月百濟侵邊
三年春二月親謁始祖廟
四年夏四月倭兵來攻明活城不克而歸王率
騎兵要之獨山之南再戰破之殺獲三百餘級
五年秋七月國西蝗害穀冬十月京都地震十
一月無氷
六年春三月倭人侵東邊夏六月又侵南邊奪
掠一百人

① 淚(鑄字本)
② 企(鑄字本)
③ 奪의 古字. 이하 생략.

② 島　　　① 島

삼국사본기 3/5

七年春二月王聞倭人於對馬島置營貯以兵
革資粮以謀襲我我欲先其未發揀精兵擊破
兵儲舒弗邯未斯品曰臣聞兵凶器戰危事兄
涉巨浸以伐人萬一失利則悔不可追不若依
嶮設關來則禦之使不得侵猾便則出而禽之
此所謂致人而不致於人策之上也王從之
十一年以奈勿王子卜好質於高句麗
十二年秋八月雲起狼山望之如樓閣香氣郁
然久而不歇王謂是必仙靈降遊應是福地從
此後禁人斬伐樹木新成平壤州大橋
十四年秋七月大閱於穴城原又御金城南門
觀射八月與倭人戰於風島克之
十五年春三月東海邊獲大魚有角其大盈車
夏五月吐含山崩泉水湧高三丈
十六年夏五月王薨
訥祇麻立干立金大問云麻立者方言謂橛也橛謂誠操淮位而置則王橛爲主臣橛列於下
因以名之奈勿王子也母保反夫人一云內禮吉怖味鄒王女也
妃實聖王之女奈勿王三十七年以實聖質於

① 凶의 俗字. 이하 생략, 況(鑄字本)
② 準(鑄字本) 혹은 准(節要)

삼국사본기 3/6

高句麗及實聖還爲王怨奈勿質己於外國欲
害其子以報怨遣人招在高句麗時相知人因
密告見訥祇則殺之遂令訥祇往逆於中路麗
人見訥祇形神爽雅有君子之風遂告曰爾國
王使我害君今見君不忍賊害乃歸訥祇怨之
反弑王自立
二年春正月親謁始祖廟王弟卜好自高句麗
與堤上奈麻還來秋王弟未斯欣自倭國逃還
三年夏四月牛谷水湧
四年春夏大旱秋七月隕霜殺穀民飢有賣子
孫者慮囚原罪
七年夏四月養老於南堂王親執食賜穀帛有差
八年春二月遣使高句麗修聘
十三年新築矢堤岸長二千一百七十步
十五年夏四月倭兵來侵東邊圍明活城無功
而退秋七月霜雹殺穀
十六年春穀貴人食松樹皮
十七年夏五月未斯欣卒贈舒弗邯秋七月百

濟遣使請和從之
十八年春二月百濟王送良馬二匹秋九月又
送白鷹冬十月王以黃金明珠報聘百濟
十九年春正月大風拔木二月修葺歷代園陵
夏四月祀始祖廟
二十年夏四月雨雹慮囚
二十二年夏四月牛頭郡山水暴至漂流五十
餘家京都大風雨雹教民牛車之法
二十四年倭人侵南邊掠取生口而去夏六月
又侵東邊
二十五年春二月史勿縣進長尾白雉王嘉之
賜縣吏穀
二十八年夏四月倭兵圍金城十日糧盡乃歸
王欲出兵追之左右曰兵家之説曰窮寇勿追
王其舍之不聽率數千餘騎追①及於獨山之東
合戰爲賊所敗將士死者過半王蒼黃弃馬上
山賊圍之數重忽昏霧不辨咫尺賊謂有陰助
收兵退歸

① 及(鑄字本)

三十四年秋七月高句麗邊將獵於悉直之原
何瑟羅城主三直出兵掩殺之麗王聞之怒使
來告曰孤與大王修好至歡也今出兵殺我邊
將是何義耶乃興師侵我西邊王卑辭謝之
乃歸
三十六年秋七月大山郡進嘉禾
三十七年春夏旱秋七月羣狼入始林
三十八年秋七月霜雹害穀八月高句麗侵
北邊
三十九年冬十月高句麗侵百濟王遣兵救之
四十一年春二月大風拔木夏四月隕霜傷麥
四十二年春二月地震金城南門自毁秋八月
王薨
慈悲麻立干立訥祗王長子母金氏實聖王之女
二年春二月謁始祖廟夏四月倭人以兵船百
餘艘襲東邊進圍月城四面矢石如雨王城守
賊將退出兵擊敗之追北至海口賊溺死者
過半

삼국사본기 3/9

四年春二月王納昔弗邯末斯欣女爲妃夏四
月龍見金城井中
五年夏五月倭人襲破活開城虜人一千而去
六年春二月倭人侵飲良城不克而去王命伐
智德智領兵伏候於路要擊大敗之王以倭人
屢侵疆埸緣邊築二城秋七月大閱
八年夏四月大水山崩一十七所五月沙伐郡蝗
十年春命有司修理戰艦秋九月天赤大星自
北流東南

十一年春高句麗與靺鞨襲北邊悉直城秋九
月徵何瑟羅人年十五已上築城於泥河泥河一名泥川
十二年春正月定京都坊里名夏四月國西大
水漂毁民戶秋七月王巡撫經水州郡
十三年築三年山城三年者自興役始終三年訖功故名之
十四年春二月築芼老城三月京都地裂廣袤
二丈濁水湧冬十月大疫
十六年春正月以阿飡伐智級飡德智爲左右
將軍秋七月葺明活城

① 歃(節要)

삼국사본기 3/10

十七年築一牟沙尸廣石沓達仇禮坐羅等城
秋七月高句麗王巨連親率兵攻百濟百濟王
慶遣子文周求援王出兵救之未至百濟已陷
慶亦被害
十八年春正月王移居明活城
十九年夏六月倭人侵東邊王命將軍德智擊
敗之殺虜二百餘人
二十年夏五月倭人擧兵五道來侵竟無功而還
二十一年春二月夜赤光如匹練自地至天冬十

月京都地震
二十二年春二月三日王薨
炤知一云毗處麻立干立慈悲王長子母金氏舒弗
邯未斯欣之女妃善兮夫人乃宿伊伐飡女也
炤知幼有孝行謙恭自守人咸服之
元年大赦賜百官爵一級
二年春二月祀始祖廟夏五月京都旱冬十月
民飢出倉穀賑給之十一月靺鞨侵北邊
三年春二月幸比列城存撫軍士賜征袍三月

① 袍(鑄字本)

삼국사본기 3/11

高句麗與靺鞨入北邊取狐鳴等七城又進軍
於彌秩夫我軍與百濟加耶援兵分道禦之賊
敗退追擊破之泥河西斬首千餘級
四年春二月大風拔木金城南門火夏四月久
雨命內外有司慮囚五月倭人侵邊
五年夏四月大水秋七月大水冬十月幸一善
界存問遭災百姓賜穀有差十一月雷京都大疫
六年春正月以烏含爲伊伐湌三月土星犯月
雨雹秋七月高句麗侵北邊我軍與百濟合擊

於母山城下大破之
七年春二月築仇伐城夏四月親祀始祖廟增
置守廟二十家五月百濟來聘
八年春正月拜伊湌實竹爲將軍徵一善界丁
夫三千改築三年屈山二城二月以乃宿爲伊
伐湌以參國政夏四月倭人犯邊秋八月大閱
於狼山之南
九年春二月置神宮於奈乙奈乙始祖初生之
處也三月始置四方郵驛命所司修理官道秋

삼국사본기 3/12

② ①

七月葺月城冬十月雷
十年春正月王移居月城二月幸一善郡存問
鰥寡孤獨賜穀有差三月至自一善所歷州郡
獄囚除二死悉原之夏六月東陽獻六眼龜腹
下有文字秋七月築刀那城
十一年春正月驅遊食百姓歸農秋九月高句
麗襲北邊至戈峴冬十月陷狐山城
十二年春二月重築鄙羅城三月龍見鄙羅井
初開京師市□以通四方之貨

十四年春夏旱王責己減常膳
十五年春三月百濟王牟大遣使請婚王以伊
伐湌比智女送之秋七月置臨海長嶺二鎭以
備倭賊
十六年夏四月大水秋七月將軍實竹等與高
句麗戰薩水之原不克退保犬牙城高句麗兵
圍之百濟王牟大遣兵三千救解圍
十七年春正月王親祀神宮秋八月高句麗圍
百濟雉壤城百濟請救王命將軍德智率兵以

① 築(鑄字本)
② 肆(節要)

삼국사본기 3/13

③ ② ① 南

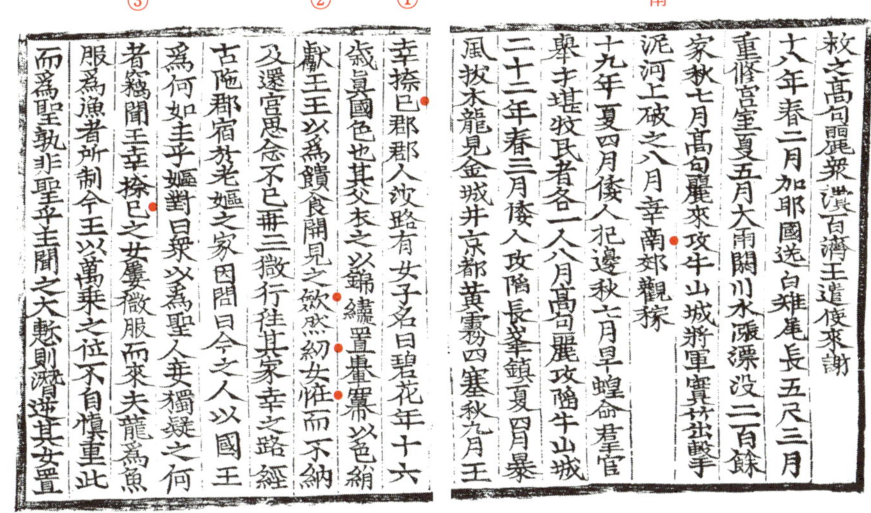

救之高句麗衆潰百濟王遣使來謝
十八年春二月加耶國送白雉尾長五尺三月
重修宮室夏五月大雨閼川水漲漂沒二百餘
家秋七月高句麗來攻牛山城將軍實竹出擊
泥河上破之八月幸南郊觀稼
十九年夏四月倭人犯邊秋六月旱蝗命羣官
舉才堪牧民者各一人八月高句麗攻陷牛山城
二十二年春三月倭人攻陷長峯鎮夏四月暴
風拔木龍見金城井京都黃霧四塞秋九月王

幸捺巳郡郡人波路有女子名曰碧花年十六
歲眞國色也其父衣之以錦繡置轝冪以色絹
獻王王以爲饋食開見之歛然幼女恠而不納
及還宮思念不已再三微行往其家幸之路經
古陁郡宿於老嫗之家因問曰今之人以國王
爲何如主乎嫗對曰衆以爲聖人妾獨疑之何
者竊聞王幸捺巳之女屢微服而來夫龍爲魚
服爲漁者所制今王以萬乘之位不自愼重此
而爲聖孰非聖乎王聞之大慙則潛逆其女置

① 己로 판단.
② 歛(精文研), 幼(鑄字本), 怪의 俗字. 이하 생략.
③ 己로 판단.

삼국사본기 3/14

①

於別室至生一子冬十一月王薨
三國史記卷第三

① 生(鑄字本)

삼국사기 권 제4

신라본기 제4

지증 마립간(智證麻立干)
법흥왕(法興王)
진흥왕(眞興王)
진지왕(眞智王)
진평왕(眞平王)

삼국사본기 4/1

三國史記卷第四
輸忠定難靖國贊化同德功臣開府儀同三司檢校太師守太保門下侍中判尚書吏禮部事集賢殿大學士監修國史上柱國致仕臣金富軾奉
宣撰
新羅本紀第四　智證麻立干　法興王　眞興王　眞智王　眞平王
智證麻立干立姓金氏諱智大路 或云智度路 又云智哲老
勿王之曾孫習寶葛文王之子照知王之再從
弟也母金氏鳥生夫人訥祇王之女妃朴氏延
帝夫人登欣伊湌女王體鴻大瞻力過人前王
薨無子故繼位時年六十四歲

論曰新羅王稱居西干者一次次雄者一尼師
今者十六麻立干者四羅末名儒崔致遠作帝
王年代曆皆稱某王不言居西干等豈以其言
鄙野不足稱也曰左漢中國史書也猶存楚語
穀於菟凶奴語撑犁孤塗等今記新羅事其存
方言亦宜矣
三年春三月下令禁殉葬前國王薨則殉以男
女各五人至是禁焉親祀神宮三月分命州郡
主勸農始用牛耕

① 奈(鑄字本)
② 炤(新羅本紀 3 炤知麻立干 즉위년조)
③ 膽(鑄字本)

④ 匈(鑄字本)

삼국사본기 4/2

四年冬十月羣臣上言始祖創業已來國名未
定或稱斯羅或稱斯盧或言新羅臣等以爲新
者德業日新羅者網羅四方之義則其爲國號
宜矣又觀自古有國家者皆稱帝稱王自我始
祖立國至今二十二世但稱方言未正尊號今
羣臣一意謹上號新羅國王王從之
五年夏四月制喪服法頒行秋九月徵役夫築
波里彌實珍德骨火等十二城
六年春二月王親定國內州郡縣置悉直州以
異斯夫爲軍主軍主之名始於此冬十一月始
命所司藏氷又制舟楫之利
七年春夏旱民饑發倉賑救
十年春正月置京都東市三月設檻穽以除猛
獸之害秋七月隕霜殺菽
十一年夏五月地震壞人屋有死者冬十月雷
十三年夏六月于山國歸服歲以土宜爲貢于
山國在溟州正東海島或名鬱陵島地方一百
里恃嶮不服伊湌異斯夫爲何瑟羅州軍主謂

① 之(鑄字本)

② ①

于山人愚悍難以威來可以計服乃多造木偶
師子分載戰舡抵其國海岸誑告曰汝若不服
則放此猛獸踏殺之國人恐懼則降
十五年春正月置小京於阿尸村秋七月徙六
部及南地人戶充實之王薨謚曰智證新羅謚
法始於此
法興王立諱原宗(冊府元龜姓募名泰)智證王元子母延帝
夫人妃朴氏保刀夫人王身長七尺寬厚愛人
三年春正月親祀神宮龍見楊山井中

四年夏四月始置兵部
五年春二月築株山城
七年春正月頒示律令始制百官公服朱紫之秩
八年遣使於梁貢方物
九年春三月加耶國王遣使請婚王以伊湌比
助夫之妹送之
十一年秋九月王出巡南境拓地加耶國王來會
十二年春二月以大阿湌伊登爲沙伐州軍主
十五年肇行佛法初訥祗王時沙門墨胡子自

① 抵(鑄字本)
② 冊의 俗字. 이하 표기 생략.

② 辭 ①

高句麗至一善郡郡人毛禮於家中作窟室安
置於時梁遣使賜衣著香物君臣不知其香名
與其所用遣人賫香徧問墨胡子見之稱其名
目曰此焚之則香氣芬馥所以達誠於神聖所
謂神聖未有過於三寶一曰佛陀二曰達摩三
曰僧伽若燒此發願則必有靈應時王女病革
王使胡子焚香表誓王女之病尋愈王甚喜餽
贈尤厚胡子出見毛禮以所得物贈之因語曰
吾今有所歸請辭俄而不知所歸至毗處王時

有阿道(一作我道)和尚與侍者三人亦來毛禮家儀
表似墨胡子住數年無病而死其侍者三人留
住講讀經律往往有信奉者至是王亦欲興
佛教羣臣不信喋喋騰口舌王難之近臣異次
頓(或云處道)奏曰請斬小臣以定衆議王曰本欲
興道而殺不辜非也答曰若道之得行臣雖死
無憾王於是召羣臣問之僉曰今見僧徒童頭
異服議論奇詭而非常道今若縱之恐有後悔
臣等雖即重罪不敢奉詔異次頓獨曰今羣臣

① 着(鑄字本)
② 삭제(鑄字本)

③② 怪 ①

之言非也夫有非常之人然後有非常之事今
聞佛教淵奥恐不可不信王曰衆人之言牢不
可破汝獨異言不能兩從遂下吏將誅之異次
頓臨死曰我爲法就刑佛若有神吾死必有異
事及斬之血從斷處湧色白如乳衆怪之不復
非毁佛事此據金大問鷄林雜傳所記書之與韓奈麻金用行所撰我道和尚碑所錄殊異
十六年下令禁殺生
十八年春三月命有司修理隄防夏四月拜伊
飡哲夫爲上大等摠知國事上大等官始於此
如今之宰相
十九年金官國主金仇亥與妃及三子長曰奴
宗仲曰武德季曰武力以國帑寶物來降王禮
待之授位上等以本國爲食邑子武力仕至角干
二十一年上大等哲夫卒
二十三年始稱年號云建元元年
二十五年春正月教許外官携家之任
二十七年秋七月王薨謚曰法興葬於哀公寺
北峯

① 然(鑄字本)
② 與(李丙燾)
③ 錄(鑄字本)

② ①

眞興王立諱彡麥宗或作深麥夫時年七歲法興王
弟葛文王立宗之子也母夫人金氏法興王之
女妃朴氏思道夫人王幼少王大后攝政
元年八月大赦賜文武官爵一級冬十月地震
桃李華
二年春三月雪一尺拜異斯夫爲兵部令掌內
外兵馬事百濟遣使請和許之
五年春二月興輪寺成三月許人出家爲僧尼
奉佛
六年秋七月伊飡異斯夫奏曰國史者記君臣
之善惡示褒貶於萬代不有修撰後代何觀王
深然之命大阿飡居柒夫等廣集文士俾之修撰
九年春二月高句麗與穢人攻百濟獨山城百
濟請救王遣將軍朱玲領勁卒三千擊之殺獲
甚衆
十年春梁遣使與入學僧覺德送佛舍利王使
百官奉迎興輪寺前路
十一年春正月百濟拔高句麗道薩城三月高

① 太(鑄字本). '大后'의 경우 이하 생략.
② 送(節要)

②　①

句麗陷百濟金峴城王乘兩國兵疲命伊湌異
斯夫出兵擊之取二城增築留甲士一千
戍之
十二年春正月改元開國三月王巡守次娘城
聞千勒及其弟子尼文知音樂特喚之王駐河
臨宮令奏其樂二人各製新歌奏之先是加耶
國嘉悉王製十二弦琴以象十二月之律乃命
于勒製其曲及其國亂操樂器投我其樂名加
耶琴王命居漆夫等侵高句麗乘勝取十郡

十三年王命階古法知萬德三人學樂於于勒
于勒量其人之所能教階古以琴教法知以歌
教萬德以舞業成王命奏之曰與前娘城之音
無異厚賞焉
十四年春二月王命所司築新宮於月城東黃
龍見其地王疑之改爲佛寺賜号曰皇龍秋七
月取百濟東北鄙置新興以阿湌武力爲軍主
冬十月娶百濟王女爲小妃
十五年秋七月修築明活城百濟王明襛與加

① 于(鑄字本)
② 州(百濟本紀 4 聖王 31년조 및 節要)

②　①

良來攻管山城軍主角干于德伊湌耽知等逆
戰失利新州軍主金武力以州兵赴之及交戰
裨將三年山郡高于都刀急擊殺百濟王於是
諸軍乘勝大克之斬佐平四人士卒二萬九千
六百人匹馬無反者
十六年春正月置完山州於比斯伐冬十月王
巡幸北漢山拓定封疆十一月至自北漢山教
所經州郡復一年租調曲赦除二罪皆原之
十七年秋七月置比列忽州以沙湌成宗爲軍王

十八年以國原爲小京廢沙伐州置甘文州以
沙湌起宗爲軍主廢新州置北漢山州
十九年春二月徙貴戚子弟及六部豪民以實
國原奈麻身得作砲弩上之置之城上
二十三年秋七月百濟侵掠邊戶王出師拒之
殺獲一千餘人九月加耶叛王命異斯夫討之
斯多含副之斯多含領五千騎先馳入栴檀門
立白旗城中恐懼不知所爲異斯夫引兵臨之
一時盡降論功斯多含爲最王賞以良田及所

① 干(職官志 外官 및 節要)
② 主(鑄字本)

삼국사본기 4/9

虜二万一① 斯多含三讓王強之乃受其生口放
爲良人田分與戰士國人美之
二十五年遣使北齊朝貢
二十六年春二月北齊武成皇帝詔以王爲使
持節東夷校尉樂浪郡公新羅王秋八月命阿
湌春賦出守國原九月廢完山州置大耶州陳
遣使劉思與僧明觀來聘送釋氏經論千七百
餘卷
二一②七年春二月祗園實際二寺成立王子銅

輪爲王太子遣使於陳貢方物皇龍寺畢功
二十八年春三月遣使於陳貢方物
二十九年改元大昌夏六月遣使於陳貢方物
冬十月廢北漢山州置南川州又廢比列忽州
置達忽州
三十一年夏六月遣使於陳獻方物
三十二年遣使於陳貢方物
二十③三年春正月改元鴻濟三月王太子銅輪
卒遣使北齊朝貢冬十月二十日爲戰死士卒

① 百口(鑄字本)
② 十(鑄字本)
③ 三(鑄字本)

삼국사본기 4/10

設八關筵會於外寺七日罷
三十五年春三月鑄成皇龍寺丈六像銅重三
萬五千七斤鍍金重一萬一百九十八分
三十六年春夏旱皇龍寺丈六像出淚至踵
三十七年春始奉源花初君臣病無以知人欲
使①類聚羣遊以觀其行義然後舉而用之遂簡
美女二人一曰南毛一曰俊貞聚徒三百餘人
二女爭娟相妬俊貞引南毛於私第強勸酒至
醉曳而投河水以殺之俊貞伏誅徒人失和罷

散其後更取美貌男子粧飾之名花郎以奉之
徒衆雲集或相磨以道義或相悅以歌樂遊娛
山水無遠不至因此知其人邪正擇其善者薦
之於朝故金大問花郎世記曰賢佐忠臣從此
而秀良將勇卒由是而生崔致遠鸞郎碑序曰
國有玄妙之道曰風流設教之源備詳仙史實
乃包含三教接化羣生且如入則孝於家出則
忠於國魯司寇之旨也處無爲之事行不言之
敎周柱史之宗也諸惡莫作諸善奉行竺②乾大②

① 使(鑄字本)
② 竺(鑄字本), 太(鑄字本). '大子'의 경우 이하 생략.

삼국사본기 4/11

子之化也唐令狐澄新羅國記曰擇貴人子弟
之美者傳粉粧飾之名曰花郞國人皆尊事之
也安弘法師入隋求法與胡僧毗摩羅等二僧
廻上稜伽勝鬘經及佛舍利秋八月王薨諡曰
眞興葬于哀公寺北峯王幼年卽位一心奉佛
至末年祝髮被僧衣自號法雲以終其身王妃
亦効之爲尼住永興寺及其薨也國人以禮
葬之
眞智王立諱舍輪(或云金輪)眞興王次子母思道夫
人妃知道夫人大(太)子早卒故眞智立
元年以伊湌居柒夫爲上大等委以國事
二年春二月王親祀神宮大赦冬十月百濟侵
西邊州郡命伊湌世宗出師擊破之於一善北
斬獲三千七百級築内利西城
三年秋七月遣使於陳以獻方物與①百濟閼也
山城
四年春二月百濟築熊峴城松述城以梗蒜山
城麻知峴城内利西城之路秋七月十七日王

① 奪의 誤刻, 혹은 侵(李丙燾)

삼국사본기 4/12

薨諡曰眞智葬于永敬寺北
眞平王立諱白淨眞興王大(太)子銅輪之子也母
金氏萬呼(一云萬内)夫人葛文王立宗之女妃金氏
摩耶夫人葛文王福勝之女王生有奇相身體
長大志識沈毅明達
元年八月以伊湌弩里夫爲上大等封母弟伯
飯爲眞正葛文王國飯爲眞安葛文王
二年春二月親祀神宮以伊湌后稷爲兵部令
三年春正月始置位和府如今吏部
五年春正月始置船府署大監弟監各一員
六年春二月改元建福三月置調府令一員掌
貢賦乘府令一員掌車乘
七年春三月旱王避正殿減常饍御南堂親録
囚秋七月高僧智明入陳求法
八年春正月置禮部令二員夏五月雷震星
殞如雨
九年秋七月大世仇柒二人適海大世奈勿王
七世孫伊飡①冬臺之子也資俊逸少有方外志

① 湌(節要)

삼국사본기 4/13

與交遊僧淡水曰在此新羅山谷之間以終一生則何異池魚籠鳥不知滄海之浩大山林之寬閑乎吾將乘桴泛海以至吳越侵尋追師訪道於名山若凡骨可換神仙可學則飄然乘風於泬寥之表此天下之奇遊壯觀也子能從我乎淡水不肯大世退而求友適遇仇柒者耿介有奇節遂與之遊南山之寺忽風雨落葉泛於庭潦大世與仇柒言曰吾有與君西遊之志今各取一葉爲之舟以觀其行之先後俄而大世之葉在前大世笑曰吾其行乎仇柒勃然曰子①亦男兒也豈獨不能乎大世知其可與容言其志仇柒曰此吾願也遂相與爲友自南海乘舟而去後不知其所往

十年冬十二月上大等弩里夫卒以伊飡首乙夫爲上大等

十一年春三月圓光法師入陳求法秋七月國西大水漂沒人戶三萬三百六十死者二百餘人王發使賑恤之

① 予(鑄字本)

삼국사본기 4/14

南

十三年春二月置領客府令二員秋七月築南山城周二千八百五十四步

十五年秋七月改築明活城周三千步西兄山城周二千步

十六年隋帝詔拜王爲上開府樂浪郡公新羅王

十八年春三月高僧曇育入隋求法遣使如隋貢方物冬十月永興寺火延燒三百五十家王親臨救之

十九年三郎寺成

二十二年高僧圓光隨朝聘使奈麻諸文大舍橫川還

二十四年遣使大奈麻上軍入隋進方物秋八月百濟來攻阿莫城王使將士逆戰大敗之貴山箒項死之九月高僧智明隨入朝使上軍還王尊敬明公戒行爲大德

二十五年秋八月高句麗侵北漢山城王親率兵一萬以拒之

삼국사본기4/15

世

二十六年秋七月遣使大奈麻萬世惠文等朝
隋廢南川州還置北漢山州
二十七年春三月高僧曇育隨入朝使惠文還
秋八月發兵侵百濟
三十年王患高句麗屢侵封埸欲請隋兵以征
高句麗命圓光修乞師表光曰求自存而滅他
非沙門之行也貧道在大王之土地食大王之
水草敢不惟命是從乃述以聞二月高句麗侵
北境虜獲八千人四月高句麗拔牛鳴山城

三十一年春正月毛只嶽下地燒廣四步長八
步深五尺至十月十五日滅
三十三年王遣使隋奉表請師隋煬帝許之行
兵事在高句麗紀冬十月百濟兵來圍椵岑城
百日縣令讚德固守力竭死之城沒
三十五年春旱夏四月降霜秋七月隋使王世
儀至皇龍寺設百高座邀圓光等法師說經
三十六年春二月廢沙伐州置一善州以一吉
湌日夫爲軍主永興寺塑佛自壞未幾眞興王

삼국사본기4/16

妃比丘尼死
三十七年春二月賜大酺三日冬十月地震
三十八年冬十月百濟來攻母山城
四十年北漢山州軍王①邊品謀復椵岑城發兵
與百濟戰奚論從軍赴敵力戰死之論讚德之
子也
四十三年秋七月王遣使大唐朝貢方物高祖
親勞問之遣通直散騎常侍庾文素來聘賜以
璽書及畫屛風錦綵三百段

四十四年春正月王親幸皇龍寺二月以伊湌
龍樹爲內省私臣初王七年大宮梁宮沙梁宮
三所各置私臣至是置內省私臣一人兼掌三宮
四十五年春正月置兵部大監二員冬十月遣
使大唐朝貢百濟襲勒弩縣
四十六年春正月置侍衛府大監六員賞賜署
大正一員大道署大正一員三月唐高祖降使
冊王爲柱國樂浪郡公新羅王冬十月百濟兵
來圍我速含櫻岑岐岑烽岑旗懸冗柵等六城

① 主(鑄字本)

①

於是三城或沒或降級湌論催合烽岑櫻岑旗
懸三城兵堅守不克死之
四十七年冬十一月遣使大唐朝貢因訟高句
麗塞路使不得朝且數侵入
四十八年秋七月遣使大唐朝貢唐高祖遣朱
子奢來詔諭與高句麗連和八月百濟攻主在
城城主東所拒戰死之築高墟城
四十九年春三月大風雨土過五日夏六月遣
使大唐朝貢秋七月百濟將軍沙乞拔西鄙二
城虜男女三百餘口八月隕霜殺穀冬十一月
遣使大唐朝貢
五十年春二月百濟圍椵岑城王出師擊破之
夏大旱移市畫龍祈雨秋冬民飢賣子女
五十一年秋八月王遣大將軍龍春舒玄副將
軍庾信侵高句麗娘臂城麗人出城列陣軍勢
甚盛我軍望之懼殊無鬪心庾信曰吾聞振領
而裘正提綱而網張吾其爲綱領乎乃跨馬拔
劍向敵陣直前三入三出每入或斬將或搴旗

① 提(鑄字本)

鼓 ① ② ③ ④ ⑤

諸軍乘勝鼓譟進擊斬殺五千餘級其城乃降
九月遣使大唐朝貢
五十二年大宮庭地裂
五十三年春二月白狗上千宮墻夏五月伊湌
柒宿與伊湌石品謀叛王覺之捕捉柒宿斬之
東市幷夷九族阿湌石品亡至百濟國境思見
妻子晝伏夜行還至叢山見一樵夫脫衣樓樵
夫敝衣衣之負薪潛至於家被捉伏刑秋七月
遣使大唐獻美女二人魏徵以爲不宜受上喜
曰彼林邑獻鸚鵡猶言苦寒思歸其國況二女
遠別親戚乎付使者歸之白虹飲于宮井土星
犯月
五十四年春正月王薨謚曰眞平葬于漢只唐
大宗詔贈左光祿大夫賻物段二百 古記云貞觀六年王辰正月卒而新唐書資理通鑑皆云貞觀五年辛卯羅王眞平卒豈其誤耶

三國史記卷第四

① 于(鑄字本)
② 阿(李丙燾)
③ 換(鑄字本)
④ 壬辰(鑄字本)

⑤ '理'는 成宗의 諱 '治'의 同義 代字. '資理通鑑'의 경우 이하 생략.

삼국사기 권 제5

신라본기 제5

선덕왕(善德王)

진덕왕(眞德王)

태종 무열왕(太宗武烈王)

삼국사본기5/1

三國史記卷第五

輸忠定難靖國贊化同德功臣開府儀同三司檢校太師守太保門下侍中判尙書吏禮部事集賢殿太學士監修國史上柱國致仕臣金富軾奉

宣撰

新羅本紀第五 善德王 眞德王 大①宗王

善德王立諱德曼眞平王長女也母金氏摩②●
夫人德曼性寬仁明敏王薨無子國人立德曼
上號聖祖皇姑前王時得自唐來牡丹花圖幷
花子以示德曼德曼曰此③●●●●●●●●
氣王笑曰爾何以④●●●●●●●●●●
之大抵女有國色⑤●●●●●●●●●●●
故也此花絶艶而圖畫又無蜂蝶是必無香花
種植之果如所言其先識如此
元年二月以大臣乙祭摠持國政夏五月旱至
六月乃雨冬十月遣使撫問國内鰥寡孤獨不
能自存者賑恤之十二月遣使入唐朝貢
二年春正月親祀神宮大赦復諸州郡一年⑥●
調二月京都地震秋七月遣使大唐朝貢八月
百濟侵西邊

① 太(鑄字本). '大宗'의 경우 이하 생략.
② 耶(新羅本紀 4 眞平王 즉위년조 및 三國遺事 王曆)
③ 花雖絶艶必是無香(東國通鑑)
④ 知之對曰(節要), 畵花而無蝶(三國遺事 善德王知幾三事조), 故知(東國通鑑)
⑤ 男隨之花有香氣蜂蝶隨之(李丙燾)
⑥ 租(鑄字本)

삼국사본기5/2

三年春正月改元仁平芬皇寺成三月雹大如栗
四年唐遣使持節冊命王爲柱國樂浪郡公新
羅王以襲父封靈廟寺成冬十月遣伊飡水品
龍樹 一云龍春 巡撫州①●縣
五年春正月拜伊飡水品爲上大等三月王疾
醫禱無効於皇龍寺設百高座集僧講仁王經
許度僧一百人夏五月蝦蟆大集宮西玉門池
王聞之謂左右曰蝦蟆怒目兵士之相也吾嘗
聞西南邊亦有地名玉門谷者②●●●●●●
潛入其中乎乃命將軍閼川③●●●●●●●
果百濟將軍于召欲襲獨山城率甲士五百人
來伏其處閼川掩擊盡殺之慈藏法師入唐
求法
六年春正月拜伊飡思眞爲舒弗邯秋七月拜
閼川爲大將軍
七年春三月七重城南大石自移三十五歩秋
九月雨黃花冬十月高句麗侵北邊七重城百
姓驚擾入山谷王命大將軍閼川安集之十一

① 州(鑄字本)
② 意或有隣國兵(東國通鑑)
③ 弼呑率兵往搜之(李丙燾)

삼국사본기5/3

①

月閼川與高句麗兵戰於七重城外克之殺虜
甚衆
八年春二月以何瑟羅州爲北小京命沙湌眞
珠鎭之秋七月東海水赤且熱魚鼈死
九年夏五月王遣子弟於唐請入國學是時太
宗大徵天下名儒爲學官數幸國子監使之講
論學生能明一大經已上皆得補官增築學舍
千二百間增學生滿三千二百六十員於是四
方學者雲集京師 於是高句麗百濟高●●

太

蕃亦遣子弟入學
十一年春正月遣使大唐獻方物秋七月百濟
王義慈大擧兵攻取國西四十餘城八月又與
高句麗謀欲取党項城以絶歸唐之路王遣使
告急於大●宗是月百濟將軍允忠領兵攻拔大
耶城都督伊湌品釋舍知竹竹龍石等死之冬
王將伐百濟以報大耶之役乃遣伊湌金春秋
於高句麗以請師初大耶之敗也都督品釋之
妻死焉是春秋之女也春秋聞之倚柱而立終

① 昌吐(新唐書 198 儒學 및 資治通鑑 195 貞觀 14년조)

삼국사본기5/4

② ①

日不瞬人物過前而不之省既而言曰嗟乎大
丈夫豈不能呑百濟乎便詣王曰臣願奉使高
句麗請兵以報怨於百濟王許之高句麗王高
臧素聞春秋之名嚴兵衛而後見之春秋進言
曰今百濟無道爲長蛇封豕以侵軼我封疆寡
君願得大國兵馬以洗其恥乃使下臣致命於
下執事麗王謂曰竹嶺本是我地分汝若還竹
嶺西北之地兵可出焉春秋●對曰臣奉君命乞
師大王無意救患以善鄰但威劫行人以●●

③

地臣有死而已不知其他臧怒其言之●●●
之別館春秋潛使人告本國王王命大將軍金
庾信領死士一萬人赴之庾信行軍過漢江入
高句麗南境麗王聞之放春秋以還拜庾信爲
押梁州軍主
十二年春正月遣使大唐獻方物三月入唐求
法高僧慈藏還秋九月遣使大唐上言高句麗
百濟侵凌臣國累遭攻襲數十城兩國連兵期
之必取將以今玆九月大擧下國社稷必不獲

① 對(鑄字本)
② 要歸(東國通鑑)
③ 不遜囚(東國通鑑)

삼국사본기 5/5

① ② ③ ④

仐謹遣陪臣歸命大國願乞偏師以存救援而
謂使人曰我實哀爾爲二國所侵所以頻遣使
人和爾二國高句麗百濟旋踵翻悔意在吞滅
而分爾土宇爾國設何奇謀以免顛越使人曰
吾王事窮計盡唯告急大國冀以全之帝曰我
少發邊兵摠契丹靺鞨直入遼東爾國自解可
緩爾一年之圍此後知無繼兵還肆侵侮四國
俱擾於爾未安此爲一策我又能給爾數千朱
袍丹幟二國兵至建而陳之彼見者以爲我●

⑤ 太 ⑥

必皆奔走此爲二策百濟國恃海之嶮不修機
械男女紛雜互相燕聚我以數十百船載以甲
卒銜枚泛海直襲其地爾國以婦人爲主爲鄰
國輕侮失主延寇靡歲休寧我遣一宗支與爲
爾國主而自不可獨王當遣兵營護待爾國安
任爾自守此爲三策爾宜思之將從何事使人
但唯而無對帝嘆其庸鄙非乞師告急之才也
十三年春正月遣使大唐獻方物大宗遣司農
丞相里玄奬齎璽書賜高句麗曰新羅委命國

① 帝(冊府元龜 991 外臣部 備禦 4 貞觀 17년 조 및 節要)
② 翻(上同)
③ 冀의 異體字(金貞培). 이하 생략.
④ 兵(冊府元龜 991 外臣部 備禦)
⑤ 以(上同)
⑥ 但(鑄字本)

삼국사본기 5/6

① ② ③

家朝貢不闕爾與百濟宜即戢兵若更攻之明
年當出師擊爾國矣蓋蘇文謂玄奬曰高句麗
新羅怨隙已久往者隋室相侵新羅乘釁奪高
句麗五百里之地城邑皆據有之非返地還城
此兵恐未能已玄奬曰已往之事焉可追論蘇
文竟不從秋九月王命庾信爲大將軍領兵伐
百濟大克之取城七
十四年春正月遣使大唐貢獻方物庾信自伐
百濟還未見王百濟大軍復來寇邊王命●●

遂不至家往伐破之斬首二千●□□□●●
於王未得歸家又●報百濟復來侵王以事急
乃曰國之存亡繫公一身庶不憚勞往其圖之
庾信又不歸家晝夜鍊兵西行道過宅門一家
男女瞻望涕泣公不顧而歸三月創造皇龍寺
塔從慈藏之請也夏五月太宗親征高句麗王
發兵三萬以助之百濟乘虛襲取國西七城冬
十一月拜伊飡毗曇爲上大等
十六年春正月毗曇廉宗等謂女王不能善理

① 庾信(鑄字本) 혹은 拒之(金庾信傳 및 節要)
② 級(金庾信傳 및 節要), 還命(金庾信傳)
③ 急(鑄字本)

國謀叛擧兵不克八日王薨謚曰善德葬于狼
山(唐書云貞觀二十一年卒通鑑云二十五年卒以本史考之通鑑誤也)
論曰臣聞之古有女媧氏非正是天子佐伏羲
理九州耳至若呂雉武曌値幼弱之主臨朝稱
制史書不得公然稱王●但書高皇后呂氏則天
皇后武氏者以天言之則陽剛而陰柔以人言
之則男尊而女卑豈可許姥嫗出閨房斷國家
之政事乎新羅扶起女子處之王位誠亂世之
事國之不亡幸也書云牝●鷄之晨易●●●●
蹢躅其可不爲之戒哉
眞德王立名勝曼眞平王母弟國飯(一云國芬)葛文
王之女也母朴氏月明夫人勝曼姿質豊麗長
七尺垂手過膝
元年正月十七日誅毗曇坐死者三十人二月
拜伊湌閼川爲上大等大阿湌守勝爲牛頭州
軍主唐大●宗遣使持節追贈前王爲光祿●大夫
仍用命王爲柱國封樂浪郡王秋七月遣使入
唐謝恩改元太和八月彗星出於南方又衆星

① 但(鑄字本)
② 牝(鑄字本), 云羸豕孚(鑄字本 및 易經 姤卦)
③ 太(鑄字本), 祿(鑄字本)

北流
冬十月百濟兵圍茂山甘勿桐岑三城王遣庾
信率步騎一萬以拒之苦戰氣竭庾信麾下丕
寧子及其子擧眞入敵陣急格死之衆皆奮擊
斬首三千餘級十一月王親祀神宮
二年春正月遣使大唐朝貢三月百濟將軍義
直侵西邊陷腰車等一十餘城王患之命押督
州都督庾信以謀之庾信於是訓勵士卒將以
發行義直拒之庾信分軍爲三道夾●●●●
兵敗走庾信追北殺之幾盡王悅賞●●●●
差冬使邯帙許朝唐太宗勑御史問新羅臣事
大朝何以別稱年號帙許言曾是天朝未頒正
朔是故先祖法興王以來私有紀年若大●朝有
命小國又何敢焉太宗然之遣伊湌金春秋及
其子文王朝唐太宗遣光祿卿柳亨郊勞之旣
至見春秋儀表英偉厚待之春秋請詣國學觀
釋奠及講論太宗許之仍賜御製溫湯及晉祠
碑幷新撰晉書嘗召燕見賜以金帛尤厚問曰

① 擊之百濟(節要)
② 賜士卒有(李丙燾)
③ 大(鑄字本)

⑤ ④ ③ ② ①

卿有所懷乎春秋跪奏曰臣之本國僻在海隅
伏事天朝積有歲年而百濟强猾屢肆侵凌况
往年大擧深入攻陷數十城以塞朝宗之路若
陛下不借天兵翦除凶惡則敝邑人民盡爲所
虜則梯航述職無復望矣太宗深然之許以出
師春秋又請改其章服以從中華制於是内出
珍服賜春秋及其從者詔授春秋爲特進文王
爲左武衛將軍還國詔令三品已上燕餞之優
禮甚備春秋奏曰臣有七子願使不離聖明●
衛乃命其子文注與大監□□●●●●●●
遇高句麗邏兵春秋從者温君解高冠大衣坐
於船上邏兵見以爲春秋捉殺之春秋乘小船
至國王聞之嗟痛追贈君解爲大阿湌優賞其
子孫
三年春正月始服中朝衣冠秋八月百濟將軍
殷相率衆來攻陷石吐等七城王命太將軍庾
信將軍陳春竹旨天存等出相之轉鬪經旬不
解進屯於道薩城下庾信謂衆曰今日必有百

① 令(節要)
② 宿(節要)
③ 王(본조의 앞문장), 春秋還至海上(東國通鑑 및 李丙燾)
④ 大(鑄字本)
⑤ 拒(鑄字本)

⑥ 鼓 ⑤ ④ ③ ② ①

濟人來諜汝等佯不知勿敢誰何乃延狥于軍
中曰堅壁不動明日待援軍然後决戰諜者聞
之歸報殷相相等謂有加兵不能不疑懼於是
庾信等進擊大敗之殺虜將士一百人斬軍卒
八千九百八十級獲戰馬一萬匹至若兵仗不
可勝數
四年夏四月下教以眞骨在位者執牙笏六月
遣使大唐告破百濟之衆王織錦作五言大平
頌遣春秋子法敏以獻唐皇帝其辭曰●●●
洪業巍々皇猷昌止戈戎衣定修文●●●●
天崇雨施理物體含章深仁諧日用撫運邁時
康幡旗何赫赫鉦鼓何鍠鍠外夷違命者剪覆
被天殃淳風凝幽顯遐邇競呈祥四時和玉燭
七曜巡萬方維嶽降宰輔維帝任忠良五三成
一德昭我唐家皇高宗嘉焉拜法敏爲大府卿
以還是歲始行中國永徽年號
論曰三代更正朔後代稱年號皆所以大一統
新百姓之視聽者也是故苟非乘時並起兩立

① 使徇(鑄字本)
② 太平(舊唐書 199 新羅傳 및 冊府元龜 962 外臣部 才智)
③ 辭, 大唐開(上同)
④ 巍(上同), 繼百王統(上同)
⑤ 日月(上同)
⑥ 凝(上同)

而爭天下與夫英雄兼間而作覬覦神器則偏方小國臣屬天子之邦者固不可以私名年若新羅以一意事中國使航貢篚相望於道而法興自稱年號惑矣厥後承愆襲繆多歷年所聞太宗之誚讓猶且因循至是然後奉行唐號雖出於不得已而抑可謂過而能改者矣

五年春正月朔王御朝元殿受百官正賀賀正之禮始於此二月改稟主爲執事部仍拜波珍湌竹旨爲執事中侍以掌機密事務□□□波珍湌金仁問入唐朝貢仍留宿衛

六年春正月以波珍湌天璵爲左理方府令遣使大唐朝貢三月京都大雪王宮南門無故自毁

七年冬十一月遣使大唐獻金總布

八年春三月王薨謚曰眞德葬沙梁部唐高宗聞之爲擧哀於永光門使大常丞張文收持節弔祭之贈開府儀同三司賜綵段三百國人謂始祖赫居世至眞德二十八王謂之聖骨自武

① 抑(鑄字本)
② 遣(節要)

烈至永王謂之眞骨唐令狐澄新羅記曰其國王族謂之第一骨餘貴族第二骨

太宗武烈王立諱春秋眞智王子伊湌龍春一云龍樹之子也唐書以爲眞德之弟誤也母天明夫人眞平王女妃文明夫人舒玄角湌女也王儀表英偉幼有濟世志事眞德位歷伊湌唐帝授以特進及眞德薨羣臣請閼川伊湌攝政閼川固讓曰臣老矣無德行可稱今之德望崇重莫若春秋公實可謂濟世英傑矣遂奉爲王春秋三讓不得已而就位

元年夏四月追封王考爲文興大王母爲文貞大后大赦五月命理方府令良首等詳酌律令修定理方府格六十餘條唐遣使持節備禮冊命爲開府儀同三司新羅王王遣使入唐表謝

二年春正月拜伊湌金剛爲上大等波珍湌文忠爲中侍高句麗與百濟靺鞨連兵侵軼我北境取三十三城王遣使入唐求援三月唐遣營州都督程名振左右衛中郞將蘇定方發兵擊

① 末(李丙燾)
② 樹(鑄字本)
③ 文(鑄字本)
④ 使(鑄字本)

삼국사본기 5/13

高句麗立元子法敏爲太子庶子文王爲伊湌
老且爲海湌仁泰爲角湌智鏡愷元各爲伊湌
冬十月牛首州獻白鹿屈弗郡進白猪一首二
身八足王女智照下嫁大角湌庾信立鼓樓月
城内
三年金仁問自唐歸遂任軍主監築獐山城秋
七月遣子右武衛將軍文王朝唐
四年秋七月一善郡大水溺死者三百餘人東
吐含山地燃三年而滅興輪寺門自壞□□□
北巖崩碎爲米食之如陳倉米
五年春正月中侍文忠改爲伊湌文王爲中侍
三月王以何瑟羅地連靺鞨人不能安罷京爲
州置都督以鎭之又以悉直爲北鎭
六年夏四月百濟頻犯境王將伐之遣使入唐
乞師秋八月以阿湌眞珠爲兵部令九月何瑟
羅州進白鳥公州基郡江中大魚出死長百尺
食者死冬十月王坐朝以請兵於唐不報憂形
於色忽有人於王前若先臣長春罷郎者言曰

삼국사본기 5/14

臣雖枯骨猶有報國之心昨到大唐認得皇帝
命大將軍蘇定方等領兵以來年五月來伐百
濟以大王勤佇如此故玆控告言畢而滅王大
驚異之厚賞兩家子孫仍命所司創漢山州莊
義寺以資冥福
七年春正月上大等金剛卒拜伊湌金庾信爲
上大等三月唐高宗命左武衛大將軍蘇定方
爲神丘道行軍大摠管金仁問爲副大摠管帥
①左驍衛將軍劉伯英等水陸十三萬□□●●
②濟勅王爲嵎夷道行軍摠管何將兵●●●●
夏五月二十六日王與庾信眞珠天存等領兵
出京六月十八日次南川停定方發自萊州舳
艫千里隨流東下二十一日王遣太子法敏領
兵船一百艘迎定方於德物島定方謂法敏曰
吾欲以七月十日至百濟南與大王兵會屠破
義慈都城法敏曰大王立待大軍如聞大將軍
來必蓐食而至定方喜還遣法敏徵新羅兵馬
法敏至言定方軍勢甚盛王喜不自勝又命太

① 伐百(鑄字本)
② 使(東國通鑑), 爲之聲援(鑄字本)

삼국사본기5/15

① 子與大將軍庾信將軍品日欽春(●欽純)等率
精兵五萬應之王次今突城秋七月九日庾信
等進軍於黃山之原百濟將軍堦伯擁兵而至
先據嶮設三營以待庾信等分軍爲三道四戰
不利士卒力竭將軍欽純謂子盤屈曰爲臣莫
若忠爲子莫若孝見危致命忠孝兩全盤屈曰
謹聞命矣乃入陣力戰死左將軍品日喚子官
狀(一云官昌)立於馬前指諸將曰吾兒年纔十六志
② 氣頗勇今日之役能爲三軍標的乎□□●●

③ 曰唯以甲馬單槍徑赴敵陣爲賊所●●●●
伯堦伯俾脫冑愛其少且勇不忍加害乃嘆曰
新羅不可敵也少年尚如此况壯士乎乃許生
還官狀告父曰吾入敵中不能斬將搴旗者非
畏死也言訖以手掬井水飮之更向敵陣疾鬪
堦伯擒斬首繫馬鞍以送之品日執其首流血
濕袂曰吾兒面目如生能死於王事幸矣三軍
見之慷慨有死志鼓噪進擊百濟衆大敗堦伯
死之虜佐平忠常常永等二十餘人是日定方

① 或(鑄字本)
② 官狀(본조의 앞문장 및 東國通鑑) 혹은 官昌(鑄字本)
③ 擒生致堦(鑄字本)

삼국사본기5/16

與副摠管金仁問等到伎伐浦遇百濟兵逆擊
大敗之庾信等至唐營定方以庾信等後期將
斬新羅督軍金文穎(或作永)於軍門庾信言於衆
曰大將軍不見黃山之役將以後期爲罪吾不
能無罪而受辱必先與唐軍決戰然後破百濟
乃杖鉞軍門怒髮如植其腰間寶劍自躍出鞘
定方右將董寶亮躡足曰新羅兵將有變也定
方乃釋文穎之罪百濟王子使佐平覺伽移書
① 於唐將軍哀乞退兵十二日唐羅軍□□□●

② 義慈都城進於所夫里之原定方有所●●●
前庾信說之二軍勇敢四道齊振百濟王子又
使上佐平致饔餼豐腆定方却之王庶子躬與
③ 佐平六人詣前乞罪又揮之十三日義慈率左
右夜遁走保熊津城義慈子隆與大佐平
④ 千福等出降法敏跪隆於馬前唾面罵曰
向者汝父枉殺我妹埋之獄中使我二十年間痛心
疾首今日汝命在吾手中隆伏地無言十八日義
⑤ 慈與太子及熊津方領軍等自熊津城來降王

① 圍(鑄字本)
② 忌不能(李丙燾)
③ 詣(鑄字本)
④ 唾面(鑄字本)
⑤ 自(鑄字本)

聞義慈降二十九日自今突城至所夫里城遣
弟監天福露布於大唐八月二日大置酒勞將
士王與定方及諸將坐於堂上坐義慈及子隆
於堂下或使義慈行酒百濟佐平等羣臣莫不
嗚咽流涕是日捕斬毛尺毛尺本新羅人亡入
百濟與大耶城黔日同謀陷城故斬之又捉黔
日數曰汝在大耶城與毛尺謀引百濟之兵燒
亡倉庫令一城乏食致敗罪一也逼殺品釋夫
妻罪二也與百濟來攻本国罪三也以●支解
投兲尸於江水百濟●賊●南岑貞峴□□□
城又佐平正武聚衆屯豆尸原嶽抄掠唐羅人
二十六日攻任存大柵兵多地嶮不能克但攻
破小柵九月三日郎將劉仁願以兵一萬人留
鎮泗沘城王子仁泰與沙飡日原級飡吉那以
兵七千副之定方以百濟王及王族臣寮九十
三人百姓一萬二千人自泗沘乘舡迴唐金仁
問與沙飡儒敦大奈麻中知等偕行二十三日
百濟餘賊入泗沘謀掠生降人留守仁願出唐

① 士(鑄字本)
② 國, 四(李丙燾)
③ 餘(李丙燾), 據(李丙燾)
④ 屯(李丙燾)
⑤ 船(鑄字本)과 同意字. 이하 생략.

羅人擊走之賊退上泗沘南嶺竪四五柵屯聚
伺隙抄掠城邑百濟人叛而應者二十餘城唐
皇帝遣左衛中郎將王文度爲熊津都督二十
八日至三年山城傳詔文度面東立大王面西
立錫命後文度欲以宣物授王忽疾作便死從
者攝位畢事十月九日王率太子及諸軍攻尒
禮城十八日取其城置官守百濟二十餘城震
懼皆降三十日攻泗沘南嶺軍柵斬首一千五
百人十一月一日高句麗侵攻七重城軍●匹
夫死之五日王行渡雞灘攻王興寺岑城七日
乃克斬首七百人二十二日王來自百濟論功
以罽衿卒宣服爲級飡軍師豆迭爲高于戰死
儒史知未知活寶弘伊屑儒等四人許職有差
百濟人員並量才任用佐平忠常常永達率自
簡授位一吉飡充職摠管恩率正守授位大奈
麻充職大監恩率仁守授位大奈麻充職弟監
八年春二月百濟殘賊來攻泗沘城王命伊飡
品日爲大幢將軍迊飡文王大阿飡良圖阿飡

① 主(節要)
② 干(職官志 및 節要)

삼국사본기5/19

忠常等副之迊湌文忠爲上州將軍阿湌眞王
副之阿湌義服爲下州將軍正欽旭川等爲南
川大監文品爲誓幢將軍義光爲郎幢將軍往
救之三月五日至中路品日分麾下軍先行往
豆良尹(伊一作)城南相營地百濟人望陣不整猝
出急擊不意我軍驚駭潰北十二日大軍來屯
古沙比城外進攻豆良尹城一朔有六日不克
夏四月十九日班師大幢誓幢先行下州軍殿
後至賓骨壤遇百濟軍相鬪敗退死者雖少先①
亡兵械輜重甚多上州郎幢遇賊於角山而進
擊克之遂入百濟屯保斬獲二千級王聞軍敗
大驚遣將軍金純眞欽②天存竹旨濟師救援至
加尸兮③津聞軍退至加召川乃還王以諸將敗
績論罰有差五月九日(一云十一日)高句麗將軍惱④音
信與靺鞨將軍生偕合軍來攻述川城不克移
攻北漢山城列抛車飛石所當陴屋輒壞城主
大舍冬陁川使人擲鐵蒺蔾於城外人馬不能
行又破安養寺廩倉輸其材隨城壞處卽構爲

① 失(節要)
② 德宗의 諱 '欽'의 缺劃 誤刻.
③ 兮(鑄字本)
④ 惱(鑄字本)와 同字.

삼국사본기5/20

樓櫓結絙網懸牛馬皮緜衣內設弩砲以守時
城內只有男女二千八百人城主冬陁川能激
厲少弱以敵強大之賊九二十餘日賊糧盡力
疲至誠告天忽有大星落於賊營又雷雨以震
賊疑懼解圍而去王嘉奬冬陁川擢位大奈麻
移押督州於大耶以阿湌宗貞爲都督六月大
官寺井水爲血金馬郡地流血廣五步王薨謚
曰武烈葬永敬寺比①上號太宗高宗聞訃擧哀
於洛城門

三國史記卷第五

① 北(鑄字本)

삼국사기 권 제6

신라본기 제6

문무왕(文武王) 상

③ ② ①

三國史記卷第六

宣撰

新羅本紀第六　文武王上

文武王立諱法敏太宗王之元子母金氏文明
王后蘇判舒玄之季女庾信之妹也其妹夢登
西兄山頂坐旋流徧國內覺與季言夢季戲曰
予願買兄此夢因與錦裙爲直後數日庾信與
春秋公蹴鞠因踐落春秋衣紐庾信曰●●●
近請往綴紐因與俱往宅置偭從容喚●●●
針線來縫其娣有故不進其季進前縫綴淡粧
輕服光艶炤人春秋見而悅之乃請婚成禮則
有娠生男是謂法敏妃慈儀王后波珍飡善品
之女也法敏姿表英特聰明多智略永徽初如
唐高宗授以大府卿太宗元年以波珍飡爲兵
部令尋封爲太子顯慶五年太宗與唐將蘇定
方平百濟法敏從之有大功至是即位
元年六月入唐宿衛仁問儒敦等至告皇帝已

① 姊(三國遺事 太宗春秋公조 및 節要)
② 吾家幸(鑄字本)
③ 酒(鑄字本), 寶姬持(鑄字本)

太 ③ ② ①

遣蘇定方領水陸三十五道兵伐高句麗遂
命王擧兵相應雖在服重違皇帝勑命秋七
月十七日以金庾信爲大將軍仁問眞珠欽突
爲大幢將軍天存竹旨天品爲貴幢摠管品日
忠常義服爲上州摠管眞欽衆臣自簡爲下州
摠管軍官藪世高純爲南川州摠管述實達官
文穎爲首若州摠管文訓眞純爲河西州摠管
眞福爲誓幢摠管義光爲郎幢摠管慰知爲罽
衿大監八月大王領諸將至始飴谷停留□□
使來告曰百濟殘賊拠甕山●●●●●●●
王先遣使諭之不服九月十九日大王進次熊
峴停集諸摠管大監親臨誓之二十五日進軍
圍甕山城至二十七日先燒大栅斬殺數千人
遂降之論功賜角干伊飡爲摠管者劒迊飡波
珍飡大阿飡爲摠管者戟已下各一品位築熊
峴城上州摠管品日與一牟山郡大守大幢沙
尸山郡大守哲川等率兵攻雨述城斬首一千
及百濟達率助服恩率波伽與衆謀降賜位助

① 城遮路不可前大(金庾信傳 및 李丙燾)
② 湌(鑄字本)
③ 牟(節要), 太(節要). '大守'의 경우 이하 생략.

太 ①

服級飡仍授古陁耶郡大守波加級飡兼賜田
宅衣物冬十月二十九日大王聞唐皇帝使者
至遂還京唐使弔慰兼勑祭前王贈雜彩五百
段庾信等休兵待後命含資道摠管劉德敏至
傳勑旨輸平壤軍粮
二年春正月唐使臣在館至是冊命王爲開府
儀同三司上柱國樂浪郡王新羅王拜伊湌文
訓爲中侍王命庾信與仁問良圖等九將軍以
車二千餘兩載米四千石租二萬二千餘石赴

平壤十八日宿風樹村冰滑道險車不得行並
載以牛馬二十三日渡七重河至䔉壤貴幢弟
監星川軍師述川等遇賊兵於梨峴擊殺之二
月一日庾信等至獐塞距平壤三萬六千步先
遣步騎監裂起等十五人赴唐營是日風雪寒
沍人馬多凍死六日至楊隩庾信遣阿湌良圖
大監仁仙等致軍粮贈定方以銀五千七百分
細布三十匹頭髮三十兩牛黃十九兩定方得
軍粮便罷還庾信等聞唐兵歸亦還渡瓢川高

① 獐(鑄字本)

① 耽

句麗兵追之迴軍對戰斬首一萬餘級虜小兄
阿達兮等得兵械萬數論功中分本彼宮財貨
田莊奴僕以賜庾信仁問靈廟寺災躭羅國主
佐平徒冬音律一作津來降躭羅自武德以來臣
屬百濟故以佐平爲官號至是降爲屬國三月
大赦王以旣平百濟命所司設大酺秋七月遣
伊湌金仁問入唐貢方物八月百濟殘賊屯聚
內斯只城作惡遣欽純等十九將軍討破之大
幢摠管眞珠南川州摠管眞欽詐稱病閑放不

恤國事遂誅之幷夷其族沙湌如冬打母天雷
雨震死身上題須罖堂三字南川州獻白鵲罖字未詳
三年春正月作長倉於南山新城築富山城二
月欽純天存領兵攻取百濟居列城斬首七百
餘級又攻居勿城沙平城降之又攻德安城斬
首一千七十級夏四月大唐以我國爲雞林大
都督府以王爲雞林州大都督二月震靈廟寺
門百濟故將福信及浮圖道琛迎故王子扶餘
豐立之圍留鎭郎將劉仁願於熊津城唐皇帝

① 屯(鑄字本)

詔仁軌檢校帶方州刺使統前都督王文度之
衆與我兵向百濟營轉鬪陷陳所向無前信等
釋仁願圍退保任存城既而福信殺道琛幷其
衆招還叛亡勢甚張仁軌與仁願合解甲休士
乃請益兵詔遣右威衛將軍孫仁師率兵四十
萬至德物島就熊津府城王領金庾信等二十
八(一云三十)將軍與之合攻豆陵(一作良)尹城周留城
等諸城皆下之扶餘豊脫身走王子忠勝忠志
等率其衆降獨遲受信據任存城不下自冬十

月二十一日攻之不克至十一月四日班師至
舌(一作后)利停論功行賞有差大赦製衣裳給留鎭
唐軍
四年春正月金庾信請老不允賜几杖以阿飡
軍官爲漢山州都督下敎婦人亦服中朝衣裳
二月命有司徙民於諸王陵園各二十戶角干
金仁問伊飡天存與唐勑使劉仁願百濟扶餘
隆同盟于熊律三月百濟殘衆據泗沘山城叛
熊州都督發兵攻破之地震遣星川丘日等二

① 史(鑄字本)
② 陣과 同字. 이하 생략.
③ 幷(節要)
④ 叛(鑄字本)
⑤ 于(鑄字本), 津(鑄字本)

十八人於府城學唐樂秋七月王命將軍仁問
品日軍官文穎等率一善漢山二州兵與府城
兵馬攻高句麗突沙城滅之八月十四日地震壞
民屋南方尤甚禁人擅以財貨田地施佛寺
五年春二月中侍文訓致仕以伊飡眞福爲中
侍伊飡文王卒以王子禮葬之唐皇帝遣使來
弔兼進贈紫衣一襲腰帶一條彩綾羅一百匹
綃二百匹王贈唐使者金帛尤厚秋八月王與
勑使劉仁願熊津都叔扶餘隆盟于熊津就利

山初百濟自扶餘璋與高句麗連和屢掇伐封
埸我遣使入朝求救相望于路及蘇定方既平
百濟軍廻餘衆又叛王與鎭守使劉仁願劉仁
軌等經略數年漸平之高宗詔扶餘隆歸撫餘
衆及令與我和好至是刑白馬而盟先祀神祇
及川谷之神而後歃血共盟文日往者百濟先
王迷於逆順不敦鄰好不睦親姻結託高句麗
交通倭國共爲殘暴侵削新羅剽邑屠城略無
寧歲天子憫一物之失所憐百姓之無辜

① 督(鑄字本)
② 侵(鑄字本)
③ 曰(鑄字本), 往의 俗字. 이하 생략.
④ 共(冊府元龜 981 外臣部 盟誓 및 舊唐書 199 新羅傳)

삼국사기 6/7

行人遣其和好負險恃遠侮慢天經皇赫斯怒
龔行弔伐旌旗所指一戎大定固可婿宮犴宅
作誡來裔塞源拔本垂訓後昆然懷柔伐叛前
王之令典興亡繼絶往哲之通規事必師古傳
諸曩冊故立前百濟大司稼正卿扶餘隆爲熊
津都督守其祭祀保其桑梓依倚新羅長爲與
國各除宿憾結好和親各承詔命永爲藩服仍
遣使人右威衛將軍魯城縣公劉仁願親臨勸
誘寔宣成旨約之以婚姻申之以盟誓刑牲歃

血共敦終始分災恤患恩若弟兄祗奉綸言不
敢失墜旣盟之後共保歲寒若有背盟二三其
德興兵動衆侵犯邊陲明神監之百殃是降子
孫不育社稷無守禋祀磨滅罔有遺餘故作金
書鐵券藏之宗廟子孫萬代無敢違杞神之聽
之是饗是福劉仁軌之辭也歃訖埋牲幣於壇
之壬地藏其書於我之宗廟於是仁軌領我使
者及百濟躭羅倭人四國使浮海西還以會祠
泰山立王子政明爲太子大赦冬以一善居列

① 瀦(冊府元龜 981 外臣部 盟誓 및 舊唐書 199 新羅傳), 汚(上同)
② 犯(上同)
耽

삼국사기 6/8

二州民輸軍資於河西州緇布舊以十尋爲一
匹改以長七步廣二尺爲一匹
六年春二月京都地震夏四月靈廟寺災大赦
天存之子漢林庾信之子三光皆以奈麻入唐
宿衛王以旣平百濟欲滅高句麗請兵於唐冬
十二月唐以李勣爲遼東道行軍大摠管以司
列少常伯安陸郝處俊副之以擊高句麗高句
麗貴臣淵淨土以城十二戶七百六十三口三
千五百四十三來投淨土及從官二十四人給

衣物糧料家舍安置王都及州府其八城完
遣士卒鎭守
七年秋七月大酺三日唐皇帝勅以智鏡愷元
爲將軍赴遼東之役王卽以智鏡爲波珍飡愷
元爲大阿飡又皇帝勅以日原大阿飡爲雲麾
將軍王命於宮庭受命遣大奈麻汁恒世入唐
朝貢高宗命劉仁願金仁泰從卑列道又徵我
兵從多谷海谷二道以會平壤秋八月王領大
角干金庾信等三十將軍出京九月至漢城停

① 並(鑄字本)

삼국사본기 6/9

② 太 ①

以待英公冬十月二日英公到平壤城北二百
里差遣尒同兮村主大奈麻江深率契丹騎兵
八十餘人歷阿珍含城至漢城移書以督兵期
大王從之十一月十一日至獐塞聞英公歸王
兵亦還仍授江深位級湌賜粟五百石十二月
中侍文訓卒唐留鎭將軍劉仁願傳宣天子勅
命助征高句麗仍賜王大將軍旌節
八年春阿麻來服遣元器與淨土入唐淨土留
不歸元器還有勅此後禁獻女人三月拜波珍
湌智鏡爲中侍置比列忽州仍命波珍湌龍文
爲揔管夏四月彗星守天船六月十二日遼東
道安撫副大使遼東行軍副大揔管兼熊津道
安撫大使行軍揔管右相檢校大子左中護上
柱國樂城縣開國男劉仁軌奉皇帝勅旨與宿
衛沙湌金三光到党項津王使角干金仁問廷
迎之以大禮於是右相約束訖向泉岡二十一
日以大角千金庾信大幢爲大揔管角千金仁
問欽純天存文忠迊湌眞福波珍湌智鏡大阿

① 還(節要)
② 干(鑄字本), 爲大幢(李丙燾), 干(鑄字本)

삼국사본기 6/10

⑤ 蛇 ④ ③ ② ①

湌良圖愷元欽突爲大幢揔管伊湌陳純一作春
竹旨爲京停揔管伊湌品日迊湌文訓天阿湌
天品爲貴幢揔管伊湌仁泰爲卑列道揔管迊
湌軍官大阿湌都儒阿湌龍長爲漢城州行軍
揔管迊湌崇信大阿湌文穎阿湌福世爲卑列
城州行軍揔管波珍湌宣光阿湌長順純長爲
河西州行軍揔管波珍湌宜福阿湌天光爲誓
幢揔管阿湌日原興元爲罽衿幢揔管二十二
日府城劉仁願遣貴干未肹告高句麗大谷□
漢城等二郡十二城歸服王遣一吉湌眞功稱
賀仁問天存都儒等領一善州等七郡及漢城
州兵馬赴唐軍營二十七日王發京赴唐兵二
十九日諸道揔管發行王以庾信病風留京仁
問等遇英公進軍於嬰留山下嬰留山在今西京北二十里秋
七月十六日王行次漢城州教諸揔管往會大
軍文穎等遇高句麗兵於蛇川之原對戰大敗
之九月二十一日與大軍合圍平壤高句麗王
先遣泉男産等詣英公請降於是英公以王寶

① 突(李丙燾)의 異體字. 이하 표기 생략.
② 大(節要)
③ 日(節要)
④ 干(職官志)

⑤ '泉'은 唐 高祖의 諱 '淵'의 同義 代字. 이하 생략.

삼국사본기 6/11

臧王子福男德男大臣等二十餘萬口迴唐角
干金仁問大阿湌助州隨英公歸仁泰義福藪
世天光興元隨行初大軍平高句麗王發漢城
指平壤次肹次壤聞唐諸將已歸還至漢城冬
十月二十二日賜庾信位太大角干仁問大角
干已外伊湌將軍等並爲角干蘇判已下並增
位一級大幢少監本得虵川戰功第一漢山州
少監朴京漢平壤城內殺軍主述脫功第一黑
嶽令宣極平壤城大門戰功第一並授位一吉

湌賜租一千石誓幢幢主金遁山平壤軍營戰
功第一授位沙湌賜租七百石軍師南漢山北
渠平壤城北門戰功第一授位述干賜粟一千
石軍師斧壤仇杞平壤南橋戰功第一授位述
干賜粟七百石假軍師比列忽世活平壤少城
戰功第一授位高干賜粟五百石漢山州少監
金相京虵川戰死功第一贈位一吉湌賜租一
千石牙述沙湌求律虵川之戰就橋下涉水出
與賊鬪大勝以無軍令自入危道功雖第一而

蛇

삼국사본기 6/12

不録憤恨欲經死旁人救之不得死二十五日
王還國次褥突驛國原仕臣龍長大阿湌私設
筵饗王及諸侍從及樂作奈麻緊周子能晏年
十五歲呈加耶之舞王見容儀端麗召前撫背
以金盞勸酒賜幣帛頗厚十一月五日王以所
虜高句麗人七千入京六日率文武臣寮朝謁
先祖廟告曰祗承先志與大唐同擧義兵問罪
於百濟高句麗元凶伏罪國步泰靜敢玆控告
神之聽之十八日賚死事者少監已上十□□

匹從者二十匹十二月靈廟寺災
九年春正月以信惠法師爲政官大書省唐僧
法安來傳天子命求磁石二月二十一日大王會
羣臣下教往者新羅隔於兩國北伐西侵暫無
寧歲戰士曝骨積於原野身首分於庭界先王
愍百姓之殘害忘千乘之貴重越海入朝請兵
絳闕本欲平定兩國永無戰鬪雪累代之深讎
全百姓之殘命百濟雖平高麗未滅寡人承克
定之遺業終已成之先志今兩敵旣平四隅靜

奉臨陣立功者並已酬賞戰死幽魂者追以冥
資但囹圄之中不被泣辜之恩枷鏁之苦未蒙
更新之澤言念此事寢食未安可赦國內自總
章二年二月二十一日昧爽已前犯五逆罪死
已下今見囚禁者罪無小大悉皆放出其前赦
已後犯罪奪爵者並令依舊盜賊人但放其身
更無財物可還者不在徵限其百姓貧寒取他
穀米者在不熟之地者子母俱不須還若在熟
處者至今年收熟只還其本其子不須還□□

三十日爲限所司奉行夏五月泉共比●●●
連等三郡民饑發倉賑恤遣祇珍山級飡等入
唐獻磁石二箱又遣欽純角干良圖波珍飡入
唐謝罪冬唐使到傳詔與弩師仇珍川沙飡廻
命造木弩放箭三十步帝問曰聞在爾國造弩
射一千步今纔三十步何也對曰材不良也若
取材本國則可以作之天子降使求之卽遣福
漢大奈麻獻木乃命改造射至六十步問其故
答曰臣亦不能知其所以然殆木過海爲濕氣

① 須(鑄字本)
② 井(李丙燾), 列忽各(李丙燾)

所侵者輿天子疑其故不爲劾之以重罪而終
不盡呈其能須馬陆九一百七十四所屬所內
二十二官十賜庚信太大角干六仁問大角干
五角干七人各三供飡五人各二蘇判四人各
二波珍飡六人大阿飡十二人各一以下七十
四所隨宜賜之
十年春正月高宗許欽純還國留四良圖終死
干圓獄以王擅取百濟土地遺民皇帝責怒再
留使者三月沙飡薛烏儒與高句麗太●●●

延正各率精兵一萬度鴨渌江至屋骨□□□
靺鞨兵先至皆敦壤待之夏四月四日對戰我
兵大克之斬獲不可勝計唐兵繼至我兵退保
白城六月高句麗水臨城人年岑大兄収合殘
民自窮牟城至浿江南殺唐官人及僧法安等
向新羅行●而海史冶島見高句麗大臣淵淨
土之子安勝迎致漢城中奉以爲君遣小兄多
式等哀告曰興滅國繼絶世天下之公義也推
大國是望我國先王目失道見滅今臣等得國

① 凡(李丙燾)
② 伊(李丙燾)
③ 留(鑄字本)
④ 于(節要)
⑤ 大兄高(李丙燾)
⑥ 牟(高句麗本紀 10 寶臧王 27년조 및 舊唐書 199 高麗傳)
⑦ 至(鑄字本), 島
⑧ 惟(鑄字本)
⑨ 以(金貞培)

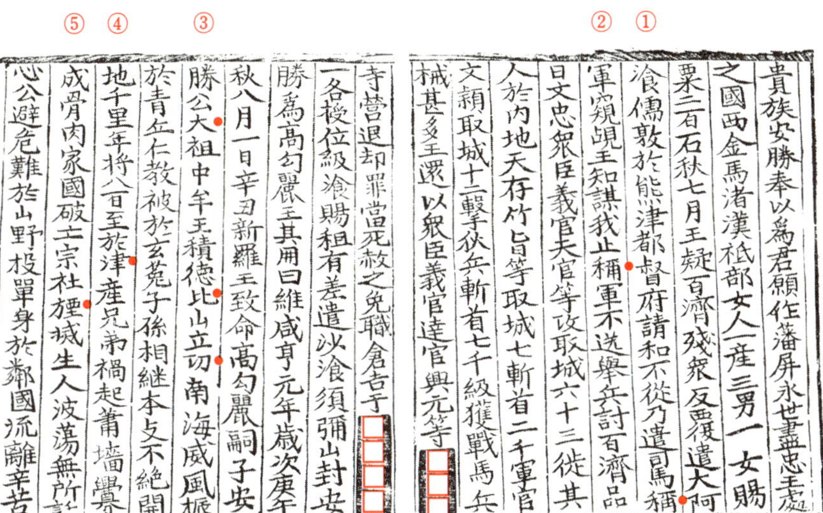
貴族妥勝奉以爲君願作藩屛永世盡忠王處
之國西金馬渚漢祗部女人産三男一女賜
粟二百石秋七月王疑百濟殘衆反覆遣大阿
湌儒敦於熊津都督府請和不從乃遣司馬禰
軍覘王知謀我止禰軍不送擧兵討百濟品
日文忠衆臣義官天官等攻取城六十三徙其
人於内地天存竹旨等取城七斬首二千軍官
文頴取城十二擊狄兵斬首七千級獲戰馬兵
械甚多王還以衆臣義官達官興元等□□□

寺營退却罪當死赦之免職倉吉于□□□
一各授位級湌賜租有差遣沙湌須彌山封安
勝爲高句麗王其册曰維咸亨元年歲次庚午
秋八月一日辛丑新羅王致命高句麗嗣子安
勝公大祖中牟王積德比山立切南海威風振
於青丘仁教被於玄菟子孫相繼本支不絶開
地千里年將八百至於津産兄弟禍起蕭墻釁
成骨肉家國破亡宗社湮堿生人波蕩無所託
心公避危難於山野投單身於鄰國流離辛苦

① 禰(新羅本紀 7 文武王 11년조)
② 禰(上同)
③ 太(鑄字本), 北(節要), 功(鑄字本)
④ 太祖의 諱 '建'의 缺劃 誤刻. 이하 생략.
⑤ 湮(鑄字本)

迹同晉文更興亡国事等衛侯夫百姓不可以
無主皇天必有以眷命先王正嗣唯公而已主
於祭祀非公而誰謹遣使一吉湌金須彌山等
就披策命公爲高句麗王公宜撫集遺民紹興
舊緒永爲鄰國事同昆弟敬哉敬哉兼送粳米
二千石甲具馬一匹綾五匹絹細布各十匹綿
十五稱王其領之十二月土星入月京都地震
中侍智鏡退倭國更号日本自言近日所出以
爲名漢城州摠管藪世取百濟□□□□□□

國適彼事覺遣大阿湌眞珠誅之 十二 眞書所六 □□□□□□
傳事同異可□

三國史記卷第六

① 日(鑄字本)

삼국사기 권 제7

신라본기 제7

문무왕(文武王) 하

삼국사본기7/1

① 　② 侯

三國史記卷第七

輸忠定難靖國贊化同德功臣開府儀同三司檢校太師守太保門下侍中判尙書吏禮部事集賢殿太學士監修國史上柱國致仕臣金富軾奉

宣撰

新羅本紀第七　文武王下

十一年春正月拜伊飡禮元爲中侍發兵侵百濟戰於熊津南幢主夫果死之靺鞨兵來圍舌口城不克將退出兵擊之斬殺三百餘人聞唐兵欲來捄百濟遣大阿飡眞功阿飡□□□□兵守甕浦白魚躍入□□□□□□□□□□□

一寸夏四月震興輪寺南門六月遣將軍竹旨等領兵踐百濟加林城禾遂與唐兵戰於石城斬首五千三百級獲百濟將軍二人唐果毅六人秋七月二十六日大唐摠管薛仁貴使琳潤法師寄書曰行軍摠管薛仁貴致書新羅王淸風萬里大海三千天命有期行遵此境奉承機心稍動窮兵邊城去由也之片言失侯生之一諾兄爲逆首弟作忠臣遠分花蕚之陰空照相思之月興言彼此良增歎詠先王開府謀猷一

① 救(節要)
② 蕚(詩經 小雅 常棣章)과 同字.

삼국사본기7/2

① 　②

國展轉百城西畏百濟之侵北警高麗之冦地方千里數劍爭鋒蠶女不及桑時耘人失其畤序年將耳順榆景日侵不憚舩海之危遠涉陽侯之險瀝心華境頓顙天門具陳孤弱明論侵擾情之所露聽不勝悲太宗文皇帝氣雄天下神王宇宙君盤古之九變同巨靈之一掌扶傾救弱日不暇給哀納先君矜收所請輕車駿馬美衣上藥一日之内頻遇殊私亦旣承恩對揚軍事契同魚水明於金石鳳鏘千重鶴關萬戶

留連酒德讌笑金除叅論兵馬分期聲援一朝大擧水陸交鋒于時塞草分花榆星上莢駐蹕之戰文帝親行弔人恤隱義之深也旣而山海異形日月迴薄聖人下武王亦承家巖葛因依聲塵共擧洗兵刷馬咸遵先志數十年外中國疲勞帑藏時開飛蒭曰給以蒼鳥之地起黃圖之兵貴於有益貪於無用豈不知止恐失先君之信也今强冦已淸讐人喪國士馬玉帛王亦有之當應心膂不移中外相輔銷鏑而化虛室

① 船과 同字. 이하 생략.
② 日(鑄字本), 島

棄

爲情自然貽厥孫謀以燕翼子良史之譏豈不
休哉今王去安然之基厥守常之策違乖天命
近弃父言侮暴天時侵欺鄰好一隅之地僻左
之陬率户徵兵連年舉斧孀姬輓粟稚子屯田
守無所支進不能拒以得裨喪以存補土大小
不侔逆順乖叙亦由持彈而往暗於枯井之危
捕蟬而前不知黃雀之難此王之不知量也先
王在日早蒙天睠審懷險詖之心假以披誠之
禮從已私欲貪天至功苟希前惠圖爲後逆此

先君之不長者也必其誓河若帶義分如霜違
君之命不忠背父之心非孝一身二名何以自
寧王之父子一朝振立此並天情遠及威力相
持方州連郡遂爲盤錯從此遽蒙冊命拜以稱
臣坐治經書備詳詩禮聞義不從見善而輕聽
縱横之説煩耳目之神忽高門之基延鬼瞰之
責先君盛業奉而異圖内潰疑臣外招強隣豈
爲智也又高麗安勝年尚幼冲遺壑殘郛生人
減半自懷去就之疑匪堪襟帶之重仁貴樓船

삼국사본기7/3

① ② ③ ④ ⑤ ⑥

竟□風帆連旗巡於北岸矜其舊日傷弓之羽
未忍加兵恃爲外援斯何謬也皇帝德澤無涯
仁風遠洎愛同□景炤若春華遠聞消息悄然
不信爰命下臣來觀由委而王不能行人相問
牛酒犒師遂便隱甲雀陂藏兵江口鼓行林薄
喘息来丘潜生自噬之鋒而無相持之氣大軍
未出游兵具行望海浮江魚驚鳥竄以此形况
人事可求沉迷猖惑幸而知止夫舉大事者不
貪小利杖高節者寄以英奇必其鸞鳳不馴犲

狼有顧高將軍之漢騎李謹行之蕃兵吳楚棹
歌幽并惡少四面雲合方舟而下依險築戍闢
地耕田此王之膏盲也王若勞者歌事屈而頓
申具論所由明陳彼此仁貴夙陪大駕親承委
寄録狀聞奏事必昭蘇何苦忽忽自相縈擾嗚
呼昔爲忠義今乃逆臣恨始吉而終凶怨本同
而末異風高氣切葉落年悲憑山遠望有傷懷
抱王以機聰清明風神爽秀歸以流謙之義存
於順迪之心血食依時茅苴不易占休納祐王

삼국사본기7/4

① 翼(鑄字本)
② 日(鑄字本)
③ 萊(鑄字本)
④ 豺(鑄字本)
⑤ 肓(節要)
⑥ 晤(節要)

삼국사기 7/5

之策也嚴鋒之間行人來往今遣王所部僧琳
潤賚書佇布一二大王報書云先王貞觀二十
二年入朝面奉太宗文皇帝恩勅朕今伐高麗
非有他故憐你新羅攝乎兩國每被侵陵靡有
寧歲山川土地非我所貪玉帛子女是我所有
我平定兩國平壤已南百濟土地並乞你新羅
永為安逸垂以計會賜以軍期新羅百姓具聞
恩勑人人畜力家家待用大事未終文帝先崩
今帝踐祚復繼前恩頻蒙慈澤有踰往日兄弟

及兒懷金拖紫榮寵之極夐古未有粉身碎骨
望盡驅馳之用肝腦塗原仰報萬分之一至顯
慶五年聖上感先志之未終成曩日①之遺緒泛
舟命將大發船兵先王年衰力弱不堪行軍追
感前恩勉強至於界首遣某領兵應接大軍東
西唱和水陸俱進船兵纔入江口陸軍已破大
賊兩軍俱到王都共平一國平定已後先王遂
共蘇大摠管平章留漢兵一萬新羅亦遣弟仁
泰領兵七千同鎮熊津大軍迴後賊臣福信起

① 日(鑄字本)

삼국사기 7/6

於江西取集餘燼圍逼府城先破外柵摠奪軍
資復攻府城幾將陷沒又於府城側近四處作
城圍守於此府城不得出入某領兵往赴解圍
四面賊城並皆打破先救其危復運①粮食遂使
一萬漢兵免虎吻之危難留鎮餓軍無易子而
相食至六年福信徒黨漸多侵取江東之地熊
津漢兵一千往打賊徒被②賊摧破一人不歸自
敗已來熊津請兵日夕相繼新羅多有疫病不
可徵發兵馬苦請難違遂發兵衆往圍周留城

賊知兵小遂即來打大損兵馬失利而歸南方
諸城一時摠叛並屬福信福信乘勝復圍府城因
即熊津道斷絶於鹽豉即募健③兒偷道送鹽救
其乏困至六月先王薨送葬纔訖喪服未除不
能應赴勑旨發兵北歸含資道摠管劉德敏等
至奉勑遣新羅供運平壤軍粮此時熊津使人
來具陳府城孤危劉摠管與某平章自云若先
送平壤軍粮即恐熊津道斷熊津若其道斷留
鎮漢兵即入賊手劉摠管遂共某相隨先打瓮④

① 宣宗의 諱 '運'의 缺劃 誤刻.
② 被(鑄字本)
③ 健(節要). 太祖의 諱 '建'의 缺劃 誤刻.
④ 瓮(李丙燾)

삼국사본기7/7

運 ② ①

山城既拔荒山仍於熊津造城開通熊津道路
至十二月熊津粮盡先運熊津恐違勅旨若送
平壤即恐熊津絶粮所以差遣老弱運送熊津
強健精兵擬向平壤熊津送粮路上逢雪人馬
死盡百不一歸至龍朔二年正月劉摠管共新
羅兩河道摠管金庾信等同送平壤軍粮當時
陰雨連月風雪極寒人馬凍死所將兵粮不能
勝致平壤大軍又欲歸還新羅兵馬粮盡亦迴
兵士饑寒手足凍瘃路上死者不可勝數行至
瓠瀘河高麗兵馬尋後來趂岸上列陣新羅兵
士疲乏日久恐賊遠趂賊未渡河先渡交刃前
鋒暫交賊徒瓦解遂收兵歸來此兵到家未經
一月熊津府城頻索種子前後所送數萬餘斛
南運熊津北供平壤蕞小新羅分供兩所人力
疲極牛馬死盡田作失時年穀不熟所貯倉粮
漕運並盡新羅百姓草根猶自不足熊津漢兵
粮食有餘又留鎭漢兵離家日久衣裳破壞身
無全褐新羅勸課百姓送給時服都護劉仁願

① 瓮(李丙燾)
② 宣宗의 諱 '運'의 缺劃 誤刻.

삼국사본기7/8

① 船 面

遠鎭孤城四面皆賊恒被百濟侵圍常蒙新羅
解救一萬漢兵四年衣食新羅仁願已下兵士
已上皮骨雖生漢地血肉俱是新羅國家恩澤
雖復無涯新羅効忠亦足矜憫至龍朔三年摠
管孫仁師領兵來救府城新羅兵馬亦發同征
行至周留城下此時倭國船兵來助百濟倭船
千艘停在白沙百濟精騎岸上守船新羅驍騎
爲漢前鋒先破岸陣周留失膽遂即降下南方
已定迴軍北伐任存一城執迷不降兩軍併力
共打一城固守拒捍不能打得新羅即欲迴還
杜大夫云准勅既平已後共相盟會任存一城
雖未降下即可共相盟誓新羅以爲准勅既平
已後共相盟會任存未降不可以爲既平又且
百濟姦詐百端反覆不恒今雖共相盟會於後
恐有噬臍之患奏請停盟至麟德元年復降嚴
勅責不盟誓即遣人於熊嶺築壇共相盟會仍
於盟處遂爲兩界盟會之事雖非所願不敢違
勅又於就利山築壇對勅使劉仁願歃血相盟

① 江(百濟本紀 6 義慈王 20년조)

삼국사본기 7/9

船 ①

山河爲誓畫界立封永爲疆界百姓居住各營
産業至乾封二年聞大摠管英國公征遼某往
漢城州遣兵集於界首新羅兵馬不可獨入先
遣細作三度舩相次發遣覘候大軍細作迴來
並云大軍未到平壤且打高麗七重城開通道
路佇待大軍來至其城垂垂欲破英公使人江
深來云奉大摠管處分新羅兵馬不須打城早
赴平壤卽給兵粮遣令赴會行至水谷城聞大
軍已迴新羅兵馬遂卽抽來至乾封三年遣大

蛇

監金寶嘉入海取英公進止奉處分新羅兵馬
赴集平壤至五月劉右相來發新羅兵馬同赴
平壤某亦往漢城州檢校兵馬此時蕃漢諸軍
摠集虵水男建出兵欲決一戰新羅兵馬獨爲
前鋒先破大陣平壤城中挫鋒縮氣於後英公
更取新羅驍騎五百人先入城門遂破平壤克
成大功於此新羅兵士並云自征伐已經九年
人力殫盡終始平兩國累代長望今日乃成必
當國家盡忠之恩人受效力之賞英公漏云新

① 疆(鑄字本)

삼국사본기 7/10

棄

羅前失軍期亦須計定新羅兵士得聞此語更
增怕懼又立功軍將並錄入朝已到京下卽云
今新羅並無功夫軍將歸來百姓更加怕懼又
卑列之城本是新羅高麗打得三十餘年新羅
還得此城移配百姓置官守捉又取此城還與
高麗且新羅自平百濟迄定高麗盡忠效力不
負國家未知何罪一朝遺弃雖有如此寃枉終
無反叛之心至總章元年百濟於盟會處移封
易標侵取田地該我奴婢誘我百姓隱藏內地

頻從索取至竟不還又通消息云國家修理舩
艘外託征伐倭國其實欲打新羅百姓聞之驚
懼不安又將百濟婦女嫁與新羅漢城都督朴
都儒同謀合計偸取新羅兵器襲打一州之地
賴得事覺卽斬都儒所謀不成至咸亨元年六
月高麗謀叛摠殺漢官新羅卽欲發兵先報熊
津云高麗旣叛不可不伐彼此俱是帝臣理須
同討凶賊發兵之事須有平章請遣官人來此
共相計會百濟司馬禰軍來此遂共平章云發

삼국사본기 7/11

① ②

兵已後即恐彼此相疑宜令兩處官人互相交
質即遣金儒敦及府城百濟主簿首彌長貴等
向府平論交質之事百濟雖許交質城中仍集
兵馬到彼城下夜即來打至七月入朝使金欽
純等至將畫界地案圖披檢百濟舊地摠令割
還黃河未帶大山未礪三四年間一與一奪新
羅百姓皆失本望並云新羅百濟累代深讎今
見百濟形況別當自立一國百年已後子孫必
見吞滅新羅既是國家之州不可分爲兩國願
爲一家長無後患去年九月具錄事狀發使奏
聞被漂却來更發遣使亦不能達於後風寒浪
急未及聞奏百濟構架奏云新羅反叛新羅前
失貴臣之志後被百濟之譖進退見咎未申忠
款似是之讒日經聖聽不貳之忠曾無一達使
人琳潤至辱書仰承摠管犯冒風波遠來海外
理須發使郊迎致其牛酒遠居異城未獲致禮
時闕迎接請不爲怪披讀摠管來書專以新羅
已爲叛逆既非本心惕然驚懼數自功夫恐被

① 太(鑄字本). '大山'의 경우 이하 생략.
② 忠(鑄字本)

삼국사본기 7/12

① ② ③ 船

斯辱之譏緘口受責亦入不弔之數今略陳寃
枉具錄無叛國家不降一介之使垂問元由即
遣數萬之衆傾覆巢穴樓船滿於滄海艫舳
連於江口數彼熊津伐此新羅嗚呼兩國未定
平蒙指蹤之驅馳野獸今盡反見烹宰之侵逼
賊殘百濟皮蒙雍齒之賞殉漢新羅已見丁公
之誅太陽之曜雖不迴光葵藿本心猶懷向日
摠管稟英雄之秀氣抱將相之高材七德兼備
九流涉獵恭行天罰濫加非罪天兵未出先問
元由緣此來書敢陳不叛請摠管審自商量具
狀申奏雞林州大都督左衛大將軍開府儀同
三司上柱國新羅王金法敏白置所夫里州以
阿飡眞王爲都督九月唐將軍高侃等率蕃兵
四萬到平壤深溝高壘侵帶方冬十月六日擊
唐漕船七十餘艘捉郎將鉗耳大侯士卒百餘
人其淪沒死者不可勝數級飡當千功第一授
位沙飡
十二年春正月王遣將攻百濟古省城克之二

① 津(鑄字本)
② 反(鑄字本)
③ 懷(鑄字本)

삼국사본기 7/13

① ② ③ ④

月攻百濟加林城不克秋七月唐將高保率兵
一萬李謹行率兵三萬一時至平壤作八營留
屯八月攻韓始城馬邑城克之進兵距白水城
五百許步作營我兵與高句麗兵逆戰斬首數
千級高保等退追至石門戰之我兵敗績大阿
湌曉川沙湌義文山世阿湌能申豆善一吉湌
安那含良臣等死之築漢山州晝長城周四千
三百六十步九月彗星七出北方王以向者百
濟往訴於唐請兵侵我事勢急迫不獲申奏出

兵討之由是獲罪大朝遂遣級湌原川奈麻邊
山及所留兵船郎將鉗耳大侯萊州司馬王藝
本烈州長史王益熊州都督府司馬禰軍曾山
司馬法聰軍士一百七十人上表乞罪曰臣某
死罪謹言昔臣危急事若倒懸遠蒙拯救得免
屠滅粉身糜骨未足上報鴻恩碎首灰塵何能
仰酬慈造然深讎百濟逼近臣蕃告引天兵滅
臣雪耻臣怯破滅自欲求存枉被凶逆之名遂
入難赦之罪臣恐事意未申先從刑戮生爲逆

① 侃(전년조와 高句麗本紀 10 寶臧王 26년조 및 節要)
② 侃(上同)
③ 禰(鑄字本)
④ 恥의 俗字. 이하 생략.

삼국사본기 7/14

冀 庭

命之臣死爲背恩之鬼謹錄事狀冒死奏聞伏
願少垂神聽炤審元由臣前代已來朝貢不絶
近爲百濟再虧職貢遂使聖朝出言命將討臣
之罪死有餘刑南山之竹不足書臣之罪褒斜
之林未足作臣之械瀦池宗社屠裂臣身事聽
勑裁甘心受戮臣櫬轝在側泥首未乾泣血待
朝伏聽刑命伏惟皇帝陛下明同日月容光並
蒙曲炤德合乾坤動植咸被亭毒好生之德遠
被昆蟲惡殺之仁爰流翔泳儻降服捨之宥賜

全腰領之恩雖死之年猶生之日非所希兾敢
陳所懷不勝伏劒之志謹遣原川等拜表謝罪
伏聽勑旨某頓首頓首死罪死罪兼進貢銀三
萬三千五百分銅三萬三千分針四百枚牛黃
百二十分金百二十分四十升布六匹三十升
布六十匹是歲穀貴人飢
十三年春正月大星隕皇龍寺在城中間拜强
首爲沙湌歲賜租二百石二月增築西兄山城
夏六月虎入大宮廷殺之秋七月一日庾信卒

阿飡大吐謀叛付唐事泄伏誅妻孥充賤八月
以波珍飡天光爲中侍增築沙熱山城九月築
國原城(古薍①長城)北兄山城召文城耳山城首若州
走壤城(一名迭巖城)達含郡主岑城居烈州萬興寺
山城歃良州骨爭峴城王遣大阿飡徹川等領
兵船一百艘鎭西海唐兵與靺鞨契丹兵來侵
北邊凡九戰我兵克之斬首二千餘級唐兵溺
瓠瀘王逢二河死者不可勝計冬唐兵攻高句
麗牛岑城降之契丹靺鞨兵攻大楊城童子城
滅之始置外司正州二人郡一人初太宗王滅
百濟罷戍兵至是復置

十四年春正月入唐宿衛大奈麻德福傳學曆
術還改用新曆法王納高句麗叛衆又據百濟
故地使人守之唐高宗大怒詔削王官爵王弟右
驍衛員外大將軍臨海郡公仁問在京師立以
爲新羅王使歸國以左庶子同中書門下三品
劉仁軌爲雞林道大摠管衛尉卿李弼右領軍
大將軍李謹行副之發兵來討二月宮內穿池

① 薍(鑄字本)의 俗字.

造山種花草養珍禽奇獸秋七月大風毁皇龍
寺佛殿八月大閱於西兄山下九月命義安法
師爲大書省封安勝爲報德王(十年封安勝高句麗王今再封不知
報德之言若歸命等耶或地名耶)幸靈廟寺前路閱兵觀阿飡
薛秀眞六陣兵法

十五年春正月以銅鑄百司及州郡印頒之二
月劉仁軌破我兵於七重城仁軌引兵還詔以
李謹行爲安東鎭撫大使以經略之王乃遣使
入貢且謝罪帝赦之復王官爵金仁問中路而
還改封臨海郡公然多取百濟地遂扺①高句麗
南境爲州郡聞唐兵與契丹靺鞨兵來侵出九
軍待之秋九月薛仁貴以宿衛學生風訓之父
金眞珠伏誅於本國引風訓爲鄕導來攻泉城
我將軍文訓等逆戰勝之斬首一千四百級取
兵船四十艘仁貴解圍退走得戰馬一千匹二
十九日李謹行率兵二十萬屯買肖城我軍擊
走之得戰馬三萬三百八十匹其餘兵仗稱是
遣使入唐貢方物緣安北河設關城又築鐵關②

① 抵(節要)
② 鐵關(鑄字本)

城韎鞨入阿達城劫掠城主素那逆戰死之唐
兵與契丹韎鞨兵來圍七重城不克小守儒冬
死之韎鞨又圍赤木城滅之縣令脫起率百姓
拒之力竭俱死唐兵又圍石峴城拔之縣令仙
伯悉毛等力戰死之又我兵與唐兵大小十八
戰皆勝之斬首六千四十七級得戰馬二百匹
十六年春二月高僧義相奉旨創浮石寺秋七
月彗星出北河積水之間長六七許步唐兵來
攻道臨城拔之縣令居尸知死之作壤宮冬十

一月沙飡施得領船兵與薛仁貴戰於所夫里
州伎伐浦敗績又進大小二十二戰克之斬首
四千餘級宰相陳純乞致仕不允賜几杖
十七年春三月觀射於講武殿南門始置左司
祿館所夫里州獻白鷹
十八年春正月置船府令一員掌船楫事加左
右理方府卿各一員置北原小京以大阿飡吳
起守之三月拜大阿飡春長為中侍夏四月阿
飡天訓為武珍州都督五月北原獻異鳥羽

耽 太 太

翮有文脛有毛
十九年春正月中侍春長病免舒弗邯天存為
中侍二月發使略躭羅國重修宮闕頗極壯麗
夏四月熒惑守羽林六月大白入月流星犯參
大星秋八月大白入月角干天存卒創造東宮
始定內外諸門額號四天王寺成增築南山城
二十年春二月拜伊飡金軍官為上大等三月
以金銀器及雜綵百段賜報德王安勝遂以王
妹妻之(一云迊飡金義官之女也)下教書曰人倫之本夫婦攸

①

先王化之基繼嗣為主王鵠巢位曠雞鳴在心
不可久空內輔之儀未闕起家之業今良辰吉
日率順舊章以寡人妹女為伉儷王宜共敦心
義式奉宗祧克茂子孫永豊盤石豈不盛歟豈
不美歟夏五月高句麗王使大將軍延武等上
表曰臣安勝言大阿飡金官長至奉宣教旨并
賜教書以外生公為下邑內主仍以四月十五
日至此喜懼交懷冈知攸寘竊以帝女降嬀王
姬適齊本揚聖德匪關凡才臣本庸流行能無

① 罔(鑄字本)

삼국사본기 7/19

筭幸逢昌運沐浴聖化毎荷殊澤欲報無堦重
蒙天寵降此姻親遂卽穠華表慶肅雝成德吉
月令辰言歸弊館億載難遇一朝獲申事非望
始喜出意表豈惟一二父兄實受其賜其自先
祖已下寔寵喜之臣未蒙教旨不敢直朝無任
悦豫之至謹遣臣大將軍太大兄延武奉表以
聞加耶郡置金官小京
二十一年春正月朔終日黑暗如夜沙湌武仙
率精兵三千以戍比列忽置右司祿館夏五月

地震流星犯參大星六月天狗落坤方王欲新
京城問浮屠義相對曰雖在草野茅屋行正道
則福業長苟爲不然雖勞人作城亦無所益王
乃止役秋七月一日王薨謚曰文武羣臣以遺
言葬東海口大石上俗傳王化爲龍仍指其石
爲大王石遺詔曰寡人運屬紛紜時當爭戰西
征北討克定疆封伐叛招携聿寧遐邇上慰宗
祧之遺顧下報父子之宿寃追賞遍於存亡跡
爵均於內外鑄兵戈爲農器驅黎元於仁壽薄

① 算과 同字. 이하 생략.

삼국사본기 7/20

賦省傜家給人足民間安堵域內無虞倉廩積
於丘山囹圄成於茂草可謂無愧於幽顯無負
於士人自犯冒風霜遂成痼疾憂勞政敎更
結沉痾運往名存古今一揆奄歸大夜何有恨
焉太子早蘊離輝久居震位上從羣宰下至庶
寮送往之義勿違事居之禮莫闕宗廟之
主不可暫空太子卽於柩前嗣立王位且山谷
遷貿人代椎移吳王北山之墳詎見金鳧之彩
魏主西陵之望唯聞銅雀之名昔日萬機之英

終成一封之土樵牧歌其上狐兔穴其旁徒費
資財貽譏簡牘空勞人力莫濟幽魂靜而思之
傷痛無已如此之類非所樂焉屬纊之後十日
便於庫門外庭依西國之式以火燒葬服輕重
自有常科喪制度務從儉約其邊城鎭遏及州
縣課稅於事非要者並宜量廢律令格式有不
便者卽便改張布告遠近令知此意主者施行

三國史記卷第七

① 徭(鑄字本)
② 沈, 往
③ 推(節要)

삼국사기 권 제8

신라본기 제8

신문왕(神文王)

효소왕(孝昭王)

성덕왕(聖德王)

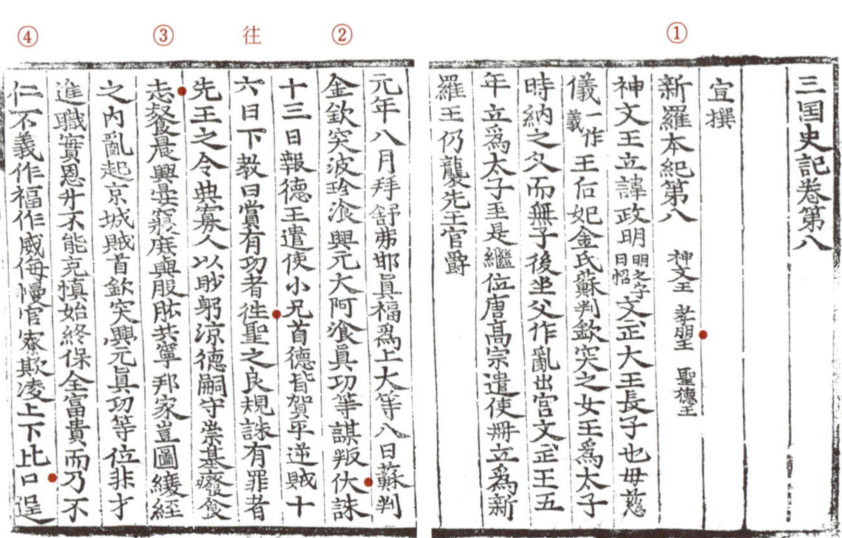

④ ③ 往 ② ①

三国史記卷第八

宣撰

新羅本紀第八 神文王 孝明 聖德王

神文王立諱政明明之字日怊文武大王長子也母慈儀一作義王后妃金氏蘇判欽突之女王爲太子時納之久而無子後坐父作亂出宮文武王五年立爲太子至是繼位唐高宗遣使冊立爲新羅王仍襲先王官爵

元年八月拜舒弗邯眞福爲上大等八日蘇判金欽突波珍飡興元大阿飡眞功等謀叛伏誅十三日報德王遣使小兄首德皆賀平逆賊十六日下敎曰賞有功者往聖之良規誅有罪者先王之令典寡人以眇躬涼德嗣守崇基廢食志餐晨興晏寢庶與股肱共寧邦家豈圖縗絰之内亂起京城賊首欽突興元眞功等位非才進職實恩升不能克愼始終保全富貴而乃不仁不義作福作威侮慢官寮欺凌上下比口逞

① 昭(孝昭王 즉위년조). '明'은 光宗의 諱 '昭'의 同義 代字.

② 伏(鑄字本)

③ 忘(鑄字本)

④ 日(李丙燾)

① 棄

其無厭之志肆其暴虐之心招納凶邪交結近竪禍通内外同惡相資剋日定期欲行亂逆寡人上賴天地之祐下蒙宗廟之靈欽突等惡積罪盈所謀發露此乃人神之所共棄覆載之所不容犯義傷風莫斯爲甚是以追集兵衆欲除梟鏡或逃竄山谷或歸降闕庭然尋枝究葉並已誅夷三四日間囚首蕩盡事不獲已驚動士人憂愧之懷豈忘旦夕今旣妖徒廓清遐邇無虞所集兵馬宜速放歸布告四方令知此意二

十八日誅伊飡軍官敎書曰事上之規盡忠爲本居官之義不二爲宗兵部令伊飡軍官因緣班序遂升上位不能拾遺補闕效素節於朝廷授命忘軀表丹誠於社稷乃與賊臣欽突等交涉知其逆事曾不告言旣無憂國之心更絶徇公之志何以重居宰輔濫濁憲章宜與衆棄以懲後進軍官及嫡子一人可令自盡布告遠近使共知之冬十月罷侍衛監置將軍六人

二年春正月親祀神宮大赦夏四月置位和府

① 獍(鑄字本)

삼국사본기 8/3

① 太

令二人掌選舉之事五月大白犯月六月立医
學置卿一人又置工匠府監一人彩典監一人
三年春二月以順知為中侍納一吉湌金欽運
少女為夫人先差伊湌文穎波珍湌三光定期
以大阿湌智常納采幣帛十五轝米酒油蜜醬
豉脯醢一百三十五轝租一百五十車夏四月
平地雪一尺五月七日遣伊湌文穎愷元抵其
宅冊為夫人其日卯時遣波珍湌大常孫文阿
湌坐耶吉叔等各與妻娘及梁沙梁二部嫗各
三十人迎來夫人乘車左右侍從官人及娘嫗
甚盛至王宮北門下車入內冬十月徵報德王
安勝為蘇判賜姓金氏留京都賜甲第良田彗
星出五車
四年冬十月自昏及曙流星縱橫十一月安勝
族子將軍大文在金馬渚謀叛事發伏誅餘人
見大文誅死殺害官吏據邑叛王命將士討之
逆鬪幢主逼實死之陷其城徙其人於國南州
郡以其地為金馬郡 (大文或云悉伏)

① 宣宗의 諱 '運'의 缺劃 誤刻.

삼국사본기 8/4

② ①

五年春復置完山州以龍元為摠管挺居列州
以置菁州始備九州以大阿湌福世為摠管三
月置西原小京以阿湌元泰為仕臣置南原小
京徙諸州郡民戶分居之奉聖寺成夏四月望
德寺成
六年春正月以伊湌大莊(一作將)為中侍置例作
府卿二人二月置石山馬山孤山沙平四縣以
泗沘州為郡熊川郡為州發羅州為郡武珍郡
為州遣使入唐奏請礼記幷文章則天令所司
寫吉凶要礼幷於文舘詞林採其詞涉規誡者
勒成五十卷賜之
七年春二月元子生是日陰沈昧暗大雷電三
月罷一善州復置沙伐州以波珍湌官長為摠
管夏四月改音聲署長為卿遣大臣於祖廟致
祭曰王某稽首再拜謹言大祖大王真智大王
文興大王大宗大王文武大王之靈某以虛薄
嗣守崇基寤寐憂勤未遑寧處奉賴宗庙獲持
乾坤降祿四过安靜百姓雍和異域來賓航琛

① 廟護(節要)
② 過의 俗字이므로, 邊(鑄字本)의 略字인 '辺'을 誤刻한 듯. 이하 생략.

삼국사본기 8/5

①　②　③

奉職刑清訟息以至于今比者道喪君臨義乖
天鑒怪成星象火宿沉輝戰戰慓慓若墜淵谷
謹遣使其官某奉陳不腆之物以虔如在之靈
伏望炤察微誠矜恤眇末以順四時之候無愆
五事之徵禾稼豐而疫癘消衣食足而禮義備
表裏清謐盜賊消亡垂裕後昆永膺多福謹言
五月教賜文虎官僚田有差秋築沙伐歃良二
州城
八年春正月中侍大莊卒伊飡元師爲中侍二

月加船府卿一人
九年春正月下教罷內外官祿邑逐年賜租有
差以爲恒式秋閏九月二十六日幸獐山城鏁
西原京城王欲移都達句伐未果
十年春二月中侍元師病免阿飡仙元爲中侍
冬十月置轉也山郡
十一年春三月一日封王子理洪爲太子十三
日大赦沙火州獻白雀築南原城
十二年春狩祐唐中宗遣使口勑曰我太宗文

① 慄慄(鑄字本)
② 武(節要). '虎'는 惠宗의 諱 '武'의 同義 代字.
③ 枯(金貞培)

삼국사본기 8/6

①　國　太

皇帝神功聖德超出千古故上僊之日廟號太
宗汝国先王金春秋與之同號尤爲僭越須
急改稱王與群臣同議對曰小国先王春秋謚
號偶與聖祖廟號相犯勑令改之臣敢不惟命
是從然念先王春秋頗有賢德況生前得良臣
金庾信同心爲政一統三韓其爲功業不爲不
多捐館之際一国臣民不勝哀慕追尊之號不
覺與聖祖相犯今聞教勑不勝恐懼伏望使臣
復命闕廷以此上聞後更無別勑秋七月王薨

謚曰神文葬狼山東
孝昭王立諱理洪一作恭神文王太子母姓金氏
神穆王后一吉飡金欽運一云雲女也唐則天遣
使弔祭仍冊王爲新羅王輔國大將軍行左豹
韜尉大將軍雞林州都督改左右理方府爲左
右議方府理犯諱故也
元年八月以大阿飡元宣爲中侍高僧道證自
唐迴上天文圖
三年春正月親祀神宮大赦以文穎爲上大等

① 庭(鑄字本)

삼국사본기 8/7

金仁問在唐卒年六十六冬築松岳牛岑二城
四年以立子月爲正拜愷元爲上大等冬十月
京都地震中侍元宣退老置西南二市
五年春正月伊飡幢元爲中侍夏四月國西旱
六年秋七月完山州進嘉禾異畝同穎九月宴
羣臣於臨海殿
七年春正月以伊飡體元爲牛頭州摠管二月
京都地動大風折木中侍幢元退老大阿飡順
元爲中侍三月日本國使至王引見於崇禮殿

秋七月京都大水
八年春二月白氣竟天星孛于東遣使朝唐貢
方物秋七月東海水血色五日復舊九月東海
水戰聲聞王都兵庫中鼓角自鳴新村人美肹
得黃金一枚重百分獻之授位南邊第一賜租
一百石
九年復以立寅月爲正夏五月伊飡慶永(永一作玄)
謀叛伏誅中侍順元緣坐罷免六月歲星入月
十年春二月彗星入月夏五月靈巖郡太守一

① 畝와 同字. 이하 생략.

삼국사본기 8/8

國

吉飡諸逸背公營私刑一百杖入島
十一年秋七月王薨諡曰孝昭葬于望德寺
東(觀唐書云長安二年理洪卒諸古記云壬寅七月二十七日卒而通鑑云大足三年卒則通鑑誤)
聖德王立諱興光本名隆基與玄宗諱同先天
中改焉(唐書言金志誠)神文王第二子孝昭同母弟也
孝昭王薨無子国人立之唐則天聞孝昭薨爲
之擧哀輟朝二日遣使吊慰册王爲新羅王仍
襲兄將軍都督之號

元年九月大赦增文武官爵一級復諸州郡一
年租稅以阿飡元訓爲中侍冬十月歃良州櫟
實變爲栗
二年春正月親祀神宮遣使入唐貢方物秋七
月靈廟寺災京都大水溺死者衆中侍元訓退
阿飡元文爲中侍日本國使至摠二百四人遣
阿飡金思讓朝唐
三年春正月熊川州進金芝三月入唐金思讓
迴獻最勝王經夏五月納乘府令蘇判金元泰

① 改(鑄字本)
② 判(鑄字本)

삼국사기 본기 8/9

①

之女爲妃
四年春正月中侍元文卒以阿飡信貞爲中侍
三月遣使入唐朝貢夏五月旱秋八月賜老人
酒食九月下敎禁殺生遣使如唐獻方物冬十
月國東州郡饑人多流亡發使賑恤
五年春正月伊飡仁品爲上大等國內饑發倉
廩賑之三月衆星西流夏四月遣使入唐貢方
物秋八月中侍信眞●病免以大阿飡文良爲中
侍遣使入唐貢方物穀不登冬十月遣使入唐
貢方物十二月大赦
六年春正月民多饑死給粟人一日三升至七
月二月大赦賜百姓五穀種子有差冬十二月
遣使入唐貢方物
七年春正月沙伐州進瑞芝二月地震夏四月
鎭星犯月大赦
八年春三月菁州獻白鷹夏五月旱六月遣使
入唐貢方物秋八月赦罪人
九年春正月天狗隕三郞寺北遣使入唐貢方

① 貞(전년조 및 節要)

삼국사기 본기 8/10

① ②

物地震赦罪人
十年春三月大雪夏五月禁屠殺冬十月巡狩
國南州郡中侍文良卒十一月王製百官箴示
羣臣十二月遣使入唐貢方物
十一年春二月遣使入唐朝貢三月以伊飡魏
文爲中侍大唐遣使盧元敏勑改王名夏四月
駕幸溫水秋八月封金庾信妻爲夫人歲賜穀
一千石
十●一年春二月置典祀署遣使入唐朝貢玄宗
御樓門以見之冬十月入唐使金貞宗廻降詔
書封王爲驃騎將軍特進行左威衛大將軍使
持節大都督雞林州諸軍事雞林州刺史上柱
國樂浪郡公新羅王冬十月中侍魏文請老從
之十二月大赦築開城
十三年春正月伊飡孝貞爲中侍二月改詳文
司爲通文博士以掌書表事遣王子金守忠入
唐宿衛玄宗賜宅及帛以寵之賜宴于朝堂閏
二月遣級食●朴裕●入唐賀正賜朝散大夫員外

① 二(鑄字本)
② 湌(鑄字本), 入(鑄字本)

③ ② ① 太 太

삼국사본기 8/11

奉御還之夏旱人多疾疫秋歃良州山橡實化
爲栗冬十月唐玄宗宴我使者于内殿勑宰臣
及四品已上清官預焉
十四年春三月遣金楓厚入唐朝貢夏四月菁
州進白雀五月赦六月大旱王召河西州龍鳴
嶽居士理曉祈雨於林泉寺池上則雨浹旬秋
九月大白掩庶子星冬十月流星犯紫微十二
月流星自天倉入大微赦罪人封王子重慶爲
太子

十五年春正月流星犯月月無光三月遣使①
唐獻方物出成貞一云嚴貞王后賜彩五百匹田二
百結租一萬石宅一區宅買康申公舊居賜之
大風拔木飛瓦崇禮殿毁入唐賀正使金楓厚
欲歸國授員外郞還之夏六月旱又召居士理
曉祈禱則雨赦罪人
十六年春二月置醫博士②筭博士各一員三月
創新宮夏四月地震六月太子重慶卒諡曰孝③
殤秋九月入唐大監守忠迴獻文宣王十哲七

① 入(鑄字本) 혹은 如(節要)
② 博의 俗字. 이하 생략. 算博
③ 孝(鑄字本)

삼국사본기 8/12

十二弟子圖卽置於大學
十七年春正月中侍孝貞退波珍飡思恭爲中
侍二月王巡撫國西州郡親問高年及鰥寡孤
獨賜物有差三月地震夏六月震皇龍寺塔始
造漏刻遣使入唐朝貢授守中郎將還之冬十
月流星自昴入于奎衆小星隨之天狗隕艮方
築漢山州都督管内諸城
十八年春正月遣使入唐賀正秋九月震金馬
郡彌勒寺

十九年春正月地震上大等仁品卒大阿飡裴
賦爲上大等三月納伊飡順元之女爲王妃夏
四月大雨山崩十三所雨雹傷禾苗五月命有
司埋骸骨完山州進白鵲六月冊王妃爲王后
秋七月熊川州獻白鵲蝗蟲害穀中侍思恭退
波珍飡文林爲中侍
二十年秋七月徵何瑟羅道丁夫二千築長城
於北境冬無雪
二十一年春正月中侍文林卒伊飡宣宗爲中

삼국사본기8/13

①

侍二月京都地震秋八月始給百姓丁田冬十
月遣大奈麻金仁壹入唐賀正幷獻方物築毛
伐郡城以遮日本賊路
二十二年春三月王遣使入唐獻美女二人一
名抱貞父天承奈麻一名貞菀父忠訓大舍給
以衣着器具奴婢車馬備禮資遣之玄宗曰女
皆王姑姊妹違本屬別本國朕不忍留厚賜還
之貞菀碑云孝成六年天寶元年歸唐未知孰
是夏四月遣使入唐獻果下馬一匹牛黃人蔘

美髢朝霞紬魚牙紬鏤鷹鈴海豹皮金銀等上
表曰臣鄕居海曲地處遐陬元無泉客之珍本
乏賓人之貨敢將方産之物塵瀆天官駑蹇之
才滓穢龍廐竊方燕豕敢類楚雞深覺靦顔彌
增戰汗地震
二十三年春立王子承慶爲太子大赦熊川州
進瑞芝二月遣金武勳入唐賀正武勳還玄宗
降書曰卿每承正朔朝貢闕庭言念所懷深可
嘉尙又得所進雜物等並踰越滄波跋涉草莽

① 闕庭(鑄字本)

삼국사본기8/14

①

物既精麗深表卿心今賜卿錦袍金帶及綵素
共二千匹以答誠獻至宜領也冬十二月遣使
入唐獻方物炤德王妃卒
二十四年春正月白虹見三月雪夏四月雹中
侍宣宗退伊飡允忠爲中侍冬十月地動
二十五年夏四月遣金忠臣入唐賀正五月遣
王弟金釿質入唐朝貢授郎將還之
二十六年春正月赦罪人遣使入唐賀正夏四
月以一吉飡魏元爲大阿飡級飡大讓爲沙飡

冬十二月修永昌宮上大等裴賦請老不許賜
几杖
二十七年秋七月遣王弟金嗣宗入唐獻方物
兼表請子弟入國學詔許之授嗣宗果毅仍留
宿衛上大等裴賦請老從之以伊飡思恭爲上
大等
二十八年春正月遣使入唐賀正秋九月遣使
入唐朝貢
二十九年春二月遣王族志滿朝唐獻小馬五

① 素(冊府元龜 980 外臣部 通好 및 鑄字本)

삼국사본기 8/15

① ② ③ 太 ④ 船

匹狗一頭金二千兩頭髮八十兩海豹皮十張
玄宗授志滿大僕卿賜絹一百匹紫袍錦細帶
仍留宿衛冬十月遣使朝唐貢獻方物玄宗賜
物有差
三十年春二月遣金志良入唐賀正玄宗授大
僕少卿員外置賜帛六十匹放還降詔書曰所
進牛黃及金銀等物省表具之卿二明慶祚三
韓善隣時稱仁義之鄉世著勳賢之業文章禮
樂闡君子之風納款輸忠效勤王之節固藩維

之鎭衛諒忠義之儀表豈殊方悍俗可同年而
語耶加以慕義克勤述職愈謹梯山航海無倦
於阻脩獻幣貢琛有常於歲序守我王度垂諸
國章乃眷懇誠深可嘉尚朕每晨興佇念宵衣
待賢想見其人以光啓沃俟卿覲止允副所懷
今使至知嬰疾苦不遂祗命言念遐闊用增憂
勞時候暄和想痊復也今賜卿綾綵五百匹帛
二千五百匹宜卽領取夏四月赦賜老人酒食
日本國兵船三百艘越海襲我東邊王命將出

① 太(冊府元龜 975 外臣部 褒異 및 節要). '大僕'의 경우 이하 생략.
② 帛(鑄字本)
③ 祚(冊府元龜 975 外臣部 褒異 및 節要)
④ 悍(上同)

삼국사본기 8/16

① ② ③

兵大破之秋九月命百官會的門觀射車弩
三十一年冬十二月以角干思恭伊湌貞宗允
忠思仁各爲將軍
三十二年秋七月唐玄宗以渤海靺鞨越海入寇登
州遣大僕員外卿金思蘭歸國仍加授王爲
開府儀同三司寧海軍使發兵擊靺鞨南鄙會
大雪丈餘山路阻隘士卒死者過半無功而還
金思蘭本王族先因入朝恭而有禮因留宿衛
及是委以出疆之任冬十二月遣王姪志廉朝

唐謝恩初帝賜王白鸚鵡雄雌各一隻及紫羅
繡袍金銀鈿器物瑞紋錦五色羅綵共三百餘
段王上表謝曰伏惟陛下執象開元聖文神武
應千齡之昌運致萬物之嘉祥風雲所通咸承
至德日月所炤共被深仁臣地隔蓬壺天慈洽
遠鄕眇華夏睿渥覃幽伏視瓊文跪披玉匣含
九霄之雨露帶五彩之鵷鸞辯惠靈禽素蒼
兩妙或稱長安之樂或傳聖主之恩羅錦彩章
金銀寶鈿見之者爛目聞之者驚心原其獻款

① 渤(鑄字本), 入(鑄字本)
② 太, 國
③ 款(鑄字本)

삼국사본기 8 / 17

之功實由先祖錫此非常之寵延及末孫微効
似塵重恩如嶽循涯揣分何以上酬詔饗志廉
內殿賜以束帛
三十三年春正月發百官親入北門奏對入唐
宿衛左領軍衛員外將軍金忠信上表曰臣所
奉進止令臣執節本國發兵馬討除靺鞨有事
續奏者臣自奉聖旨誓將致命當此之時爲替
人金孝方身亡便留臣宿衛臣本國王以臣久
侍天庭遣使從姪志廉代臣今已到訖臣即合

還每思前所奉進止①無忘夙夜陛下先有制加
本國王興光寧海軍大使錫之旌節以討凶殘
皇威載臨雖遠猶近君則有命臣敢不祗蠢爾
夷俘計已悔禍然除惡務本布憲惟新故出師
義貴乎三捷縱敵患貽於數代伏望陛下因臣
還國以副使假臣盡將天旨②再宣殊裔豈惟②斯怒
益振固亦武夫作氣必傾其巢窟靜此荒隅遂
夷臣之小誠爲國家之大利臣等復乘桴滄海
獻捷丹闈効毛髮之功答雨露之施臣所望也

① 止(節要) 혹은 旨(冊府元龜 973 外臣部 助國討伐)
② 旨의 俗字. 이하 생략. 惟(鑄字本)

삼국사본기 8 / 18

伏惟陛下圖之帝許焉夏四月遣大臣金端竭①
丹入唐賀正帝宴見於內殿授衛尉少卿賜緋
襴袍平漫銀帶及絹六十疋先時遣王姪志廉
謝恩獻小馬兩疋狗三頭金五百兩銀二十兩
布六十疋牛黃二十兩人蔘二百斤頭髮一百
兩海豹皮一十六張及是授志廉鴻臚少卿員
外置
三十四年春正月熒惑犯月遣金義忠入唐賀
正二月副使金榮在唐身死贈光祿少卿義忠

迴勑賜浿江以南地
三十五年夏六月遣使入唐賀正仍附表陳謝
曰伏奉恩勑賜浿江以南地境臣生居海裔沐
化聖朝雖丹素爲心而功無可效以忠貞爲事
而勞不足賞陛下降雨露之恩發日月之詔錫
臣土境廣臣邑居遂使墾闢有期農桑得所臣
奉絲綸之旨荷榮寵之深粉骨糜②身無由上答
冬十一月遣從弟大阿飡金相朝唐死于路帝
深悼之贈衛尉卿遣伊飡允忠思仁英述檢察

① 竭(鑄字本)
② 糜(冊府元龜 971 外臣部 朝貢 및 節要)

平壤牛頭二州地勢狗登在城鼓樓吠三日
三十六年春二月遣沙湌金抱質入唐賀正旦①
獻方物王薨謚曰聖德葬移車寺南

三國史記卷第八

① 且(冊府元龜 971 外臣部 朝貢 및 節要)

삼국사기 권 제9

신라본기 제9

효성왕(孝成王)

경덕왕(景德王)

혜공왕(惠恭王)

선덕왕(宣德王)

삼국사본기9/1

往 ③ ② 太 ①

三國史記卷第九

[illegible] 金富軾奉

宣撰

新羅本紀第九 孝成王 景德王 惠恭王 宣德王

孝成王立諱承慶聖德王第二子母炤德王后
大赦三月改司正丞及左右議方府丞並爲佐
以伊湌貞宗爲上大等阿湌義忠爲中侍夏五
月地震秋九月流星入大微冬十月入唐沙湌
抱質迴十二月遣使入唐獻方物

二年春二月唐玄宗聞聖德王薨悼惜久之遣
左贊善大夫邢璹以鴻臚少卿往吊祭贈太子
大保且冊嗣王爲開府儀同三司新羅王璹將
發帝製詩序太子已下百寮咸賦詩以送帝謂
璹曰新羅號爲君子之國頗知書記有類中國
以卿惇儒故持節往宜演經義使知大國儒敎
之盛又以國人善碁詔率府兵曹參軍楊季
膺爲副國高弈皆出其下於是王厚贈璹等金
寶藥物唐遣使詔冊王妃朴氏三月遣金元玄

① 府(節要)
② 弔의 俗字. 이하 생략.
③ 太(鑄字本). '大保'의 경우 이하 생략.

삼국사본기9/2

①

入唐賀正夏四月唐使臣邢璹以老子道德經
等文書獻于王白虹貫日所夫里郡河水變血
三年春正月拜祖考廟中侍義忠卒以伊湌信
忠爲中侍善天宮成賜邢璹黃金三十兩布五
十匹人參一百斤二月拜王弟憲英爲波珍湌
三月納伊湌順元女惠明爲妃夏五月封波珍
湌憲英爲太子秋九月完山州獻白鵲狐鳴月
城宮中狗咬殺之
四年春三月唐遣使冊夫人金氏爲王妃夏五
月鎭星犯軒轅大星秋七月有一緋衣女人自
隸橋下出謗朝政過孝信公門忽不見八月波
珍湌永宗謀叛伏誅先是永宗女入後宮王絶
愛之恩渥日甚王妃嫉妬與族人謀殺之永宗
怨王妃宗黨因此叛
五年夏四月命大臣眞宗思仁閱弩兵
六年春二月東北地震有聲如雷夏五月流星
犯參大星王薨諡曰孝成以遺命燒柩於法流
寺南散骨東海

① 貞(節要)

삼국사본기 9 / 3

① 弔

景德王立諱憲英孝成王同母弟孝成無子立
憲英爲太子故得嗣位妃伊飡順貞之女也
元年冬十月日本國使至不納
二年春三月主力公宅牛一産三犢唐玄宗遣
贊善大夫魏曜來弔祭仍冊立王爲新羅王襲
先王官爵制曰故開府儀同三司使持節大都
督雞林州諸軍事兼持節寧海軍使新羅王金
承慶弟憲英奕葉懷仁率心常禮大賢風教
條理尤明中夏軌儀衣冠素襲馳海琛而遣使
準雲呂而通朝代爲純臣累効忠節頃者兄承
土宇沒而絶嗣弟膺繼及抑惟常經是用賓懷
優以冊命宜用舊業俾承藩長之名仍加殊禮
載錫漢官之號可襲兄新羅王開府儀同三司
使持節大都督雞林州諸軍事兼充持節寧海
軍使幷賜御注孝經一部夏四月納舒弗邯金
義忠女爲王妃秋八月地震冬十二月遣王弟
入唐賀正授左清道率府員外長史賜綠袍銀
帶放還

① 葉(冊府元龜 外臣部 封冊 및 節要)

삼국사본기 9 / 4

博 博 太 ①

三年春正月以伊飡惟正爲中侍閏二月遣使
入唐賀正幷獻方物夏四月親祀神宮遣使入
唐獻馬冬妓星出中天大如五斗器浹旬乃滅
四年春正月拜伊飡金思仁爲上大等夏四月
京都雹大如鷄子五月旱中侍惟正退伊飡大
正爲中侍秋七月葺東宮又置司正府少年監
典穢宮典
五年春二月遣使入唐賀正幷獻方物夏四月
大赦賜大酺度僧一百五十人
六年春正月改中侍爲侍中置國學諸業博士
助教遣使入唐賀正幷獻方物三月震眞平王
陵秋旱冬無雪民饑且疫出使十道安撫
七年春正月天狗落地秋八月大后移居永明
新宮始置貞察一員糾正百官遣阿飡貞節等
檢察北邊始置大谷城等十四郡縣
八年春三月暴風拔木三月置天文博士一員
漏刻博士六員
九年春正月侍中大正免伊飡朝良爲侍中二

① 妖(鑄字本)

삼국사본기 9/5

月置御龍省奉御二員
十一年春三月以級飡原神龍方爲大阿飡秋
八月置東宮衙官冬十月加置倉部史三人
十二年秋八月日本國使至慢而無禮王不見
之乃廻王珍州獻白雉
十三年夏四月京都雹太①如雞卯五月立聖德
王碑牛頭州獻瑞芝秋七月王命官修葺永興
元延二寺八月旱蝗侍中朝良退
十四年春穀貴民饑熊川州向德貧無以爲養
割股肉飼其父王聞賜賚頗厚仍使旌表門閭
望德寺塔動(唐令狐澄新羅國記曰其國爲唐立此寺故以爲名兩塔相對高十三層忽震動開合如欲傾倒者數日其年祿山亂疑其應也)夏四月遣使入唐賀正秋七月
赦罪人存問老疾鰥寡孤獨賜穀有差以伊飡
金耆爲侍中
十五年春二月上大等金思仁以比年災異屢
見上疏極論時政得失王嘉納之王聞玄宗在
蜀遣使入唐泝江至成都朝貢玄宗御製御書
五言十韻詩賜王曰嘉新羅王歲修朝貢克踐

① 大(鑄字本)

삼국사본기 9/6

禮樂名義賜詩一首四維分景緯萬象含中樞
玉帛遍天下梯航歸上都緬懷阻青陸歲月勤
黃圖漫漫窮地際蒼蒼連海隅興言名義國豈
謂山河殊使去傳風教人來習典謨衣冠知奉
禮忠信識尊儒誠矣天其鑑賢哉德不孤擁旄
同作牧厚貺比生蒭益重青青志風霜恒不渝
帝幸蜀時新羅能不遠千里朝聘行在所故嘉
其至誠賜之以詩其云益重青青志風霜恒不
渝者豈古詩疾風知勁草叛①蕩識貞臣之意乎
宣和中入朝使臣金富儀將刻本入汴京示館
伴學士李邴李邴上皇帝曰宣示兩府及諸學
士訖傳宣曰進奉侍郎所上詩眞明皇書嘉嘆
不已夏四月大雹大永郎獻白狐授位南邊第一
十六年春正月上大等思仁病免伊飡信忠爲
上大等三月除內外群官月俸復賜祿邑秋七
月重修永昌宮八月加調府史二人冬十二月
改沙伐州爲尙州領州一郡十縣三十歃良州
爲良州領州一小京一郡十二縣三十四菁州

① 板(鑄字本 및 新唐書 101 蕭瑀傳) 혹은 版의 誤刻.

博

為康州領州一郡十一縣二十七漢山州為漢
州領州一小京一郡二十七縣四十六首若州
為朔州領州一小京一郡十一縣二十七熊川
州為熊州領州一小京一郡十三縣二十九河
西州為溟州領州一郡九縣二十五完山州為
全州領州一小京一郡十縣三十一武珍州為
武州領州一郡十四縣四十四 良州一作梁州
十七年春正月侍中金耆卒伊飡廉相為侍中
二月下教內外官請暇滿六十日者聽解官夏

四月選醫官精究者充內供奉置律令傳士二
員秋七月二十三日王子生大雷電震佛寺十
六所八月遣使入唐朝貢
十八年春正月改兵部倉部卿監為侍郎大舍
為郎中改執事舍知為執事員外郎執事史為
執事郎改調府禮部乘府舩府領客府左右議
方府司正位和府例作典大學監大道署永昌
宮等大舍為主簿賞賜署典祀署音聲署工匠
府彩典等大舍為主書二月改禮部舍知為司

① 鼓 ②

禮調府舍知為司庫領客府舍知為司儀乘府
舍知為司牧舩府舍知為同舟例作府舍知為
司例兵部弩舍知為司兵倉部租舍知為司倉
三月彗星見至秋乃滅
十九年春正月都城寅方有聲如伐鼓衆人謂
之鬼鼓二月宮中穿大池又於宮南蚊川之上
起月淨春陽二橋夏四月侍中廉相退伊飡金
邕為侍中秋七月封王子乾運為王太子
二十年春正月朔虹貫日日有珥夏四月彗星出

二十一年夏五月築五谷鵂巖漢城獐塞池城
德谷六城各置太守秋九月遣使入唐朝貢
二十二年夏四月遣使入唐朝貢秋七月京都
大風飛瓦拔樹八月桃李再花上大等信忠侍
中金邕免大奈麻李純為王寵臣忽一旦避世
入山累徵不就剃髮為僧為王創立斷俗寺居
之後聞王好樂即詣宮門諫奏曰臣聞昔者桀
紂荒于酒色淫樂不止由是政事凌遲國家敗
滅覆轍在前後車宜戒伏望大王改過自新以

① 船, 司(職官志 및 節要)
② 桃(鑄字本)

삼국사본기9/9

② 太 ①

永國壽王聞之感歎爲之停樂便引之正室聞
說道妙以及理世之方數日乃止
二十三年春正月伊飡萬宗爲上大等阿飡良
相爲侍中三月星孛于東南龍見楊山下俄而
飛去冬十二月十一日流星或大或小觀者不
能數
二十四年夏四月地震遣使入唐朝貢帝授使
者檢校禮部尚書六月流星犯心是月王薨諡
曰景德葬毛祇寺西岑古記云永泰元年乙巳卒而舊唐書及資理通鑑皆云大曆二年新羅王憲英卒豈其誤耶
惠恭王立諱乾運景德王之嫡子母金氏滿月
夫人舒弗邯義忠之女王即位時年八歲大后
攝政
元年大赦幸大學命博士講尚書義
二年春正月二日並出大赦二月王親祀神宮
良里公家牝牛生犢五脚一脚向上康州地陷
成池縱廣五十餘尺水色青黑冬十月天有聲
如鼓

① 成宗의 諱 '治'의 同義 代字.
② 太(鑄字本)

삼국사본기9/10

①

三年夏六月地震秋七月遣伊飡金隱居入唐
貢方物仍請加冊命帝御紫宸殿宴見三星隕
王庭相擊其光如火迸散九月金浦縣禾實皆
米
四年春彗星出東北唐代宗遣倉部郎中歸崇
敬兼御史中丞持節賚冊書冊王爲開府儀同
三司新羅王兼冊王母金氏爲大妃夏五月赦
殊死已下罪六月京都雷雹傷草木大星隕皇
龍寺南地震聲如雷泉井皆渴虎入宮中秋七
月一吉飡大恭與弟阿飡大廉叛集衆圍王
宮三十三日王軍討平之誅九族九月遣使入
唐朝貢冬十月以伊飡神猷爲上大等伊飡金
隱居爲侍中
五年春三月燕群臣於臨海殿夏五月蝗旱
命百官各擧所知冬十一月雉岳縣鼠八十
許向平壤無雪
六年春正月王幸西原京曲赦所經州縣繫囚
三月雨土夏四月王至自西原五月十一日彗

① 宸(節要)

① ②

星出五車北至六月十二日滅二十九日虎入
執事省提殺之秋八月大阿飡金融叛伏誅冬
十一月京都地震十二月侍中隱居退伊飡正
門爲侍中
八年春正月遣伊飡金標石朝唐賀正代宗授
衛尉員外少卿放還
九年夏四月遣使如唐賀正獻金銀牛黃魚牙
紬朝霞等方物六月遣使如唐謝恩代宗引
見於延英殿

③ ④

十年夏四月遣使如唐朝貢秋九月拜伊飡良
相爲上大等冬十月遣使如唐賀正見于延英
殿授員外衛尉卿遣之
十一年春正月遣使如唐朝貢三月以伊飡金
順爲侍中夏六月遣使朝唐伊飡金隱居叛伏
誅秋八月伊飡廉相與侍中正門謀叛伏誅
十二年春正月下教百官之講盡合復舊幸感
恩寺望海二月幸國學聽號三月加倉部史八
人秋七月遣使朝唐獻方物冬十月遣使入唐

① 車(鑄字本)
② 紬(節要)
③ 號(節要), 舊(鑄字本)
④ 講(鑄字本)

太

朝貢
十三年春三月京都地震夏四月又震上大等
良相上疏極論時政冬十月伊飡周元爲侍中
十五年春三月京都地震壞民屋死者百餘人
大白入月設百座法會
十六年春正月黃霧二月雨土王幼少卽位及
壯淫于聲色巡遊不度綱紀紊亂災異屢見人
心反側社稷杌隉伊飡金志貞叛聚衆圍犯宮
闕夏四月上大等金良相與伊飡敬信擧兵誅

太

志貞等王與后妃爲亂兵所害良相等謚王爲
惠恭王元妃新寶王后伊飡維誠之女次妃伊
飡金璋之女史失入宮歲月
宣德王立姓金氏諱良相奈勿王十世孫也父
海飡孝芳母金氏四炤夫人聖德王之女也妃
具足夫人角干良品之女也（一云義恭阿飡之女）大赦追封
父爲開聖大王尊母金氏爲貞懿大后妻爲王
妃拜伊飡敬信爲上大等阿飡義恭爲侍中改
御龍省奉御爲卿又改卿爲監

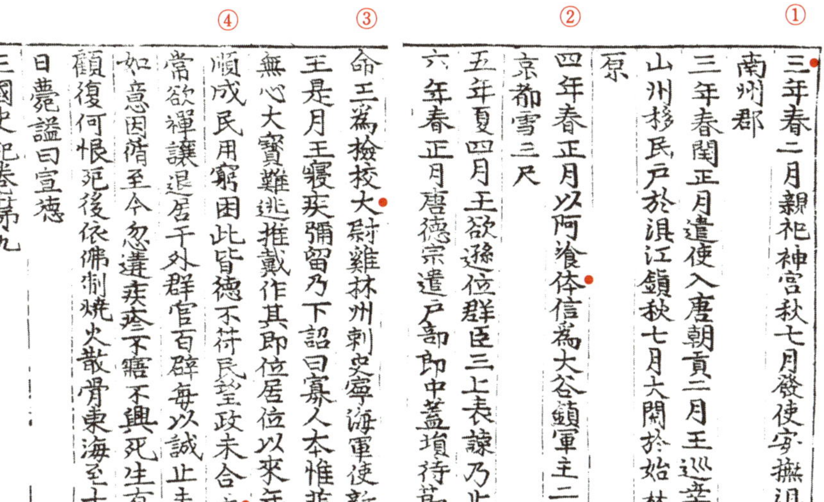

①三年春二月親祀神宮秋七月發使安撫浿江
南州郡
三年春閏正月遣使入唐朝貢二月王巡幸漢
山州移民戶於浿江鎭秋七月大閱於始林之
原
四年春正月以阿湌体②信爲大谷鎭軍主二月
京都雪三尺
五年夏四月王欲遜位群臣三上表諫乃止
六年春正月唐德宗遣戶部郎中蓋塤持節冊
命王爲檢校大③尉雞林州刺史寧海軍使新羅
王是月王寢疾彌留乃下詔曰寡人本惟菲薄
無心大寶難逃推戴作其即位居位以來年不
順成民用窮困此皆德不符民望政未合大④心
常欲禪讓退居于外群官百辟毎以誠止未果
如意因循至今忽遘疾疹不寤不興死生有命
顧復何恨死後依佛制燒火散骨東海至十三
日薨謚曰宣德
三國史記卷第九

① 二(節要)
② 體(鑄字本)의 俗字. 이하 생략.
③ 太(節要). '大尉'의 경우 이하 생략.
④ 天(節要)

삼국사기 권 제10

신라본기 제10

원성왕(元聖王)
소성왕(昭聖王)
애장왕(哀莊王)
헌덕왕(憲德王)
흥덕왕(興德王)
희강왕(僖康王)
민애왕(閔哀王)
신무왕(神武王)

삼국사본기10/1

太 ①

三國史記卷第十

宣撰

新羅本紀第十 元聖王 昭聖王 哀莊王 憲德王 興德王 僖康王 閔哀王 神武王

元聖王立諱敬信奈勿王十二世孫母朴氏繼
爲大人妃金氏神述角干之女初惠恭王末年
叛臣跋扈宣德時爲上大等首唱除君側之惡
敬信預之平亂有功洎宣德卽位卽爲上大等
及宣德薨無子群臣議後欲立王之族子周元

周元宅於京北二十里會大雨閼川水漲周元
不得渡或曰卽人君大位固非人謀今日暴雨
天其或者不欲立周元乎今上大等敬信前王
之弟德望素高有人君之體於是衆議翕然立
之繼位旣而雨止國人皆呼萬歲二月追封高
祖大阿飡法宣爲玄聖大王曾祖伊飡義寬爲
神英大王祖伊飡魏文爲興平大王考一吉飡
孝讓爲明德大王母朴氏爲昭文大后立子仁
謙爲王太子毁聖德大王開聖大王二廟以始

① 卽(鑄字本)

삼국사본기10/2

①

祖大王太宗大王文武大王及祖興平大王考
明德大王爲五廟增文武百官爵一級拜伊飡
兵部令忠廉爲上大等伊飡悌恭爲侍中悌恭
免伊飡世强爲侍中三月以前妃具足王后於
外宮賜租三萬四千石浿江鎭進赤烏改摠管爲都
督二年夏四月國東雨雹桑麥皆傷遣金元全入
唐進奉方物德宗下詔書曰勑新羅王金敬信
金元全至省表及所進奉具悉卿俗敦信義志
秉貞純夙奉邦家克遵聲教撫玆藩服皆稟儒

風禮法興行封部寧乂而竭誠向闕述職無虧
累遣使臣聿修貢獻雖溟渤遐廣道路悠長贄
幣往來率循舊典忠欵益著嘉歎良深朕君臨
萬方作人父母自中及外合軌同文期致大和
共躋仁壽卿宜保安封內勤恤蒼生永作藩臣
以寧海裔今賜卿羅錦綾綵等三十疋衣一副
銀榼一口至宜領之妃錦綵綾羅等二十疋押
金線繡羅裙衣一副銀椀一大宰相一人衣一
副銀榼一次宰相二人各衣一副銀椀各一卿

① 舊典(鑄字本)

宜頒受分給夏中盛熱卿比平安好宰相已下
並存問之遣書指不多及秋七月旱九月王都
民饑出粟三萬三千二百四十石以賑給之冬
十月又出粟三萬三千石以給之大舍武烏獻
兵法十五卷花鈐圖二卷授以㽕坤縣令
三年春二月京都地震親祀神宮大赦夏五月
太白晝見秋七月蝗害穀八月辛巳朔日有食
之
四年春始定讀書三品以出身讀春秋左氏傳
若禮記若文選而能通其義兼明論語孝經者
為上讀曲禮論語孝經者為中讀曲禮孝經者
為下若傳通五經三史諸子百家書者超擢用
之前衹以弓箭選人至是改之秋國西旱蝗多
盜賊王發使安撫之
五年春正月甲辰朔日有食之漢山州民饑出
粟以賙之秋七月隕霜傷穀九月以子玉為楊
根縣小守執事史毛肖駮言子玉不以文籍出
身不可委分憂之職侍中議云雖不以文籍出

① 押(地理志 및 金貞培)
② 駁(節要)와 通用.

身曾入大唐為學生不亦可用耶王從之
論曰惟學焉然後聞道惟聞道然後灼知事之
本末故學而後仕者其於事也先本而末自正
譬如舉一綱萬目從而皆正不學者反此不知
事有先後本末之序但區區弊精神於枝末或
掊歛以為利或苛察以相高雖欲利國安民而
反害之是故學記之言終於務本而書亦言不
學牆面莅事惟煩則執事毛肖一言可為萬世
之模範者焉
六年春正月以宗基為侍中增築碧骨堤徵全
州等七州人興役熊川州進赤烏三月以一吉
飡伯魚使北國大旱夏四月大白辰星聚于東
井五月出粟賑漢山熊川二州饑民
七年春正月王太子卒諡曰惠忠伊飡悌恭叛
伏誅熊川州向省大舍妻一產三男冬十月京
都雪三尺人有凍死侍中宗基免大阿飡俊邕
為侍中十一月京都地震內省侍郎金言為三
重阿飡

① 斂(精文研)

太

①

八年秋七月遣使入唐獻美女金井蘭其女國色身香八月封王子義英爲大子上大等忠廉卒伊湌世強爲上大等侍中俊邕病免伊湌崇斌爲侍中冬十一月壬子朔日有食之
九年秋八月大風折木偃禾奈麻金惱獻白雉
十年春二月地震太子義英卒諡曰憲平侍中崇斌免以迊湌彦昇爲侍中秋七月始創奉恩寺漢山州進白鳥起望恩樓於宮西
十一年春正月封惠忠太子之子俊邕爲太子夏四月旱親錄囚至六月乃雨秋八月隕霜害穀
十二年春京都飢疫王發倉廩賑恤之夏四月侍中彦昇爲兵部令伊湌智原爲侍中
十三年秋九月國東蝗害穀大水山崩侍中智原免阿湌金三朝爲侍中
十四年春三月宮南樓橋災望德寺二塔相擊夏六月旱屈自郡石南烏大舍妻一產三男一女冬十二月二十九日王薨諡曰元聖以遺令

① 烏(金貞培)

① ② ③

舉柩燒於奉德寺南唐書云貞元十四年敬信死通鑑云貞元十六年敬信死以本史孝之通鑑誤

昭聖或云昭成王立諱俊邕元聖王太子仁謙之子也母金氏妃金氏桂花夫人大阿湌叔明女也元聖大王元年封子仁謙爲太子至七年卒元聖養其子於宮中五年奉使大唐受位大阿湌六年以波珍湌爲宰相七年爲侍中八年爲兵府令十一年爲太子及元聖薨繼位
元年春三月以菁州居老縣爲學生祿邑冷井縣令廉哲進白鹿夏五月追封考惠忠太子爲惠忠大王牛頭州都督遣使奏言有異獸若牛身長且高尾長三尺許無毛長鼻自峴城川向烏食壤去秋七月得人蔘九尺甚異之遣使如唐進奉德宗謂非人蔘不受八月追封母金氏爲聖穆太后漢山州獻白烏
二年春正月封妃金氏爲王后以忠芬爲侍中夏四月暴風折木蜚瓦瑞蘭殿簾飛不知處臨海仁化二門壞六月封王子爲太子王薨諡曰

① 考(鑄字本)
② 部(職官志)
③ 飛와 同字. 이하 생략.

삼국사본기10/7

弔 太 耽

昭聖

哀莊王立諱淸明昭聖王太子也母金氏桂花夫人即位時年十三歲阿飡兵部令彦昇攝政

初元聖之薨也唐德宗遣司封郎中兼御史中丞韋丹持節弔慰且冊命王俊邕爲開府儀同三司檢校大尉新羅王丹至鄆州聞王薨乃還

秋七月王更名重熙八月授前入唐宿衛學生梁悅豆肹小守初德宗幸奉天悅從難有功帝授右贊善大夫還之故王擢用之

二年春二月謁始祖廟別立太宗大王文武大王二廟以始祖大王及王高祖明德大王曾祖元聖大王皇祖惠忠大王皇考昭聖大王爲五廟以兵部令彦昇爲御龍省私臣未幾爲上大等大赦夏五月壬戌朔日當食不食秋九月熒惑入月星隕如雨武珍州進赤烏牛頭州進白雉冬十月大寒松竹皆死耽羅國遣使朝貢

三年春正月王親祀神宮夏四月以阿飡金宙碧女入後宮秋七月地震八月創加耶山海印

삼국사본기10/8

① ②

寺歃良州進赤烏冬十二月授均①貞大阿飡爲假王子欲以質倭國均貞辭②之

四年夏四月王幸南郊觀麥秋七月與日本國交聘結好冬十月地震

五年春正月以伊飡秀昇爲侍中夏五月日本國遣使進黃金三百兩秋七月大閱於閼川之上歃良州進白鵲重修臨海殿新作東宮萬壽房牛頭州蘭山縣伏石起立熊川州蘇大縣釜浦水變血九月望德寺二塔戰

六年春正月封母金氏爲大王后妃朴氏爲王后是年唐德宗崩順宗遣兵部郎中兼御史大夫元季方告哀且冊王爲開府儀同三司檢校大尉使持節大都督雞林州諸軍事雞林州刺史兼持節充寧海軍使上柱國新羅王其母叔氏爲大妃(王母父叔明奈勿王十三世孫則母姓金氏以父名爲叔氏誤也)妻朴氏爲妃

秋八月頒示公式二十餘條冬十一月地震

七年春三月日本國使至引見朝元殿下敎禁新創佛寺唯許修葺又禁以錦繡爲佛事金銀

① 均(鑄字本)

② 均, 辭

體 蛇

爲器用宜令所司普告施行唐憲宗放宿衛王
子金獻忠歸國仍加試秘書監秋八月遣使入
唐朝貢
八年春正月伊湌金憲昌 一作貞 爲侍中二月王
坐崇禮殿觀樂秋八月大雪
九年春二月日本國使至王厚禮待之遣金力
奇入唐朝貢力奇上言貞元十六年詔冊臣故
主金俊邕爲新羅王母申氏爲大妃妻叔氏爲
王妃冊使韋丹至中路聞王薨却迴其冊在中

書省今臣還國伏請授臣以歸勑金俊邕等冊
宜令鴻臚寺於中書省受領至寺宣授與金力
奇令奉歸國仍賜王叔彦昇及其弟仲恭等門
戟令本國准例給之 申氏金神述之女以神字同韻申爲氏誤也 發使十二道
分定諸郡邑疆境秋七月辛巳朔日有食之
十年春正月月犯畢夏六月西兄山城鹽庫鳴
聲如牛碧寺蝦蟇食虵秋七月遣大阿湌金陸
珍入唐謝恩兼進奉方物大旱王叔父彦昇與
弟伊湌悌邕將兵入內作亂弑王王弟体明侍

① 太

衛王并害之追謚王爲哀莊
憲德王立諱彦昇昭聖王同母弟也元聖王六
年奉使大唐受位大阿湌七年誅逆臣爲迊湌
十年爲侍中十一年以伊湌爲宰相十二年爲
兵部令哀莊王元年爲角干二年爲御龍省私
臣未幾爲上大等至是即位妃貴勝夫人禮英
角干女也以伊湌金崇斌爲上大等秋八月大
赦遣伊湌金昌南等入唐告哀憲宗遣職方員
外郎攝御史中丞崔廷以其質子金士信副之

持節吊祭冊立王爲開府儀同三司檢挍大尉
持節大都督雞林州諸軍事兼持節充寧海軍
使上柱國新羅王冊妻貞氏爲妃賜大宰相金
崇斌等三人門戟 按王妃禮英角干女也今云貞氏未詳 二年春
正月以波珍湌亮宗爲侍中河西州進赤鳥二
月王親祀神宮發使修葺國內隄防秋七月流
星入紫微西原京進白雉冬十月遣王子金憲
章入唐獻金銀佛像及佛經等上言爲順宗祈
福流星入王良

① 烏(鑄字本)

삼국사본기10/11

鼓

三年春正月侍中亮宗以病免伊湌元興爲侍
中二月以伊湌雄元爲完山州都督夏四月始
御平議殿聽政
四年春以均貞爲侍中以伊湌忠永年七十賜
几杖秋九月遣級湌崇正使北國
五年春正月以伊湌憲昌爲武珍州都督二月
謁始祖廟玄德門火
六年春三月宴羣臣於崇禮殿樂極王鼓琴伊
湌忠榮起舞夏五月國西大水發使撫問經水
州郡人民復一年租調秋八月京都風霧如夜
武珍州都督憲昌入爲侍中冬十月黔牟大舍
妻一產三男
七年春正月遣使朝唐憲宗引見宴賜有差夏
五月下雪秋八月己亥朔日有食之西邊州郡
大飢盜賊蜂起出軍討平之大星出翼軫間指
庚芒長六許尺廣二許寸
八年春正月侍中憲昌出爲菁州都督璋如爲
侍中年荒民飢抵浙東求食者一百七十人漢

삼국사본기10/12

太

山州唐恩縣石長十尺廣八尺高三尺五寸自
移一百餘步夏六月望德寺二塔戰
九年春正月以伊湌金忠恭爲侍中夏五月不
雨遍祈山川至秋七月乃雨冬十月人多飢死
教州郡發倉穀存恤遣王子金張廉入唐朝貢
十年夏六月癸丑朔日有食之
十一年春正月以伊湌眞元年七十賜几杖以
伊湌憲眞病不能行年未七十賜金飾紫檀杖
二月上大等金崇斌卒伊湌金秀宗爲上大等
三月草賊遍起命諸州郡都督大守捕捉之秋
七月唐鄆州節度使李師道叛憲宗將欲討平
詔遣楊州節度使趙恭徵發我兵馬王奉勑旨
命順天軍將軍金雄元率甲兵三萬以助之
十二年春夏旱冬飢十一月遣使入唐朝貢穆
宗召見麟德殿宴賜有差
十三年春民饑賣子孫自活夏四月侍中金
忠恭卒伊湌永恭爲侍中菁州都督憲昌改爲
熊川州都督秋七月浿江南川二石戰冬十二

삼국사본기10/13

太

月二十九日大雷
十四年春正月以母弟秀宗爲副君入月池宮
秀宗或云秀升 二月雪五尺樹木枯三月熊川州都督
憲昌以父周元不得爲王反叛國號長安建元
慶雲元年脅武珍完山菁沙伐四州都督國原
西原金官仕臣及諸郡縣守令以爲已屬菁州
都督向榮脫身走推火郡漢山牛頭歃良浿江
北原等先知憲昌逆謀舉兵自守十八日完山
長史崔雄助阿飡正連之子令忠等遁走王京

告之王即授崔雄位級飡速含郡大守令忠位
級飡遂差貟將八人守王都八方然後出師一
吉飡張雄先發迊飡衛恭波珍飡悌凌繼之伊
飡均貞迊飡雄元大阿飡祐徵等掌三軍徂征
角干忠恭迊飡允膺守蚊火關門明基安樂二
郎各請從軍明基與徒衆赴黃山安樂赴施彌
知鎭於是憲昌遣其將據要路以待張雄遇賊
兵於道冬峴擊敗之衛恭悌凌合張雄軍攻三
年山城克之進兵俗離山擊賊兵滅之均貞等

삼국사본기10/14

辭

與賊戰星山滅之諸軍共到熊津與賊大戰斬
獲不可勝計憲昌僅以身免入城固守諸軍圍
攻浹旬城將陷憲昌知不免自死從者斷首與
身各藏及城陷得其身於古塚誅之戮宗族黨
與凡二百三十九人縱其民後論功爵賞有差
阿飡祿眞授位大阿飡辝不受以歃良州屈自
郡近賊不汙於亂復七年先是菁州太守廳事
南池中有異鳥身長五尺色黑頭如五歲許兒
喙長一尺五寸目如人嗉如受五升許器三日而死

憲昌敗亡兆也聘角干忠恭之女貞嬌爲太子
妃浿江山谷間顚木生蘖一夜高十三尺圍四尺
七寸夏四月十三日月色如血秋七月十二日日
有黑暈指南北冬十二月遣柱弼入唐朝貢
十五年春正月五日西原京有蟲從天而墮九
日有白黑赤三種蟲冒雪能行見陽而止元順
平原二角干七十告老賜几杖二月合水城郡
唐恩縣夏四月十二日流星起天市犯帝座過
天市東北垣織女王良至閣道分爲三聲如擊

②①

鼓而滅秋七月雪
十七年春正月憲昌子梵文與高達山賊壽神等百餘人同謀叛欲立都於平壤攻北漢山州都督聰明率兵捕殺之(平壤今楊州也太祖製莊義寺齋文有高麗舊壤平壤名山之句)三月武珍州馬彌知縣女人産兒二頭二身四臂産時天大雷夏五月遣王子金昕入唐朝貢遂奏言先在大學生崔利貞金叔貞朴季業等請放還蕃其新赴朝金允夫金立之朴亮之等一十二人請留宿衛仍請配國子監習業鴻臚寺給資糧從之秋歃良州獻白烏牛頭州大楊管郡黃知奈麻妻一産二男二女賜租一百石
十八年秋七月命牛岑太守白永徵漢山北諸州郡人一萬築浿江長城三百里冬十月王薨謚曰憲德葬于泉林寺北(古記云在位十八年寶曆二年丙午四月卒新唐書云長慶寶曆間羅王彦昇卒而資理通鑑及舊唐書皆云大和五年卒豈其誤耶)
興德王立諱秀宗後改爲景徽憲德王同母弟也冬十二月妃章和夫人卒追封爲定穆王后

① 成宗의 諱 '治'의 同義 代字.
② 舊(鑄字本). 太(資治通鑑 244 唐紀 60)

① 弔

王思不能忘悵然不樂羣臣表請再納妃王曰隻鳥有喪匹之悲況失良匹何忍無情遽再娶乎遂不從亦不親近女侍左右使令唯宦竪而已(章和姓金氏昭聖王之女也)
二年春正月親祀神宮唐文宗聞王薨廢朝命太子左諭德兼御史中丞源寂持節弔祭仍冊立嗣王爲開府儀同三司撿校太尉使持節大都督雞林州諸軍事兼持節充寧海軍使新羅王母朴氏爲大妃妻朴氏爲妃三月高句麗僧丘德入唐賫經至王集諸寺僧徒出迎之夏五月降霜秋八月太白晝見京都大旱侍中永恭退
三年春正月大阿飡金祐徵爲侍中二月遣使入唐朝貢三月雪深三尺夏四月清海大使弓福姓張氏(一名保皐)入唐徐州爲軍中小將後歸國謁王以卒萬人鎭清海(清海今之莞島)漢山州瓢川縣妖人自言有速富之術衆人頗惑之王聞之曰執左道以惑衆者刑之先王之法也投畀

① 祐(鑄字本)

② ①

其人遠島冬十二日遣使入唐朝貢文宗召對
于麟德殿宴賜有差入唐迴使大廉持茶種子
來王使植地理山茶自善德王時有之至於此
盛焉
四年春二月以唐恩郡爲唐城鎮以沙湌極正
往守之
五年夏四月王不豫祈禱仍許度僧一百五十
人冬十二月遣使入唐朝貢
六年春正月地震侍中祐徵免伊湌允芬爲侍
中二月遣王子金能儒幷僧九人朝唐秋七月
入唐進奉使能儒等一行人迴次溺海冬十一
月遣使入唐朝貢
七年春夏旱赤地王避正殿減常膳赦內外獄
囚秋七月乃雨八月飢荒盜賊遍起冬十月王
命使安撫之
八年春國內大飢夏四月王謁始祖廟冬十月
梚李再華民多疫死十一月侍中允芬退
九年春正月祐徵復爲侍中秋九月王幸西兄

① 島, 月(鑄字本)
② 桃(鑄字本)

太 ①

山下大閱御正平門觀射冬十月巡幸國南州
郡存問耆老及鰥寡孤獨賜穀布有差
十年春二月拜阿湌金均貞爲上大等侍中祐
徵以父均貞入相表乞解職大阿湌金明爲侍
中十一年春正月辛丑朔日有食之遣王子金
義琮如唐謝恩兼宿衛夏六月星孛于東秋七
月太白犯月冬十二月王薨諡曰興德朝廷以
遺言合葬章和王妃之陵
僖康王立諱悌隆〔一云悌顒〕元聖大王孫伊湌憲貞
〔一云草奴〕之子也母包道夫人妃文穆夫人葛文王
忠恭之女初興德王之薨也其堂弟均貞堂弟
之子悌隆皆欲爲君於是侍中金明阿湌利弘
裴萱伯等奉悌隆阿湌祐徵與姪禮徵及金陽
奉其父均貞一時入內相戰金陽中箭與祐徵
等逃走均貞遇害而後悌隆乃得即位
二年春正月大赦獄囚誅死已下追封考爲翌
成大王母朴氏爲順成大后拜侍中金明爲上
大等阿湌利弘爲侍中夏四月唐文宗放還宿

① 殊(節要)

삼국사본기 10/19

衛王子金義琮阿飡祐徵以父均貞遇害出怨
言金明利弘等不平之五月祐徵懼禍及與妻
子奔黃山津口乘舟往依於淸海鎭大使弓福
六月均貞妹壻阿飡禮徵與阿飡良順亡投於
祐徵唐文宗賜宿衛金忠信等錦綵有差
三年春正月上大等金明侍中利弘等興兵作
亂害王左右王知不能自全乃縊於宮中諡曰
僖康葬于蘇山
閔哀王立姓金氏諱明元聖大王之曾孫也大

① 太

阿飡忠恭之子累官爲上大等與侍中利弘逼
王殺之自立爲王追諡考爲宣康大王母朴氏
貴寶夫人爲宣懿大后妻金氏爲允容王后拜
伊飡金貴爲上大等阿飡憲崇爲侍中二月金
陽募集兵士入淸海鎭謁祐徵阿飡祐徵在淸
海鎭聞金明簒位謂鎭大使弓福曰金明弑君
自立利弘枉殺君父不可共戴天也願仗將軍
之兵以報君父之讎弓福曰古人有言見義不
爲無勇吾雖庸劣唯命是從遂分兵五千人與

① 簒(節要)

①

其友鄭年曰非子不能平禍亂冬十二月金陽
爲平東將軍與閻長張弁鄭年駱金張建榮李
順行統軍至武州鐵冶縣王使大監金敏周出
軍迎戰遣駱金李順行以馬軍三千突擊殺傷
殆盡
二年春閏正月晝夜兼行十九日至于達伐之
丘王聞兵至命伊飡大昕大阿飡允璘嶷勛等
將兵拒之又一戰大克王軍死者過半時王在
西郊大樹之下左右皆散獨立不知所爲奔入

삼국사본기 10/20

棄 太

月遊宅兵士尋而害之羣臣以禮葬之諡曰閔
哀
神武王立諱祐徵元聖大王孫均貞上大等之
子僖康王之從弟也禮徵等旣淸宮禁備禮迎
之卽位追尊祖伊飡禮英(一云孝眞)爲惠康大王考
爲成德大王母朴氏眞矯夫人爲憲穆大后立
子慶膺爲太子封淸海鎭大使弓福爲感義軍
使食實封二千戶利弘懼弃妻子遁山林王遣
騎士追捕殺之秋七月遣使如唐遺淄靑節度

① 冶(鑄字本)

使奴婢帝聞之矜遠人詔令歸國王寢疾夢利
弘射中背既寤瘡發背至是月二十三日薨謚
①白神正葬于弟兄山西北

論曰歐陽子之論曰魯桓公弑隱公而自立者
宣公弑子赤而自立者鄭厲公逐世子忽而自
立者衛公孫剽逐其君衎而自立者聖人於春
秋皆不絕其爲君各傳其實而使後世信之則
四君之罪不可得而掩耳則人之爲惡庶乎其
息矣羅之彥昇弑哀莊而即位金明弑僖康而
即位祐徵弑閔哀而即位今皆書其實亦春秋
之志也

三國史記卷第十

① 曰(鑄字本)

삼국사기 권 제11

신라본기 제11

문성왕(文聖王)
헌안왕(憲安王)
경문왕(景文王)
헌강왕(憲康王)
정강왕(定康王)
진성왕(眞聖王)

三國史記卷第十一

輸忠定難靖國贊化同德功臣開府儀同三司檢校太師守太保門下侍中判尙書吏禮部事集賢殿大學士監修國史上柱國致仕臣金富軾奉

宣撰

新羅本紀第十一 文聖王 憲安王 景文王 憲康王 定康王 眞聖王

文聖王立諱慶膺神武王太子母貞繼夫人一云定宗大后八月大赦敎曰淸海鎭大使弓福嘗以兵助神考滅先朝之巨賊其功烈可忘耶乃拜爲鎭海將軍兼賜章服

二年春正月以禮徵爲上大等義琮爲侍中良順爲伊湌自夏四月至六月不雨唐文宗勅鴻臚寺放還質子及年滿合歸國學生共一百五人冬饑

三年春京都疾疫一吉湌弘弼謀叛事發逃入海㠀捕之不獲秋七月唐武宗勅歸國新羅官前入新羅宣慰副使充兗州都督府司馬賜緋魚袋金雲卿可淄州長史仍爲使冊王爲開府儀同三司檢校大尉使持節大都督雞林州諸軍事兼持節充寧海軍使上柱國新羅王

妻朴氏爲王妃

四年春三月納并湌①魏昕之女爲妃

五年春正月侍中義琮病免伊湌良順爲侍中秋七月五虎入神宮園

六年春二月甲寅朔日有食之大白犯鎭星三月京都雨雹侍中良順退大阿湌金茹爲侍中秋八月置穴口鎭以阿湌啓弘爲鎭頭

七年春三月欲娶淸海鎭大使弓福女爲次妃朝臣諫曰夫婦之道人之大倫也故夏以塗山興殷以㜪氏昌周以褒姒滅晉以驪姬亂則國之存亡於是乎在其可不愼乎今弓福海㠀人也其女豈可以配王室乎王從之冬十一月雷無雪十二月朔三日並出

八年春淸海弓福怨王不納女據鎭叛朝廷將討之則恐有不測之患將置之則罪不可赦憂慮不知所圖武州人閻長者以勇壯聞於時來告曰朝廷幸聽臣臣不煩一卒持空拳以斬弓福以獻王從之閻長佯叛國投淸海弓福愛壯

① 伊(文聖王 9년조와 職官志 및 節要)

士無所猜疑引爲上客與之飲極歡及其醉棄
弓福劒斬訖召其衆說之伏不敢動
九年春二月重修平議臨海二殿夏五月伊飡
良順波珍飡興宗等叛伏誅秋八月封王子爲
王太子侍中金茹卒伊飡魏昕爲侍中
十年春夏旱侍中魏昕退波珍飡金啓明爲侍
中冬十月天有聲如雷
十一年春正月上大等禮徵卒伊飡義正爲上
大等秋九月伊飡金式大昕等叛伏誅大阿飡
昕鄰緣坐罪
十二年春正月土星入月京都雨土大風拔木
赦獄囚誅①死已下
十三年春二月罷清海鎭徙其人於碧骨郡夏
四月隕霜入唐使阿飡元弘賫佛經并佛牙來
王出郊迎之
十四年春二月波珍飡眞亮爲熊川都督調府
火秋七月重修鳴鶴樓冬十一月王太子卒
十五年夏六月大水秋八月西南州郡蝗

① 殊(節要)

十七年春正月發使撫問西南百姓冬十二月
珍閣省災土星入月
十九年秋九月王不豫降遺詔曰寡人以眇末
之資處崇高之位上恐獲罪於天鑒下慮失望
於人心夙夜兢兢若涉淵氷賴三事大夫百辟
卿士左右扶維不墜重器今者忽染疾疹至于
旬日怳惚之際恐先朝露惟祖宗之大業不可
以無主軍國之萬機不可以暫廢顧惟舒弗邯
誼靖先皇之令孫寡人之叔父孝友明敏寬厚
仁慈久處古①衡挾贊王政上可以祗奉宗廟下
可以撫育蒼生爰釋重負委之賢德付託得人
夫復何恨况生死始終物之大期壽夭脩短命
之常分逝者可以達理存者不必過哀伊爾多
士竭力盡忠送往事居罔或違禮布告國內明
知朕懷越七日王薨謚曰文聖葬于孔雀跐②
憲安王立諱誼靖一云祐靖神武王之異母弟也母
照明夫人宣康王之女以文聖顧命即位大赦
拜伊飡金安爲上大等

① 台(節要)
② 趾(鑄字本)

삼국사본기 11 / 5

二年春正月親祀神宮夏四月降霜自五月至
秋七月不雨唐城郡南河岸有大魚出長四十
步高六丈
三年春穀貴人饑王遣使賑救夏四月教修完
隄防勸農
四年秋九月王會羣臣於臨海殿王族膺廉年
十五歲預坐焉王欲觀其志忽問曰汝游學有
日矣得無見善人者乎答曰臣嘗見三人竊以
爲有善行也王曰何如曰一高門子弟其與人

也不自先而處於下一家富於財可以侈衣服
而常以麻紵自喜一有勢榮而未嘗以其勢加
人臣所見如此王聞之黙然與王后耳語曰朕
閱人多矣無如膺廉者意以女妻之顧謂膺
廉曰願郎自愛朕有息女使之薦枕更置酒同
飮從容言曰吾有二女兄今年二十歲弟十九
歲惟郎所娶膺廉辭不獲起拜謝便歸家告
父母父母言聞王二女容色兄不如弟若不得
已宜娶其弟然尚疑未決乃問興輪寺僧僧曰

삼국사본기 11 / 6

娶兄則有三益娶弟則反是有三損膺廉乃奏臣
不敢自決惟王命是從於是王長女出降焉
五年春正月王寢疾彌留謂左右曰寡人不幸
無男子有女吾邦故事雖有善德眞德二女主
① 然近於牝雞之晨不可法也甥膺廉年雖幼少
有老成之德卿等立而事之必不墜祖宗之令
緖則寡人死且不朽矣是月二十九日薨諡曰
憲安葬于孔雀趾
景文王立諱膺廉膺一作疑僖康王子啓明阿飡之

子也母曰光和一云光義夫人妃金氏寧花夫人
元年三月王御武平門大赦
② 二年春正月以伊飡金正爲上大等阿飡魏玪
爲侍中二月王親祀神宮秋七月遣使如唐貢
方物八月入唐使阿飡富良等一行人溺沒
三年春二月王幸國學令博士已下講論經義
賜物有差冬十月桃李華十一月無雪納寧花
③ 夫人弟爲次妃異曰王問與輪寺僧曰師前所
謂三益者何也對曰當時王及王妃喜其如意

① 牝(鑄字本)
② 珍(景文王 14년조 및 節要)
③ 日(鑄字本), 興(鑄字本)

삼국사본기11/7

① 太 太

寵愛浸深一也因此得繼太位二也卒得娶爾
所求季女三也王大笑
四年春二月王幸感恩寺望海夏四月日本國
使至
五年夏四月唐懿宗降使太子右諭德御史中
丞胡歸厚使副光祿主簿兼監察御史裴光等
弔祭先王兼賻贈一千匹冊立王爲開府儀同
三司撿校大尉持節大都督雞林州諸軍事上
柱國新羅王仍賜王官誥一道旌節一副錦綵
五百匹衣二副金銀器七事賜王妃錦綵五十
匹衣一副銀器二事賜王太子錦綵四十匹衣
一副銀器二事賜大宰相錦綵三十匹衣一副
銀器一事賜次宰相錦綵二十匹衣一副銀器
一事
六年春正月封王考爲懿恭大王母朴氏光和
夫人爲光懿王大后夫人金氏爲文懿王妃立
王子晸爲王太子十五日幸皇龍寺看燈仍賜
燕百寮冬十月伊飡允興與弟叔興季興謀逆

① 大(鑄字本)

삼국사본기11/8

太 ①

事發覺走岱山郡王命追捕斬之夷一族
七年春正月重修臨海殿夏五月京都疫秋八
月大水穀不登冬十月發使分道撫問十二月
客星犯大白
八年春正月伊飡金銳金鉉等謀叛伏誅夏六
月震皇龍寺塔秋八月重修朝元殿
九年秋七月遣王子蘇判金胤等入唐謝恩兼
進奉馬二匹麩金一百兩銀二百兩牛黃十五
兩人蔘一百斤大花魚牙錦一十匹小花魚牙
錦一十匹朝霞錦二十匹四十升白氎布四十
匹三十升紵衫段四十匹四尺五寸頭髮百五十兩
三尺五寸頭髮三百兩金釵頭五色綦帶并班
胷各一十條鷹金鏁鏇子并紛鎝紅幍二十副
新樣鷹金鏁鏇子紛鎝五色幍三十副鷹銀鏁
鏇子紛鎝紅幍二十副新樣鷹銀鏁鏇子紛鎝
五色幍三十副鷂子金鏁鏇子紛鎝紅幍二十
副新樣鷂子金鏁鏇子紛鎝五色幍三十副鷂
子銀鏁鏇子紛鎝紅幍二十副新樣鷂子銀鏁

① 麩(鑄字本)

삼국사본기11/9

①

鏇子紛鎝五色幍三十副金花鷹鈴子二百顆金花
鷂子鈴子二百顆金鏤鷹尾筒五十雙金鏤鷂
子尾筒五十雙銀鏤鷹尾筒五十雙銀鏤鷂子
尾筒五十雙繫鷹緋纈皮一百雙繫鷂子緋纈
皮一百雙瑟瑟鈿金針筒三十具金花銀針筒
三十具針一千五百又遣學生李同等三人隨
進奉使金胤入唐習業仍賜買書銀三百兩[illegible]
十年春二月遣沙湌金因入唐宿衛夏四月京
都地震五月王妃卒秋七月大水冬無雪國人
多疫
十一年春正月王命有司改造皇龍寺塔二月
重修月上樓
十二年春二月親祀神宮夏四月京師地震秋
八月國內州郡蝗害穀
十三年春民饑且疫王發使賑救秋九月皇龍
寺塔成九層高二十二丈
十四年春正月上大等金正卒●以侍中魏珍爲
上大等藺興爲侍中夏四月唐僖宗降使宣諭

① 卒(鑄字本)

삼국사본기11/10

太 ①

五月伊湌近宗謀逆犯闕出禁軍擊破之近宗
與其黨夜出城追獲之車裂秋九月重修月正
堂崔致遠在唐登科
十五年春二月京都及國東地震星孛于東二
十日乃滅夏五月龍見王宮井須臾雲霧四合
飛去秋七月八日王薨謚曰景文
憲康王立諱晸景文王之太子母文懿王后妃
懿明夫人王性聰敏愛看書目所一覽皆誦於
口即位拜伊湌魏弘爲上大等大阿湌乂謙爲
侍中大赦內外殊死已下
二年春二月皇龍寺齋僧設百高座講經王親
幸聽之秋七月遣使入唐貢方物
三年春正月
我太祖大王生於松岳郡
四月●夏四月唐僖宗降使冊封王爲使持節開
府儀同三司檢校大●尉大都督雞林州諸軍事
新羅王秋七月遣使朝唐聞黃巢賊起乃止八
月日本國使至王引見於朝元殿

① 年(鑄字本)

博 ① 太 ② 鼓 ③

삼국사본기11/11

五年春二月幸國學命博士已下講論三月巡
幸國東州郡有不知所從來四人詣駕前歌歌
形容可駭衣巾詭異時人謂之山海精靈古記謂王
即位元年事夏六月一吉飡信弘叛伏誅冬十月御
尊禮門觀射十一月獵穴城原
六年春二月大白犯月侍中乂謙退伊飡敏恭
爲侍中秋八月熊州進嘉禾九月九日王與左
右登月上樓四望京都民屋相屬歌吹連聲王
顧謂侍中敏恭曰孤聞今之民間覆屋以九不
以茅炊飯以炭不以薪有是耶敏恭對曰臣亦
嘗聞之如此因奏曰上即位以來陰陽和風雨
順歲有年氏足食邊境謐静市井歡娛此聖德
之所致也王欣然曰此卿等輔佐之力也朕何
德焉
七年春三月燕羣臣於臨海殿酒酣上鼓琴左
右各進歌詞極歡而罷
八年夏四月日本國王遣使進黃金三百兩明
珠一十箇冬十二月枯彌縣女一產三男

① 舞(鑄字本)
② 瓦(鑄字本)
③ 民(鑄字本)

① 太 ② ④③

삼국사본기11/12

九年春二月王幸三郎寺命文臣各賦詩一首
十一年春二月虎入宮庭三月崔致遠還冬十
月壬子大白晝見遣使入唐賀破黃巢賊
十二年春北鎮奏狄國人入鎮以片木掛樹而
歸遂取以獻其木書十五字云寶露國與黑水
國人共向新羅國和通夏六月王不豫赦國內
獄囚又於皇龍寺設百高座講經秋七月五日
薨謚曰憲康葬菩提寺東南
定康王立諱晃景文王之第二子也八月拜伊
飡俊興爲侍中國西旱且荒
二年春正月設百座於皇龍寺親幸聽講漢州
伊飡金蕘叛發兵誅之夏五月王疾病謂侍中
俊興曰孤之病革矣必不復起不幸無嗣子然
妹曼天資明銳骨法似丈夫卿等宜倣善德真
德古事立之可也秋七月五日薨謚曰定康葬
菩提寺東南
眞聖王立諱曼憲康王之女弟也崔致遠文集第二卷謝追
贈表云臣坦言伏奉制旨追贈亡父臣凝爲大師亡兄臣晸爲
大傅又納旌節表云臣長兄國王晸以去光啓三年七月五日

(李丙燾)

① 云(鑄字本)
② 高(節要)
③ 太(鑄字本). '大師'의 경우 이하 생략.
④ 太(鑄字本). '大傅'의 경우 이하 생략, 表

辭　③　②①

奄御聖表代臣雖男幢生未周晬臣仲兄晃權統藩垣又未經朞月遠謝明時以此言之景文王諱疑本紀則云膺廉眞聖王諱垣本紀則云曼又定康王晃以光啓三年薨本紀謂二年薨皆不知孰是 大赦復諸州郡一年
租稅設百座皇龍寺親幸聽法冬無雪
二年春二月少梁里石自行王素與角干魏弘
通至是常入内用事仍命與大矩和尚修集鄉
歌謂之三代目云及魏弘卒追謚爲惠成大王
此後潛引少年美丈夫兩三人淫亂仍授其人
以要職委以國政由是倿倖肆志貨賂公行賞
罰不公紀綱壞弛時有無名子欺謗時政構辭
榜於朝路王命人搜索不能得或告王曰此必
文人不得志者所爲殆是大耶州隱者巨仁耶
王命拘巨仁京獄將刑之巨仁憤怨書於獄壁
曰于公慟哭三年旱鄒衍含悲五月霜今我幽
愁還似古皇天無語但蒼蒼其夕忽雲霧震雷
雨雹王懼出巨仁放歸三月戊戌朔日有食之
王不豫錄囚徒赦殊死已下許度僧六十人王
疾乃瘳夏五月旱
三年國内諸州郡不輸貢賦府庫虛竭國用窮

① 未(鑄字本)
② 坦(李丙燾)
③ 高(節要)

①

乏王發使督促由是所在盜賊蜂起於是元宗
哀奴等據沙伐州叛王命奈麻令奇捕捉令奇
望賊壘畏不能進村主祐連力戰死之王下勑
斬令奇祐連子年十餘歲嗣爲村主
四年春正月日暈五重十五日幸皇龍寺看燈
五年冬十月北原賊帥梁吉遣其佐弓裔領百
餘騎襲北原東部落及溟州管内酒泉等十餘
郡縣
六年完山賊甄萱據州自稱後百濟武州東南
郡縣降屬
七年遣兵部侍郎金處誨如唐納旌節没於海
八年春二月崔致遠進時務一十餘條王嘉納
之拜致遠爲阿飡冬十月弓裔自北原入何瑟
羅衆至六百餘人自稱將軍
九年秋八月弓裔擊取猪是狌川二郡又破
漢州管内夫若鐵圓等十餘郡縣冬十月立憲
康王庶子嶢爲太子初憲康王觀獵行道傍
見一女子姿質佳麗王心愛之命後車載

① 足(地理志와 弓裔傳 및 節要)

到帷宮野合即有娠而生子及長體貌魁傑名
曰嶢眞聖聞之喚入內以手撫其背曰孤之兄
第①姊妹骨法異於人此兒背上兩骨隆起眞憲
康王之子也仍命有司備禮封崇
十年賊起國西南赤其袴以自異人謂之赤袴
賊屠害州縣至京西部牟梁里劫掠人家而去
十一年夏六月王謂左右曰近年以來百姓困窮
盜賊蜂起此孤之不德也避賢讓位吾意決矣
禪位於太子嶢於是遣使入唐表奏曰臣某言
居羲仲之官非臣素分守延陵之節是臣良圖
以臣姪男嶢是臣亡兄晸息年將志學器可興
宗不假外求爰從內舉近已俾權濡寄用靖國
災冬十二月乙巳王薨於北宮謚曰眞聖葬于黃
山

三國史記卷第十一

① 弟(鑄字本)

삼국사기 권 제12

신라본기 제12

효공왕(孝恭王)
신덕왕(神德王)
경명왕(景明王)
경애왕(景哀王)
경순왕(敬順王)

삼국사본기12/1

② ① 太

三國史記卷第十二
宣撰
新羅本紀第十二 孝恭王 神德王 景明王 景哀王 敬順王
孝恭王立諱嶢憲康王之庶子母金氏大赦增
文武百官爵一級
二年春正月尊母金氏爲義明王大后以舒弗
邯俊興爲上大等阿飡繼康爲侍中秋七月弓
裔取浿西道及漢山州管內三十餘城遂都於
松岳郡
三年春三月納伊飡乂謙之女爲妃秋七月北
原賊帥梁吉忌弓裔貳己與國原等十餘城主
謀攻之進軍於非惱城下梁吉兵潰走
四年冬十月國原菁州槐壤賊帥淸吉莘萱等
擧城役於弓裔
五年弓裔稱王秋八月後百濟王甄萱攻大耶
城不下移軍錦城之南奪掠沿邊部落而歸
六年春三月降霜以大阿飡孝宗爲侍中

① 浿(鑄字本)
② 投(鑄字本)

삼국사본기12/2

島 島 ② ①

七年弓裔欲移都到鐵圓斧壤周覽山水
八年弓裔設百官依新羅制 所制官號雖因羅制殹有冀者 國號摩
震年號武泰元浿江道十餘州縣降於弓裔
九年春二月星隕如雨夏四月降霜秋七月弓
裔移都於鐵圓八月弓裔行兵侵奪我邊邑以
至竹嶺東北王聞疆埸日削甚患然力不能禦
命諸城主愼勿出戰堅壁固守
十年春正月以波珍飡金成爲上大等三月前
入唐及第金文蔚官至工部員外郎沂王府諮
議參軍充冊命使而還自夏四月至五月不雨
十一年春夏無雨一善郡以南十餘城盡爲甄
萱所取
十二年春二月星孛于東三月隕霜夏四月雨雹
十三年夏六月弓裔命將領兵船降珍鳥郡又
破皐夷鳥城
十四年甄萱躬率步騎三千圍羅州城經旬不
解弓裔發水軍襲擊之萱引軍而退
十五年春正月丙戌朔日有食之王嬖於賤妾

① 多(金貞培), 異(鑄字本)
② 年(李丙燾), 西(弓裔傳 및 李丙燾)

삼국사본기 12/3

① 太

不恤政事大臣殷影諫不從影執其妾殺之
裔改國號泰封年號水德萬歲
十六年夏四月王薨謚曰孝恭葬于師子寺北
神德王立姓朴氏諱景暉阿達羅王遠孫父乂
兼(一云銳謙)事定康大王爲大阿湌母貞和夫人妃
金氏憲康大王之女孝恭王薨無子爲國人推
戴即位
元年五月追尊考爲宣聖大王母爲貞和大后
妃爲義成王后立子昇英爲王太子拜伊湌繼
康爲上大等
二年夏四月隕霜地震
三年春三月隕霜弓裔改水德萬歲爲政開元
年四年夏六月槧浦水與東海水相擊浪高二
十丈許三日而止
五年秋八月甄萱攻大耶城不克冬十月地震
聲如雷
六年春正月太白犯月秋七月王薨謚曰神德
葬于竹城

① 四(鑄字本)

삼국사본기 12/4

景明王立諱昇英神德王之太子母義成王后
元年八月拜王弟伊湌魏膺爲上大等大阿
湌裕廉爲侍中
二年春二月一吉湌玄昇叛伏誅夏六月弓裔
麾下人心忽變推戴
太祖弓裔出奔爲下所殺
太祖即位稱元秋七月尙州賊帥阿玆蓋遣使
降於
太祖
三年四天王寺塑像所執弓弦自絶壁畫狗子
有聲若吠者以上大等金成爲角湌侍中彦邕
爲沙湌
我太祖移都松岳郡
四年春正月王與
太祖交聘修好二月康州將軍閏雄降於
太祖冬十月後百濟主甄萱率步騎一萬攻陷
大耶城進軍於進禮王遣阿湌金律求援於
太祖太祖命將出師救之萱聞乃去

五年春正月金律告王曰臣往年奉使高麗麗
王問臣曰聞新羅有①王寶所謂丈六尊像九層
塔并聖帶也像塔猶存不知聖帶今猶在耶臣
不能答王聞之問羣臣曰聖帶是何寶物耶無
能知者時有皇龍寺僧年過九十者曰予嘗聞
之寶帶是眞平大王所服也歷代傳之藏在南
庫王遂令開庫不能得見乃以別日齋祭然後
見之其帶②糚以金玉甚長非常人所可束也
論曰古者坐明堂執傳國璽列九鼎其若帝 王

之盛事者也而韓公論之曰歸天人之心興③大
平之基④泱非三器之所能也竪三器而爲重者
其誇者之詞耶況此新羅所謂三寶亦出於人
爲之侈而已爲國家何須此耶孟子曰諸侯之
寶三土地人民政事楚書曰楚國無以爲寶惟
善以爲寶若此者行之於內足以善一國推之
於外足以澤四海又何外物之足云哉
太祖聞羅人之說而問之耳非以爲可尙者也
二月韡鞨別部達姑衆來寇北邊時

① 三(鑄字本)
② 粧(鑄字本)
③ 太(鑄字本). '大平'의 경우 이하 생략.
④ 決(鑄字本)

太祖將堅權鎭朔州率騎擊大破之匹馬不還
王喜遣使移書謝於
太祖夏四月京都大風拔樹秋八月蝗旱
六年春正月下枝城將軍元逢溟州將軍順式
降於
太祖太祖念其歸順以元逢本城爲順州賜順
式姓曰王是月眞寶城將軍洪述降於
太祖
七年秋七月命盲城將軍城達京山府將軍良

文等降於
太祖王遣倉部侍郞金樂錄事參軍金幼卿朝
後唐貢方物莊宗賜物有差
八年春正月遣使入後唐朝貢泉州節度使王
逢規亦遣使貢方物夏六月遣朝散大夫倉部
侍郞金岳入後唐朝貢莊宗授朝議大夫試衛
尉卿秋八月王薨謚曰景明葬于黃福寺比①
太祖遣使弔祭
景哀王立諱魏膺景明王同母弟也

① 北(鑄字本)

삼국사본기12/7

② ① 皷

元年九月遣使聘於
太祖冬十月親祀神宮大赦
二年冬十月高鬱府將軍能文投於
太祖勞諭還之以其城迫近新羅王都故也十
一月後百濟主甄萱以姪眞虎質於高麗王聞
之使謂
太祖曰甄萱反覆多詐不可和親
太祖然之
三年夏四月眞虎暴死萱謂高麗人故殺怒舉
兵進軍於熊津
太祖命諸城堅壁不出王遣使曰甄萱違盟舉
兵天必不祐若大王奮一皷之威甄萱必自破矣
太祖謂使者曰吾非畏萱俟惡盈而自殭耳
四年春正月
太祖親征百濟王出兵助之二月遣兵部侍郎
張芬等入後唐朝貢唐授張芬檢校工部尚書
副使兵部郎中朴術洪兼御史中丞判官倉部
員外郎李忠戒兼侍御史三月皇龍寺塔搖動

① 殭(鑄字本) 혹은 僵(節要)
② 忠式(鑄字本)

삼국사본기12/8

② 往 突 ①

北傾
太祖親破近巖城唐明宗以權知康州事王逢
規爲懷化大將軍夏四月知康州事王逢規遣
使林彦入後唐朝貢明宗召對中興殿賜物康
州所管突山等四鄕歸於
太祖秋九月甄萱侵我軍於高鬱府王請救於
太祖命將出勁兵一萬往救甄萱以救兵未至
以冬十一月掩入王京王與妃嬪宗戚遊鮑
石亭宴娛不覺賊兵至倉猝不知所爲王與妃
奔入後宮宗戚及公卿大夫士女四散奔走逃
竄其爲賊所虜者無貴賤皆駭汗匍匐乞爲奴
僕而不免萱又縱其兵剽掠公私財物略盡入
處宮闕乃命左右索王王與妃妾數人在後宮
拘致軍中逼令王自盡强淫王妃縱其下亂其
妃妾乃立王之族弟權知國事是爲敬順王
敬順王立諱傅文聖大王之裔孫孝宗伊飡之
子也母桂娥太后爲甄萱所擧卽位擧前王屍
殯於西堂與羣下慟哭上謚曰景哀葬南山蟹

① 傾(鑄字本)
② 삭제(鑄字本)

삼국사본기12/9

太

目嶺
太祖遣使弔祭
元年十一月追尊考爲神興大王母爲王大
后十二月甄萱侵大木郡燒盡田野積聚
二年春正月高麗將金相與草八城賊興宗戰
不克死之夏五月康州將軍有文降於甄萱六
月地震秋八月甄萱命將軍官昕築城於陽山
太祖命命旨城將軍王忠率兵擊走之甄萱進
屯於大耶城下分遣軍士芟取大木郡禾稼冬

①

十月甄萱攻陷武谷城
三年夏六月天竺國三藏摩睺羅抵高麗秋七
月甄萱攻義成府城高麗將洪述出戰不克死
之順州將軍元逢降於甄萱
太祖聞之怒然以元逢前功宥之但改順州爲
縣冬十月甄萱圍加恩縣不克而歸
四年春正月載巖城將軍善弼降高麗
太祖厚禮待之稱爲尚父初
太祖將通好新羅善弼引導之至是降也念其

① 城(甄萱傳 및 節要)

삼국사본기12/10

有功且老故寵褒之
太祖與甄萱戰古昌郡甁山之下大捷殺虜甚
衆其永安河曲直明松生等三十餘郡縣相次
降於
太祖二月
太祖遣使告捷王報聘兼請相會秋九月國東
沿海州郡部落盡降於
太祖
五年春二月

太祖率五十餘騎至京畿通謁王與百官郊迎
入宮相對曲盡情禮置宴於臨海殿酒酣王言
曰吾以不天寖致禍亂甄萱恣行不義喪我國
家何痛如之因泫然涕泣左右無不嗚咽
太祖亦流涕慰藉因留數旬廻駕王送至穴城
以堂弟裕廉爲質隨駕焉
太祖麾下軍士肅正不犯秋毫都人士女相慶
曰昔甄氏之來也如逢豺虎今王公之至也如
見父母秋八月

太祖遣使遺王以錦彩鞍馬幷賜羣僚將士布
帛有差
六年春正月地震夏四月遣便①執事侍郎金朏
副使司賓卿李儒人②唐朝貢
七年唐明宗遣使高麗錫命
八年秋九月老人星見運州界三十餘郡縣降於
大祖
九年冬十月王以四方土地盡爲他有國弱勢
孤不能自安乃與羣下謀擧土降
太祖羣臣之議或以爲可或以爲不可王子曰
國之存亡必有天命只合與忠臣義士收合民
心自固力盡而後已豈宜以一千年社稷一旦
輕以與人王曰孤危若此勢不能全旣不能強
又不能弱至使無辜之民肝腦塗地吾所不能
忍也乃使侍郎金封休賫書請降於
太祖王子哭泣辭王徑歸皆骨山倚巖爲屋麻
衣草食以終其身十一月
太祖受王書送大相王鐵等迎之王率百寮發

① 使(鑄字本)
② 入(鑄字本)

自王都歸于
太祖香車寶馬連亘三十餘里道路塡咽觀者
如堵
太祖出郊迎勞賜宮東甲第一區以長女樂浪
公主妻之十二月封爲正承公位在太子之上
給祿一千石侍從員將皆錄用之改新羅爲慶
州以爲公之食邑初新羅之降也
太祖其①喜旣待之以厚禮使告曰今王以國與
寡人其爲賜大矣願結昏於宗室以永甥舅之
好荅曰我伯父億廉匝干知大耶郡事其女子德
容雙美非是無以備内政
太祖遂取之生子是　顯宗之考追封爲
安宗至　景宗獻和大王聘正承公女納爲
王妃仍封正承公爲尚父令公至大宋興國四
年戊寅薨謚曰敬順一云孝哀國人自始祖至此分
爲三代自初至眞②德二十八王謂之上代自武
烈至惠恭八王謂之中代自宣德至敬順二十
王謂之下代云

① 甚(鑄字本)
② 眞(鑄字本)

論曰新羅朴氏昔氏皆自卵生金氏從天入金
櫝而降或云乘金車此尤詭怪不可信然世俗
相傳爲之實事政和中
我朝遣尙書李資諒入宋朝貢臣富軾以文翰
之任輔行詣佑神館見一堂設女仙像館伴學
士王黼曰此貴國之神公等知之乎遂言曰古
有帝室之女不夫而孕爲人所疑乃泛海抵辰
韓生子爲海東始主帝女爲地仙長在仙桃山
此其像也臣又見大宋國信使王襄祭東神聖
母文有娠賢肇邦之句乃知東神則仙桃山神
聖者也然而不知其子王於何時今但原厥初
在上者其爲己也儉其爲人也寬其設官也略
其行事也簡以至誠事中國梯航朝聘之使相
續不絶常遣子弟造朝而宿衛入學而講習于
以襲聖賢之風化革鴻荒之俗爲禮義之邦又
憑王師之威靈平百濟高句麗取其地郡縣之
可謂盛矣而奉浮屠之法不知其弊至使閭里
比其塔廟齊民逃於緇褐兵農浸小而國家日

衰則幾何其不亂且亡也哉於是時也景哀加
之以荒樂與宮人左右出遊鮑石亭置酒燕衎
不知甄萱之至與夫門外韓擒虎樓頭張麗華
無以異矣若敬順之歸命
太祖雖非獲已亦可嘉矣向若力戰守死以抗
王師至於力屈勢窮則必覆其宗族害及于無
辜之民而乃不待告命封府庫籍郡縣以歸之
其有功於朝廷有德於生民甚大昔錢氏以吳
越入宋蘇子瞻謂之忠臣今新羅功德過於彼
遠矣
我太祖妃嬪衆多其子孫亦繁衍而
顯宗自新羅外孫卽寶位此後繼統者皆其子
孫豈非陰德之報者歟

三國史記卷第十二

삼국사기 권 제13

고구려본기 제1

시조 동명성왕(始祖東明聖王)

유리명왕(琉璃明王)

③② ①

三國史記卷第十三

輸忠定難靖國贊化同德功臣開府儀同三司檢校太師守太保門下侍中判尚書吏禮部事集賢殿太學士監修國史上柱國致仕臣金富軾奉

宣撰

高句麗本紀第一 始祖東明聖王 琉璃王

始祖東明聖王姓高氏諱朱蒙一云鄒□一云衆解
先是扶餘王解夫婁老無子祭山川求嗣其
所御馬至鯤淵見大石相對流淚王怪之使人
轉其石有小兒金色蛙形蛙一作蝸王喜曰此乃天
賚我令胤乎乃收而養之名曰金蛙及其長立

太

爲太子後其相阿蘭弗曰日者天降我曰將使
吾子孫立國於此汝其避之東海之濱有地號
曰迦葉原土壤膏腴宜五穀可都也阿蘭弗遂
勸王移都於彼國號東扶餘其舊都有人不知
所從來自稱天帝子解慕漱來都焉及解夫婁
薨金蛙嗣位於是時得女子於大白山南優渤
水問之曰我是河伯之女名柳花與諸弟出遊
時有一男子自言天帝子解慕漱誘我於熊心
山下鴨淥邊室中私之卽往不返父母責我無

① 明(琉璃明王 즉위년조와 年表)
② 牟(廣開土王碑)
③ 衆(節要)

媒而從人遂謫居優渤水金蛙異之幽閉於室
中爲日所炤引身避之日影又逐而炤之因而
有孕生一卵大如五升許王棄之與犬豕皆不
食又棄之路中牛馬避之後棄之野鳥覆翼之
王欲剖之不能破遂還其母其母以物裹之置
於暖處有一男兒破殼而出骨表英奇年甫七
歲嶷然異常自作弓矢射之百發百中扶餘俗
語善射爲朱蒙故以名云金蛙有七子常與朱
蒙遊戲其伎能皆不及朱蒙其長子帶素言於

③ ② 往 ①

王曰朱蒙非人所生其爲人也勇若不早圖恐
有後患請除之王不聽使之養馬朱蒙知其駿
者而減食令瘦駑者善養令肥王以肥者自乘
瘦者給朱蒙後獵于野以朱蒙善射與其矢小
而朱蒙殪獸甚多王子及諸臣又謀殺之朱蒙
母陰知之告曰國人將害汝以汝才略何往而
不可與其遲留而受辱不若遠適以有爲朱蒙
乃與鳥伊摩離陜父等三人爲友行至淹淲水
一名盖斯水在今鴨綠東北欲渡無梁恐爲追兵所迫告水曰

① 少(節要)
② 烏(東明聖王 6년조 및 節要)
③ 滮(鑄字本)

삼국사본기 13 / 3

③ ② ①

我是天帝子河伯外孫今日逃走追者垂及如
何於是魚鼈浮出成橋朱蒙得渡魚鼈乃解追
騎不得渡朱蒙行至毛屯谷(魏書云至普述水)遇三人其
一人着麻衣一人着衲衣一人着水藻衣朱蒙
問曰子等何許人也何姓何名乎麻衣者曰名
再思衲衣者曰名武骨水藻衣者曰名默居而
不言姓朱蒙賜再思姓克氏武骨仲室氏默居
少室氏乃告於衆曰我方承景命欲啓元基而
適遇此三賢豈非天賜乎遂揆其能各任以事
與之俱至卒本川(魏書云至紇升骨城)觀其土壤肥美山河
險固遂欲都焉而未遑作宮室但結廬於沸流
水上居之國號高句麗因以高爲氏(一云朱蒙至卒本扶餘王無子見朱蒙知非常人以其女妻之王薨朱蒙嗣位)時朱蒙年二十二歲是漢
孝元帝建昭二年新羅始祖赫居世二十一年
甲申歲也四方聞之來附者衆其地連靺鞨部
落恐侵盜爲害遂攘斥之靺鞨畏服不敢犯焉
王見沸流水中有菜葉逐流下知有人在上流
者因以獵往尋至沸流國其國王松讓出見曰

① 河(鑄字本)
② 普(魏書 100 高句麗傳)
③ 菜葉(鑄字本)

삼국사본기 13 / 4

太 太 ①

寡人僻在海隅未嘗得見君子今日邂逅相遇
不亦幸乎然不識吾子自何而來荅曰我是天
帝子來都於某所松讓曰我累世爲王地小不
足容兩主君立都日淺爲我附庸可乎王忿其
言因與之鬪辯亦相射以校藝松讓不能抗
二年夏六月松讓以國來降以其地爲多勿都
封松讓爲主麗語謂復舊土爲多勿故以名焉
三年春三月黃龍見於鶻嶺秋七月慶雲見鶻
嶺南其邑青赤
四年夏四月雲霧四起人不辨色七日秋七月
營作城郭宮室
六年秋八月神雀集宮庭冬十月王命烏伊扶
芬奴伐大白山東南荇人國取其地爲城邑
十年秋九月鸞集於王臺冬十一月王命扶尉
猒伐北沃沮滅之以其地爲城邑
十四年秋八月王母柳花薨於東扶餘其王金
蛙以大后禮葬之遂立神廟冬十月遣使扶餘
饋方物以報其德

① 色(鑄字本)

十九年夏四月王子類利自扶餘與其母逃歸
王喜之立爲[太]大子秋九月王升遐時年四十歲
葬龍山號東明聖王
[①]瑠璃明王立諱類利或云孺留朱蒙元子母禮
氏初朱蒙在扶餘娶禮氏女有娠朱蒙歸後乃
生是爲類利幼年出遊陌上彈雀誤破汲水婦
人瓦器婦人罵曰此兒無父故頑如此類利慙
歸問母氏我父何人今在何處母曰汝父非常
人也不見容於國逃歸南地開國稱王歸時謂

予曰汝若生男子則言我有遺物藏在七稜石
上松下若能得此者乃吾子也類利聞之乃往
山谷索之不得倦而還一旦在堂上聞柱礎間
若有聲就而見之礎石有七稜乃搜於柱下得
斷劒一段遂持之與屋智句鄒都祖等三人行
至卒本見父王以斷劒奉之王出已所有斷劒
合之連爲一劒王悅之立爲[太]大子至是繼位
二年秋七月納多勿侯松讓之女爲妃九月西
狩獲白獐冬十月神雀集王庭百濟始祖溫

① 琉(目錄 및 鑄字本)

祚立
三年秋七月作離宮於鶻川冬十月王妃松氏
薨王更娶二女以繼室一曰禾姬鶻川人之女
也一曰雉姬漢人之女也二女爭寵不相和王
於[①]凉谷造東西二宮各置之後王田於箕山七
日不返二女爭鬪禾姬罵雉姬曰汝漢家婢妾
何無禮之甚乎雉姬慙恨亡歸王聞之策馬追
之雉姬怒不還王嘗息樹下見黃鳥飛集乃感
而歌曰翩翩黃鳥雌雄相依念我之獨誰其

與歸
十一年夏四月王謂群臣曰鮮卑恃險不我和
親利則出抄不利則入守爲國之患若有人能
折此者我將重賞之扶芬奴進曰鮮卑險固之
國人勇而愚難以力鬪易以謀屈王曰然則爲
之奈何荅曰宜使人反間入彼僞說我國小而
兵弱怯而難動則鮮卑必易我不爲之備臣俟
其隙率精兵從間路依山林以望其城王使以
羸兵出其城南彼必空城而遠追之臣以精兵

① 涼(鑄字本)

辭　② 太 ①

走入其城王親率勇騎挾擊之則可克矣王從
之鮮卑果開門出兵追之扶芬奴將兵走入其
城鮮卑望之大驚還奔扶芬奴當關拒戰斬殺
甚多王擧旗鳴鼓而前鮮卑首尾受敵計窮力
屈降爲屬國王念扶芬奴功賞以食邑辞曰此
王之德也臣何功焉遂不受王乃賜黃金三十
斤良馬一十匹
十三年春正月熒惑守心星
十四年春正月扶餘王帶素遣使來聘請交質
子王憚扶餘強大欲以太子都切爲質都切恐
不行帶素恚之冬十一月帶素以兵五萬來侵
大雪人多凍死乃去
十九年秋八月郊豕逸王使託利斯卑追之至
長屋澤中得之以刀斷其脚筋王聞之怒曰祭
天之牲豈可傷也遂投二人坑中殺之九月王疾
病巫曰託利斯卑爲崇王使謝之卽愈
二十年春正月大子都切卒
二十一年春三月郊豕逸王命掌牲辥支逐之至

① 祟(鑄字本)
② 薛(鑄字本)

太　太

國內尉那巖得之拘於國內人家養之返見王
曰臣逐豕至國內尉那巖見其山水深險地宜
五穀又多麋鹿魚鼈之産王若移都則不唯民
利之無窮又可免兵革之患也夏四月王田于
尉中林秋八月地震九月王如國內觀地勢還
至沙勿澤見一丈夫坐澤上石謂王曰願爲王
臣王喜許之因賜名沙勿姓位氏
二十二年冬十月王遷都於國內築尉那巖城
十二月王田于質山陰五日不返大輔陜父諫
曰王新移都邑民不安堵宜孜孜焉刑政之是
恤而不念此馳騁田獵久而不返若不改過自
新臣恐政荒民散先王之業墜地王聞之震怒
罷陜父職俾司官園陜父憤去之南韓
二十三年春二月立王子解明爲大子大赦國內
二十四年秋九月王田于箕山之野得異人兩
腋有羽登之朝賜姓羽氏俾尚王女
二十七年春正月王大子解明在古都有力而
好勇黃龍國王聞之遣使以強弓爲贈解明對

삼국사본기13/9

①

其使者挽而折之曰非予有力弓自不勁耳黄
龍王慙王聞之怒告黄龍曰解明爲子不孝請
爲寡人誅之三月黄龍王遣使請太子相見太子
欲行人有諫者曰今鄰國無故請見其意不可
則①也太子曰天之不欲殺我黄龍王其如我何
遂行黄龍王始謀殺之及見不敢加害禮送之
二十八年春三月王遣人謂解明曰吾遷都欲
安民以固邦業汝不我隨而恃剛力結怨於鄰
國爲子之道其若是乎乃賜劒使自裁太子卽
欲自殺或止之曰大王長子已卒太子正當爲
後今使者一至而自殺安知其非詐乎太子曰嚮
黄龍王以強弓遺之我恐其輕我國家故挽折
而報之不意見責於父王今父王以我爲不孝
賜劒自裁父之命其可逃乎乃往礪津東原以
槍插地走馬觸之而死時年二十一歲以太子
禮葬於東原立廟號其地爲槍原
論曰孝子之事親也當不離左右以致孝若文
王之爲世子解明在於別都以好勇聞其於得

① 測(鑄字本)

삼국사본기13/10

恥

罪也宜矣又聞之傳曰愛子教之以義方弗納
於邪今王始未嘗教之及其惡成疾之已甚殺
之而後已可謂父不父子不子矣
秋八月扶餘王帶素使來讓王曰我先王與先
君東明王相好而誘我臣逃至此欲完聚以成
國家夫國有大小人有長幼以小事大者禮也
以幼事長者順也今王若能以禮順事我則天
必佑之國祚永終不然則欲保其社稷難矣於
是王自謂立國日淺民孱兵弱勢合忍耻屈服
以圖後効乃與羣臣謀報曰寡人僻在海隅未
聞禮義今承大王之教敢不惟命之從時王子
無恤年尚幼少聞王欲報扶餘言自見其使曰
我先祖神靈之孫賢而多才大王妬害讒之父
王辱之以牧馬故不安而出今大王不念前愆
但恃兵多輕蔑我邦邑請使者歸報大王今有
累卵於此若大王不毁其卵則臣將事之不然
則否扶餘王聞之徧問羣下有一老嫗對曰累
卵者危也不毁其卵者安也其意曰王不知已

삼국사본기 13/11

危而欲人之來不如易危以安而自理①也
二十九年夏六月矛川上有黑蛙與赤蛙羣鬪
黑蛙不勝死議者曰黑北方之色北扶餘破滅
之徵也秋七月作離宮於豆谷
三十一年漢王莽發我兵伐胡吾人不欲行強
迫遣之皆亡出塞因犯法爲寇遼西大尹田譚
追擊之爲所殺州郡歸咎於我嚴尤奏言貊人
犯法宜令州郡且慰安之今猥被以大罪恐其
遂叛扶餘之屬必有和者匈奴未克扶餘濊貊
復起此大憂也王莽不聽詔尤擊之尤誘我將
延丕斬②之傳首京師 兩漢書及南北史皆云誘句麗侯騶③斬之 莽悅之
更名吾王爲下句麗侯布告天下令咸知焉於
是寇漢邊地愈甚
三十二年冬十一月扶餘人來侵王使子無恤
率師禦之無恤以兵小恐不能敵設奇計親率
軍伏干④山谷以待之扶餘兵直至鶴盤嶺下伏
兵發擊其不意扶餘軍大敗棄馬登山無恤縱
兵盡殺之

① 成宗의 諱 '治'의 同義 代字.
② 斬(鑄字本)
③ 騶(漢書 99 王莽傳 및 後漢書 85 句驪傳)
④ 于(鑄字本)

삼국사본기 13/12

三十三年春正月立王子無恤爲太子委以軍
國之事秋八月王命鳥①伊摩離領兵二萬西伐
梁貊滅其國進兵襲取漢高句麗縣 縣屬玄菟郡
三十七年夏四月王子如津溺水死王哀慟使
人求屍不得後沸流人祭須得之以聞遂以禮
葬於王骨嶺賜祭須金十斤田十頃秋七月王
幸豆谷冬十月薨於豆谷離宮葬於豆谷東原
號爲琉璃明王
三國史記卷第十三

① 烏(東明聖王 6년조 및 鑄字本)

삼국사기 권 제14

고구려본기 제2

대무신왕(大武神王)
민중왕(閔中王)
모본왕(慕本王)

太

삼국사본기 14/1

三國史記卷第十四
輸忠定難靖國贊化同德功臣開府儀同三司檢校太師守太保門下侍中判尚書吏禮部事集賢殿太學士監修國史上柱國致仕臣金富軾奉
宣撰
高句麗本紀第二 大武神王 閔中王 慕本王
大武神王立(或云大解朱留王) 諱無恤琉璃王第三子生
而聰慧壯而雄傑有大略琉璃王在位三十三
年甲戌立爲大子時年十一歲至是即位母松
氏多勿國王松讓女也
二年春正月京都震大赦百濟民一千餘家投

三年春三月立東明王廟秋九月王田骨句川
得神馬名駏驤冬十月扶餘王帶素遣使送赤
烏一頭二身初扶餘人得此烏獻之王或曰烏
者黑也今變而爲赤又一頭二身幷二國之徵
也王其兼高句麗乎帶素喜送之兼示或者之
言王與羣臣議荅曰黑者北方之色今變而爲
南方之色又赤烏瑞物也君得而不有之以送
於我兩國存亡未可知也帶素聞之驚悔
四年冬十二月王出師伐扶餘次沸流水上望

삼국사본기 14/2

見水涯若有女人舁鼎游戲就見之只有鼎使
之炊不待火自熱因得作食飽一軍忽有一壯
夫曰是鼎吾家物也我妹失之王今得之請負
以從遂賜姓負鼎氏抵利勿林宿夜聞金聲向
明使人尋之得金璽兵物等曰天賜也拜受之
上道有一人身長九尺許面白而目有光拜王
曰臣是北溟人怪由竊聞大王北伐扶餘臣請
從行取扶餘王頭王悅許之又有人曰臣赤谷
人麻盧請以長矛爲導王又許之

五年春二月王進軍於扶餘國南其地多泥塗
王使擇平地爲營解鞍休卒無恐懼之態扶餘
王擧國出戰欲掩其不備策馬以前陷濘不能
進退王於是揮怪由怪由拔劒號吼擊之萬軍
披靡不能支直進執扶餘王斬頭扶餘人既失
其王氣力摧折而猶不自屈圍數重王以糧盡
士饑憂懼不知所爲乃乞靈於天忽大霧咫尺
不辨人物七日王令作草偶人執兵立營內外
爲疑兵從間道潛軍夜出失骨句川神馬沸流

삼국사본기14/3

源大鼎至利勿林兵飢不興得野獸以給食王旣至國乃會羣臣飲至曰孤以不德輕伐扶餘雖殺其王未滅其國而又多失我軍資此孤之過也遂親弔死問疾以存慰百姓是以國人感王德義皆許殺身於國事矣三月神馬駏驤將扶餘馬百匹俱至鶴盤嶺下車迴谷夏四月扶餘王帶素弟至曷思水濱立國稱王是扶餘王金蛙季子史失其名初帶素之見殺也知國之將亡與從者百餘人至鴨淥谷見海頭王出獵遂殺之取其百姓至此始都是為曷思王秋七月扶餘王從弟謂國人曰我先王身亡國滅民無所依王弟逃竄都於曷思吾亦不肖無以興復乃與萬餘人來投王封為王安置掾那部以其背有絡文賜姓絡氏冬十月怪由卒初疾革王親臨存問怪由言臣北溟微賤之人屢蒙厚恩雖死猶生不敢忘報王善其言又以有大功勞葬於北溟山陽命有司以時祀之

八年春二月拜乙豆智為右輔委以軍國之事

삼국사본기14/4

九年冬十月王親征蓋馬國殺其王慰安百姓母①虜掠但以其地為郡縣十二月句茶國王聞蓋馬滅懼害及己舉國來降由是拓地浸廣

十年春正月拜乙豆智為左輔松屋句為右輔

十一年秋七月漢遼東大(太)守將兵來伐王會羣臣問戰守之計右輔松屋句曰臣聞恃德者昌恃力者亡今中國荒儉盜賊蜂起而兵出無名此非君臣定策必是邊將規利擅侵吾邦逆天違人師必無功憑險出奇破之必矣左輔乙豆智曰小敵之強大敵之禽也臣度大王之兵孰與漢兵之多可以謀伐不可力勝王曰謀伐若何對曰今漢兵遠鬪其鋒不可當也大王閑②城自固待其師老出而擊之可也王然之入尉那巖城固守數旬漢兵圍不解王以力盡兵疲謂豆智曰勢不能守為之奈何豆智曰漢人謂我巖石之地無水泉是以長圍以待吾人之困宜取池中鯉魚包以氷③草兼旨酒若干致犒漢軍王從之貽書曰寡人愚昧獲罪於上國致令將

① 毋(鑄字本)
② 閉(鑄字本)
③ 水(鑄字本)

② 奪 ①

삼국사본기14/5

爲庶人此三人爲沸流部長資貪鄙奪人妻妾
牛馬財貨忽其所欲有不與者卽鞭之人皆忿
怨王聞之欲殺之以東明舊臣不忍致極法黜
退而已遂使南部使者鄒㪍素代爲部長㪍素
旣上任別作大室以處以仇都等罪人不令升
堂仇都等詣前告曰吾儕小人故犯王法不勝
愧悔願公赦過以令自新則死無恨矣㪍素引
上之共坐曰人不能無過過而能改則善莫大
焉乃與之爲友仇都等感愧不復爲惡王聞之

軍帥百萬之軍暴露弊境無以將厚意輒用薄
物致供於左右於是漢將謂城內有水不可猝
拔乃報曰我皇帝不以臣駑下令出師問大王
之罪及境踰旬未得要領今聞來旨言順且恭
敢不藉口以報皇帝遂引退
十三年秋七月買溝谷人尚須與其弟尉須及
堂弟于刀等來投
十四年冬十一月有雷無雪
十五年春三月黜大臣仇都逸苟焚求等三人

① 求(鑄字本)
② 恣(鑄字本)

① 沃

삼국사본기14/6

後知鼓角皆破遂殺女子出降(或云欲滅樂浪遂請婚娶其女爲子妻後使歸本國壞其兵物)冬十一月王子好童自殺好童王之次
妃曷思王孫女所生也顔容美麗王甚愛之故
名好童元妃恐奪嫡爲大子乃讒於王曰好童
不以禮待妾殆欲亂乎王曰若以他兒憎疾乎
妃知王不信恐禍將及乃涕泣而告曰請大王
密候若無此事妾自伏罪於是大王不能不
疑將罪之或謂好童曰子何不自釋乎答曰我
若釋之是顯母之惡貽王之憂可謂孝乎乃伏

曰㪍素不用威嚴能以智懲惡可謂能矣賜姓
曰大室氏夏四月王子好童遊於沃沮樂浪王
崔理出行因見之問曰觀君顔色非常人豈非
北國神王之子乎遂同歸以女妻之後好童還
國潛遣人告崔氏女曰若能入而國武庫割破
鼓角則我以禮迎不然則否先是樂浪有鼓角
若有敵兵則自鳴故令破之於是崔女將利刀
潛入庫中割鼓面角口以報好童好童勸王襲
樂浪崔理以鼓角不鳴不備我兵掩至城下然

① 奪, 太

삼국사본기 14/7

② 太 ①

劒而死
論曰今王信讒言殺無辜之愛子其不仁不足
道矣而好童不得無罪何則子之見責於其父
也宜若舜之於瞽瞍小杖則受大杖則走期不
陷父於不義好童不知出於此而死非其所可
謂執於小謹而昧於大義其公子申生之譬耶
十二月立王子解憂爲太子遣使入漢朝貢光
虎帝復其王號是立武八年也
二十年王襲樂浪滅之

太

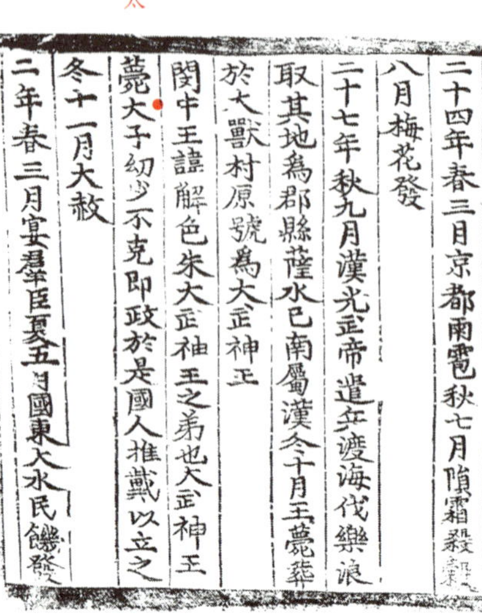
二十四年春三月京都雨雹秋七月隕霜殺穀
八月梅花發
二十七年秋九月漢光武帝遣兵渡海伐樂浪
取其地爲郡縣薩水已南屬漢冬十月王薨葬
於大獸村原號爲大武神王
閔中王諱解色朱大武神王之弟也大武神王
薨太子幼少不克卽政於是國人推戴以立之
冬十一月大赦
二年春三月宴羣臣夏五月國東大水民饑發

① 瞍(鑄字本)
② 武(鑄字本). '虎'는 惠宗의 諱 '武'의 同義 代字, 建(年表). '立'은 太祖의 諱 '建'의 同義 代字.

삼국사본기 14/8

倉賑給
三年秋七月王東狩獲白獐冬十一月星孛于
南二十日而滅十二月京都無雪
四年夏四月王田於閔中原秋七月又田見石
窟顧謂左右曰吾死必葬於此不須更作陵墓
九月東海人高朱利獻鯨魚目夜有光冬十月
蠶友落部大家戴升等一萬餘家詣樂浪投漢
後漢書云大加戴升等萬餘口
五年王薨王后及羣臣重違遺命乃葬於石窟

② ① 太

號爲閔中王
慕本王諱解憂一云解愛婁大武神王元子閔中王
薨繼而卽位爲人暴戾不仁不恤國事百姓怨之
元年秋八月大水山崩二十餘所冬十月立王
子翊爲王太子
二年春遣將襲漢北平漁陽上谷太原而遼東太
守蔡彤以恩信待之乃復和親三月暴風拔樹
夏四月隕霜雨雹秋八月發使賑恤國內饑民
四年王日增暴虐居常坐人臥則枕人人或動

① 太(鑄字本). 太
② 祭肜(後漢書 20 祭肜傳 및 85 句驪傳)

搖殺無赦臣有諫者彎弓射之

六年冬十一月杜魯弑其君杜魯慕本人侍王左右慮其見殺乃哭或曰大丈夫何哭爲古人曰撫我則后虐我則讎今王行虐以殺人百姓之讎也爾其圖之杜魯藏刀以進王前王引而坐於是拔力①害之遂葬於慕本原號爲慕本王

三國史記卷第十四

① 刀(鑄字本)

삼국사기 권 제15

고구려본기 제3

태조대왕(太祖大王)

차대왕(次大王)

太 太

三國史記卷第十五

輸忠定難靖國贊化同德功臣開府儀同三司檢校太師守太保門下侍中判尚書吏禮部事集賢殿太學士監修國史上柱國致仕臣金富軾奉
宣撰

高句麗本紀第三 大祖大王 次大王

大祖大王 或云國祖王 諱宮小名於漱琉璃王子古鄒加再思之子也母大后扶餘人也慕本王薨太子不肖不足以主社稷國人迎宮繼立王生而開目能視幼而岐嶷以年七歲大后垂簾聽政

①

三年春二月築遼西十城以備漢兵秋八月國南蝗害穀

四年秋士月伐東沃沮取其土地爲城邑拓境東至滄海南至薩水

七年夏四月王如孤岸淵觀魚釣得赤翅白魚

秋七月京都大水漂沒民屋

十年秋八月東獵得白鹿國南飛蝗害穀

十六年秋八月曷思王孫都頭以國來降以都頭爲于台冬十月雷

① 七(鑄字本)

①

二十年春二月遣貫那部沛者達賈伐藻那虜其王夏四月京都旱

二十二年冬十月王遣桓那部沛者薛儒伐朱那虜其王子乙音爲古鄒加

二十五年冬十月扶餘使來獻三角鹿長尾兎王以爲瑞物大赦十一月京都雪三尺

四十六年春三月王東巡柵城至柵城西罽山獲白鹿及至柵城與羣臣宴飮賜柵城守吏物段有差遂紀功於山石乃還冬十月王至自柵城

② 太

五十年秋八月遣使安撫柵城

五十三年春正月扶餘使來獻虎長丈二毛色甚明而無尾王遣將入漢遼東奪掠六縣大守耿夔出兵拒之王軍大敗秋九月耿夔擊破貊人

五十六年秋九月王獵質山陽獲紫獐冬十月東海谷守獻朱豹尾長九尺

五十六年春大旱至夏赤地民饑王發使賑恤

五十七年春正月遣使如漢賀安帝加元服

五十九年遣使如漢貢獻方物求屬玄菟 通鑑言是

① 兔의 俗字. 이하 생략.
② 五(金貞培)

삼국사본기15/3

① 太 太 太 太

年三月麗王宮與濊貊寇玄菟 不知或未屬或寇耶抑一誤耶
六十二年春三月日有食之秋八月王巡守南
海冬十月至自南海
六十四年春三月日有食之冬十二月雪五尺
六十六年春二月地震夏六月王與濊貊襲漢
玄菟攻華麗城秋七月蝗雹害穀八月命所司
擧賢良孝順問鰥寡孤獨及老不能自存者給
衣食
六十九年春漢幽州刺史馮煥玄菟大守姚光

遼東大守蔡諷等將兵來侵擊殺濊貊渠帥盡
獲兵馬財物王乃遣弟遂成領兵二千餘人逆
煥光等遂成遣使詐降煥等信之遂成因據險
以遮大軍潛遣三千人攻玄菟遼東二郡焚其
城郭殺獲二千餘人夏四月王與鮮卑八千人
徃攻遼隊縣遼東大守蔡諷將兵出於新昌戰
没功曹掾龍端兵馬掾公孫酺以身扞諷俱没
於陣死者百餘人冬十月王幸扶餘祀大后廟
存問百姓窮困者賜物有差肅愼使來獻紫狐

① 獻(鑄字本)

삼국사본기15/4

② ① ③

襄及白鷹白馬王宴勞以遣之十一月王至自
扶餘王以遂成統軍國事十二月王率馬韓濊
貊一萬餘騎進圍玄菟城扶餘王遣子尉仇台
領兵二萬與漢兵幷力拒戰我軍大敗
七十年王與馬韓濊貊侵遼東扶餘王遣兵救
破之 馬韓以百濟溫祚王二十七年滅今與麗王行兵者蓋滅而復興者歟
七十一年冬十月以沛者穆度婁爲左輔高福
章爲右輔令與遂成參政事
七十二年秋九月庚申晦日有食之冬十月遣

使入漢朝貢十一月京都地震
八十年秋七月遂成獵於倭山與左右宴於是
貫那于台彌儒桓那于台菸支留沸流那皂衣
陽神等陰謂遂成曰初慕本之薨也太子不背
羣寮欲立王子再思再思以老讓子者欲使兄
老弟及今王既已老矣而無讓意惟吾子計之
遂成曰承襲必嫡天下之常道也王今雖老有
嫡子在豈敢覬覦乎彌儒曰以弟之賢承兄之
後古亦有之子其勿疑於是左輔沛者穆度婁

① 救(鑄字本)
② 章(鑄字本)
③ 神(鑄字本), 肖(鑄字本)

삼국사본기15/5

知遂成有異心稱疾不仕
八十六年春三月遂成獵於質陽七日不歸戲
樂無度秋七月又獵箕丘五日乃反其弟伯固
諫曰禍福無門惟人所召今子以王弟之親爲
百寮之首位已極矣功亦盛矣宜以忠義存心
禮讓克已上同王德下得民心然後富貴不離
於身而禍亂不作矣今不出於此而貪樂忘憂
竊爲足下危之答曰凡人之情誰不欲富貴而
歡樂者哉而得之者萬無一耳今吾居可樂之

勢而不能肆志將焉用哉遂不從
九十年秋九月丸都地震王夜夢一豹齧斷虎
尾覺而問其吉凶或曰虎者百獸之長豹者同
類而小者也意者王之族類殆有謀絶大王之
後者乎王不悅謂右輔高福章曰我非夢有所
見占者之言如此爲之柰何荅曰作不善則吉
變爲凶作善則災反爲福今大王憂國如家愛
民如子雖有小異庸何傷乎
九十四年秋七月遂成獵於倭山之下謂左右

삼국사본기15/6

曰大王老而不死吾齒卽將暮矣不可待也惟
願左右爲我計之左右皆曰敬從命矣於是一
人獨進曰向王子有不祥之言而左右不能直
諫皆曰敬從命者可謂姦且諛矣吾欲直言未
知尊意如何遂成曰子能直言藥石也何疑之
有其人對曰今大王之賢內外無異心子雖有
功率羣下姦諛之人謀廢明上此何異將以單
縷繫萬鈞之重而倒曳乎雖復愚人猶知其不
可也若王子改圖易慮孝順事上則大王深知

太 ①

王子之善必有揖讓之心不然則禍將及也遂
成不悅左右妬其直讒於遂成曰王子以大王
年老恐國祚之危欲爲後圖此人妄言如此我等
推恐漏洩以致患也宜殺以滅口遂成從之秋
八月王遣將襲漢遼東西安平縣殺帶方令掠得
樂浪大守妻子冬十月右輔高福章言於王曰
遂成將叛請先誅之王曰吾旣老矣遂成有功
於國吾將禪位子無煩慮福章曰遂成之爲人
也忍而不仁今日受大王之禪則明日害大王

① 令(鑄字本)

삼국사본기15/7

之子孫大王但知施惠於不仁之弟不知貽患
於無辜之子孫願大王熟計之十二月王謂遂
成曰吾旣老倦於萬機天之曆數在汝躬況汝
內叅國政外摠軍事久有社稷之功允塞臣民
之望吾所付託可謂得人作其即位永孚于休
乃禪位退老於別宮稱爲太祖大王 後漢書云安帝建光元年高句麗王宮死子遂成立玄菟太守姚光上言欲因其喪發兵擊之議者皆以爲可許尚書陳忠曰宮前桀黠光不能討死而擊之非義也宜遣弔問因責讓前罪赦不加誅取其後善安帝從之明年遂成還漢生口案海東古記高句麗國祖王高宮以後漢建武二十九年癸巳即位時年七歲國母攝政至孝桓帝本初元年丙戌遜位讓母弟遂成時宮年一百歲在位九十四年則建光元年是宮在位第六十九年則漢書所記與古記抵捂不相符合豈漢書所記誤耶

次大王諱遂成大祖大王同母弟也勇壯有威
嚴少仁慈受大祖大王推讓即位時年七十六
二年春二月拜貫那沛者彌儒爲左輔三月誅
右輔高福章福章臨死嘆曰痛哉寃乎我當時
爲先朝近臣其可見賊亂之人默然不言哉恨
先君不用吾言以至於此今君甫陟大位宜新
政教以示百姓而以不義殺一忠臣吾與其主
於無道之時不如死之速也乃即刑遠近問之

① 建(鑄字本). 太祖의 諱 '建'의 缺劃 誤刻.
② 取(鑄字本)
③ 丑(年表 및 李丙燾)
④ 捂(精文研)
⑤ 生(鑄字本)
⑥ 聞(鑄字本)

삼국사본기15/8

莫不憤惜秋七月左輔穆度婁稱疾退老以
那于台菸支留爲左輔加爵爲大主簿冬十月
沸流那陽神爲中畏大夫加爵爲于台皆王之
故舊十一月地震
三年夏四月王使人殺大祖大王元子莫勤其
弟莫德恐禍連及自縊
論曰昔宋宣公不立其子與夷而立其弟繆公
小不忍亂大謀以致累世之亂故春秋大居正
今大祖王不知義輕大位以授不仁之弟禍及
一忠臣二愛子可勝歎耶
秋七月王田于平儒原白狐隨而鳴王射之不
中問於師巫曰狐者妖獸非吉祥況白其色尤
可怪也然天不能諄諄其言故示以妖怪者欲
令人君恐懼修省以自新也君若修德則可以
轉禍爲福王曰凶則爲凶吉則爲吉爾旣以爲
妖又以爲福何其誣耶遂殺之
四年夏四月丁卯晦日有食之五月五星聚於
東方日者畏王之怒誣告曰是君之德也國之

① 桓(節要)
② 菸(鑄字本)
③ 穆(史記 38 宋微子世家 및 左傳)

太

福也王嘗冬十二月無氷

八年夏六月隕霜冬十二月雷地震晦客星犯月

十三年春二月星孛于北斗夏五月甲戌晦日有食之

二十年春正月晦日有食之三月大祖大王薨於別宮年百十九歲冬十月椽那皁衣明臨荅夫因民不忍弑王號爲次大王

三國史記卷第十五

삼국사기 권 제16

고구려본기 제4

신대왕(新大王)

고국천왕(故國川王)

산상왕(山上王)

③ ② ① 棄 太

삼국사본기 16 / 1

三國史記卷第十六

輸忠定難靖國贊化同德功臣開府儀同三司檢校太師守太保門下侍中判尙書吏禮部事集賢殿太學士監修國史上柱國致仕臣金富軾奉 宣撰

高句麗本紀第四 新大王 故國川王 山上王

新大王諱伯固 固一作句 大祖大王之季弟 儀表英
特性仁恕 初次大王無道 臣民不親附 恐有禍
亂害及於己 遂遯於山谷 及次大王被弑 左輔
菸支留與羣公議 遣人迎致 及至 菸支留跪獻
國璽曰 先君不幸弃國 雖有子 不克有國家 夫
人之心 歸于至仁 謹拜稽首 請即尊位 於是 俯
伏三讓而後即位 時年七十七歲
二年 春正月 下令曰 寡人生忝王親 本非君德
向屬友于之政 頗乖貽厥之謨 畏害難安 離羣
遠遯 洎聞凶計 但極哀摧 豈謂百姓樂推 羣公
勸進 謬以眇未 據于崇高 不敢遑寧 如涉渕海
宜推恩而及遠 遂與衆而自新 可大赦國內 國
人旣聞赦令 無不歡呼慶抃曰 大哉 新大王之
德澤也 初明臨荅天之難 次大王太子鄒安逃

① 訃(鑄字本)
② 末(鑄字本), 淵(鑄字本)
③ 夫(鑄字本), 逃(鑄字本)

④ 太 ③ 太 ② ① 棄 國

삼국사본기 16 / 2

竄 及聞嗣王赦令 即詣王門告曰 嚮国有災禍
臣不能死 遯于山谷 今聞新政 敢以罪告 若大王
據法定罪 弃之市朝 惟命是聽 若賜以不死 放
之遠方 則生死肉骨之惠也 臣所願也 非敢望
也 王即賜狗山瀨婁豆谷二所 仍封爲讓国君
拜荅夫爲國相 加爵爲沛者 令知內外兵馬 兼
領梁貊部落 改左右輔爲國相 始於此
三年 秋九月 王如卒本 祀始祖廟 冬十月 王至
自卒本
四年 漢玄菟郡大守耿臨來侵 殺我軍數百人
王自降 乞屬玄菟
五年 王遣大加優居 主薄然人等 將兵助玄菟
大守公孫度 討富山賊
八年 冬十一月 漢以大兵嚮我 王問羣臣戰守
孰便 衆議曰 漢兵恃衆輕我 若不出戰 彼以我
爲怯 數來 且我國山險而路隘 此所謂一夫當
關 萬夫莫當者也 漢兵雖衆 無如我何 請出師
禦之 荅夫曰 不然 漢國大民衆 今以強兵遠鬪

① 谷(節要)
② 沛(鑄字本)
③ 簿(鑄字本)
④ 雖(鑄字本)

삼국사본기16/3

其鋒不可當也而又兵衆者宜戰兵少者宜守
兵家之常也今漢人千里轉糧不能持久若我
深溝高壘淸野以待之彼必不過旬月饑困而
歸我以勁卒薄之可以得志王然之嬰城固守
漢人攻之不克士卒饑餓引還荅夫帥數千騎
追之戰於坐原漢軍大敗匹馬不反王大悅賜
荅夫坐原及質山爲食邑
十二年春正月羣臣請立太子三月立王子男
武爲王太子

十四年冬十月丙子晦日有食之
十五年秋九月國相荅夫卒年百十三歲王自
臨慟罷朝七日乃以禮葬於質山置守墓二十
家冬十二月王薨葬於故國谷號爲新大王故
國川王 或云國襄 諱男武 或云伊夷謨 新大王伯固之
第二子伯固薨國人以長子拔奇不肖共立伊
夷謨爲王漢獻帝建安初拔奇怨爲兄而不得
立與消奴加各將下户三萬餘口詣公孫康降
還住沸流水上王身長九尺姿表雄偉力能扛

삼국사본기16/4

③ 太 ② ①

鼎莅事聽斷寬猛得中
二年春二月立妃于氏爲王后后提那部于素
之女也秋九月王如卒本杝始祖廟
四年春三月甲寅夜赤氣貫於大微如虵秋一
月星孛于大微
六年漢遼東大守興師伐我王遣王子罽頃拒
之不克王親帥精騎往與漢軍戰於坐原敗之
斬首山積
八年夏四月乙卯熒惑守心五月壬辰晦早有

⑤ ④ 奪

食之
十二年秋九月京都雪六尺中畏大夫沛者於
畀留評者左可慮皆以王后親戚執國權柄其
子弟並恃勢驕侈掠人子女奪人田宅國人怨
憤王聞之怒欲誅之左可慮等與四掾那謀叛
十三年夏四月聚衆攻王都王徵幾內兵馬平
之遂下令曰近者官以寵授位非德進毒流百
姓動我王家此寡人不明所致也今汝四部各
擧賢良在下者於是四部共擧東部晏留王徵

① 祀(鑄字本)
② 太, 蛇, 七(鑄字本)
③ 太, 須(鑄字本)
④ 左可慮等(節要 및 李丙燾), 畿(鑄字本)
⑤ 日(鑄字本)

①　②

之委以國政晏留言於王曰微臣庸愚固不足
以參大政西鴨渌谷左勿村乙巴素者琉璃王
大臣乙素之孫也性質剛毅智慮淵深不見用
於世力田自給大王若欲理國非此人則不可
王遣使以卑辭重禮聘之拜中畏大夫加爵為
于台謂曰孤叨承先業處臣民之上德薄材短
未濟於理先生藏用晦明窮處草澤者久矣今
不我棄幡然而來非獨孤之喜幸社稷生民之
福也請安承教公其盡心巴素意雖許國謂所
受職不足以濟事乃對曰臣之駑蹇不敢當嚴
命願大王選賢良授高官以成大業王知其意
乃除為國相令知政事於是朝臣國戚謂素以
新閒舊疾之王有教曰無貴賤苟不從國相者
族之素退而告人曰不逢時則隱逢時則仕士
之常也今上待我以厚意其可復念舊隱乎乃
以至誠奉國明政教愼賞罰人民以安內外無
事冬十月王謂晏留曰若無子之一言孤不能
得巴素以共理今庶績之疑子之功也乃拜為

① 間의 本字. 이하 생략.
② 凝(鑄字本)

③　②　①

大使者
論曰古先哲王之於賢者也立之無方用之不
惑若殷高宗之傅說蜀先主之孔明秦符堅之
王猛然後賢在位能在職政教攸明而國家可
保今王決然獨斷拔巴素於海濱不撓衆口置
之百官之上而又賞其擧者可謂得先王之法矣
十六年秋七月隋霜殺穀民饑開倉賑給冬十
月王畋于質陽路見坐而哭者問何以哭爲對
曰臣貧窮常以傭力養母今歲不登無所傭作
不能得升斗之食是以哭耳王曰嗟乎孤爲民
父母使民至於此極孤之罪也給衣食以存撫
之仍命內外所司博問鰥寡孤獨老病貧乏不
能自存者救恤之命有司每年自春三月至秋
七月出官穀以百姓家口多小賑貸有差至冬
十月還納以爲恒式內外大悅
十九年中國大亂漢人避亂來投者甚多是漢
獻帝建安二年也夏五月王薨葬于故國川原
號爲故國川王

① 苻(鑄字本 및 晉書 113)
② 修(鑄字本)
③ 墮(鑄字本) 혹은 隕(節要)

太　　太

삼국사본기16/7

山上王諱延優 一名位宮 故國川王之弟也魏書云
朱蒙裔孫宮生而開目能視是爲大祖今王是
大祖曾孫亦生而視人似曾祖宮高句麗呼相
似爲位故名位宮云故國川王無子故延優嗣
立初故國川王之薨也王后于氏秘不發喪夜
往王弟發歧宅曰王無後子宜嗣之發歧不知
王薨對曰天之曆數有所歸不可輕議況婦人
而夜行豈禮云乎后慙便往延優之宅優起衣
冠迎門入座宴飮王后曰大王薨無子發歧作

長當嗣而謂妾有異心暴慢無禮是以見叔於
是延優加禮親自操刀割肉誤傷其指后解裙
帶裹其傷指將歸謂延優曰夜深恐有不虞子
其送我至宮延優從之王后執手入宮至翌日
質明矯先王命令羣臣立延優爲王發歧聞之
大怒以兵圍王宮呼曰兄死弟及禮也汝越次
簒奪大罪也宜速出不然則誅及妻孥延優閉
門三日國人又無從發歧者發歧知難以妻子
奔遼東見太守公孫度告曰某高句麗王男武

삼국사본기16/8

①
之母弟也男武死無子某之弟延優與嫂于氏
謀卽位以廢天倫之義是用憤恚來投上國伏
願假兵三萬令擊之得以平亂公孫度從之延
優遣弟罽須將兵禦之漢兵大敗罽須自爲先
鋒追北發歧告罽須曰汝今忍害老兄乎罽須
不能無情於兄弟不敢害之曰延優不以國讓
雖非義也爾以一時之憤欲滅宗國是何意耶
身沒之後何面目以見先人乎發歧聞之不勝
慙悔奔至裴川自刎死罽須哀哭收其屍草葬

訖而還王悲喜引罽須內中宴見以家人之禮
且曰發歧請兵異國以侵國家罪莫大焉今子
克之縱而不殺足矣及其自死哭甚哀反謂寡
人無道乎罽須愀然銜淚而對曰臣今請一言
而死王曰何也罽須曰王后雖以先王遺命立
大王大王不以禮讓之曾無兄弟友恭之義臣
欲成大王之美故收屍殯之豈圖緣此逢大王
之怒乎大王若以仁忘惡以兄喪禮葬之孰謂
大王不義乎臣旣以言之雖死猶生請出受

① 弟(鑄字本)

④ ③ ② ①

誅有司王聞其言前席而坐温顔慰諭曰寡人
不肖不能無惑今聞子之言誠知過矣願子無
責王子拜之王亦拜之盡歡而罷秋九月命有
司奉迎發歧之喪以王禮葬於裴嶺王本因于
氏得位不復更娶立于氏爲后
二年春二月築丸都城夏四月赦國内二罪已下
三年秋九月王畋于質陽
七年春三月王以無子禱於山川是月十五夜
夢天謂曰吾令汝少后生男勿憂王覺語羣臣
曰夢天語我諄諄如此而無少后奈何巴素對
曰天命不可測王其待之秋八月國相乙巴素
率國人哭之慟王以高優婁爲國相
十二年冬十一月郊豕逸掌者追之至酒桶村
躑躅不能提有一女子年二十許色美而艶笑
而前執之然後追者得之王聞而異之欲見其
女微行夜至女家使侍人説之其家知王來不
敢拒王入室召其女欲御之女告曰大王之命
不敢避若幸而有子願不見遺王諸之至丙夜

① 誅(鑄字本)
② 卒(鑄字本)
③ 捉(鑄字本)
④ 諾(鑄字本)

太 ①

王起還宮
十三年春三月王后知王幸酒桶村女妬之陰
遣兵士殺之其女聞知衣男服逃走追及欲害
之其女問曰爾等今來殺我王命乎王后命乎
今妾腹有子實王之遺體也殺妾身可也亦殺
王子乎兵士不敢害來以女所言告之王后怒
必欲殺之而未果王聞之乃復幸女家問曰汝
今有娠是誰之子對曰妾平生不與兄弟同席
况敢近異姓男子乎今在腹之子實大王之遺
體也王慰藉贈與甚厚乃還告王后竟不敢害
秋九月酒桶女生男王喜曰此天賚予嗣胤也
始自郊豕之事得以幸其母乃名其子曰郊彘
立其母爲小后初小后母孕未産巫卜之曰必
生王后母喜及生名曰后女冬十月王移都於
九都
十七年春正月立郊彘爲王大子
二十一年秋八月漢平川人夏瑤以百姓一千
餘家來投王納之安置柵城冬十月雷地震星

① 丸(鑄字本)

①

學于東北

二十三年春二月壬子晦日有食之

二十四年夏四月異鳥集于王庭

二十八年王孫然弗生

三十一年夏五月王薨葬於山上陵號爲山上王

三國史記卷第十六

① 孛(鑄字本)

삼국사기 권 제17

고구려본기 제5

동천왕(東川王)
중천왕(中川王)
서천왕(西川王)
봉상왕(烽上王)
미천왕(美川王)

三國史記卷第十七

高句麗國本紀第五 東川王 中川王 西川王 烽上王 美川王

東川王(或云東襄)諱憂位居少名郊彘山上王之子母酒桶村人入爲山上小后史失其族姓前王十七年立爲太子至是嗣位王性寬仁王后欲試王心候王出遊使人截王路馬鬣王還曰馬無鬣可憐又令侍者進食時陽覆羹於王衣亦不怒

二年春二月王如卒本祀始祖廟大赦三月封于氏爲王太后

四年秋七月國相高優婁卒以于台明臨於漱爲國相

八年魏遣使和親秋九月大后于氏薨大后臨終遺言曰妾失行將何面目見國壤於地下若羣臣不忍擠於溝壑則請葬我於山上王陵之側遂葬之如其言巫者曰國壤降於予曰昨見

① 삭제(鑄字本)
② 日(鑄字本), 目(鑄字本)

于氏歸于川上不勝憤恚遂與之戰退而思之顔厚不忍見國人爾告於朝遮我以物是用植松七重於陵前

十年春二月吳王孫權遣使者胡衛通和王留其使至秋七月斬之傳首於魏

十一年遣使如魏賀改年號是景初元年也

十二年魏大傅司馬宣王率衆討公孫淵王遣主簿大加將兵千人助之

十六年王遣將襲破遼東西安平

十七年春正月立王子然弗爲王太子赦國囚

十九年春三月東海人獻美女王納之後宮冬十月出師侵新羅北邊

二十年秋八月魏遣幽州刺史毋丘儉將萬人出玄菟來侵王將步騎二萬人逆戰於沸流水上敗之斬首三千餘級又引兵再戰於梁貊谷又敗之斬獲三千餘人王謂諸將曰魏之大兵反不如我之小兵毋丘儉者魏之名將今日命在我掌握之中乎乃領鐵騎五千進而擊

① 山(節要)
② 內(節要)

③ ② 往 ①

之儉爲方陣決死而戰我軍大潰死者一萬八
千餘人王以一千餘騎奔鴨渌原冬十月儉
攻陷丸都城屠之乃遣將軍王頎追王王奔南
沷沮至于竹嶺軍士分散殆盡唯東部密友獨
在側謂王曰今追兵甚迫勢不可脫臣請決死
而禦之王可遯矣遂募死士與之赴敵力戰王
間行脫而去依山谷聚散卒自衛謂曰若有能
取密友者厚賞之下部劉屋句前對曰臣試徃
焉遂於戰地見密友伏地乃負而至王枕之以

股久而乃蘇王間行轉輾至南沷沮魏軍追不
止王計窮勢屈不知所爲東部人紐由進曰勢
甚危迫不可徒死臣有愚計請以飮食徃犒魏
軍因伺隙刺殺彼將若臣計得成則王可奮擊
決勝矣王曰諾紐由入魏軍詐降曰寡君獲罪
於大國逃至海濱措躬無地將以請降於陣前
歸死司寇先遣小臣致不腆之物爲從者羞魏
將聞之將受其降紐由隱刀食器進前拔刀刺
魏將胷與之俱死魏軍遂亂王分軍爲三道急

① 沃(鑄字本)
② 沃(鑄字本)
③ 往(鑄字本)

①

擊之魏軍擾亂不能陳遂自樂浪而退王復國
論功以密友紐由爲第一賜密友巨谷青木公
賜屋句鴨渌杜訥河原以爲食邑追贈紐由爲
九使者又以其子多優爲大使者是役也魏將
到肅愼南界刻石紀功又到丸都山銘不耐城
而歸初其臣得來見王侵叛中國數諫王不從
得來嘆曰立見此地將生蓬蒿遂不食而死毋
丘儉令諸軍不壞其墓不伐其樹得其妻子皆
放遣之 括地志云不耐城即國内城也城累石爲之此即丸都山與國内城相接梁書以司馬懿討公孫淵王遣將襲西安平毋

丘儉來侵通鑑以得來諫王爲王位宮時事誤也
二十一年春二月王以丸都城經亂不可復都
築平壤城移民及廟社平壤者本仙人王儉之
宅也或云王之都王險
二十二年春二月新羅遣使結和秋九月王薨
葬於柴原號曰東川王國人懷其恩德莫不哀
傷近臣欲自殺以殉者衆嗣王以爲非禮禁之
至葬日至墓自死者甚多國人伐柴以覆其屍
遂名其地曰柴原

① 谷(鑄字本)

中川王(或云中壤)諱然弗東川王之子儀表俊爽有
智略東川十七年立爲王太子二十二年秋九
月王薨太子卽位冬十月立掾①氏爲王后十一
月王弟預物奢句等謀叛伏誅
三年春二月王命②相明臨於漱兼知內外兵馬事
四年夏四月王以貫那夫人置革囊投之西海
貫那夫人顏色佳麗髮長九尺王愛之將立以
爲小后王后掾氏恐其專寵乃言於王曰妾聞
西魏求長髮購以千金昔我先王不致禮於中
國被兵出奔殆喪社稷今王順其所欲遣一介
行李以進長髮美人則彼必欣納無復侵伐之
事王知其意默不答夫人聞之恐其加害反讒
后於王曰王后常罵妾曰田舍之女安得在此若
不自歸必有後悔意者后欲伺大王之出以害
於妾如之何後王獵于箕丘而還夫人將革囊
迎哭曰后欲以妾盛此投諸海幸大王賜妾微
命以返於家何敢更望侍左右乎王問知其詐
怒謂夫人曰汝要入海乎使人投之

① 椽(鑄字本)
② 國(精文研)

七年夏四月國相明臨於漱卒以沸流沛者陰
友爲國相秋七月地震
八年立王子藥盧爲王太子赦國內
九年冬十一月以掾①那明臨笏覩尚公主爲駙
馬都尉十二月無雪大疫
十二年冬十二月王畋于杜訥之谷魏將尉遲②
(名犯長陵諱)將兵來伐王簡精騎五千戰於梁貊之
谷敗之斬首八千餘級
十三年秋九月王如卒本祀始祖廟
十五年秋七月王獵箕丘獲白獐冬十一月雷
地震
二十三年冬十月王薨葬於中川之原號曰中
川王
西川王(或云西壤)諱藥盧(一云若友)中川王第二子性聰
悟而仁國人愛敬之中川王八年立爲太子二
十三年冬十月王薨太子卽位
二年春正月立西部大使者于漱之女爲王后
秋七月國相陰友卒九月以尚婁爲國相尚婁

① 椽(鑄字本)
② 遲의 大篆. 仁宗의 諱 '楷'의 缺字.

삼국사본기 17/7

太　　①

陰友子也冬十二月地震
三年夏四月隕霜害麥六月大旱
四年秋七月丁酉朔日有食之民饑發倉賑之
七年夏四月王如新城(或云新城國之東北大鎭也)獵獲白鹿
秋八月王至自新城九月神雀集宮庭
十一年冬十月肅愼來侵屠害邊民王謂羣臣
曰寡人以眇未之軀謬襲邦基德不能綏威不
能震致此鄰敵猾我疆域思得謀臣猛將以折
遐衝咨爾羣公各擧奇謀異略才堪將帥者羣
臣皆曰王弟達賈勇而有智略堪爲大將王於
是遣達賈往伐之達賈出奇掩擊拔檀盧城殺
酋長遷六百餘家於扶餘南烏川降部落六七
所以爲附庸王大悅拜達賈爲安國君知內外
兵馬事兼統梁貊肅愼諸部落
十七年春二月王弟逸友素勃等二人謀叛詐
稱病往溫湯與黨類戲樂無節出言悖逆王召
之僞許拜相及其至令力士執而誅之
十九年夏四月王幸新城海谷大守獻鯨魚目

① 末(鑄字本), 軀(鑄字本)

삼국사본기 17/8

夜有光秋八月王東狩獲白鹿九月地震冬十
一月王至自新城
二十三年王薨葬於西川之原號曰西川王
烽上王(一云雉葛)諱相夫(或云歃矢婁)西川王之太子也
幼驕逸多疑忌西川王二十三年薨太子卽位
元年春三月殺安國君達賈王以賈在諸父之
行有大功業爲百姓所瞻望故疑之謀殺國人
曰微安國君民不能免梁貊肅愼之難今其死
矣其將焉託無不揮涕相弔秋九月地震
二年秋八月慕容廆來侵王欲往新城避賊行
至鵠林慕容廆知王出引兵追之將及王懼時
新城宰北部小兄高奴子領五百騎迎王逢賊
奮擊之廆軍敗退王喜加高奴子爵爲大兄兼
賜鵠林爲食邑九月王謂其弟咄固有異心賜死
國人以咄固無罪哀慟之咄固子乙弗出遯於野
三年秋九月國相尙婁卒以南部大使者倉助
利爲國相進爵爲大主簿
五年秋八月慕容廆來侵至故國原見西川王

삼국사본기 17/9

慕使人發之役者有裹死者亦聞壙內有樂聲
恐有神乃引退王謂羣臣曰慕容氏兵馬精強
屢犯我疆埸爲之柰何相國倉助利對曰北部
大兄高奴子賢且勇大王若欲禦寇安民非高
奴子無可用者王以高奴子爲新城太守善政
有威聲慕容廆不復來寇
七年秋九月霜雹殺穀民饑冬十月王增營宮
室頗極侈麗民饑且困羣臣驟諫不從十一月
王使人索乙弗殺之不得

八年秋九月鬼哭于烽山客星犯月冬十二月
雷地震
九年春正月地震自二月至秋七月不雨年饑
民相食八月王發國內男女年十五已上修理
宮室民乏於食困於役因之以流亡倉助利諫
曰天災荐至年穀不登黎民失所壯者流離四
方老幼轉乎溝壑此誠畏天憂民恐懼修省之
時也大王曾是不思驅饑餓之人困木石之役
甚乖爲民父母之意而況比鄰有強梗之敵若

① 國相(節要 및 李丙燾)
② 烽(鑄字本)

삼국사본기 17/10

兼吾弊以來其如社稷生民何願大王孰計之
王慍曰君者百姓之所瞻望也宮室不壯麗無
以示威重今國相蓋欲謗寡人以干百姓之譽
也助利曰君不恤民非仁也臣不諫君非忠也
臣旣承乏國相不敢不言豈敢干譽乎王笑曰
國相欲爲百姓死耶冀無後言助利知王之不
悛且畏及害退與羣臣同謀廢之迎乙弗爲王
王知不免自經二子亦從而死葬於烽山之原
號曰烽上王

美川王 一云好壤王 諱乙弗 或云憂弗 西川王之子古鄒加
咄固之子初烽上王疑弗咄固有異心殺之子
乙弗畏害出遁始就水室村人陰牟家傭作陰
牟不知其何許人使之甚苦其家側草澤蛙鳴
使乙弗夜投瓦石禁其聲晝日督之樵採不許
暫息不勝艱苦周年乃去與東村人再牟販鹽
乘舟抵鴨淥將鹽下寄江東思收村人家其家
老嫗請鹽許之斗許再請不與其嫗恨恚潛以
屨置之鹽中乙弗不知負而上道嫗追索之誣

① 復(鑄字本)
② 烽(鑄字本)
③ 烽(鑄字本)
④ 弟(鑄字本)

삼국사본기 17/11

以度履告鴨淥宰宰以履直取鹽與嫗決笞放
之於是形容枯槁衣裳籃縷人見之不知其爲
王孫也是時國相倉助利將廢王先遣北部祖
弗東部蕭友等物色訪乙弗於山野至沸流河
邊見一丈夫在舡上雖形貌憔悴而動止非常
蕭友等疑是乙弗就而拜之曰今國王無道國
相與羣臣陰謀廢之以王孫操行儉約仁慈愛
人可以嗣祖業故遣臣等奉迎乙弗疑曰予野
人非王孫也請更審之蕭友等曰今上失人心
①久矣固不足爲國主故羣臣望王孫甚勤請無
疑遂奉引以歸助利喜致於烏陌南家不令人
知秋九月王獵於侯山之陰國相助利從之謂
衆人曰與我同心者効我乃以蘆②葉揷冠衆人
皆揷之助利知衆心皆同遂共廢王幽之別室
以兵周衛遂迎王孫上璽綬即王位冬十月黃
霧四塞十一月風從西北來飛砂走石六日十
二月星孛于東方
三年秋九月王率兵三萬侵玄菟郡虜獲八千

① 久矣(鑄字本)
② 葉(鑄字本)

삼국사본기 17/12

人移之平壤
十二年秋八月遣將襲取遼東西安平
十四年冬十月侵樂浪郡虜獲男女二千餘口
十五年春正月立王子斯由爲太子秋九月南
侵帶方郡
十六年春二月攻破玄菟城殺獲甚衆秋八月
星孛于東北
二十年冬十二月晉平州刺史崔毖來奔初崔
毖陰說我及段氏宇文氏使共攻慕容廆三國
①進攻棘城廆閉門自守獨以牛酒犒宇文氏與
國疑宇文氏與廆有謀各引兵歸宇文大人悉
獨官曰二國雖歸吾當獨取之廆使其子皝與
長史裴嶷將精銳爲前鋒自將大兵繼之悉獨
官大敗僅以身免崔毖聞之使其兄子燾詣棘
城僞賀廆臨之以兵燾懼首服廆遣燾歸謂
毖曰降者上策走者下策也引兵隨之毖與數
十騎弃(棄)家來奔其衆悉降於廆廆以其子仁鎮
遼東官府市里案堵如故我將如孥據于河城

① 二(鑄字本)

廆遣將軍張統掩擊擒之俘其衆千餘家歸于
棘城王數遣兵寇遼東慕容廆遣慕容翰慕
容仁伐之王求盟翰仁乃還
二十一年冬十二月遣兵寇遼東慕容仁拒戰
破之
三十一年遣使後趙石勒致其楛矢
三十二年春二月王薨葬於美川之原號曰美
川王

三國史記卷第十七

삼국사기 권 제18

고구려본기 제6

고국원왕(故國原王)
소수림왕(小獸林王)
고국양왕(故國壤王)
광개토왕(廣開土王)
장수왕(長壽王)

삼국사본기18/1

三國史記卷第十八
輸忠定難靖國贊化同德功臣開府儀同三司檢校太師守太保門下侍中判尙書吏禮部事集賢殿太學士監修國史上柱國致仕臣金富軾奉
宣撰
高句麗本紀第六 故國原王 小獸林王 故國壤王 廣開土王 長壽王
故國原王(一云国罡上王) 諱斯由(或云釗) 美川王十五年
立爲太子 三十二年春王薨即位
二年春二月王如卒本祀始祖廟巡問百姓老
病賑給 三月至自卒本
四年秋八月增築平壤城 冬十二月無雪
五年春正月築國北新城 秋七月隕霜殺穀
六年春三月大星流西北 遣使如晋貢方物
九年燕王皝來侵兵及新城 王乞盟乃還
十年王遣世子朝於燕王皝
十二年春二月修葺丸都城 又築國內城 秋八
月移居丸都城 冬十月燕王皝遷都龍城 立威
將軍翰請先取高句麗 後滅宇文 然後中原可
圖 高句麗有二道 其北道平闊 南道險狹 衆欲
從北道 翰曰 虜以常情料之 必謂大軍從北道

① 岡(李丙燾) 혹은 罡(精文研), 釗(百濟本紀 3 蓋鹵王 18년조 및 節要)
② 丸(鑄字本)
③ 太祖의 諱 '建'의 同義 代字.

삼국사본기18/2

當重北而輕南 王宜帥銳兵從南道擊之 出其
不意 北都不足取也 別遣偏師出北道 縱有蹉
跌 其腹心已潰 四支無能爲也 皝從之 十一月
皝自將勁兵四萬 出南道 以慕容翰 慕容霸
爲前鋒 別遣長史王寓等 將兵萬五千出北道
以來侵 王遣弟武帥精兵五萬 拒北道 自帥羸
兵以備南道 慕容翰等先至戰 皝以大衆繼之
我兵大敗 左長史韓壽斬我將阿佛和度加 諸
軍乘勝 遂入丸都 王單騎走入斷熊谷 將軍慕
輿埿追獲王母周氏及王妃而歸 會王寓等戰
於北道 皆敗沒 由是皝不復窮追 遣使招王 王
不出 皝將還 韓壽曰 高句麗之地不可戍守 今其
主亡民散 潛伏山谷 大軍旣去 必復鳩聚 收其
餘燼 猶足爲患 請載其父尸 囚其生母而歸 俟
其束身自歸 然後返之 撫以恩信 策之上也 皝
從之 發美川王廟 載其尸 收其府庫累世之寶
虜男女五萬餘口 燒其宮室 毁丸都城而還
十三年春二月王遣其弟稱臣入朝於燕 貢珍異

① 丸(資治通鑑 97 晉紀 및 節要)
② 慕(鑄字本)
③ 寓(鑄字本 및 資治通鑑 97 晉紀)
④ 墓(上同)

삼국사본기 18/3

以千數燕王皝乃還其父尸猶留其母爲質秋七月移居平壤東黃城城在今西京東木覓山中遣使如晉朝貢冬十一月雪五尺

十五年冬十月燕王皝使慕容恪①來攻拔南蘇置戍而還

十九年王送前東夷護軍宋晃于燕燕王雋赦之更名曰活拜爲中尉

二十五年春正月立王子丘夫爲王太子冬十二月王遣使詣燕納質修貢以請其母燕王雋許之遣殿中將軍刁②龕送王母周氏歸國以王爲征東大將軍營州刺史封樂浪公王如故

三十九年秋九月王以兵二萬南伐百濟戰於雉壤敗績③

四十年秦王猛伐燕破之燕太③傅慕容評來奔王執送於秦

四十一年冬十月百濟王④兵三萬來攻平壤城王出師拒之爲流矢所中是月二十三日薨葬于故國之原（百濟蓋鹵王表魏曰梟斬釗首過辭也）

① 容(鑄字本)
② 刁(資治通鑑 97 晉紀)
③ 績(鑄字本)
④ 率(鑄字本)

삼국사본기 18/4

小獸林王（一云小解朱留王）諱丘夫故國原王之子也身長大有雄略故國原王二十五年立爲太子四十一年王薨太子卽位

二年夏六月秦王符①堅遣使及浮屠順道送佛像經文王遣使廻謝以貢方物立大②學敎育子弟

三年始頒律令

四年僧阿道來

五年春二月始創肖門寺以置順道又創伊弗蘭寺以置阿道此海東佛法之始秋七月攻百濟水谷城

六年冬十一月侵百濟北鄙

七年冬十月無雪雷民疫百濟將兵三萬來侵平壤城十一月南伐百濟遣使入符③秦朝貢

八年旱民饑相食秋九月契丹犯北邊陷八部落

十三年秋九月星孛于西北

十四年冬十一月王薨葬於小獸林號爲小獸林王

故國壤王諱伊連（或云於只支）小獸林王之弟也小

① 苻(晉書 113)
② 太(鑄字本)
③ 苻(鑄字本 및 晉書 113)

삼국사본기18/5

冀 ① ②

獸林王在位十四年薨無嗣弟伊連卽位
二年夏六月王出兵四萬襲遼東先是燕王垂
命帶方王佐鎭龍城佐聞我軍襲遼東遣司馬
郝景將兵救之我軍擊敗之遂陷遼東玄菟虜
男女一萬口而還冬十一月燕慕容農將兵來
侵復遼東玄菟二郡初幽兾流民多來投農以
范陽龐淵爲遼東太守招撫之十二月地震
三年春正月立王子談德爲太子秋八月王
發兵南伐百濟冬十月桃李華牛生馬八足二尾

五年夏四月大旱秋八月蝗
六年春饑人相食王發倉賑給秋九月百濟來
侵椋南鄙部落而歸
七年秋九月百濟遣達率眞嘉謨攻破都押城
虜二百人以歸
九年春遣使新羅修好新羅王遣姪實聖爲質
三月下敎崇信佛法求福命有司立國社修宗
廟夏五月王薨葬於故國壤號爲故國壤王
廣開土王諱談德故國壤王之子生而雄偉有倜

① 掠(鑄字本)
② 偉(鑄字本)

삼국사본기18/6

① 棄

儻之志故國壤王三年立爲太子九年王薨太
子卽位秋七月南伐百濟拔十城九月北伐契
丹虜男女五百口又招諭本國陷沒民口一萬而
歸冬十月攻陷百濟關彌城其城四面峭絶海
水環繞王分軍七道攻擊二十日乃拔
二年秋八月百濟侵南邊命將拒之創九寺於
平壤
三年秋七月百濟來侵王率精騎五千逆擊敗
之餘寇夜走八月築國南七城以備百濟之寇

四年秋八月王與百濟戰於浿水之上大敗之
虜獲八千餘級
九年春正月王遣使入燕朝貢二月燕王盛以
我王禮慢自將兵三萬襲之以驃騎大將軍慕容
熙爲前鋒拔新城南蘇二城拓地七百餘里
徙五千餘戶而還
十一年王遣兵攻宿軍燕平州刺史慕容歸弃
城走
十三年冬十一月出師侵燕

① 彌(鑄字本)

삼국사본기 18/7

①　②

十四年春正月燕王熙來攻遼東城且陷熙命
將士毋得先登俟剗平其城朕與皇后乘輦而
入由是城中得嚴備卒不克而還
十五年秋七月蝗旱冬十二月燕王熙襲契丹
至陘北畏契丹之衆欲還遂弃輜重輕兵襲我
燕軍行三千餘里士馬疲凍死者屬路攻我木
底城不克而還
十六年春二月增修宮闕
十七年春三月遣使北燕且叙宗族北燕王雲

遣侍御史李拔報之雲祖父高和句麗之支●
自云高陽氏之苗裔故以高爲氏焉慕容寶之
爲太子雲以武藝侍東宮寶子之賜姓慕容氏
十八年夏四月立王子巨連爲太子秋七月築
國東禿山等六城移平壤民户八月王南巡
二十二年冬十月王薨號爲廣開土王
長壽王諱巨連一作璉◀開土王之元子也體貌
魁傑志氣豪邁開土王十八年立爲太子二十
二年王薨即位

① 庶(節要) 혹은 屬(李丙燾)
② 廣(앞의 문장 및 節要)

삼국사본기 18/8

蛇　①　②　③

元年遣長史高翼入晉奉表獻赭白馬安帝封
王高句麗王樂安郡公
二年秋八月異鳥集王宮冬十月王畋于虵川●
之原獲白獐十二月王都雪五尺
七年夏五月國東大氷●王遣使存問
十二年春二月新羅遣使修聘王勞慰之特厚
秋九月大有年王宴群臣於宮
十三年遣使如魏貢◀
十五年移都平壤

二十三年夏六月王遣使入魏朝貢且請國諱
世祖嘉其誠欵使録帝系及諱以與之遣員外
散騎侍郎李敖拜王爲都督遼海諸軍事征東
將軍領護東夷中郎將遼東郡開國公高句麗
王秋王遣使入魏謝恩魏人數伐燕燕日危蹙
燕王馮弘曰若事悤●且東依高句麗以國●後擧
密遣尚書陽伊請迎於我
二十四年燕王遣使入貢于魏請送侍子魏主
不許將擧兵討之遣使來告諭夏四月魏攻燕白

① 水(鑄字本)
② 朝(精文研)
③ 急(鑄字本), 圖(鑄字本)

삼국사본기 18/9

奪　①

狼城克之王遣將葛盧孟光將衆數萬隨陽伊
至和龍迎燕王葛盧孟光入城命軍脫弊褐取
燕武庫精仗以給之大掠城中五月燕王率龍
城見戶東徙焚宮殿火一旬不滅令婦人被甲
居中陽伊等勒精兵居外葛盧孟光帥騎殿後
方軌而進前後八十餘里魏主聞之遣散騎常
侍封撥來令送燕王王遣使入魏奉表稱當興
馮弘俱奉王化魏主以王違詔議擊之將發隴
右騎卒劉絜樂平王丕等諫之乃止

二十五年春二月遣使入魏朝貢
二十六年春三月初燕王弘至遼東王遣使勞
之曰龍城王馮君爰適野次士馬勞乎弘慙怒
稱制讓之王處之平郭尋徙北豐弘素侮我政
刑賞罰猶如其國王乃奪其侍人取其太子王
仁爲質弘怨之遣使如宋上表求迎宋太祖遣
使者王白駒等迎之幷令我資送王不欲使弘
南來遣將孫漱高仇等殺弘于北豐幷其子孫
十餘人白駒等帥所領七千餘人掩討漱仇殺

① 與(鑄字本)

삼국사본기 18/10

國　太　①　太

仇生擒漱王以白駒等專殺遣使執送之大祖
以遠国不欲違其意下白駒等獄已而原之
二十七年冬十一月遣使入魏朝貢十二月遣
使入魏朝貢
二十八年新羅人襲殺邊將王怒將擧兵討之
羅王遣使謝罪乃止
四十二年秋七月遣兵侵新羅北邊
四十三年遣使入宋朝貢
五十年春三月遣使入魏朝貢

五十一年宋世祖孝武皇帝策王爲車騎大將
軍開府儀同三司
五十三年春二月遣使入魏朝貢
五十四年春三月遣使入魏朝貢魏文明大后
以顯祖六宮未備教王令薦其女王奉表云女
已出嫁求以弟女應之許焉乃遣安樂王眞尙
書李敷等至境送幣或勸王曰魏昔與燕婚姻
旣而伐之由行人具知其夷險故也殷鑒不遠
宜以方使辭之王遂上書稱女死魏疑其矯詐

① 鑑(鑄字本)과 同字. 이하 표기 생략.

삼국사본기 18/11

又遣假散騎常侍程駿切責之若女審死者聽更選宗淑王云若天子恕其前愆謹當奉詔會顯祖崩乃止

五十五年春二月遣使入魏朝貢

五十六年春二月王以靺鞨兵一萬攻取新羅悉直州城夏四月遣使入魏朝貢

五十七年春二月遣使入魏朝貢秋八月百濟兵侵入南鄙

五十八年春二月遣使入魏朝貢

五十九年秋九月民奴①各等奔降於魏各賜田宅是魏高祖延興元年也

六十年春二月遣使入魏朝貢秋七月遣使入魏朝貢自此已後貢獻倍前其報賜亦稍加焉

六十一年春二月遣使入魏朝貢秋八月遣使入魏朝貢

六十二年春三月遣使入魏朝貢秋七月遣使入魏朝貢遣使入宋朝貢

六十三年春二月遣使入魏朝貢秋八月遣使

① 久(魏書 7 高祖紀)

삼국사본기 18/12

入魏朝貢九月王帥兵三萬侵百濟陷王所都漢城殺其王扶餘慶虜男女八千而歸

六十四年春二月遣使入魏朝貢秋七月遣使入魏朝貢九月遣使入魏朝貢

六十五年春二月遣使入魏朝貢秋九月遣使入魏朝貢

六十六年遣使入宋朝貢百濟燕信來投

六十七年春三月遣使入魏朝貢秋九月遣使入魏朝貢

六十八年夏四月南齊太祖蕭道成策王爲驃騎大將軍王遣使餘奴等朝聘南齊魏光州人於海中得餘奴等送闕魏高祖詔責王曰道成親弑其君竊位江左朕方欲興滅國於舊邦繼絶世於劉氏而卿越境外交遠通篡賊豈是藩臣守節之義今不以一過掩卿舊款即送還藩其感恕思愆祗承明憲輯寧所部勤①靜以聞

六十九年遣使南齊朝貢

七十二年冬十月遣使入魏朝貢時魏人謂我

① 動(鑄字本 및 魏書 100 高句麗傳)

太

方強置諸國使邸齊使第一我使者次之

七十三年夏五月遣使入魏朝貢冬十月遣使入魏朝貢

七十四年夏四月遣使入魏朝貢

七十五年夏五月遣使入魏朝貢

七十六年春二月遣使入魏朝貢夏四月遣使入魏朝貢秋閏八月遣使入魏朝貢

七十七年春二月遣使入魏朝貢夏六月遣使入魏朝貢秋九月遣兵侵新羅北邊陷狐山城冬十月遣使入魏朝貢

七十八年秋七月遣使入魏朝貢九月遣使入魏朝貢

七十九年夏五月遣使入魏朝貢秋九月遣使入魏朝貢冬十二月王薨年九十八歲號長壽王魏孝文聞之制素委貌布深衣擧哀於東郊遣謁者僕射李安上策贈車騎大將軍大傅遼東郡開國公高句麗王謚曰康

三國史記卷第十八

삼국사기 권 제19

고구려본기 제7

문자명왕(文咨明王)
안장왕(安臧王)
안원왕(安原王)
양원왕(陽原王)
평원왕(平原王)

삼국사본기19/1

三國史記卷第十九

宣撰

高句麗本紀第七 文咨王 安藏王 安原王 陽原王 平原王

文咨明王 一云明治好王 諱羅雲長壽王之孫父王子古鄒大加助多助多早死長壽王養於宮中以爲大孫長壽在位七十九年薨繼立

元年春正月三月魏孝文帝遣使拜王爲使持節都督遼海諸軍事征東將軍領護東夷中郞將遼東郡開國公高句麗王賜衣冠服物車旗之飾又詔王遣世子入朝王辭以疾遣從叔升干隨使者詣闕夏六月遣使入魏朝貢秋八月遣使入魏朝貢冬十月遣使入魏朝貢

二年冬十月地震

三年春正月遣使入魏朝貢二月扶餘王及妻孥以國來降秋七月我軍與新羅人戰於隆水之原羅人敗保犬牙城我兵圍之百濟遣兵三千援新羅我兵引退齊帝策王爲使持節散騎

① 臧(安臧王 즉위년조)
② 삭제(魏書 7 孝文帝紀와 資治通鑑 137 및 節要)
③ 薩(鑄字本)
④ 援(鑄字本)

삼국사본기19/2

常侍都督營平二州征東大將軍樂浪公遣使入魏朝貢冬十月桃李華

四年春二月遣使入魏朝貢大旱夏五月遣使入魏朝貢秋七月南巡狩望海而還八月遣兵圍百濟雉壤城百濟請救於新羅羅王命將軍德智率兵來援我軍退還

五年齊帝進王爲車騎將軍遣使入齊朝貢秋七月遣兵攻新羅牛山城新羅兵出擊泥河上我軍敗北

六年秋八月遣兵攻新羅牛山城取之

七年春正月立王子興安爲太子秋七月創金剛寺八月遣使入魏朝貢

八年百濟民饑二千人來投

九年秋八月遣使入魏朝貢

十年春正月遣使入魏朝貢冬十二月遣使入魏朝貢

十一年秋八月蝗冬十月地震民屋倒陷有死者梁高祖即位夏四月進王爲車騎大將軍冬

十一月百濟犯境十二月遣使入魏朝貢
十二年冬十一月百濟遣達率優永率兵五千來
侵水谷城
十三年夏四月遣使入魏朝貢世宗引見其使
芮悉弗於東堂悉弗進曰小國係誠天極累葉
純誠地産土毛無愆王貢但黃金出自扶餘珂
則涉羅所産扶餘爲勿吉所逐涉羅爲百濟所
幷二品所以不登王府實兩賊是爲世宗曰高
句麗世荷上將專制海外九夷黠虜悉得征之
執罄罍恥誰之咎也昔方貢之愆責在連率卿
宜宣朕志於卿主務盡威懷之略揃拔害羣輯
寧東裔使二邑還復舊墟土毛無失常貢也
十五年秋八月王獵於龍山之陽五日而還九
月遣使入魏朝貢冬十一月遣將伐百濟大雪
士卒凍皸而還
十六年冬十月遣使入魏朝貢王遣將高老與①
靺鞨謀欲攻百濟漢城進屯於橫岳下百濟出
師逆戰乃退

① 與(鑄字本)

十七年梁高祖下詔曰高句麗王樂浪郡公其
乃誠款著貢驛相尋宜豐①秩命式弘朝典可撫
軍(一作東)大將軍開府儀同三司夏五月遣使入
魏朝貢冬十二月遣使入魏朝貢
十八年夏五月遣使入魏朝貢
十九年夏閏六月遣使入魏朝貢冬十一②月遣
使入魏朝貢
二十一年春三月遣使入梁朝貢夏五月遣使入
魏朝貢秋九月侵百濟陷加弗圓山二城虜獲一③
男女一千餘口
二十二年春正月遣使入魏朝貢夏五月遣使
入魏朝貢冬十二月遣使入魏朝貢
二十三年冬十一月遣使入魏朝貢
二十四年冬十月遣使入魏朝貢
二十五年夏四月遣使入梁朝貢
二十六年夏四月遣使入魏朝貢
二十七年春二月遣使入魏朝貢三月暴風拔
木王宮南門自毀夏四月遣使入魏朝貢五月

① 隆(梁書 54 高句驪傳). '豊'은 太祖의 父 世祖의 諱 '隆'의 同義 代字.
② 二(鑄字本 및 魏書 8)
③ 삭제(鑄字本)

삼국사본기 19/5

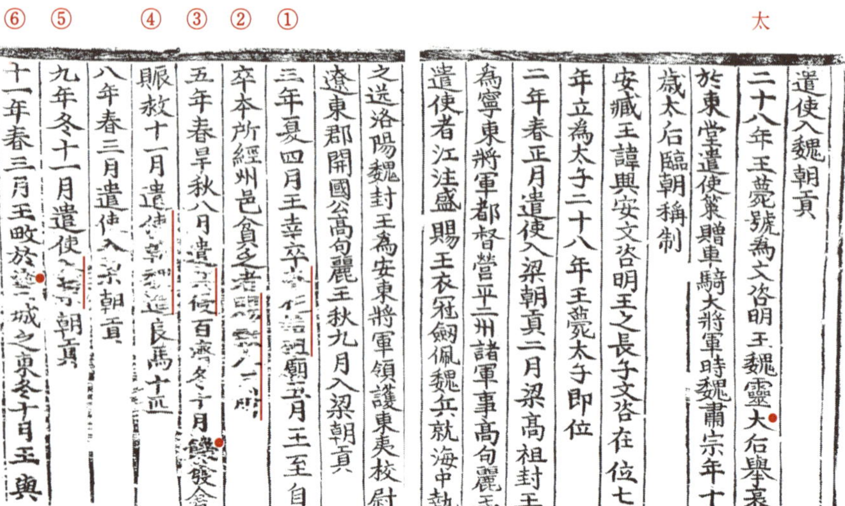
⑥ ⑤ ④ ③ ② ① 太

遣使入魏朝貢
二十八年王薨號爲文咨明王魏靈太后擧哀
於東堂遣使策贈車騎大將軍時魏肅宗年十
歲太后臨朝稱制
安臧王諱興安文咨明王之長子文咨在位七
年立爲太子二十八年王薨太子卽位
二年春正月遣使入梁朝貢二月梁高祖封王
爲寧東將軍都督營平二州諸軍事高句麗王
遣使者江注盛賜王衣冠劒佩魏兵就海中執
之送洛陽魏封王爲安東將軍領護東夷校尉
遼東郡開國公高句麗王秋九月入梁朝貢
三年夏四月王幸卒本祀始祖廟五月王至自
卒本所經州邑貧乏者賜穀人一斛
五年春旱秋八月遣兵侵百濟冬十月饑發倉
賑救十一月遣使朝魏進良馬十匹
八年春三月遣使入梁朝貢
九年冬十一月遣使入梁朝貢
十一年春三月王畋於黃城之東冬十月王與

① 本祀始祖(鑄字本)
② 賜穀人一斛(鑄字本)
③ 兵侵(鑄字本), 饑(鑄字本)
④ 使朝魏進(鑄字本)
⑤ 入梁(鑄字本)
⑥ 黃(鑄字本)

삼국사본기 19/6

百濟戰於五谷克之殺獲二千餘級
十三年夏五月王薨號爲安臧王是梁中大通三年魏普泰元年也梁
書云安臧王在位第八年普通七年卒誤也
安原王諱寶延安臧王之弟也身長七尺五寸
有大量安臧愛友之安臧在位十三年薨無嗣
子故卽位梁高祖下詔襲爵
二年春三月魏帝詔策使持節散騎常侍領護
東夷校尉遼東郡開國公高句麗王賜衣冠車
旗之飾夏四月遣使入梁朝貢六月遣使入魏
朝貢冬十一月遣使入梁朝貢
三年春正月立王子平成爲太子二月遣使入
魏朝貢
四年東魏詔加王驃騎大將軍餘悉如故遣使
入魏朝貢
五年春二月遣使入梁朝貢夏五月國南大水
漂沒民屋死者二百餘人冬十月地震十二月
雷大疫
六年春夏大旱發使撫恤饑民秋八月蝗遣使

삼국사본기 19/7

③ ② ①

入東魏朝貢
七年春三月民饑王巡撫賑救冬十二月遣使
入東魏朝貢
九年夏五月遣使入東魏朝貢
十年秋九月百濟圍牛山城王遣精騎五千擊
走之冬十月桃李華十二月遣使入東魏朝貢
十一年春三月遣使入梁朝貢
十二年春三月大風拔木飛瓦夏四月雹冬十
二月遣使入東魏朝貢
十三年冬十一月遣使入東魏朝貢
十四年冬十一月遣使入東魏朝貢
十五年春三月王薨號爲安原王是梁大同十一年東魏武定三年也梁文
云安原以大清二年卒以其子爲寧東將軍高句麗王樂浪公誤也
陽原王或云陽崗上好王諱平成安原王長子生而聰慧
及壯雄豪過人以安原在位三年立爲太子至
十五年王薨太子卽位冬十二月遣使入東魏
朝貢
一年春二月王都梨樹連理夏四月雹冬十一

① 書(鑄字本)
② 太(梁書 54 高句驪傳)
③ 二(鑄字本)

삼국사본기 19/8

太 薩

月遣使入東魏朝貢
三年秋七月改築白巖城葺新城遣使入東魏
朝貢
四年春正月以濊兵六千攻百濟獨山城新羅
將軍朱珍來援故不克而退秋九月丸都進嘉
禾遣使入東魏朝貢
五年遣使入東魏朝貢
六年春正月百濟來侵陷道薩城三月攻百濟
金峴城新羅人乘間取二城夏六月遣使入北
齊朝貢秋九月北齊封王爲使持節侍中驃騎
大將軍領護東夷校尉遼東郡開國公高句麗王
七年夏五月遣使入北齊朝貢秋九月突厥來
圍新城不克移攻白巖城王遣將軍高紇領兵
一萬拒克之殺獲一千餘級新羅來攻取十城
八年築長安城
十年冬攻百濟熊川城不克十二月晦日有食
之無氷
十一年冬十月虎入王都擒之十一月大白晝

삼국사본기19/9

①

見遣使入北齊朝貢
十三年夏四月立王子陽成爲太子遂宴群臣
於內殿冬十月丸都城干朱理叛伏誅
十五年春三月王薨號爲陽原王
平原王(或云平崗上好王) 諱陽成(隋唐書作湯) 陽原王長子有
膽力善騎射陽原王在位十三年立爲太子十
五年王薨太子卽位
二年春二月北齊廢帝封王爲使持節領東夷
校尉遼東郡公高句麗王王幸卒本祀始祖廟

三月王至自卒本所經州郡獄囚除二死皆原之
三年夏四月異鳥集宮庭六月大水冬十一月
遣使入陳朝貢
四年春二月陳文帝詔授王寧東將軍
五年夏大旱王減①常膳祈禱山川
六年遣使入北齊朝貢
七年春正月立王子元爲太子遣使入北齊朝貢
八年冬十二月遣使入陳朝貢
十二年冬十一月遣使入陳朝貢

① 減의 俗字. 이하 생략.

삼국사본기19/10

① 減

十三年春二月遣使入陳朝貢秋七月王畋於
浿河之原五旬而返八月重修宮室蝗旱罷役
十五年遣使入北齊朝貢
十六年春正月遣使入陳朝貢
十九年王遣使入周朝貢周高祖拜王爲開府
儀同三司大將軍遼東郡開國公高句麗王
二十三年春二月晦星隕如雨秋七月霜雹殺
穀冬十月民饑王巡行撫恤十二月遣使入隋
朝貢高祖授王大將軍遼東郡公

二十四年春正月遣使入隋朝貢冬十一月遣
使入隋朝貢
二十五年春正月遣使入隋朝貢二月下令減①
不急之事發使郡邑勸農桑①夏四月遣使入隋
朝貢冬遣使入隋朝貢
二十六年春遣使入隋朝貢夏四月隋文帝宴
我使者於大興殿
二十七年冬十二月遣使入陳朝貢
二十八年移都長安城

① 桑(鑄字本)

③ ② ①

三十二年王聞陳亡大懼理兵積穀爲拒守之
策隋高祖賜王璽書責以雖稱藩附誠節未
盡且曰彼之一方雖地狹人少今若黜王不可
虛置終須更選官屬就彼安撫王若洒心易
行率由憲章卽是朕之良臣何勞別遣才彥
王謂遼水之廣何如長江高句麗之人多少陳
國朕若不存含育責王前愆命一將軍何待多
力殷勤曉未許王自新耳王得書惶恐將奉表
陳謝而未果王在位三十二年冬十月薨號曰
平原王 是開皇十年隋書及通鑑書高祖賜璽書於開皇十七年誤也

三国史記卷第十九

① 成宗의 諱 '治'의 同義 代字.
② 何如(李丙燾)
③ 示(鑄字本)

삼국사기 권 제20

고구려본기 제8

영양왕(嬰陽王)

영류왕(榮留王)

①

三國史記卷第二十

輸忠定難靖國贊化同德功臣開府儀同三司檢校太師守太保門下侍中判尙書吏禮部事集賢殿太學士監修國史上柱國致仕臣金富軾奉

宣撰

高句麗本紀第八 嬰陽王 建武王

嬰陽王 一云平陽 諱元 一云大元 平原王長子也風神俊
爽以濟世安民自任平原王在位七年立爲太
子三十二年王薨太子即位隋文帝遣使拜王
爲上開府儀同三司襲爵遼東郡公賜衣一襲
二年春正月遣使入隋奉表謝恩進奉因請

②

封王帝許之三月策封爲高句麗王仍賜車服
夏五月遣使謝恩
三年春正月遣使入隋朝貢
八年夏五月遣使入隋朝貢
九年王率靺鞨之衆萬餘侵遼西營州摠管韋
冲擊退之隋文帝聞而大怒命漢王諒王世績
並爲元帥將水陸三十萬來伐夏六月帝下詔
黜王官爵漢王諒軍出臨渝關値水潦餽轉不
繼軍中乏食復遇疾疫周羅睺自東萊泛海趣

① 榮留(榮留王 즉위년조)
② 積(隋書 40 및 資治通鑑 178 隋紀 高祖 開皇 18년조)

博

平壤城亦遭風舡多漂沒秋九月師還死者十
八九王亦恐懼遣使謝罪上表稱遼東糞土臣
其帝於是罷兵待之如初百濟王昌遣使奉表
請爲軍導帝下詔諭以高句麗服罪朕已赦之
不可致伐厚其使而遣之王知其事侵掠百濟
之境
十一年春正月遣使入隋朝貢詔大學博士李
文眞約古史爲新集五卷國初始用文字時有
人記事一百卷名曰留記至是刪修

十四年王遣將軍高勝攻新羅北漢山城羅王
率兵過漢水城中鼓噪相應勝以彼衆我寡恐
不克而退
十八年初煬帝之幸啓民帳也我使者在啓民
所啓民不敢隱與之見帝黃門侍郞裴矩說帝
曰高句麗本箕子所封之地漢晉皆爲郡縣今
乃不臣別爲異域先帝欲征之久矣但楊諒不
肖師出無功當陛下之時安可不取使冠帶之
境遂爲蠻貊之鄕乎今其使者親見啓民擧國

삼국사본기 20/3

從化可因其恐懼脅使入朝帝從之勑牛弘宣
旨曰朕以啓民誠心奉国故親至其帳明年當
往涿郡爾還日語爾王宜早來朝勿自疑懼存
育之禮當如啓民苟或不朝將帥啓民往巡彼
土王懼藩禮頗闕帝將討之啓民突厥可汗也
夏五月遣師攻百濟松山城不下移襲石頭城
虜男女三千而還
十九年春二月命將襲新羅北境虜獲八千人
夏四月拔新羅牛鳴山城

二十二年春二月煬帝下詔討高句麗夏四月
車①蓋至涿郡之臨朔宮四方兵皆集涿郡
二十三年春正月王②午帝下詔曰高句麗小醜
迷昏不恭崇聚勃③碣之間荐食遼濊之境雖復
漢魏誅戮巢穴暫傾亂離多阻種落還集萃川
藪於往代播寔繁以訖今睠彼華壤翦爲夷類
歷年永久惡稔旣盈天道禍淫亡徵已兆亂常
敗德非可勝圖掩慝懷姦唯④曰不足移告之嚴
未嘗面受朝覲之禮莫肯躬親誘納亡叛不知

① 駕(鑄字本)
② 壬(節要 및 金貞培)
③ 渤(節要)
④ 日(節要)

삼국사본기 20/4

紀極充斥邊垂亟勞烽候關柝以之不靜生人
爲之廢業在昔薄伐已漏天網旣緩前禽之戮
未卽後服之誅曾不懷恩翻爲長惡乃兼契丹
之黨虔①劉海戍習靺鞨之服侵軼遼西又靑
丘之表咸修職貢碧海之濱同禀正朔遂復敓
攘琛責②遏絶往來虐及弗辜誠而遇禍輶車奉
使爰曁海東旌節所次途經藩境而擁塞道路
拒絶王人無事君之心豈爲臣之禮此而可忍
孰不可容且法令苛酷賦斂③煩重強臣豪族咸

執國鈞朋黨比周以之成俗賄貨如市寃枉莫
申重以仍歲災凶比屋饑饉兵戈不息徭役無
期力竭轉輸身塡溝壑百姓愁苦爰誰適從境
內哀惶不勝其弊迴首面內各懷性命之圖黃
髮稚齒咸興酷毒之歎省俗觀風爰屆幽朔弔
人問罪無俟再駕於是親摠④六師用申九伐拯
厥阽危協從天意殄玆逋穢克嗣先謨今宜授
律啓行分麾屆路掩渤海而雷⑤震歷扶餘以電
掃比干⑥按甲誓旅而後行三令五申必勝而後

① 虔(隋書 4 煬帝紀 大業 8년조)
② 賮(上同 및 鑄字本) 혹은 貢(節要)
③ 斂(隋書 4 煬帝紀 大業 8년조)
④ 摠의 俗字. 이하 생략.
⑤ 雷(鑄字本)
⑥ 戈(隋書 4 煬帝紀 大業 8년조)

삼국사본기 20/5

② ①

戰左十二軍出鏤方長岑溟海蓋馬建安南蘇
遼東玄菟扶餘朝鮮沃沮樂浪等道右十二軍
出黏蟬含資渾彌臨屯候城提奚踏頓肅愼碣
石東馳蔕方襄平等道絡驛引途揔集平壤凡
一百十三萬三千八百人號二百萬其餽輸者
倍之宜杜於南桑乾水上類上帝於臨朔宮南
祭馬祖於薊城北帝親授節度每軍上將亞將
各一人騎兵四十隊隊百人十隊爲團步卒八十
隊分爲四團團各有偏將一人其鎧冑纓拂旗

旛每團異色日遣一軍相去四十里連營漸進
終四十日發乃盡首尾相繼鼓角相聞旌旗亘
九百六十里御營内合十二衛三臺五省九寺
分隷内外前後左右六軍次後發又亘八十里
近古出師之盛未之有也二月帝御師進至遼
水衆軍揔會臨水爲大陣我兵阻水拒守隋兵
不得濟帝命工部尚書宇文愷造浮橋三道於
遼水西岸旣成引橋趣東岸短不及岸丈餘我
兵大至隋兵驍勇者爭赴水接戰我兵乘高擊

① 暆帶(上同), 駱(上同)
② 社(鑄字本)

삼국사본기 20/6

② ①

之隋兵不得登岸死者甚衆麥鐵杖躍登岸與
戰士雄孟乂等皆戰死乃歛兵引橋復就西岸
更命少府監何稠接橋二日而成諸軍相次繼進
大戰于東岸我兵大敗死者萬計諸軍乘勝進
圍遼東城則漢之襄平城也車駕到遼下詔赦
天下命刑部尚書衛文昇等撫遼左之民給復
十年建置郡縣以相統攝夏五月初諸將之東
下也帝戒之曰凡軍事進止皆須奏聞待報無
得專擅遼東數出戰不利乃嬰城固守帝命諸

耶 ⑤ ④ ③

軍攻之又勑諸將高句麗若降則宜撫納不得
縱兵遼東城將陷城中人輙言請降諸將奉旨
不敢赴期先令馳奏比報至城中守禦亦備隋
出拒戰如此再三帝終不悟旣而城久不下六
月己未帝幸遼東城南觀其城池形勢因召諸
將詰責之曰公等自以官高又恃家世欲以暗
懦待我邪在都之日公等皆不願我來恐見病
敗耳我今來此正欲觀公等所爲斬公輩爾公
今畏死莫肯盡力謂我不能殺公邪諸將咸戰

① 叉(資治通鑑 181 大業 8년조), 斂(精文研)
② 度(隋書 4 및 資治通鑑 181 大業 8년조)
③ 輒의 誤字.
④ 隨(鑄字本)
⑤ 耶(節要)와 同字. 이하 생략.

삼국사본기 20/7

懼失色帝因留止城西數里御六合城我諸城
堅守不下左翊衛大將軍來護兒帥江淮水軍
舳艫數百里浮海先進入自浿水去平壤六十
里與我軍相遇進擊大破之護兒欲乘勝趣其
城副摠管周法尚止之請俟諸軍至俱進護兒
不聽簡精甲數萬直造城下我將伏兵於羅郭
內空寺中出兵與護兒戰而僞敗護兒逐之入
城縱兵俘掠無復部伍伏兵發護兒大敗僅而
獲免士卒還者不過數千人我軍追至船所周
法尚整陣待之我軍乃退護兒引兵還屯海浦
不敢復留應接諸軍左翊衛大將軍宇文述出
扶餘道右翊衛大將軍于仲文出樂浪道左驍
衛大將軍荊元恒出遼東道右翊衛大將軍薛
世雄出沃沮道右屯衛將軍辛世雄出玄菟道
右禦衛將軍張瑾出襄平道右武候將軍趙孝
才出碣石道涿郡太守檢校左武衛將軍崔弘
昇出遂城道檢校右禦衛虎賁郎將衛文昇出增
地道皆會於鴨淥水西述等兵自瀘河懷遠二鎮

삼국사본기 20/8

人馬皆給百日糧又給排甲槍矟幷衣資戎具
火幕人別三石已上重莫能勝致下令軍中遺
棄米粟者斬士卒皆於幕下掘坑埋之纔行及
中路糧已將盡王遣大臣乙支文德詣其營詐
降實欲觀虛實子①仲文先奉密旨若遇王及文
德來者必擒之仲文將執之尚書右丞劉士龍
爲慰撫使固止之仲文遂聽文德還旣②而悔之
遣人紿文德曰更欲有言可復來文德不顧③濟
鴨淥水而去仲文與述等旣失文德內不自安
述以糧盡欲還仲文議以精銳追文德可以有
功述固止之仲文怒曰將軍仗十萬之衆不能
破小賊何顏以見帝且仲文此行固知無功何
則古之良將能成功者軍中之事決在一人今
人各有心何以勝敵時帝以仲文有計畫令諸
軍諮稟節度故有此言由是述等不得已而從
之與諸將渡水追文德文德見述軍士有饑色
故欲疲之每戰輒走述一日之中七戰皆捷旣
恃驟勝又逼群議於是遂進東濟薩水去平壤

① 于(鑄字本)
② 旣(鑄字本)의 俗字. 이하 표기 생략.
③ 顧(鑄字本)의 俗字. 이하 생략.

③ ② ①

삼국사본기 20/9

城三十里因山爲營文德復遣使詐降請於述
曰若旋師者當奉王朝行在所述見士卒疲弊
不可復戰又平壤城險固度難猝拔遂因其詐
而還述等爲方陣而行我軍四面鈔擊述等且
戰且行秋七月至薩水軍半濟我軍自後擊其
後軍右屯衛將軍辛世雄戰死於是諸軍俱潰
不可禁止將士奔還一日一夜至鴨淥水行四
百五十里將軍天水王仁恭爲殿擊我軍却之
來護兒聞述等敗亦引還唯衛文昇一軍獨全

初九軍到遼凡三十萬五千及還至遼東城唯
二千七百人資儲器械巨萬計失亡蕩盡帝大
怒鎖繫述等癸卯引還初百濟王璋遣使請討
高句麗帝使之覘我動靜璋內與我潛通隋
軍將出璋使其臣國知牟入唐請師期帝大悅
厚加賞賜遣尚書起部郎席律詣百濟告以期
會及隋軍渡遼百濟亦嚴兵境上聲言助隋實
持兩端是行也唯於遼水西拔我武厲邏置遼
東郡及通定鎭而已

① 度(資治通鑑 181)
② 繫(鑄字本)
③ 隋(鑄字本)

③ ② 國 ①

삼국사본기 20/10

二十四年春正月帝詔徵天下兵集涿郡募民爲
驍果修遼東古城以貯軍糧二月帝謂侍臣曰
高句麗小虜侮慢上国今拔海移山猶望克果
況此虜乎乃復議伐左光祿大夫郭榮諫曰戎
狄失禮臣下之事千鈞之弩不爲鼷鼠發機奈
何親辱萬乘以敵小寇乎帝不聽夏四月車駕
度遼遣宇文述與楊義臣趣平壤王仁恭出扶
餘道進軍至新城我兵數萬拒戰仁恭帥勁騎一
千擊破之我軍嬰城固守帝命諸將攻遼東聽

以便宜從事飛樓橦雲梯地道四面俱進晝夜
不息我應變拒之二十餘日不拔主客死者甚
衆衝梯竿長十五丈驍果沈光升其端臨城與
我軍戰短兵接殺十數人我軍競擊之而墜未
及地適遇竿有垂絙光接而復上帝望見壯之
即拜朝散大夫遼東城久不下帝遣造布囊百
餘萬口滿貯士欲積爲魚梁大道闊三十步高
與城齊使戰士登而攻之又作八輪樓車高出
於城夾魚梁道欲俯射城內指期將攻城內危

① 修(鑄字本)
② 伐(資治通鑑 182 大業 9년조 및 鑄字本)
③ 土(鑄字本)

蘇會揚玄感叛書至帝大懼又聞達官子弟皆
在玄感所益憂之兵部侍郞斛斯政素與玄感
善内不自安來奔帝夜密召諸將使引軍還軍
資器械攻具積如丘山營壘帳幕案堵不動衆
心恟懼無復部分諸道分散我軍即時覺之然
不敢出但於城内鼓譟①至來日午時方漸出外
猶疑隋軍詐之經二日乃出數千兵追躡畏隋
軍之衆不敢逼常相去八九十里將至遼水知
御營畢度乃敢逼後軍時後軍猶數萬人我軍

隨而鈔擊殺略數千人
二十五年春二月帝詔百寮議伐高句麗數日
無敢言者詔復徵天下兵百道俱進秋七月車
駕次懷遠鎭時天下已亂所徵兵多失期不至
吾國亦困弊來護兒至卑奢城我兵逆戰護兒
擊克之將趣平壤王懼遣使乞降因送斛斯政
帝大悅遣使持節召護兒還八月帝自懷遠鎭
班師冬十月帝還西京以我使者及斛斯政告
大廟仍徵王入朝王竟不從勅將帥嚴裝②更圖

① 噪(節要 및 金貞培)
② 裝(鑄字本)

後舉竟不果行
二十九年秋九月王薨號曰嬰陽王
榮留王諱建武一云成嬰陽王異母弟也嬰陽在
位二十九年薨即位
二年春二月遣使如唐朝貢夏四月王幸卒
本祀始祖廟五月王至自卒本
四年秋七月遣使如唐朝貢
五年遣使如唐朝貢唐高祖感隋末戰士多陷
於此賜王詔書曰朕恭膺寶命君臨率土祇順

三靈綏柔萬國普天之下情均撫字日月所炤
咸使乂安王統攝遼左世居藩服思稟正朔遠
循職貢故遣使者跋涉山川申布誠懇朕甚嘉
揖①方今六合寧晏四海清平玉帛旣通道路無
壅方申緝睦永敦聘好各保疆埸豈非盛美但
隋氏季年連兵構難攻戰之所各失其泯②遂使
骨肉乖離室家分折③多歷年歲怨曠不申今二
國通和義無阻異在此所有高句麗人等已令
追拮④尋即遣送彼處所有此國人者王可放還

① 焉(舊唐書 199 高麗傳)
② 氓(鑄字本) 혹은 民(舊唐書 199 高麗傳)
③ 析(舊唐書 199 高麗傳 및 節要)
④ 括(舊唐書 199 高麗傳)

삼국사본기 20/13

務盡綏育之方冀弘仁恕之道於是悉搜括華
人以送之數至萬餘高祖大喜
六年冬十二月遣使如唐朝貢
七年春二月王遣使如唐請班曆遣刑部尚書
沈叔安策王爲上柱國遼東郡公高句麗國王
命道士以天尊像及道法往爲之講老子王及
國人聽之冬十二月遣使入唐朝貢
八年王遣人入唐求學佛老教法帝許之
九年新羅百濟遣使於唐上言高句麗閉道使

不得朝又屢相侵掠帝遣散騎侍郎①未子奢持
節諭和王奉表謝罪請與二國平
十一年秋九月遣使入唐賀太宗擒突厥頡利可
汗兼上封域圖
十二年秋八月新羅將軍金庾信來侵東邊破
娘臂城九月遣使入唐朝貢
十四年唐遣廣州司馬長孫師臨瘞隋戰士骸骨
祭之毁當時所立京觀春二月王動衆築長城
東北自扶餘城②東南至海千有餘里九一十六

① 朱(鑄字本)
② 西(舊唐書 199 高麗傳)

삼국사본기 20/14

年畢功
二十一年冬十月侵新羅北邊七重城新羅將
軍閼川逆之戰於七重城外我兵敗衂①
二十三年春二月遣世子桓權入唐朝貢太宗勞
②尉賜賚之特厚王遣子弟入唐請入國學秋
九月日無光經三日復明
二十四年帝以我太子入朝遣職方郎中陳大德
荅勞大德入境所至城邑以綾綺厚餉官守者
曰吾雅好山水此有勝處吾欲觀之守者喜導

之遊歷無所不至由是悉得其纖曲見華人
隋③未從軍没留者爲道親戚存亡人人垂涕故
所至士女夾道觀之王盛陳兵衛引見使者大
德④同奉使覘國虛實吾人不知大德還奏帝
悅大德言於帝曰其國聞高昌亡大懼館候之勤
加於常數帝曰高句麗本四郡地耳吾發卒數
萬攻遼東彼必傾國救之別遣舟師出東萊自
海道趨平壤水陸合勢取之不難但山東州縣凋
瘵未復吾不欲勞之耳

① 衄의 俗字.
② 慰(鑄字本)
③ 末(鑄字本)
④ 因(鑄字本)

弔

二十五年春正月遣使入唐朝貢王命西部大人蓋蘇文監長城之役冬十月蓋蘇文弑王十一月太宗聞王死擧哀於苑中詔贈物三百段遣使持節弔祭

三國史記卷第二十

삼국사기 권 제21

고구려본기 제9

보장왕(寶臧王) 상

삼국사본기21/1

三國史記卷苐二十一
輸忠定難靖國贊化同德功臣開府儀同三司檢校太師守太保門下侍中判尚書吏禮
部事集賢殿大學士監修國史上柱國致仕臣金富軾奉　宣撰
高句麗本紀苐九 寶臧王上
王諱臧 或云寶臧 以失國故無謚 建武王弟大陽王
之子也建武王在位苐二十五年蓋蘇文弑之
立臧繼位新羅謀伐百濟遣金春秋乞師不從
二年春正月封父爲王遣使入唐朝貢三月蘇
文告王曰三教譬如鼎足闕一不可今儒釋並興

而道教未盛非所謂備天下之道術者也伏請
遣使於唐求道教以訓國人大王深然之奉
表陳請太宗遣道士叔達等八人兼賜老子道
德經王喜取僧寺館之閏六月唐太宗曰蓋
蘇文弑其君而專國政誠不可忍以今日兵力取
之不難但不欲勞百姓吾欲使契丹靺鞨擾之
何如長孫無忌曰蘇文自知罪大畏大國之討
嚴設守備陛下姑爲之隱忍彼得以自安必更
驕惰愈肆其惡然後討之未晩也帝曰善遣使

삼국사본기21/2

①

持節備禮冊命詔曰懷遠之規前王令典繼世
之義列代舊章高句麗國王臧器懷詔①敏識
宇詳正早習禮教德義有聞肇承藩業誠款先
著宜加爵命允茲故實可上柱國遼東郡公高
句麗王秋九月新羅遣使於唐言百濟攻取我
四十餘城復與高句麗連兵謀絶入朝之路乞
兵救援十五日夜明不見月衆星西流
三年春正月遣使入唐朝貢帝命司農丞相里
玄奬齎璽書賜王曰新羅委質國家朝貢不乏

②

爾與百濟各宜戢兵若更攻之明年發兵擊爾
國矣玄奬入境蓋蘇文已將兵擊新羅破其兩
城王使召之乃還玄奬諭以勿侵新羅蓋蘇文
謂玄奬曰我與新羅怨隙已久往者隋人入寇
新羅乘釁奪我地五百里其城邑皆據有之自
非歸我侵地兵恐未能已玄奬曰旣往之事焉
可追論今遼東諸城本皆中國郡縣中國尙且不言
高句麗豈得必求故地莫雉②支竟不從玄奬還
具言其狀太宗曰蓋蘇文弑其君賊其大臣殘

① 詔(鑄字本)
② 離(鑄字本)의 俗字. 이하 생략.

삼국사본기21/3

① ② ③

虐其民今又違我詔命不可以不討秋七月帝
將出兵勑洪饒江三州造舡四百艘以載軍糧
遣營州都督張儉等帥幽營二都督兵及契丹
奚靺鞨先擊遼東以觀其勢以大理鄕韋挺爲
餽輸使自河北諸州皆受挺節度聽以便宜從
事又命少卿蕭銳轉河南諸州糧入海九月莫
離支貢白金於唐楮遂良曰莫離支弑其君九
夷所不容今將討之而納其金此郜鼎之類也
臣謂不可受帝從之使者又言莫離支遣官五

十八宿衛帝怒謂使者曰汝曹皆事高武有官
爵莫離支弑逆汝曹不能復讎今更爲之遊說以
欺大國罪孰大焉悉以屬大理冬十月平壤雪
色赤帝欲自將討之召長安耆老勞曰遼東故中
國地而莫離支賊殺其主朕將自行經略之故
與父老納子若孫從我行者我能拊循之無容
恤也則厚賜布粟羣臣皆勸帝毋行帝曰吾知
之矣去本以趣末捨高以取下釋近而之遠三
者爲不祥伐高句麗是也然蓋蘇文弑君又戮

① 卿(鑄字本)
② 褚(舊唐書 80 褚遂良傳 및 資治通鑑 197 太宗 貞觀 18년조), 離
③ 約(新唐書 220 高麗傳 및 節要)

삼국사본기21/4

摠 ① ② ③

大臣以逞一國之人延頸待救議者顧未亮耳
於是北輸粟營州東儲粟古大人城十一月帝
至洛陽前宜州刺史鄭天璹已致仕帝以其嘗
從隋煬帝伐高句麗召詣行在問之對曰遼東
道遠糧轉艱阻東夷善守城不可猝下帝曰今
日非隋之比公但聽之以刑部尚書張亮爲平
壤道行軍大摠管帥江淮嶺硤兵四萬長安洛
陽募士三千戰艦五百艘自萊州泛海趣平壤
又以太子詹事左衛率李世勣爲遼東道行軍

大惣管帥步騎六萬及蘭河二州降胡趣遼東
兩軍合勢大集於幽州遣行軍摠管江行本少
監丘行淹先督衆士造梯衝於安羅山時遠近
勇士應募及献攻城器械者不可勝數帝皆親
加損益取其便易又手詔諭天下以高句麗蓋
蘇文弑主虐民情何可忍今欲巡幸幽薊問罪
遼碣所過營頓無爲勞費且言昔隋煬帝殘暴
其下高句麗王仁愛其民以思亂之軍擊安和
之衆故不能成功今畧言必勝之道有五一曰

① 姜(冊府元龜 117 帝王部 親征 및 資治通鑑 197 貞觀 18년조)
② 工(資治通鑑 197 貞觀 18년조)
③ 獻(鑄字本)의 俗字. 이하 표기 생략.

삼국사본기21/5

以大擊小二曰以順討逆三曰以理①乘亂四曰以逸敵勞五曰以悅當怨何憂不克布告元元勿為疑懼於是凡頓舍供備之具減者大②半詔諸軍及新羅百濟奚契丹分道擊之
四年春正月李世勣軍至幽州三月帝至定州謂侍臣曰遼東本中國之地隋氏四出師而不能得朕今東征欲為中國報子弟之讎高句麗雪君父之恥耳且方隅大定唯此未平故及朕之未老用士大夫餘力以取之帝發定州親佩弓矢手結雨衣於鞍後李世勣軍發柳城多張形勢若出懷遠鎮者而潛師北趣甬道出我不意夏四月世勣自通定濟遼水至玄菟我城邑大駭皆閉門自守副大摠管江夏王道宗將兵數千至新城折衝都尉曹三良引十餘騎直壓城門城中驚③無敢出者營州都督張儉將胡兵為前鋒進度遼水趨建安城破我兵殺數千人李世勣江夏王道宗攻蓋牟城拔④之獲一萬人糧十萬石以其地為蓋州張亮帥舟師自東萊

① 成宗의 諱 '治'의 同義 代字.
② 太(鑄字本). '大半'의 경우 이하 생략.
③ 懼(節要) 혹은 擾(鑄字本 및 資治通鑑 197 貞觀 19년조)
④ 拔(鑄字本)

삼국사본기21/6

度海襲卑沙城城四面懸絕惟西門可上程名振引兵夜至副摠管王大度先登五月城陷男女八千口沒焉李世勣進至遼東城下帝至遼澤泥淖二百餘里人馬不可通將作大匠閻立德布土作橋軍不留行度澤東王發新城國內城步騎四萬救遼東江夏王道宗將四千騎逆之軍中皆以為衆寡懸絕不若深溝高壘以待車駕之至道宗曰賊恃衆有輕我心遠來疲頓擊之必敗當清路以待乘輿乃更以賊遺君父乎都尉馬文舉曰不遇勍敵何以顯壯士策馬奔擊所向皆靡衆心稍安既合戰行軍摠管張君乂退走唐兵敗衄①道宗收散卒登高而望見我軍陣亂與驍騎數千衝之李世勣引兵助之我軍大敗死者千餘人帝度遼水撤橋以堅上②卒之心軍於馬首山勞賜江夏王道宗超拜馬文舉中郎將斬張君乂帝自將數百騎至遼東城下見士卒負土塡壍③帝分其尤重者於馬上持之從官爭負土置城下李世勣攻遼東城

① 乂(鑄字本). 衄의 俗字.
② 士(鑄字本)
③ 塹(鑄字本)과 同字.

삼국사본기21/7

④ ③ ② ①

晝夜不息旬有二日帝引精兵會之圍其城數
百重鼓噪聲振天地城有朱蒙祠祠有鎻甲銛
矛妄言前燕世天所降方圍急飾美女以婦神
巫言朱蒙悅城必完勣列砲車飛大石過三百
步所當輙潰吾人積木爲樓結絙罔不能拒以
衝車撞陴屋碎之時百濟上金髹鎧丈以玄金
爲文鎧士被以從帝與勣會甲光炫日南風急
帝遣銳卒登衝竿之未爇其西南樓火延燒城
中因揮将士登城我軍力戰不克死者萬餘人

⑦ ⑥ ⑤

見捉勝兵萬餘人男女四萬口糧五十萬石以其
城爲遼州李世勣進攻白巖城西南帝臨其西
北城主孫代音潛遣腹心請降臨城捉刀鉞爲
信昌奴願降城中有不從者帝以唐幟與其使曰
必降者宜立之城上代音立幟城中人以爲唐
兵已登城皆從之帝之克遼東也白巖城請降
旣而中悔帝怒其反覆令軍中曰得城當悉以
人物賞戰士李世勣見帝将受其降帥甲士數
十人請曰士卒所以爭冒矢石不顧其死者貪

① 罔(鑄字本)
② 髤와 同字, 又(節要)
③ 被(鑄字本)
④ 末(鑄字本)
⑤ 投(節要)
⑥ 曰(鑄字本)
⑦ 貪(鑄字本)

삼국사본기21/8

虜獲耳今城垂拔奈何更受其降孤戰士之心
帝下馬謝曰将軍言是也然縱兵殺人而虜其
妻孥朕所不忍将軍麾下有功者朕以庫物賞
之庶因将軍贖此一城世勣乃退得城中男女
萬餘口臨水設幄受其降仍賜之食八十已上
賜帛有差他城之兵在白巖者悉慰諭給糧
仗任其所之先是遼東城長史爲部下所殺其
省事奉其妻子奔白巖帝憐其有義賜帛五
疋爲長史造靈輿歸之平壤以白巖城爲巖

離 ①

州以孫代音爲刺史初莫雉支遣加尸城七百
人戍蓋牟城李世勣盡虜之其人請從軍自効
帝曰汝家皆在加尸汝爲我戰莫雉支必殺汝妻
子得一人之力而滅一家吾不忍也皆廩賜遣之
以蓋牟城爲蓋州帝至安市城進兵攻之北部
耨薩高延壽南部耨薩高恵真帥我軍及靺鞨
兵十五萬救安市帝謂侍臣曰今爲延壽策有
三引兵直前連安市城爲壘據高山之險食城
中之粟縱靺鞨掠吾牛馬攻之不可猝下欲歸

① 效의 俗字. 이하 표기 생략.

④ ③ ② ①

則泥潦爲阻坐困吾軍上策也拔城中之衆與
之宵遯中策也不度智能來與吾戰下策也
御曹觀之彼必出下策成禽●在吾目中矣時對
盧高正義年老習事謂延壽曰秦王內芟羣雄
外服戎狄獨立爲帝此命世之才今據●海內之
衆而來不可敵也爲吾計者莫若頓兵不戰曠
日持久分遣奇兵斷其糧道糧食旣盡求戰
不得欲歸無路乃可勝延壽不從引軍直進去
安市城四十里帝恐其低徊不至命大將軍阿
史那杜●尒將突厥千騎以誘之兵始交而偽走
延壽日●易與耳競進乘之至安市城東南八里
依山而陳帝悉召諸將問計長孫無忌對曰臣
聞臨敵將戰必先觀士卒之情臣適行經諸營
見士卒聞高句麗至皆拔刀結旆喜形於色此
必勝之兵也陛下未冠身親行陳凡出奇制勝
皆上稟聖謨諸將奉成筭耳今日之事乞陛下
指蹤帝笑曰諸公以此見讓朕當爲諸公商度
乃與無忌等從數百騎乘高望之觀山川形

① 擒(鑄字本)
② 擧(資治通鑑 198 貞觀 19년조 및 李丙燾)
③ 社(舊唐書 109 阿史那社尒傳과 新唐書 220 高麗傳 및 鑄字本)
④ 日(鑄字本)

③ 鼓 ② ① 鼓

勢可以伏兵及出入之所我軍與靺鞨合兵
爲陳長四十里帝望之有懼色江夏王道宗
曰高句麗傾國以拒王師平壤之守必弱願假
臣精卒五千覆其本根則數十萬之衆可不戰
而降帝不應遣使紿延壽曰我以爾國强臣弒
其主故來問罪至於交戰非吾本心入爾境芻
粟不給故取爾數城俟爾國修臣禮則所失必
復矣延壽信之不復設備帝夜召文武計事命
李世勣將步騎萬五千陣於西嶺長孫無忌牛
進達將精兵萬一千爲奇兵自山北出於狹谷
以衝其後帝自將步騎四千挾鼓●角偃旗幟登
山帝勅諸軍聞鼓角齊出奮擊因命有司張
受降幕於朝堂之側是夜流星墜延壽營日一
曰延壽等獨見李世勣軍小●勒兵欲戰帝望見
無忌軍塵起命作鼓●角擧旗幟諸軍鼓譟並進
延壽等懼欲分兵禦之而其陣已亂會有雷●電
龍門人薛仁貴著奇服大呼陷陣所向無敵我
軍披靡大軍乘之我軍大潰死者三萬餘人帝

① 旦日(鑄字本)
② 少(精文硏)
③ 雷(鑄字本)

삼국사본기 21/11

①

望見仁貴拜遊擊將軍延壽等將餘衆依山
自固帝命諸軍圍之長孫無忌悉撤橋梁斷其
歸路延壽惠眞帥其衆三萬六千八百人請降
入軍門拜伏請命帝簡耨薩已下官長三千
五百人迁之内地餘皆縱之使還平瀼收靺
鞨三千三百人悉坑之獲馬五萬匹牛五萬
頭明光鎧萬領它器械稱是更名所幸山曰駐蹕
山以高延壽為鴻臚卿高惠眞為司農卿帝之
克白巖也謂李世勣曰吾聞安市城險而兵精

③ ② 鼓

其城主村勇莫能支之乱城守不服莫能支擊
之不能下囙而與之建安兵弱而糧小若出
其不意攻之必克公可先攻建安建安下則帝
在吾腹中此兵法所謂城有所不攻者也對曰
建安在南安市在北吾軍糧皆在遼東今踰
安市而攻建安若麗人斷吾糧道將若之何不如
先攻安市安市下則鼓行而取建安耳帝曰以公
為將安得不用公策勿誤吾事世勣遂攻安市安
市人望見帝旗蓋輒乘城鼓譟帝怒世勣請

① 遷(節要)의 俗字. 이하 생략. 壤(鑄字本)
② 材(鑄字本)
③ 因(鑄字本)의 俗字. 少(節要)

삼국사본기 21/12

①

克城之日男子皆坑之安市人聞之益堅守攻
久不下高延壽高惠眞請於帝曰奴旣委身大
國不敢不献其誠欲天子早成大功奴得與妻
子相見安市人顧惜其家人自為戰未易猝拔
今奴以高句麗十餘萬衆望旗沮潰國人膽破
烏骨城耨薩老耄不能堅守移兵臨之朝至夕
克其餘當道小城必望風奔潰然後收其資糧
鼓行而前平壤必不守矣羣臣亦言張亮兵在
沙城召之信宿可至乘高句麗恟懼併力拔烏

③ ②

骨城度鴨淥水直取平壤在此舉矣帝將從之
獨長孫無忌以為天子親征異於諸將不可乘
危徼幸今建安新城之虜衆猶十萬若回烏骨
皆躡吾後不如先破安市取建安然後長驅而
進此萬全之策也帝乃止諸將急攻安市帝聞
城中雞彘聲謂世勣曰圍城積久城中炯火日
微今雞彘甚喧此必饗士欲夜出襲我宜嚴兵
備之是夜我軍數百人縋城而下帝聞之自至
城下召兵急擊我軍死者數十人餘軍退走江

① 獻(鑄字本)의 俗字. 이하 생략.
② 向(鑄字本 및 資治通鑑 198 貞觀 19년조)
③ 烟(鑄字本)

삼국사본기21/13

夏王道宗督衆築土山於城東南隅浸逼其城
城中亦增高其城以拒之士卒分番交戰日六
七合衝車礮石壞其樓堞城中隨立木栅以塞
其缺道宗傷是帝親爲之針築山晝夜不息凡
六旬用功五十萬山頂去城數丈下臨城中道
宗使果毅傅伏愛將兵屯山頂以備敵山頹壓
城城崩會伏愛私離所部我軍數百人從城缺
出戰遂奪據土山壍而守之帝怒斬伏愛以徇
命諸將攻之三日不能克道宗徒跣詣旗下請
罪帝曰汝罪當死但朕以漢武殺王恢不如秦
穆用孟明且有破盖牟遼東之功故特赦汝耳
帝以遼左早寒草枯水凍士馬難久留且糧食
將盡勑班師先拔遼盖二州戶口度遼乃耀兵
於安市城下而旋城中皆屛跡不出城主登城
拜辭帝嘉其固守賜縑百疋以勵事君命世勣
道宗將步騎四萬爲殿至遼東度遼水遼澤泥
潦車馬不通命無忌將萬人翦草塡道水深處
以車爲梁帝自繫薪於馬鞘以助役冬十月帝

① 築(鑄字本)
② 足(節要)
③ 塹(鑄字本)

삼국사본기21/14

至蒲蒲駐馬督塡道諸軍度渤錯水暴風雪士
卒沾濕多死者勑燃火於道以待之凡拔玄
菟橫山盖牟磨米遼東白巖卑沙麥谷銀山後
黄十城徙遼盖巖三州戶口入中國者七萬人
高延壽自降後常憤歎尋以憂死惠眞竟
至長安新城建安駐蹕三大戰我軍及唐兵馬
死亡者甚衆帝以不能成功深悔之嘆曰魏徵
若在不使我有是行也
論曰唐太宗聖明不世出之君除亂比於湯武
致理幾於成康至於用兵之際出奇無窮所向
無敵而東征之功敗於安市則其城主可謂豪
傑非常者矣而史失其姓名與揚子所云齊魯
大臣史失其名無異甚可惜也
五年春二月太宗还京師謂李靖曰吾以天下
之衆困於小夷何也靖曰此道宗所解帝顧問
道宗具陳在駐蹕時乘虛取平壤之言帝悵
然曰當時忩忩吾不憶也夏五月王及莫離支
盖金遣使謝罪并獻二美女帝還之謂使

① 溝(鑄字本)
② 拔(鑄字本)
③ 還(鑄字本)의 俗字. 이하 생략.
④ 悤과 同字. 離

⑤ 蓋(鑄字本)의 俗字. 이하 생략.

蓋

者曰色者人所重然憫其去親戚以傷乃心我不取也東明王母塑像泣血三日初帝將還帝以弓服賜蓋蘇文受之不謝而又益驕恣雖遣使奉表其言率皆詭誕又待唐使者倨傲常窺伺邊隙屢勅令不攻新羅而侵凌不止太宗詔勿受其朝貢更議討之

三國史記卷第二十一

삼국사기 권 제22

고구려본기 제10

보장왕(寶臧王) 하

삼국사본기 22/1

① 太 ②

三國史記卷第二十二

宣撰

高句麗本紀第十 寶藏王下

六年太宗將復行師朝議以爲高句麗依山爲
城不可猝拔前大駕親征國人不得耕種所克
之城實收其穀繼以旱災民大半乏食今若數
遣偏師更迭擾其疆埸使彼疲於奔命釋耒入
堡數年之間千里蕭條則人心自離鴨淥之北
可不戰而取矣帝從之以左武衛大將軍牛進
達爲靑丘道行軍大摠管右武衛將軍李海岸
副之發兵萬餘人乘樓舡自萊州泛海而入又
以太子詹事李世勣爲遼東道行軍大摠管右
武衛將軍孫貳朗等副之將兵三千人因營州
都督府兵自新城道入兩軍皆選習水善戰者
配之李世勣軍旣度遼歷南蘇等數城皆背城
拒戰世勣擊破之焚其羅郭而還秋七月牛進
達李海岸入我境凡百餘戰攻石城拔之進至

① 臧(目錄 및 寶臧王 즉위년조), 下(鑄字本)
② 貳(鑄字本)

삼국사본기 22/2

① 太

積利城下我兵萬餘人出戰李海岸擊克之我
軍死者三千人太宗勑宋州刺史王波利等發
江南十二州工人造大舡數百艘欲以伐我冬
十二月王使第二子莫離支任武入謝罪帝許之
七年春正月遣使入唐朝貢帝詔右武衛大將
軍薛萬徹爲靑丘道行軍大摠管右衛將軍裴
行方副之將兵三萬餘人及樓舡戰艦自萊州
泛海來擊夏四月烏胡鎭將古神感將兵浮海
來擊遇我步騎五千戰於易山破之其夜我軍
萬餘人襲神感舡神感伏發乃敗帝謂我困
弊議以明年發三十萬衆一擧滅之或以爲大
軍東征須備經歲之糧非畜乘所能載宜具是
艦爲水轉隋末劒南獨無寇盜屬者遼東之役
劒南復不預及其百姓富庶宜使之造舟艦帝
從之秋七月王都女產子一身兩頭大宗遣左
領左右府長史强偉於劒南道伐木造舟艦大
者或長百尺其廣半之別遣使行水道自巫峽
抵江楊趣萊州九月羣獐渡河西走羣狼向

① 舟(節要 및 資治通鑑 198 貞觀 22년조)

삼국사기 22/3

①　　②

西行三日不絶太宗遣將軍薛萬徹等來伐度滄
入鴨渌至泊灼城南四十里止營泊灼城主所
夫孫帥步騎萬餘拒之萬徹遣右衛將軍裴行
方領步卒及諸軍乘之我兵潰行方等進兵圍
之泊灼城因山設險阻鴨渌水以爲固攻之不
拔我將高文率烏骨安地諸城兵三萬餘人來
援分置兩陣萬徹分軍以當之我軍敗潰帝又
詔萊州刺史李道裕轉糧及器械貯於烏胡島
將欲大擧

八年夏四月唐太宗崩遺詔罷遼東之役
論曰初太宗有事於遼東也諫者非一又自安
市旋軍之後自以不能成功深悔之歎曰若使
魏徵在不使我有此行也及其將復伐也司空
房玄齡病中上表諫以爲老子曰知足不辱知止不殆陛
下威名功德旣云足矣拓地開疆亦可止矣且陛
下每決一重囚必令三覆五奏進素膳止音樂
者重人命也今驅無罪之士卒委之鋒刃之下
使肝腦塗地獨不足愍乎嚮使高句麗違失臣

① 泊(鑄字本)
② 貯(鑄字本), 島

삼국사기 22/4

②　①

節誅之可也侵擾百姓滅之可也他日能爲中
國患除之可也今無此三條而坐煩中國內爲
前代雪恥外爲新羅報讎豈非所存者小所損
者大乎願陛下許高句麗自新焚凌波之船罷
應募之衆自然華夷慶賴遠肅邇安梁公將死
言諄諄若此而帝不從思欲丘墟東域而自快
死而後已史論曰好大喜功勤兵於遠者非此
之謂乎柳公權小說曰住蹕之役高句麗與靺
鞨合軍方四十里太宗望之有懼色又日六軍

爲高句麗所乘殆將不振候者告英公之麾黑
旗被圍帝大恐雖終於自脫而危懼如彼而新
舊書及司馬公通鑑不言者豈非爲國諱之
者乎
九年夏六月盤龍寺普德和尙以國家奉道不
信佛法南移完山孤大山秋七月霜雹害穀民饑
十一年春正月遣使入唐朝貢
十三年夏四月人或言於馬嶺上見神人曰汝
君臣奢侈無度敗亡無日冬十月王遣將安固

① 駐(鑄字本)
② 曰(鑄字本)

삼국사본기22/5

出師及靺鞨兵擊契丹松漠都督李窟哥禦之
大敗我軍於新城
十四年春正月先是我與百濟靺鞨侵新羅北
境取三十三城新羅王金春秋遣使於唐求援二
月高宗遣營州都督程名振左衛中郎將蘇定
方將兵來擊夏五月名振等渡遼水吾人見其
兵少開門度貴端水逆戰名振等奮擊大克之
殺獲千餘人焚其外郭及村落而歸
十五年夏五月王都雨鐵冬十二月遣使入唐

賀冊皇太子
十七年夏六月唐營州都督兼東夷都護程名
振右領軍中郎將薛仁貴將兵來攻不能克
十八年秋九月九虎一時入城食人捕之不獲
冬十一月唐右領軍中郎將薛仁貴等與我將
溫沙門戰於橫山破之
十九年秋七月平壤河水血色凡三日冬十一月
唐左驍衛大將軍契苾何力爲浿江道行軍大
摠管左武衛大將軍蘇定方爲遼東道行軍大

삼국사본기22/6

摠管左驍衛將軍劉伯英爲平壤道行軍大摠
管蒲州刺史程名振爲鏤方道摠管將兵分道
來擊
二十年春正月唐募河南北淮南六十七州兵
得四萬四千餘人詣平壤鏤方行營又以鴻臚
卿蕭嗣業爲扶餘道行軍摠管帥回紇等諸部
兵詣平壤夏四月以任雅相爲浿江道行軍摠
管契苾何力爲遼東道行軍摠管蘇定方爲平
壤道行軍摠管與蕭嗣①業及諸胡兵凡三十五軍

水陸分道並進帝欲自將大軍蔚州刺史李君
球立②言高句麗小國何至傾中國事之有如高
句麗既滅必發兵以守小發則威不振多發則
人不安是天下疲於轉戍臣謂征之未如勿征
滅之未如勿滅亦會武后諫帝乃止夏五月王
遣將軍惱③音信領靺鞨衆圍新羅北漢山城浹
旬不解新羅餉道絶城中危懼忽有大星落於
我營又雷雨震擊惱④音信等疑駭別④退秋八月
蘇定方破我軍於浿江奪馬邑山遂圍平壤城

① 嗣(節要)
② 建(新唐書 220 高麗傳). '立'은 太祖의 諱 '建'의 同義 代字.
③ 惱와 同字. 이하 생략.
④ 腦, 引(鑄字本)

九月蓋蘇文遣其子男生以精兵數萬守鴨淥
諸軍不得渡契苾何力至值氷大合何力引衆
乘氷度水鼓噪而進我軍潰奔何力追數十
里殺三萬人餘衆悉降男生僅以身免會有
詔班師乃還
二十一年春正月左驍衛將軍白州刺史沃①沮
道揔管龐孝泰與蓋蘇文戰於虵水之上擧
軍沒與其子十三人皆戰死蘇定方圍平壤會
大雪解而退凡前後之行皆無大功而退

二十五年王遣太子福男新唐書云男福入唐侍祠泰
山蓋蘇文死長子男生代爲莫離支初知國政
出巡諸城使其弟男建男産留知後事或謂
二弟曰男生惡二弟之逼意欲除之不如先爲
計二弟初未之信又有告男生者曰二弟恐兄
還奪其權欲拒兄不納男生潛遣所親往平壤
伺之二弟收掩得之乃以王命召男生男生不敢
歸男建自爲莫離支發兵討之男生走據國内
城使其子獻誠詣唐求哀六月高宗命左驍衛

① 沃(鑄字本)

大將軍契苾何力帥兵應接之男生脫身奔唐
秋八月王以男建爲莫離支兼知内外兵馬事
九月帝詔男生授特進遼東都督兼平壤道安
撫大使封玄菟郡公冬十二月高宗以李勣爲
遼東道行軍大揔管兼安撫大使以司列少常
伯安陸郝處①俊副之龐同善契苾何力並爲遼
東道行軍副大揔管兼安撫大使其水陸諸軍
揔管并轉糧使竇義積獨孤卿雲郭待封等並
受勣處分河北諸州租賦悉詣遼東給軍用

二十六年秋九月李勣拔新城使契苾何力守
之勣初渡遼謂諸將曰新城高句麗西邊要害
不先得之餘城未易取也遂攻之城人師夫仇
等縛城主開門降勣引兵進擊一十六城皆下
龐同善高侃尚在新城泉②男建遣兵襲其營
左武衛將軍薛仁貴擊破之侃進至金山與我
軍戰敗我軍乘勝逐北薛仁貴引兵橫擊之殺
我軍五萬餘人拔南蘇木底蒼巖三城與泉男
生軍合郭待封以水軍自別道趣平壤勣遣別

① 處(鑄字本)
② 唐 高祖의 諱 '淵'의 同義 代字. '泉男建'의 경우 이하 표기 생략.

將馮師本載糧仗以資之師本舡破失期待封
軍中飢寒欲作書與勣恐為他所得知其虛實
乃作離合詩以與勣勣怒曰軍事方急何以詩
為必斬之行軍管記通事舍人元萬頃為釋其
義勣乃更遣糧仗赴之萬頃作檄文曰不知
守鴨淥之險泉男建報曰謹聞命矣即移兵𢮦
鴨淥津唐兵不得度高宗聞之流萬頃於嶺南
郝處俊在安市城下未及成列我軍三萬掩至
軍中大駭處俊據胡床方食乾糒簡精銳擊敗之

二十七年春正月以右相劉仁軌為遼東道副
大摠管郝處俊金仁問副之二月李勣等拔我
扶餘城薛仁貴既破我軍於金山乘勝將三千
人將攻扶餘城諸將以其兵少止之仁貴曰兵
不必多顧用之何如耳遂為前鋒以進與我軍
戰勝之殺獲我軍遂拔扶餘城扶餘川中四十
餘城皆請服侍御史賈言忠奉使自遼東還帝
問軍中云何對曰必克昔先帝問罪所以不得
志者虜未有釁也諺曰軍無媒中道回今男生

① 船(鑄字本)
② 據(鑄字本)
③ 州(冊府元龜 986 外臣部 征討 5 乾封 3년조 및 李丙燾)

兄弟鬩狠為我鄉導虜之情偽我盡知之將忠
士力臣故曰必克且高句麗秘記曰不及九百
年當有八十大將滅之高氏自漢有國今九百
年勣年八丁矣虜仍荐饑人常掠賣地震裂狼
狐入城蚡穴於門人心危駭是行不再舉矣泉
男建復遣兵五萬人救扶餘城與李勣等遇於
薛賀水合戰敗死者三萬餘人勣進攻大行城
夏四月彗星見於畢昴之間唐許敬宗曰彗見東
北高句麗將滅之兆也秋九月李勣拔平壤勣

既克大行城諸軍出他道者皆與勣會進至鴨
淥柵我軍拒戰勣等敗之追奔二百餘里拔辱
夷城諸城遁逃及降者相繼契苾何力先引兵
至平壤城下勣軍繼之圍平壤月餘王臧遣泉
男產帥首領九十八人持白幡詣勣降勣以禮
接之泉男建猶閉門拒守頻遣兵出戰皆敗男
建以軍事委浮圖信誠信誠與小將烏沙饒苗
等密遣人詣勣請為內應後五日信誠開門勣
縱兵登城鼓譟焚城男建自刺不死執王及男

① 兄(節要), 鬩(鑄字本)
② 十(鑄字本), 相(新唐書 220 高麗傳 및 李丙燾)
③ 再擧(鑄字本)
④ 攻(鑄字本)
⑤ 敬(鑄字本)
⑥ 唐 高祖의 諱 '淵'의 代字. '泉男産'의 경우 이하 표기 생략.
⑦ 圖(鑄字本)의 略字.
⑧ 建(鑄字本). 太祖의 諱 '建'의 缺劃 誤刻.

삼국사본기22/11

建等冬十月李勣將還高宗命先以王等獻于
昭陵具軍容奏凱歌入京師獻于大廟十二月
帝受俘于含元殿以王政非已出赦以爲司平
大常伯員外同正以泉男産爲司宰少卿僧信
誠爲銀青光祿大夫泉男生爲右衛大將軍李
勣已下封賞有差泉男建流黔州分五部百七
十六城六十九萬餘戶爲九都督府四十二州
百縣置安東都護府於平壤以統之擢我將帥
有功者爲都督刺史縣令與華人參理以右威

衛大將軍薛仁貴檢校安東都護摠兵二萬人
以鎭撫之是高宗總章元年戊辰歲也二年己
巳二月王之庶子安勝率四千餘戶投新羅夏
四月高宗移三萬八千三百戶於江淮之南及
山南京西諸州空曠之地至咸亨元年庚午歲
夏四月劒牟岑欲興復國家叛唐立王外孫安
舜(羅紀作勝)爲主唐高宗遣大將軍高侃爲東州道行軍
摠管發兵討之安舜殺劒牟岑奔新羅二年
辛未歲秋七月高侃破餘衆於安市城三年壬

① 唐 高祖의 諱 '淵'의 同義 代字. '泉男生'의 경우 이하 표기 생략.

삼국사본기22/12

申歲十二月高侃與我餘衆戰于白水山破之
新羅遣兵救我高侃擊克之虜獲二千人四
年癸酉歲夏閏五月燕山道摠管大將軍李謹
行破我人於瓠瀘河俘獲數千人餘衆皆奔
新羅儀鳳二年丁丑歲春二月以降王爲遼東
州都督封朝鮮王遣歸遼東安輯餘衆東人
先在諸州者皆遣與王俱歸仍移安東都護府
於新城以統之王至遼東謀叛潛與靺鞨通開
曜元年召還卬州以永淳初死贈衛尉卿詔送

至京師葬頡利墓左樹碑其阡散徙其人於何
南隴右諸州貧者留安東城傍舊城往往沒於
新羅餘衆散入靺鞨及突厥高氏君長遂絶垂
拱二年以降王孫寶元爲朝鮮郡王至聖曆初
進左鷹揚衛大將軍更封忠誠國王賜統安東
舊部不行明年以降王子德武爲安東都督後
稍自國至元和十三年遣使入唐鬳樂工
論曰玄菟樂浪本朝鮮之地箕子所封箕子教
其民以禮義田蠶織作設禁八條是以其民

① 耀(舊唐書 5 高宗紀), 邛(舊唐書 199 高麗傳)

② 河(舊唐書 199 高麗傳 및 鑄字本)

③ 使(新唐書 220 高麗傳)

④ 獻(鑄字本)

삼국사본기22/13

不相盜無門戶之閉婦人貞信不淫飮食以籩①
豆此仁賢之化也而又天性柔順異於三方故
孔子悼道不行欲浮桴於海以居之有以也夫
然而易之爻二多譽四多懼近也高句麗自秦
漢之後介在中國東北隅其北隣皆天子有司
亂世則英雄特起僭竊名位者也可謂居多懼
之地而無謙巽之意侵其封埸以讎之入其郡
縣以居之是故兵連禍結略無寧歲及其東遷
値隋唐之一統而猶拒詔命以不順囚王人於
土室其頑然不畏如此故屢致問罪之師雖或
有時設奇以陷大軍而終於王降國滅而後止
然觀始末當其上下和衆庶睦雖大國不能以
取之及其不義於國不仁於民以興衆怨則崩
潰而不自振故孟子曰②天時地利不如人和左
氏曰國之興也以福其亡也以禍國之興也視
民如傷是其福也其亡也以民爲土芥是其禍
也有味哉斯言也夫然則凡有國家者縱暴吏
之驅迫強宗之聚斂③以失人心雖欲理而不亂

① 籩(鑄字本)
② 日(鑄字本)
③ 斂(精文硏)

삼국사본기22/14

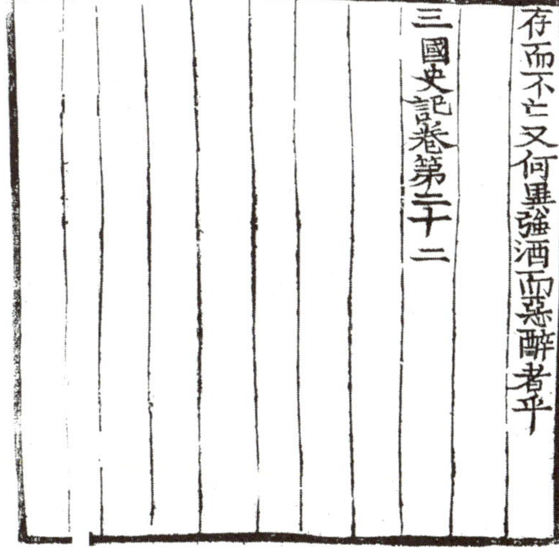
存而不亡又何異強酒而惡醉者乎

三國史記卷第二十二

삼국사기 권 제23

백제본기 제1

시조 온조왕(始祖溫祚王)

다루왕(多婁王)

기루왕(己婁王)

개루왕(蓋婁王)

초고왕(肖古王)

彌 ①

三國史記卷第二十三

[illegible]

宣撰

百濟本紀第一 始祖溫祚王 多婁王 己婁王 蓋婁王 肖古王

百濟始祖溫祚王其父鄒牟或云朱蒙自北扶
餘逃難至卒本扶餘扶餘王無子只有三女子
見朱蒙知非常人以第二女妻之未幾扶餘王
薨朱蒙嗣位生二子長曰沸流次曰溫祚或云朱蒙
到卒本娶越郡女生二子及朱蒙在北扶餘所生子來爲太

子沸流溫祚恐爲太子所不容遂與烏干馬黎
等十臣南行百姓從之者多遂至漢山登負兒
嶽望可居之地沸流欲居於海濱十臣諫曰惟
此河南之地北帶漢水東據高岳南望沃澤
西阻大海其天險地利難得之勢作都於斯不
亦宜乎沸流不聽分其民歸弥鄒忽以居之溫
祚都河南慰禮城以十臣爲輔翼國號十濟是
前漢成帝鴻嘉三年也沸流以弥鄒土濕水鹹
不得安居歸見慰禮都邑鼎定人民安泰遂慙

① 彌(鑄字本)와 同字. 이하 생략.

太 ② 太 ①

悔而死其臣民皆歸於慰禮後以來時百姓樂
從改號百濟其世系與高句麗同出扶餘故以
扶餘爲氏 一云始祖沸流王其父優台北扶餘王解扶婁庶孫母召西奴卒本人延陁勃
之女始歸于優台生子二人長曰沸流次曰溫祚優台死寡居于卒本後朱蒙不容於扶餘以前漢建昭
二年春二月南奔至卒本立都號高句麗娶召西奴爲妃其於問基創業頰有內助故朱蒙寵
接之特厚待沸流等如己子及朱蒙在扶餘所生禮氏子孺留來立之爲大子以至嗣位焉於
是沸流謂弟溫祚曰始大王避扶餘之難逃歸至此我母氏傾家財助成邦業其勤勞多矣及
大王猒世國家屬於孺留吾等徒在此鬱鬱如疣贅不如奉母氏南遊卜地別立國都遂與弟
率黨類渡浿帶二水至彌鄒忽以居之北史及書皆云東明之後有仇台篤於仁信初立國于

帶方故地漢遼東大守公孫度以女妻之遂爲東夷強國未知孰是
元年夏五月立東明王廟
二年春正月王謂羣臣曰靺鞨連我北境其人
勇而多詐宜繕兵積穀爲拒守之計三月王以
族父乙音有智識膽力拜爲右輔委以兵馬之事
三年秋九月靺鞨侵北境王帥勁兵急擊大敗
之賊生還者十一二冬十月雷桃李華
四年春夏旱饑疫秋八月遣使樂浪修好
五年冬十月巡撫北邊獵獲神鹿

① 開(鑄字本), 頗(鑄字本)
② 隋(隋書 81 百濟傳 및 李丙燾)

삼국사본기 23/3

六年秋七月辛未晦日有食之

八年春二月靺鞨賊三千來圍慰禮城王閉城門不出經旬賊糧盡而歸王簡銳卒追及大斧峴一戰克之殺虜五百餘人秋七月築馬首城竪瓶山柵樂浪太守使告曰頃者聘問結好意同一家今逼我疆造立城柵或者其有蠶食之謀乎若不渝舊好隳城破柵則無所猜疑苟或不然請一戰以決勝負王報曰設險守國古今常道豈敢以此有渝於和好宜若執事之所不疑也若執事恃強出師則小國亦有以待之耳由是與樂浪失和

十年秋九月王出獵獲神鹿以送馬韓冬十月靺鞨寇北境王遣兵二百拒戰於昆彌川上我軍敗績依靑木山自保王親帥精騎一百出烽峴救之賊見之卽退

十一年夏四月樂浪使靺鞨襲破瓶山柵殺掠一百餘人秋七月設禿山狗川兩柵以塞樂浪之路

삼국사본기 23/4

十三年春二月王都老嫗化爲男五虎入城王母薨年六十一歲夏五月王謂臣下曰①國家東有樂浪北有靺鞨侵軼疆境少有寧日②況今妖祥屢見國母弃(棄)養勢不自安必將遷國予昨出巡觀漢水之南土壤膏腴宜都於彼以圖久安之計秋七月就漢山下立柵移慰禮城民戶八月遣使馬韓告遷都遂畫定疆埸北至浿河南限熊川西窮大海東極走壤九月立城闕

十四年春正月遷都二月王巡撫部落務勸農事秋七月築城漢江西北分漢城民

十五年春正月作新宮室儉而不陋華而不侈

十七年春樂浪來侵焚慰禮城夏四月立廟以祀國母

十八年冬十月靺鞨掩至王帥兵逆戰於七重河虜獲酋長素牟送馬韓其餘賊盡坑之十一月王欲襲樂浪牛頭山城至臼谷遇大雪乃還

二十年春二月王設大壇親祠③天地異鳥五來翔

二十二年秋八月築石頭高木二城九月王帥

① 曰(鑄字本)
② 日(鑄字本)
③ 祀와 通用. 이하 생략.

삼국사본기 23/5

①

騎兵一千獵斧峴東遇靺鞨賊一戰破之虜獲
生口分賜將士
二十四年秋七月王作熊川柵馬韓王遣使責
讓曰王初渡河無所容足吾割東北一百里之
地安之其待王不爲不厚宜思有以報之今以
國完民聚謂莫與我敵大設城池侵犯我封疆
其如義何王慙遂壞其柵
二十五年春二月王宮井水暴溢漢城人家馬
生牛一首二身日者曰井水暴溢者大王勃興

之兆也牛一首二身者大王幷鄰國之應也王
聞之喜遂有幷吞辰馬之心
二十六年秋七月王曰馬韓漸弱上下離心其
勢不能又儻爲他所幷則脣亡齒寒悔不可及
不如先人而取之以免後艱冬十月王出師陽
言田獵潛襲馬韓遂幷其國邑唯圓山錦峴二
城固守不下
二十七年夏四月二城降移其民於漢山之北
馬韓遂滅秋七月築大豆山城

① 久(節要). 脣과 混用. 이하 생략.

삼국사본기 23/6

祀

二十八年春二月立元子多婁爲太子委以內
外兵事夏四月隕霜害麥
三十一年春正月分國內民戶爲南北部夏四
月雹五月地震六月又震
三十三年春夏大旱民饑相食盜賊大起王撫
安之秋八月加置東西二部
三十四年冬十月馬韓舊將周勤據牛谷城叛
王躬帥兵五千討之周勤自經腰斬其尸幷誅
其妻子

三十六年秋七月築湯井城分大豆城民戶居
之八月修葺圓山錦峴二城築古沙夫里城
三十七年春三月雹大如雞子鳥雀遇者死夏
四月旱至六月乃雨漢水東北部落饑荒亡入
高句麗者一千餘戶浿帶之間空無居人
三十八年春二月王巡撫東至走壤北至浿河
五旬而返三月發使勸農桑其以不急之事擾
民者皆除之冬十月王築大壇祠天地
四十年秋九月靺鞨來攻述川城冬十一月

①

襲斧峴城殺掠百餘人王命勁騎二百拒擊之
四十一年春正月右輔乙音卒拜北部解婁爲
右輔解婁本扶餘人也神識淵奧年過七十旅
力不愆故用之二月發漢水東北諸部落人年
十五歲以上修營慰禮城
四十三年秋八月王田牙山之原五日九月鴻
鴈百餘集王宮日者曰鴻鴈民之象也將有遠
人來投者乎冬十月南沃沮仇頗解等二十餘
家至斧壤納款王納之安置漢山之西

四十五年春夏大旱草木焦枯冬十月地震傾
倒人屋
四十六年春二月王薨
多婁王溫祚王之元子器宇寬厚有威望溫祚
王在位第二十八年立爲太子至四十六年王
薨繼位
二年春正月謁始祖東明廟二月王祀天地於
南壇
三年冬十月東部屹于與靺鞨戰於馬首山西

① 奥(鑄字本). 胄와 通用. 이하 생략.

克之殺獲甚衆王喜賞屹于馬十匹租五百石
四年秋八月高木城昆優與靺鞨戰大克斬首
二百餘級九月王田於橫岳下連中雙鹿衆人
歎美之
六年春正月立元子己婁爲太子大赦二月下
令國南州郡始作稻田
七年春二月右輔解婁卒年九十歲以東部屹
于爲右輔夏四月東方有赤氣秋九月靺鞨攻
陷馬首城放火燒百姓廬屋冬十月又襲瓶

山柵
十年冬十月右輔屹于爲左輔北部眞會爲右
輔十一月地震聲如雷
十一年秋穀不成禁百姓私釀酒冬十月王巡
撫東西兩部貧不能自存者給穀人二石
二十一年春二月宮中大槐樹自枯三月左輔
屹于卒王哭之哀
二十八年春夏旱慮囚赦死罪秋八月靺鞨侵
北鄙

삼국사본기23/9

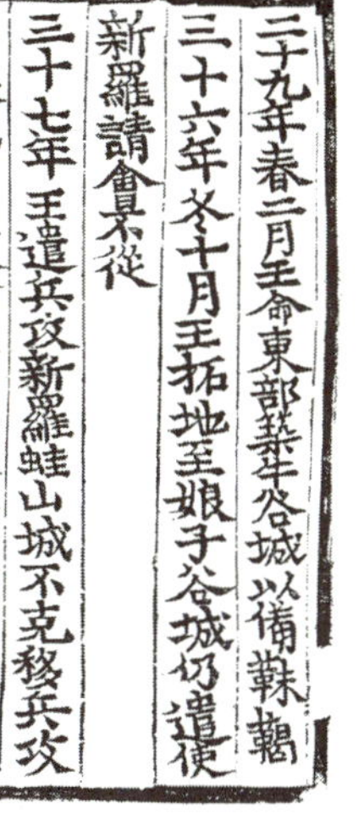
二十九年春二月王命東部築牛谷城以備靺鞨
三十六年冬十月王拓地至娘子谷城仍遣使
新羅請會不從
三十七年王遣兵攻新羅蛙山城不克移兵攻
狗壤城新羅發騎兵二千逆擊走之
三十九年攻取蛙山城留二百人守之尋爲新
羅所敗
四十三年遣兵侵新羅
四十六年夏五月戊午晦日有食之

四十七年秋八月遣將侵新羅
四十八年冬十月又攻蛙山城拔之
四十九年秋九月蛙山城爲新羅所復
五十年秋九月王薨
已婁王多婁王之元子志識宏遠不留心細事
多婁王在位第六年立爲太子至五十年王薨
繼位
九年春正月遣兵侵新羅邊境夏四月乙巳客
星入紫微

삼국사본기23/10

十一年秋八月乙未晦日有食之
十三年夏六月地震裂陷民屋死者多
十四年春三月大旱無麦①夏六月大風拔木
十六年夏六月戊戌朔日有食之
十七年秋八月橫岳大石五一時隕落
二十一年夏四月二龍見漢江
二十三年秋八月隕霜殺菽冬十月雨雹
二十七年王獵漢山獲神鹿
二十九年遣使新羅請和

三十一年冬無冰②
三十二年春夏旱年饑民相食秋七月靺鞨入
牛谷奪掠民口而歸
三十五年春三月地震冬十月又震
三十七年遣使聘新羅
四十年夏四月鸛巢于都城門上六月大雨浹
旬漢江水漲漂毁民屋秋七月命有司補水損③
之田
四十九年新羅爲靺鞨所侵掠移書請兵王遣

① 麥(鑄字本)
② 氷(鑄字本)의 本字.
③ 損(鑄字本)

①

五將軍救之

五十二年冬十一月王薨

蓋婁王己婁王之子性恭順有操行己婁在位五十二年薨卽位

四年夏四月王獵漢山

五年春二月築北漢山城

十年秋八月庚子熒惑犯南斗

二十八年春正月丙申晦日有食之冬十月新羅阿湌吉宣謀叛事露來奔羅王移書請之不送羅王怒出師來伐諸城堅壁自守不出羅兵絶糧而歸

論曰春秋時莒僕來奔魯季文子曰見有禮於其君者事之如孝子之養父母也見無禮於其君者誅之如鷹鸇之逐鳥雀也觀莒僕不度於善而在於凶德是以去之今吉宣亦姦賊之人百濟王納而匿之是謂掩賊爲藏者也由是失鄰國之和使民困於兵革之役其不明甚矣

三十九年王薨

① 삭제(鑄字本)

① ②

肖古王 一云素古 蓋婁王之子蓋婁在位三十九年薨嗣位

二年秋七月潛師襲破新羅西鄙二城虜獲男女一千而還八月羅王遣一吉飡興宣領兵二萬來侵國東諸城羅王又親帥精騎八千繼之掩至漢水王度羅兵衆不可敵乃還前所掠

五年春三月丙寅晦日有食之冬十月出兵侵新羅邊鄙

二十一年冬十月無雲而雷星孛于西北二十日而滅

二十二年夏五月王都井及漢水皆竭

二十三年春二月重修宮室出師攻新羅母山城

二十四年夏四月丙午朔日有食之秋七月我軍與新羅戰於狗壤敗北死者五百餘人

二十五年秋八月出兵襲新羅西境圓山鄕進圍缶谷城新羅將軍仇道帥馬兵五百拒之我兵佯退仇道追至蛙山我兵反擊之大克

二十六年秋九月蚩尤旗見于角亢

① 城(鑄字本)
② 缶의 俗字. 이하 생략.

三十四年秋七月地震遣兵侵新羅邊境
三十九年秋七月出兵攻新羅腰車城拔之殺①
其城主薛夫羅王奈解怒命伊伐飡利音爲將
帥六部精兵來攻我沙峴城冬十月星孛于東井
四十年秋七月太白犯月
四十三年秋蝗旱穀不順成盜賊多起王撫安之
四十四年冬十月大風拔木
四十五年春二月築赤峴沙道二城移東部民戶冬
十月靺鞨來攻沙道城不克焚燒城門而遁

四十六年秋八月國南蝗害穀民饑冬十一月
無冰
四十七年夏六月庚寅晦②日有食之
四十八年秋七月西部人茴會獲白鹿獻之王
以爲瑞賜穀一百石
四十九年秋九月命北部眞果領兵一千襲取
靺鞨石門城冬十月靺鞨以勁騎來侵至于
述川王薨
三國史記卷第二十三

① 殺(鑄字本)
② 日(鑄字本)

삼국사기 권 제24

백제본기 제2

구수왕(仇首王)
사반왕(沙伴王)
고이왕(古尒王)
책계왕(責稽王)
분서왕(汾西王)
비류왕(比流王)
계왕(契王)
근초고왕(近肖古王)
근구수왕(近仇首王)
침류왕(枕流王)

①尒　②

삼국사본기24/1

三國史記卷第二十四
輸忠定難靖國贊化同德功臣開府儀同三司檢校太師守太保門下侍中判尚書吏禮部事集賢殿太學士監修國史上柱國致仕臣金富軾奉
宣撰
百濟本紀第二 仇首王 沙伴王 古尔王 責稽王 汾西王 比泲王 契王 近肖古王 近仇首王 枕泲王
仇首王 或云貴須 肖古王之長子身長七尺威儀秀
異肖古在位四十九年薨郎位
三年秋八月靺鞨來圍赤峴城城主固拒賊退
歸王帥勁騎八百追之戰沙道城下破之殺獲
甚衆
四年春二月設二柵於沙道城側東西相去十
里分赤峴城卒戍之
五年王遣兵圍新羅獐山城羅王親帥兵擊之
我軍敗績
七年冬十月王城西門火靺鞨寇北邊遣兵拒之
八年夏五月國東大水山崩四十餘所六月戊
辰晦日有食之秋八月大閱於漢水之西
九年春二月命有司修隄防三月下令勸農事
夏六月王都雨魚冬十月遣兵入新羅牛頭鎮

① 流(鑄字本)
② 圍(鑄字本)

太　鼓　島　尒

삼국사본기24/2

抄掠民戶羅將忠萱領兵五千逆戰於熊谷大
敗單騎而遁十一月庚申晦日有食之
十一年秋七月新羅一吉飡連珍來侵我軍逆
戰於烽山下不克冬十月大白晝見
十四年春三月雨雹夏四月大旱王祈東明廟
乃雨
十六年冬十月王田於寒泉十一月大疫靺鞨
入牛谷界奪掠人物王遣精兵三百拒之賊伏
兵夾擊我軍大敗
十八年夏四月雨雹大如栗鳥雀中者死
二十一年王薨
古尔王蓋婁王之第二子也仇首王在位二十
一年薨長子沙伴嗣位而幼少不能爲政肖古
王母弟古尔郎位
三年冬十月王獵西海大島手射四十鹿
五年春正月祭天地用鼔吹二月田於釜山五
旬乃返夏四月震王宮門柱黃龍自其門飛出
六年春正月不雨至夏五月乃雨

삼국사본기24/3

太 太 ①

七年遣兵侵新羅夏四月拜真忠爲左將委以
內外兵馬事秋七月大閱於石川雙鴈起於上
王射之皆中
九年春二月命國人開稻田於南澤夏四月以
叔父質爲右輔質性忠毅謀事無失秋七月出
西門觀射
十年春正月設大壇祀天地山川
十三年夏大旱無麥秋八月魏幽州刺史毋丘
儉與樂浪大守劉茂朔方大守王遵伐高句麗

王乘虛遣左將真忠襲取樂浪邊民茂聞之怒
王恐見侵討還其民口
十四年春正月祭天地於南壇二月拜真忠爲
右輔真勿爲左將委以兵馬事
十五年春夏旱冬民饑發倉賑恤又復一年租調
十六年春正月甲午大白襲月
二十二年秋九月出師侵新羅與羅兵戰於槐
谷西敗之殺其將翊宗冬十月遣兵攻新羅烽
山城不克

① 忠(鑄字本)

삼국사본기24/4

二十四年春正月大旱樹木皆枯
二十五年春靺鞨長羅渇獻良馬十匹王優勞
使者以還之
二十六年秋九月青紫雲起宮東如樓閣
二十七年春正月置內臣佐平掌宣納事內頭佐
平掌庫藏事內法佐平掌禮儀事衛士佐平掌
宿衛兵事朝廷佐平掌刑獄事兵官佐平掌外
兵馬事又置達率恩率德率扞率奈率及將德
施德固德季德對德文督武督佐軍振武克虞

六佐平並一品達率二品恩率三品德率四品
扞率五品奈率六品將德七品施德八品固德
九品季德十品對德十一品文督十二品武督
十三品佐軍十四品振武十五品克虞十六品
二月下令六品已上服紫以銀花飾冠十一品
已上服緋十六品已上服青三月以王弟優壽
爲內臣佐平
二十八年春正月初吉王服紫大袖袍青錦袴
金花飾烏羅冠素皮帶烏韋履坐南堂聽事二

月拜眞可爲內頭佐平優豆爲內法佐平高壽
爲衛士佐平昆奴爲朝廷佐平惟巳①爲兵官佐
平三月遣使新羅請和不從
二十九年春正月下令凡官人受財及盜者三
倍徵贓禁錮終身
二十三②年秋八月遣兵攻新羅烽山城城主直
宣率壯士二百人出擊敗之
三十六年秋九月星孛于紫宮
三十九年冬十一月遣兵侵新羅

四十五年冬十月出兵攻新羅圍槐谷城
五十年秋九月遣兵侵新羅邊境
五十三年春正月遣使新羅請和冬十一月王薨
責稽王[或云青稽]古尒王子身長大志氣雄傑
古尒薨即位王徵發丁夫葺慰禮城高句麗伐帶
方帶方請救於我先是王娶帶方王女寶菓爲
夫人故曰帶方我舅甥之國不可不副其請遂出
師救之高句麗怨王慮其侵寇修阿旦城虵(蛇)城備之
二年春正月謁東明廟

① 己(鑄字本)
② 三(節要)

十三年秋九月漢與貊人來侵王出禦爲敵兵
所害薨
汾西王責稽王長子幼而聰惠儀表英挺王愛
之不離左右及王薨繼而即位冬十月大赦
二年春正月謁東明廟
五年夏四月彗星晝見
七年春二月潛師襲取樂浪西縣冬十月王爲
樂浪大(太)守所遣刺客賊害薨
比流王仇首王第二子性寬慈愛人又强力善

射久在民閒①令譽流聞及汾西之終雖有子皆
幼不得立是以爲臣民推戴即位
五年春正月丙子朔日有食之
九年春二月發使巡問百姓疾苦其鰥寡孤獨
不能自存者賜穀人三石夏四月謁東明廟拜
解仇爲兵官佐平
十年春正月祀天地於南郊王親割牲
十三年春旱大星西流夏四月王都井水溢黑
龍見其中

① 聞(鑄字本)

十七年秋八月築射臺於宮西每以朔望習射
十八年春正月以王庶弟優福爲內臣佐平秋七
月大白晝見國南蝗害穀
二十二年冬十月天有聲如風浪相激十一月
王獵於狗原北手射鹿
二十四年秋七月有雲如赤烏夾日九月內臣
佐平優福據北漢城叛王發兵討之
二十八年春夏大旱草木枯江水竭至秋七月①
乃雨年饑人相食

三十年夏五月星隕王宮火連燒民戶秋十月②
修宮室拜眞義爲內臣佐平冬十二月雷
三十二年冬十月乙未朔日有食之
三十三年春正月辛巳彗星見于奎
三十四年春二月新羅遣使來聘
四十一年冬十一月王薨
契王汾西王之長子也天資剛勇善騎射初汾
西之薨也契王幼不得立比流王在位四十一
年薨卽位

① 月(鑄字本)
② 七(鑄字本)

三年秋九月王薨
近肖古王比流王第二子也體貌奇偉有遠識
契王薨繼位
二年春正月祭天地神祇①拜眞淨爲朝廷佐平
淨王后親戚性狠戾不仁臨事苛細恃勢自用
國人疾之
二十一年春三月遣使聘新羅
二十三年春三月丁巳朔日有食之遣使新羅
送良馬二匹

二十四年秋九月高句麗王斯由帥步騎二萬
來屯雉壤分兵侵奪民戶王遣太子以兵徑至
雉壤急擊破之獲五千餘級其虜獲分賜將士
冬十一月大閱於漢水南旗幟皆用黃
二十六年高句麗擧兵來王聞之伏兵於浿河
上俟其至急擊之高句麗兵敗北冬王與太子
帥精兵三萬侵高句麗攻平壤城麗王斯由力
戰拒之中流矢死王引軍退移都漢山
二十七年春正月遣使入晉朝貢秋七月地震

① 祇(精文硏)

삼국사본기 24/9

①

二十八年春二月遣使入晉朝貢秋七月築城
於青木嶺禿山城主率三百人奔新羅
三十年秋七月高句麗來攻北鄙水谷城陷之
王遣將拒之不克王又將大擧兵報之以年荒
不果冬十一月王薨古記云百濟開國已來未
有以文字記事至是得博士高興始有書記然
高興未嘗顯於他書不知其何許人也
近仇首王(一云諱頃)近肖古王之子先是高句麗國岡王
斯由親來侵近肖古王遣太子拒之至半乞壤

②

將戰高句麗人斯紀本百濟人誤傷國馬蹄懼
罪奔於彼至是還來告太子曰彼師雖多皆備
數疑兵而已其驍勇唯赤旗若先破之其餘不
攻自潰太子從之進擊大敗之追奔逐北至於
水谷城之西北將軍莫古解諫曰嘗聞道家之
言知足不辱知止不殆今所得多矣何必求多
太子善之止焉乃積石爲表登其上顧左右曰
今日之後疇克再至於此手其地有巖石罅若
馬蹄者他人至今呼爲太子馬迹近肖古在位

① 須(鑄字本)
② 乎(鑄字本)

삼국사본기 24/10

三十年薨卽位
二年以王舅眞高道爲內臣佐平委以政事冬
十一月高句麗來侵北鄙
三年冬十月王將兵三萬侵高句麗平壤城十
一月高句麗來侵
五年春三月遣使朝晉其使海上遇惡風不達
而還夏四月雨土竟日
六年大疫夏五月地裂深五丈橫廣三丈三日
乃合

② ①

八年春不雨至六月民饑至有鬻子者王出官
穀贖之
十年春二月日有暈三重宮中大樹自拔夏四
月王薨
枕流王近仇首王之元子母曰阿朩夫人繼父卽
位秋七月遣使入晉朝貢九月胡僧摩羅難陁
自晉至王[illegible]之致宮內禮敬焉佛法始於此
二年春二月創佛寺於漢山度僧十人冬十一
月王薨

① 尒(鑄字本)
② 迎(鑄字本)

三國史記卷第二十四

삼국사기 권 제25

백제본기 제3

진사왕(辰斯王)

아신왕(阿莘王)

전지왕(腆支王)

구이신왕(久尒辛王)

비유왕(毗有王)

개로왕(蓋鹵王)

①

三國史記卷第二十五
輸忠定難靖國贊化同德功臣開府儀同三司檢校太師守太保門下侍中判尙書吏禮部事集賢殿大學士監修國史上柱國致仕臣金富軾奉
宣撰
百濟本紀第三 辰斯王 阿莘王 腆支王 久尒辛王 毗有王 蓋鹵王
辰斯王近仇首王之仲子枕流之弟爲人强勇
聰惠多智略枕流之薨也太子少故叔父辰斯
即位
二年春發國內人年十五歲已上設關防自青
木嶺北距八坤城西至於海秋七月隕霜害穀
八月高句麗來侵
三年春正月拜眞嘉謨爲達率豆知爲恩率秋
九月與靺鞨戰關彌嶺不捷
五年秋九月王遣兵侵掠高句麗南鄙
六年秋七月星孛于北河九月王命達率眞嘉
謨伐高句麗拔都坤城虜得二百人王拜嘉謨
爲兵官佐平冬十月獵於狗原七日乃返
七年春正月重修宮室穿池造山以養奇禽異
卉夏四月靺鞨攻陷北鄙赤峴城秋七月獵國

① 久尒(目錄과 年表)

島 ①

西大島王親射鹿八月又獵橫岳之西
八年夏五月丁卯朔日有食之秋七月高句麗
王談德帥兵四萬來攻北鄙陷石峴等十餘城
王聞談德能用兵不得出拒漢水北諸部落多
沒焉冬十月高句麗攻拔關彌城王田於狗原
經旬不返十一月薨於狗原行宮
阿莘王或云阿芳枕流王之元子初生於漢城別宮
神光炤夜及壯志氣豪邁好鷹馬王薨時年少
故叔父辰斯繼位八年薨即位
二年春正月謁東明廟又祭天地於南壇拜眞
武爲左將委以兵馬事武王之親舅沈毅有大
略時人服之秋八月王謂武曰關彌城者我北
鄙之襟要也今爲高句麗所有此寡人之所痛
惜而卿之所宜用心而雪恥也遂謀將兵一萬
伐高句麗南鄙武身先士卒以冒矢石意復石
峴等五城先圍關彌城麗人嬰城固守武以糧
道不繼引而歸
三年春二月立元子腆支爲太子大赦拜庶弟

① 襟(鑄字本)

太 ① ②

洪爲內臣佐平秋七月與高句麗戰於水谷城
下敗績大白晝見
四年春二月星孛于西北二十日而滅秋八月
王命左將眞武等伐高句麗麗王談德親帥兵
七千陣於浿水之上拒戰我軍大敗死者八千
人冬十一月王欲報浿水之役親帥兵七千人
過漢水次於靑木嶺下會大雪士卒多凍死迴
軍至漢山城勞軍士
六年夏五月王與倭國結好以太子腆支爲質
秋七月大閱於漢水之南
七年春二月以眞武爲兵官佐平沙豆爲左將
三月築雙峴城秋八月王將伐高句麗出帥至
漢山北柵其夜大星落營中有聲王深惡之乃
止九月集都人習射於西臺
八年秋八月王欲侵高句麗大徵兵馬民苦於
役多奔新羅戶口襄減
九年春二月星孛于奎婁夏六月庚辰朔日有
食之

① 師(鑄字本)
② 衰減(鑄字本)

① 國 國 棄 國

十一年夏大旱禾苗焦枯王親祭橫岳乃雨五
月遣使倭國求大珠
十二年春二月倭國使者至王迎勞之特厚秋
七月遣兵侵新羅邊境
十四年春三月白氣自王宮西起如匹練秋九
月王薨
腆支王(或直支)梁書名映阿莘之元子阿莘在位
第三年立爲太子六年出質於倭國十四年王
薨王仲弟訓解攝政以待太子還国季弟碟禮
殺訓解自立爲王腆支在倭聞訃哭泣請歸倭
王以兵士百人衛送旣至国界漢城人解忠來
告曰大王弃世王弟碟禮殺兄自王願太子無
輕入腆支留倭人自衛依海島以待之国人殺
碟禮迎腆支卽位妃八須夫人生子久尒辛
二年春正月王謁東明廟祭天地於南壇大赦
二月遣使入晉朝貢秋九月以解忠爲達率賜
漢城租一千石
三年春二月拜庶弟餘信爲內臣佐平解須爲

① 云(鑄字本)

① 太

內法佐平解丘爲兵官佐平皆王戚也
四年春正月拜餘信爲上佐平委以軍國政事
上佐平之職始於此若今之冢宰
五年倭國遣使送夜明珠王優禮待之
十一年夏五月甲申彗星見
十二年東晋安帝遣使冊命王爲使持節都督
百濟諸軍事鎭東將軍百濟王
十三年春正月甲戌朔日有食之夏四月旱民
饑秋七月徵東北二部人年十五已上築沙口
城使兵官佐平解丘監役
十四年夏遣使倭國送白綿十匹
十五年春正月戊戌星孛于大微冬十一月丁
亥朔日有食之
十六年春三月王薨
久尒辛王腆支王長子腆支王薨即位
七年冬十二月王薨
毗有王久尒辛王之長子或云腆支王庶子未知孰是美姿貌有
口辯人所推重久尒辛王薨即位

① 八(鑄字本 및 年表)

② ①

二年春二月王巡撫四部賜貧乏穀有差倭國
使至從者五十人
三年秋遣使入宋朝貢冬十月上佐平餘信卒
以解須爲上佐平十一月地震大風飛瓦十二
月無氷
四年夏四月宋文皇帝以王復修職貢降使冊
授先王映爵號腆支王十二年東晋冊命爲使持節都督百濟諸軍事鎭東將軍百濟王
七年春夏不雨秋七月遣使入新羅請和
八年春二月遣使新羅送良馬二匹秋九月又
送白鷹冬十月新羅報聘以良金明珠
十四年夏四月戊午朔日有食之冬十月遣使入
宋朝貢
二十一年夏五月宮南池中有火焰如車輪終
夜而滅秋七月旱穀不熟民饑流入新羅者多
二十八年星隕如雨星孛于西北長二丈許秋
八月蝗害穀年饑
二十九年春三月王獵於漢山秋九月黑龍見
漢江須臾雲霧晦冥飛去王薨

① 見(鑄字本)
② 臾(李丙燾)

蓋鹵王 或云近蓋婁 諱慶司 毗有王之長子 毗有在位
二十九年薨嗣
十四年冬十月癸酉朔日有食之
十五年秋八月遣將侵高句麗南鄙冬十月葺
雙峴城設大柵於青木嶺分北漢山城士卒戍之
十八年遣使朝魏上表曰臣立國東極豺狼隔
路雖世承靈化莫由奉藩瞻望雲闕馳情罔極
凉風微應伏惟皇帝陛下恊和天休不勝係仰
之情謹遣私署冠軍將軍駙馬都尉弗斯侯長
史餘禮龍驤將軍帶方太守司馬張茂等投舫
波阻搜徑玄津託命自然之運遣進萬一之誠
兾神祗垂感皇靈洪覆克達天庭宣暢臣志雖
旦聞夕沒永無餘恨又云臣與高句麗源出扶餘
先世之時篤崇舊款其祖釗輕廢鄰好親率士
衆陵踐臣境臣祖須整旅電邁應機馳擊矢石
暫交梟斬釗首自爾已來莫敢南顧自馮氏數
終餘燼奔竄醜類漸盛遂見陵逼構怨連禍三
十餘載財殫力竭轉自孱踧若天慈曲矜遠及

① 建(魏書 100 百濟傳). '立'은 太祖의 諱 '建'의 同義 代字.
② 協과 同字. 이하 생략.
③ 運(鑄字本). 宣宗의 諱 '運'의 缺劃 誤刻.
④ 冀, 祇(精文硏)
⑤ 矜(節要)

無外速遣一將來救臣國當奉送部女執掃後
宮并遣子弟牧圉外廐尺壤匹夫不敢自有又
云今璉有罪國自魚宍大臣彊族戮殺無已罪
盈惡積民庶崩離是滅之期假手之秋也且
馮族士馬有鳥畜之戀樂浪諸郡懷首丘之心
天威一舉有征無戰臣雖不敏志効畢力當率
所統承風響應且高句麗不義逆詐非一外慕
隗囂藩卑之辞內懷凶禍豕突之行或南通劉
氏或北約蠕蠕共相脣歯謀陵王略昔唐堯至
聖致罰丹水孟嘗稱仁不捨塗詈涓流之水宜
早壅塞今若不取將貽後悔去庚辰年後臣西
界小石山北國海中見屍十餘并得衣器鞍勒
視之非高句麗之物後聞乃是王人來降臣國
長虵隔路以沉于海雖未委當深懷憤恚昔宋
戮申舟楚莊徒跣鷂撮放鳩信陵不食克敵立
名美隆無已夫以區區偏鄙猶慕萬代之信況
陛下合氣天地勢傾山海豈令小豎跨塞天達
今上所得鞍一以爲實驗顯祖以其僻遠冒險朝

① 鄙(鑄字本), 箒(鑄字本)
② 肉(鑄字本)
③ 亡(魏書 100 百濟傳 및 節要)
④ 馮(上同)
⑤ 齒(鑄字本)
⑥ 蛇, 沈
⑦ 美(魏書 및 鑄字本)
⑧ 逵(節要)

삼국사본기25/9

獻禮還𠂊厚遣使者邵安與其使俱還詔曰得
表聞之無恙甚①善卿在東隅處五服之外不遠
山海歸誠魏闕欣嘉至意用戢于懷朕承萬世
之業君臨四海統御羣生今宇內清一八表歸
義襁負而至者不可稱數風俗之和士馬之盛
皆餘禮等親所聞見卿與高句麗不穆屢致凌
犯苟能順義守之以仁亦何憂於寇讎也前所
遣使浮海以撫荒外之國從來積年往而不返
存亡達否未能審悉卿所送鞍比校舊乘非中

國之物不可以疑似之事以生必然之過經略
權要以具別旨又詔曰知高句麗阻疆侵軼卿
②上修先君之舊怨弃息民之大德兵交累載難
結荒邊使兼申胥之誠國有楚越之急乃應展
義扶微乘機電擧但以高句麗稱藩先朝供職
日久於彼雖有自昔之釁於國未有犯令之愆
卿使命始通便求致伐尋討事會理亦未周故
往年遣禮等至平壤欲驗其由狀然高句麗奏
請頻煩辭理俱詣行人不能抑其請司法無以

① 甚(鑄字本), 喜(魏書 100 百濟傳)
② 土(上同)

삼국사본기25/10

成其責故聽其所啓詔禮等還若今復違旨則
①過各益露後雖自陳無所逃罪然後興師討之
於義爲得九夷之國世居海外道暢則奉藩惠
戢則保境故羈縻著於前典楛貢曠於歲時卿
備陳彊弱之形具列往代之迹俗殊事異擬②況
乖衷洪規大略其致猶在今中夏平一宇內無
虞每欲陵威東極懸旌域表拯荒黎於偏方舒
皇風於遠服良由高句麗卽叙未及卜征今若
不從詔旨則卿之來謀載協朕意元戎啓行將

不云遠便可豫率同興具以待事時遣報使速
究彼情師擧之日卿爲鄕導之首大捷之後又
受元功之賞不亦善乎所獻錦布海物雖不悉
達明卿至心今賜雜物如別又詔璉護送安等
安等至高句麗璉稱昔與餘慶有讎不令東過
安等於是皆還乃下詔切責之後使安等從東
萊浮海賜餘慶璽書褒其誠節安等至海濱遇
風飄蕩竟不達而還王以麗人屢犯邊鄙上表
乞師於魏不從王怨之遂絕朝貢

協

① 咎(魏書 100 百濟傳)
② 貺(上同)

博

삼국사본기25/11

二十一年秋九月麗王巨璉帥兵三萬來圍王
都漢城王閉城門不能出戰麗人分兵爲四道
夾攻又乘風縱火焚燒城門人心危懼或有欲
出降者王窘不知所圖領數十騎出門西走麗
人追而害之先是高句麗長壽王陰謀百濟求
可以間諜於彼者時浮屠道琳應募曰愚僧旣
不能知道思有以報國恩願大王不以臣不肖指
使之期不辱命王悅密使譎百濟於是道琳
佯逃罪奔入百濟時百濟王近蓋婁好傳弈道

琳詣王門告曰臣少而學碁頗入妙願有聞於
左右王召入對碁果國手也遂尊之爲上客甚
親昵之恨相見之晩道琳一日侍坐從容曰臣
異國人也上不我疏外恩私甚渥而惟一技之
是效未嘗有分毫之益今願獻一言不知王意
如何耳王曰第言之若有利於國此所望於師
也道琳曰大王之國四方皆山丘河海是天設
之險非人爲之形也是以四鄰之國莫敢有覦
心但願奉事之不暇則王當以崇高之勢富有

삼국사본기25/12

之業竦人之視聽而城郭不葺宮室不修先王
之骸骨權攢於露地百姓之屋廬屢壞於河流
臣竊爲大王不取也王曰諾吾將爲之於是盡
發國人烝土築城卽於其內作宮樓閣臺榭無
不壯麗又取大石於郁里河作槨以葬父骨緣
河樹堰自蛇城之東至崇山之北是以倉庾虛
竭人民窮困邦之陧杌甚於累卵於是道琳逃
還以告之長壽王喜將伐之乃授兵於帥臣近
蓋婁聞之謂子文周曰予愚而不明信用姦人

之言以至於此民殘而兵弱雖有危事誰肯爲
我力戰吾當死於社稷汝在此俱死無益也盍
避難以續國系焉文周乃與木劦滿致祖彌桀
取(木劦祖彌皆複姓隋書以木劦爲二姓未知孰是)南行焉至是高句麗對
盧齊于再曾桀婁古尒萬年(再曾古尒皆複姓)等帥兵來
攻北城七日而拔之移攻南城城中危恐王出
①迯麗將桀婁等見王下馬拜已向王面三唾之
乃數其罪縛送於阿且城下戕之桀婁萬年本
國人也獲罪逃竄高句麗

① 逃(鑄字本)

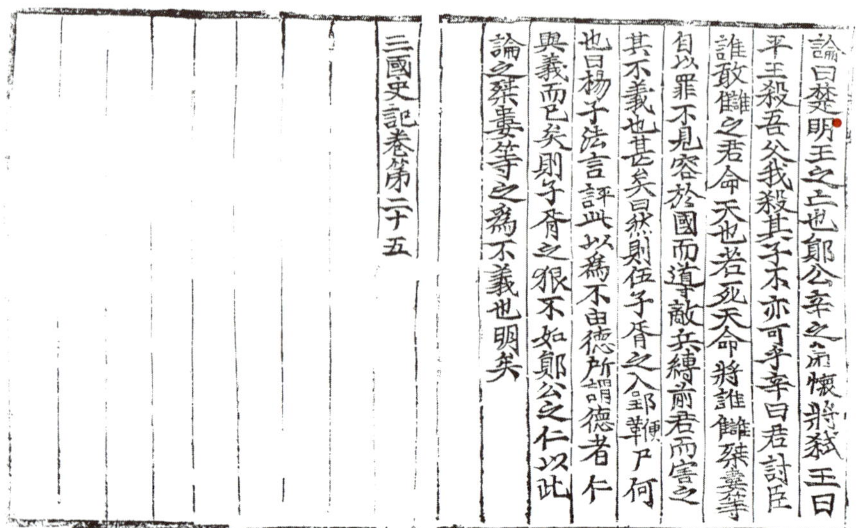

①

論曰楚明王之亡也鄖公辛之弟懷將弑王曰平王殺吾父我殺其子不亦可乎辛曰君討臣誰敢讎之君命天也若死天命將誰讎桒婁等自以罪不見容於國而導敵兵縛前君而害之其不義也甚矣曰然則伍子胥之入郢鞭尸何也曰楊子法言評此以爲不由德所謂德者仁與義而已矣則子胥之狠不如鄖公之仁以此論之桒婁等之爲不義也明矣

三國史記卷第二十五

① 昭(左傳 昭公 14년조). '明'은 光宗의 諱 '昭'의 同義 代字.

삼국사기 권 제26

백제본기 제4

문주왕(文周王)

삼근왕(三斤王)

동성왕(東城王)

무령왕(武寧王)

성왕(聖王)

①

三國史記卷第二十六

輸忠定難靖國贊化同德功臣開府儀同三司檢校太師守太保門下侍中判尚書吏禮部事集賢殿大學士監修國史上柱國致仕臣金富軾奉

宣撰

百濟本紀第四 文周王 三斤王 東城王 武寧王 聖王

文周王(或作汶洲)蓋鹵王之子也初毗有王薨蓋鹵
嗣位文周輔之位至上佐平蓋鹵在位二十一年
高句麗來侵圍漢城蓋鹵嬰城自固使文周求
救於新羅得兵一萬迴麗兵雖退城破王死遂
即位性柔不斷而亦愛民百姓愛之冬十月移

② 耽

都於熊津
二年春二月修葺大豆山城移漢北民戶三月
遣使朝宋高句麗塞路不達而還夏四月耽羅
國獻方物王喜拜使者為恩率秋八月拜解仇
為兵官佐平
三年春二月重修宮室夏四月拜王弟昆支為
內臣佐平封長子三斤為太子五月黑龍見熊
津秋七月內臣佐平昆支卒
四年秋八月兵官佐平解仇擅權亂法有無君

① 移(鑄字本)
② 삭제(年表)

①

之心王不能制九月王出獵宿於外解仇使盜
害之遂薨
三斤王(或云壬乞)文周王之長子王薨繼位年十三
歲軍國政事一切委於佐平解仇
二年春佐平解仇與恩率燕信聚衆據大豆城
叛王命佐平真男以兵二千討之不克更命德
率真老帥精兵五百擊殺解仇燕信奔高句麗
收其妻子斬於熊津市
論曰春秋之法君弑而賊不討則深責之以為

②

無臣子也解仇賊害文周其子三斤繼立非徒
不能誅之又委之以國政至於據一城以叛然
後再興大兵以克之所謂履霜不戒馴致堅冰
熒熒不滅至于炎炎其所由來漸矣唐憲宗之
弑三世而後僅能殺其賊況海隅之荒僻三斤
之童蒙又烏足道哉
三月己酉朔日有食之
三年春夏大旱秋九月移大豆城於斗谷冬十
一月王薨

① 津(節要)
② 豆(鑄字本)

삼국사본기26/3

①②

東城王諱牟大[或作摩牟]文周王弟昆支之子膽力
過人善射百發百中三斤王薨卽位
四年春正月拜眞老爲兵官佐平兼知內外兵
馬事秋九月靺鞨襲破漢山城虜三百餘戶以
歸冬十月大雪丈餘
五年春王以獵出至漢山城撫問軍民浹旬乃
還夏四月獵於熊津北獲神鹿
六年春二月王聞南齊祖道成冊高句麗巨璉
爲驃騎大將軍遣使上表請內屬許之秋七月
遣內法佐平沙若思如南齊朝貢若思至西海
中遇高句麗兵不進
七年夏五月遣使聘新羅
八年春二月拜苩加爲衛士佐平三月遣使南
齊朝貢秋七月重修宮室築牛頭城冬十月大
閱於宮南
十年魏遣兵來伐爲我所敗
十一年秋大有年國南海村人獻合穎禾冬十
月王設壇祭天地十一月宴羣臣於南堂

① 太(南齊書 1 高帝紀)
② 敗(鑄字本)

삼국사본기26/4

十二年秋七月徵北部人年十五歲已上築沙峴
耳山二城九月王田於國西泗沘原拜燕突爲
達率冬十一月無氷
十三年夏六月熊川水漲漂沒王都二百餘家
秋七月民饑亡入新羅者六百餘家
十四年春三月雪夏四月大風拔木冬十月王
獵牛鳴谷親射鹿
十五年春三月王遣使新羅請婚羅王以伊飡
比智女歸之
十六年秋七月高句麗與新羅戰薩水之原新
羅不克退保犬牙城高句麗圍之王遣兵三千救
解圍
十七年夏五月甲戌朔日有食之秋八月高句
麗來圍雉壤城王遣使新羅請救羅王命將軍德
智帥兵救之麗兵退歸
十九年夏五月兵官佐平眞老卒拜達率燕突
爲兵官佐平夏六月大雨漂毁民屋
二十年設熊津橋秋七月築沙井城以扞率毗

① 北(精文硏)
② 泚(東城王 23년조 및 精文硏)

耽 耽

陁鎭之八月王以躭羅不修貢賦親征至武珍州躭羅聞之遣使乞罪乃止(躭羅即躭牟羅)

二十一年夏大旱民饑相食盜賊多起臣寮請發倉賑救王不聽漢山人亡入高句麗者二千

冬十月大疫

二十二年春起臨流閣於宮東高五丈又穿池養奇禽諫臣抗疏不報恐有復諫者閉宮門

論曰良藥苦口利於病忠言逆耳利於行是以古之明君虛己問政和顏受諫猶恐人之不言懸敢諫之鼓立誹謗之木而不已今牟大王諫書上而不省復閉門以拒之莊子曰見過不更聞諫愈甚謂之狠其牟大王之謂乎

夏四月田於牛頭城遇雨雹乃止五月旱王與左右宴臨流閣終夜極歡

二十三年春正月王都老嫗化狐而去二虎鬪於南山捕之不得三月降霜害麥夏五月不雨至秋七月設柵於炭峴以備新羅八月築加林城以衛士佐平苩加鎭之冬十月王獵於泗沘

① 謂(鑄字本)
② 苩(東城王 8년조 및 鑄字本)

東原十一月獵於熊川北原又田於泗沘西原阻大雪宿於馬浦村初王以苩加鎭加林城加不欲往辭以疾王不許是以怨王至是使人刺王至十二月乃薨諡曰東城王(册府元龜云南齊建元二年百濟王牟都遣使貢獻詔曰寳命惟新澤被絶域牟都世蕃東表守職遐外可即授使持節都督百濟諸軍事鎭東大將軍又永明八年百濟王牟大遣使上表遣謁者僕射孫副策命大襲亡祖父牟都爲百濟王曰於戲惟爾世襲忠勤誠著遐表海路肅澄要貢無替式循彝典用纂顯命往欽哉其敬膺休業可不愼歟行都督百濟諸軍事鎭東大將軍百濟王而三韓古記無牟都爲王之事又按牟大蓋鹵王之孫蓋鹵第二子昆支之子不言其祖牟都則齊書所載不可不疑)

武寧王 諱斯摩(或云隆) 牟大王之第二子也身長八尺眉目如畫仁慈寬厚民心歸附牟大在位二十三年薨即位春正月佐平苩加據加林城叛王帥兵馬至牛頭城命扞率解明討之苩加出降王斬之投於白江

論曰春秋曰人臣無將將而必誅若苩加之元惡大憝則天地所不容不即罪之至是自知難免謀叛而後誅之晩也

冬十一月遣達率優永帥兵五千襲高句麗水谷城

① 往辭
② 太祖의 諱 '建'의 缺劃 誤刻.
③ 扞(節要)
④ 曰(鑄字本)

삼국사기 26/7

① ② ③

二年春民饑且疫冬十一月遣兵侵高句麗邊境
三年秋九月靺鞨燒馬首柵進攻高木城王遣
兵五千擊退之冬無氷
六年春大疫三月至五月不雨川澤竭民饑發
倉賑救秋七月靺鞨來侵破高木城殺虜六百
餘人
七年夏五月立二柵於高木城南又築長嶺城
以備靺鞨冬十月高句麗將高老與靺鞨謀欲
攻漢城進屯於橫岳下王出師戰退之

十年春正月下令完固隄防驅內外游食者歸農
十二年夏四月遣使入梁朝貢秋九月高句麗
襲取加弗城移兵破圓山城殺掠甚衆王帥勇
騎三千戰於葦川之北麗人見王軍小易之不
設陣王出奇急擊大破之
十六年春三月戊辰朔日有食之
二十一年夏五月大水秋八月蝗害穀民饑亡
入新羅者九百戶冬十一月遣使入梁朝貢先
是爲高句麗所破衰弱累年至是上表稱累破

① 境(鑄字本)
② 少(節要 및 金貞培)
③ 衰(鑄字本), 至(鑄字本)

삼국사기 26/8

修 ①

高句麗始與通好而更爲强國十二月高祖詔
冊王曰行都督百濟諸軍事鎭東大將軍百濟
王餘隆守藩海外遠修貢職迺誠款到朕有嘉
焉宜率舊章授玆榮命可使持節都督百濟諸
軍事寧東大將軍
二十二年秋九月王獵于狐山之原冬十月地震
二十三年春二月王幸漢城命佐平因友達率沙
烏等徵漢北州郡民年十五歲已上築雙峴城
三月至自漢城夏五月王薨謚曰武寧

聖王諱明穠武寧王之子也智識英邁能斷事
武寧薨繼位國人稱爲聖王秋八月高句麗兵
至浿水王命左將志忠帥步騎一萬出戰退之
二年梁高祖詔冊王爲持節都督百濟諸軍事
綏東將軍百濟王
三年春二月與新羅交聘
四年冬十月修葺熊津城立沙井柵
七年冬十月高句麗王興安躬帥兵馬來侵拔
北鄙穴城命佐平燕謨領步騎三萬拒戰於五

① 綏(鑄字本)

삼국사본기 26/9

谷之原不克死者三千餘人
十年秋七月甲辰星隕如雨
十二年春三月遣使入梁朝貢夏四月丁卯熒
惑犯南斗
十六年春移都於泗沘一名所夫里國號南扶餘
十八年秋九月王命將軍燕會攻高句麗牛山
城不克
十九年王遣使入梁朝貢兼表請毛詩博士涅
槃等經義并工匠畫師等從之
二十五年春正月己亥朔日有食之
二十六年春正月高句麗王平成與濊謀攻漢
北獨山城王遣使請救於新羅羅王命將軍朱
珍領甲卒三千發之朱珍日夜兼程至獨山城
下與麗兵一戰大破之
二十七年春正月庚申白虹貫日冬十月王下①
知梁京師有寇賊遣使朝貢使人旣至見城闕
荒毁並號泣於端門外行路見者莫不灑淚侯
景聞之大怒執囚之及景平方得還國

① 不(鑄字本)

삼국사본기 26/10

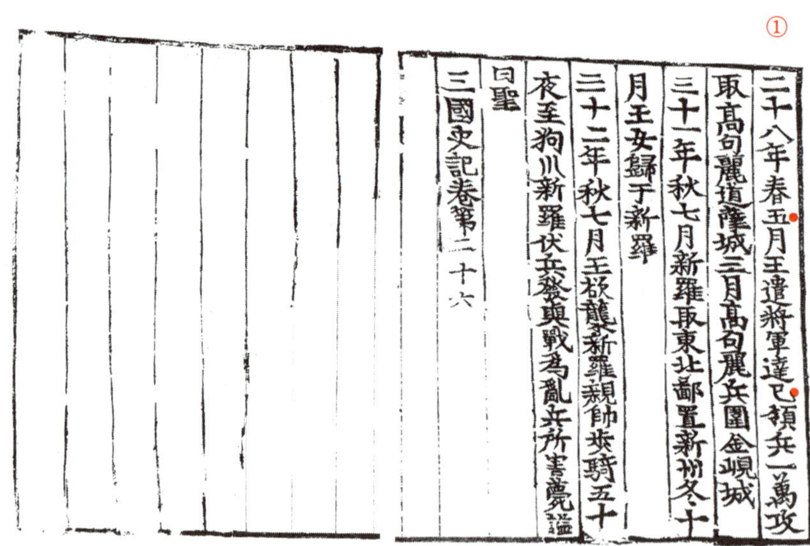
二十八年春五①月王遣將軍達已領兵一萬攻
取高句麗道薩城三月高句麗兵圍金峴城
三十一年秋七月新羅取東北鄙置新州冬十
月王女歸于新羅
三十二年秋七月王欲襲新羅親帥步騎五十
夜至狗川新羅伏兵發與戰爲亂兵所害薨諡
曰聖
三國史記卷第二十六

① 正(同年 기사의 月次와 新羅本紀 4 眞興王 11년조), 근로 판단.

삼국사기 권 제27

백제본기 제5

위덕왕(威德王)
혜왕(惠王)
법왕(法王)
무왕(武王)

三國史記卷第二十七
輸忠定難靖國贊化同德功臣開府儀同三司檢校太師守太保門下侍中判尙書吏禮部事集賢殿太學士監修國史上柱國致仕臣金富軾奉
宣撰
百濟本紀第五 威德王 惠王 法王 武王
威德王諱昌聖王之元子也聖王在位三十二
年薨繼位
元年冬十月高句麗大擧兵來攻熊川城敗衄
而歸
六年夏五月丙辰朔日有食之
八年秋七月遣兵侵掠新羅邊境羅兵出擊敗
之死者一千餘人
十四年秋九月遣使入陳朝貢
十七年高齊後主拜王爲使持節侍中車騎大
將軍帶方郡公百濟王
十八年高齊後主又以王爲使持節都督東靑
州諸軍事東靑州刺史
十九年遣使入齊朝貢秋九月庚子朔日有食之
二十四年秋七月遣使入陳朝貢冬十月侵新羅

西邊州郡新羅伊湌世宗帥兵擊破之十一月
遣使入宇文周朝貢
二十五年遣使入宇文周朝貢
二十六年冬十月長星竟天二十日而滅地震
二十八年王遣使入隋朝貢隋高祖詔拜王爲
上開府儀同三司帶方郡公
二十九年春正月遣使入隋朝貢
三十一年冬十一月遣使入陳朝貢
三十三年遣使入陳朝貢
三十六年隋平陳有一戰舩漂至躭牟羅國其
舩得還經于國界王資送之甚厚并遣使奉表
賀平陳高祖善之下詔曰百濟王旣聞平陳遠
令奉表往復至難若逢風浪便致傷損百濟王
心迹淳至朕已委知相去雖遠事同言面何必
數遣使來相體悉自今已後不須年別入貢朕
亦不遣使往王宜知之
三十九年秋七月壬申晦日有食之
四十一年冬十一月癸未星孛于角亢

① 船, 耽
② 遠(節要)

四十五年秋九月王使長史王辯那入隋朝獻

王聞隋興遼東之役遣使奉表請爲軍道帝下詔曰往歲高句麗不供職貢無人臣禮故命將討之高元君臣恐懼畏服歸罪朕已赦之不可致伐厚我使者而還之高句麗頗知其事以兵侵掠國境冬十二月王薨羣臣議謚曰威德

惠王諱季明王第二子昌王薨卽位

二年王薨謚曰惠

法王諱宣(或云孝順)惠王之長子惠王薨子宣繼位(隋書以宣爲昌王之子)冬十二月下令禁殺生收民家所養鷹鷂放之漁獵之具焚之

二年春正月創王興寺度僧三十人大旱王幸漆岳寺祈雨夏五月薨上謚曰法

武王諱璋法王之子風儀英偉志氣豪傑法王卽位翌年薨子嗣位

三年秋八月王出兵圍新羅阿莫山城(一名母山城)羅王眞平遣精騎數千拒戰之我兵失利而還新羅築小陁畏石泉山甕岑四城侵逼我疆境王怒令佐平解讎帥步騎四萬進攻其四城新羅將軍乾品武殷帥衆拒戰解讎不利引軍退於泉山西大澤中伏兵以待之武殷乘勝領甲卒一千追至大澤伏兵發急擊之武殷墜馬士卒驚駭不知所爲武殷子貴山大言曰吾嘗受敎於師曰士當軍無退豈敢奔退以墜師敎乎以馬授父卽與小將箒項揮戈力鬪以死餘兵見此益奮我軍敗績解讎僅免單馬以歸

六年春二月築角山城秋八月新羅侵東鄙

七年春二月王都雨土晝暗夏四月大旱年饑

八年春三月遣杅率燕文進入隋朝貢又遣佐平王孝隣入貢兼請討高句麗煬帝許之令覘高句麗動靜夏五月高句麗來攻松山城不下移襲石頭城虜男女三千而歸

九年春三月遣使入隋朝貢隋文林郞裴淸奉使倭國經我國南路

十二年春二月遣使入隋朝貢隋煬帝將征高

삼국사본기 27/3, 27/4

① 導(隋書 81 百濟傳)와 同字. 이하 생략.
② 收(鑄字本)

① 扞(職官志)

句麗王使國智牟入請軍期帝悅厚加賞錫遣
尚書起部郞席律來與王相謀秋八月築赤嵒
城冬十月圍新羅椵岑城殺城主讚德滅其城
十三年隋六軍度遼王嚴兵於境聲言助隋實
持兩端夏四月震宮南門五月大水漂沒人家
十七年冬十月命達率苩奇領兵八千攻新羅
母山城十一月王都地震
十九年新羅將軍邊品等來攻椵岑城復之奚
論戰死

二十二年冬十月遣使入唐獻果下馬
二十四年秋遣兵侵新羅勒弩縣
二十五年春正月遣大臣入唐朝貢高祖嘉其
誠款遣使就冊爲帶方郡王百濟王秋七月遣
使入唐朝貢冬十月攻新羅速含櫻岑歧岑烽
岑旗懸穴柵等六城取之
二十六年冬十一月遣使入唐朝貢
二十七年遣使入唐獻明光鎧因訟高句麗梗
道路不許來朝上國高祖遣散騎常侍朱子奢

來詔諭我及高句麗平其怨秋八月遣兵攻新
羅王在城執城主東所殺之冬十二月遣使入
唐朝貢
二十八年秋七月王命將軍沙乞拔新羅西鄙
二城虜男女三百餘口王欲復新羅侵奪地分
大擧兵出屯於熊津羅王眞平聞之遣使告急
於唐王聞之乃止秋八月遣王姪福信入唐朝
貢太宗謂與新羅世讎數相侵伐賜王璽書曰
王世爲君長撫有東蕃海隅遐曠風濤艱阻忠

款之至職貢相尋尚想嘉猷甚以欣慰朕祗承
寵命君臨區宇思弘正道愛育黎元舟車所通
風雨所及期之遂性咸使乂安新羅王金眞平
朕之蕃臣王之鄰國每聞遣師征討不息阻兵
安忍殊乖所望朕已對王姪福信及高句麗新
羅使人具勅通和咸許輯睦王必須忘彼前怨
識朕本懷共篤鄰情卽停兵革王因遣使奉表
陳謝雖外稱順命內實相仇①如故
二十九年春二月遣兵攻新羅椵岑城不克而還

① 仇(鑄字本)

島

삼국사본기27/7

三十年秋九月遣使入唐朝貢
三十一年春二月重修泗沘之宮王幸熊津城
夏旱停泗沘之役秋七月王至自熊津
三十二年秋九月遣使入唐朝貢
三十三年春正月封元子義慈爲太子二月改
築馬川城秋七月發兵伐新羅不利王田于生
草之原冬十二月遣使入唐朝貢
三十四年秋八月遣將攻新羅西谷城十三日
拔之

三十五年春二月王興寺成其寺臨水彩飾壯
麗王每乘舟入寺行香三月穿池於宮南引水
二十餘里四岸植以楊柳水中築島嶼擬方丈
仙山
三十七年春二月遣使入唐朝貢三月王率左
右臣寮遊燕於泗沘河北浦兩岸奇巖怪石錯立
間以奇花異草如畫王飮酒極歡鼓琴自歌
從者屢舞時人謂其地爲大王浦夏五月王命
將軍于召帥甲士五百往襲新羅獨山城于召

①

삼국사본기27/8

至玉門谷日暮解鞍休士新羅將軍閼川將兵
掩至鏖擊之于召登大石上彎弓拒戰矢盡爲
所擒六月旱秋八月燕群臣於望海樓
三十八年春二月王都地震三月又震冬十二
月遣使入唐獻鐵甲雕斧太宗優勞之賜錦袍
幷彩帛三千段
三十九年春三月王與嬪御泛舟大池
四十年冬十月又遣使於唐獻金甲雕斧
四十一年春正月星孛于西北二月遣子弟於

唐請入國學
四十二年春三月王薨謚曰武王使者入唐素服
奉表曰君外臣扶餘璋卒帝擧哀玄武門詔曰
懷遠之道莫先於寵命飾終之義無隔於遐方
故柱國帶方郡王百濟王扶餘璋棧山航海遠
稟正朔獻琛奉牘克固始終奄致薨殞追深愍
悼宜加常數式表哀榮贈光祿大夫賻賜甚厚

三國史記卷第二十七

① 航(鑄字本)

삼국사기 권 제28

백제본기 제6

의자왕(義慈王)

삼국사본기 28/1

三國史記卷第二十八

[illegible]金富軾奉

宣撰

百濟本紀第六　義慈王

義慈王武王之元子雄勇有膽決武王在位三
十三年立爲太子事親以孝與兄弟以友時號
海東曾子武王薨太子嗣位太宗遣祠部郎中
鄭文表冊命爲柱國帶方郡王百濟王秋八月
遣使入唐表謝兼獻方物

二年春正月遣使入唐朝貢二月王巡撫州郡
慮囚除死罪皆原之秋七月王親帥兵侵新羅
下獼猴等四十餘城八月遣將軍允忠領兵一
萬攻新羅大耶城城主品釋與妻子出降允忠
盡殺之斬其首傳之王都生獲男女一千餘人
分居國西州縣留兵守其城王賞允忠功馬二
十匹穀一千石

三年春正月遣使入唐朝貢冬十一月王與高
句麗和親謀欲取新羅党①項城以塞入朝之路

① 黨의 略字. 이하 생략.

삼국사본기 28/2

遂發兵攻之羅王德曼遣使請救於唐王聞之
罷兵

四年春正月遣使入唐朝貢太宗遣司農丞相
里玄奬告諭兩國王奉表陳謝立王子隆爲太
子大赦秋九月新羅將軍庾信領兵來侵取七城

五年夏五月王聞①太宗親征高句麗徵兵新羅
乘其間襲取新羅七城新羅遣將軍庾信來侵

七年冬十月將軍義直帥步騎三千進屯新羅
茂山城下分兵攻甘勿桐岑二城新羅將軍庾
信親勵士卒決死而戰大破之義直匹馬而還

八年春三月義直襲取新羅西鄙腰車等一十
餘城夏四月進軍於玉門谷新羅將軍庾信逆
之再戰大敗之

九年秋八月王遣左將殷相帥精兵七千攻取
新羅石吐等七城新羅將庾信陳春天存竹旨
等逆擊之不利收散卒屯於道薩城下再戰我
軍敗北冬十一月雷無氷

十一年遣使入唐朝貢使還高宗降璽書諭王

① 聞(鑄字本)

① ② ③

曰海東三國開基日久並列疆界地實犬牙近
代已來遂搆嫌隙戰爭交起略無寧歲遂令三
韓之氓命懸刀狙等戈肆憤朝夕相仍朕代天
理物載深矜憫去歲高句麗新羅等使並來入
朝朕命釋茲讎怨更敦款睦新羅使金法敏奏
言高句麗百濟脣齒相依競擧干戈侵逼交至
大城重鎭並爲百濟所併疆宇日蹙威力並謝
乞詔百濟令歸所侵之城若不奉詔卽自興兵
打取伹得古地卽請交和朕以其言旣順不可

不許昔齊桓列士諸侯尚存亡國況朕萬國之
主豈可不恤危藩王所兼新羅之城並宜還其
本國新羅所獲百濟俘虜亦遣還王然後解患
釋紛韜戈偃革百姓獲息肩之願三蕃無戰爭
之勞比夫流血邊亭積屍疆場耕織並廢士女
無聊豈可同年而語哉王若不從進止朕已依
法敏所請任其與王決戰亦令約束高句麗不
許遠相救恤高句麗若不承命卽令契丹諸蕃
度遼深入抄掠王可深思朕言自求多福審圖

① 俎尋(舊唐書 199 百濟傳 및 節要)
② 但(上同)
③ 土(上同)

① ② ③ ④ ⑤

良策無貽後悔
十二年春正月遣使入唐朝貢
十三年春大旱民饑秋八月王與倭國通好
十五年春二月修太子宮極侈麗立望海亭於
王宮南夏五月騂馬入北岳烏含寺鳴帀佛宇
數日死秋七月重修馬川城八月王與高句麗
靺鞨攻破新羅三十餘城新羅王金春秋遣使
朝唐表稱百濟與高句麗靺鞨侵我北界沒三
十餘城

十六年春三月王與宮人淫荒耽樂飲酒不止
佐平成忠(或云淨忠)極諫王怒囚之獄中由是無敢
言者成忠瘐死臨終上書曰忠臣死不忘君願
一言而死臣常觀時察變必有兵革之事凡用
兵必審擇其地處上流以延敵然後可以保全
若異國兵來陸路不使過沉峴水軍不使入伎
伐浦之岸擧其險隘以禦之然後可也王不省焉
十七年春正月拜王庶子四十一人爲佐平各
賜食邑夏四月大早赤地

① 匝(鑄字本)
② 瘦(金貞培)
③ 沈峴(鑄字本)
④ 據(鑄字本)

⑤ 旱(鑄字本)

삼국사본기28/5

怪 ①

十九年春二月衆狐入宮中一白狐坐上佐平
書案夏四月太子宮雌雞與小雀交遣將侵攻
新羅獨山桐岑二城五月王都西南泗沘河大
魚出死長三丈秋八月有女屍浮生草津長十
八尺九月宮中槐樹鳴如人哭聲夜鬼哭於宮
南路
二十年春二月王都井水血色西海濱小魚出
死百姓食之不能盡泗沘河水赤如血色夏四
月蝦蟇數萬集於樹上王都市人無故驚走如
有捕提者僵仆而死百餘人亡失財物不可數
五月風雨暴至震天王道讓二寺塔又震白石
寺講堂玄雲如龍東西相鬪於空中六月王興
寺衆僧皆見若有船楫隨大水入寺門有一犬
狀如野鹿自西至泗沘河岸向王宮吠之俄而
不知所去王都羣犬集於路上或吠或哭移時
即散有一鬼入宮中大呼百濟亡百濟亡即入
地王恠之使人掘地深三尺許有一龜其背有
文曰百濟同月輪新羅如月新王問之巫者曰

① 捉(鑄字本), 亡(節要)

삼국사본기28/6

④ ③ ② ①

同月輪者滿也滿則虧如月新者未滿也未滿
則漸盈王怒殺之或曰同月輪者盛也如月新
者微也意者國家盛而新羅寢微者乎王喜高
宗詔左衛大將軍蘇定方為神丘道行軍大摠
管率左衛將軍劉伯英右武衛將軍馮士貴左
驍衛將軍龐孝公統兵十三萬以來征兼以新
羅王金春秋為嵎夷道行軍摠管將其國兵與
之合勢蘇定方引軍自城山濟海至國西德物
島新羅王遣將軍金庾信領精兵五萬以赴之
王聞之會羣臣問戰守之宜佐平義直進曰唐
兵遠涉溟海不習水者在船必困當其初下陸
士氣未平急擊之可以得志羅人恃大國之援
故有輕我之心若見唐人失利則必疑懼而不
敢銳進故知先與唐人決戰可也達率常永等
曰不然唐兵遠來意欲速戰其鋒不可當也羅
人前屢見敗於我軍今望我兵勢不得不恐今
日之計宜塞唐人之路以待其師老先使偏師
擊羅軍折其銳氣然後伺其便而合戰則可得

① 寖(節要)
② 武(新羅本紀 5 및 精文研)
③ 驍(上同)
④ 驍(鑄字本)

城全軍而保國矣王猶豫不知所從時佐平興
首得罪流竄古馬彌知之縣遣人問之曰事急
矣如之何而可乎興首曰唐兵旣衆師律嚴明
況與新羅共謀掎角若對陣於平原廣野勝敗
未可知也白江(或云伎伐浦)炭峴(或云沈峴)我國之要路
也一夫單槍萬人莫當宜簡勇士往守之使唐
兵不得入白江羅人未得過炭峴大王重閉固
守待其資粮盡士卒疲然後奮擊之破之必矣
於時大臣等不信曰興首久在縲紲之中怨君
而不愛國其言不可用也莫若使唐兵入白江
沿流而不得方舟羅軍外炭峴由徑而不得並
馬當此之時縱兵擊之譬如殺在籠之雞離網
之魚也王然之又聞唐羅兵已過白江炭峴遣
將軍堦伯帥死士五千出黃山與羅兵戰四合
皆勝之兵寡力屈竟敗堦伯死之於是合兵禦
熊津口瀕江屯兵定方出左涯乘山而陣與之
戰我軍大敗王師乘潮舳艫銜尾進鼓而譟定
方將步騎直趍眞都城一舍止我軍悉衆拒之

① 士(鑄字本)
② 升(鑄字本)
③ 師(鑄字本)
④ 其(資治通鑑 200 및 李丙燾)

又敗死者萬餘人唐兵乘勝薄城王知不免嘆
曰悔不用成忠之言以至於此遂與太子孝走北
鄙定方圍其城王次子泰自立爲王率衆固守
太子子文思謂王子隆曰王與太子出而叔擅爲
王若唐兵解去我等安得全遂率左右縋而出民
皆從之泰不能止定方令士超堞立唐旗幟泰
窘迫開門請命於是王及太子孝與諸城皆降定
方以王及太子孝王子泰隆演及大臣將士八
十八人百姓一萬二千八百七人送京師國本有
五部三十七郡二百城七十六萬戶至是析置
熊津馬韓東明金漣德安五都督府各統州縣
擢渠長爲都督刺史縣令以理之命郎將劉仁
願守都城又以左衛郎將王文度爲熊津都督
撫其餘衆定方以所俘見上責而宥之王病死
贈金紫光祿大夫衛尉卿許舊臣赴臨詔葬孫
皓陳叔寶墓側幷爲竪碑授隆司稼卿文度濟
海卒以劉仁軌代之武王從子福信嘗將兵乃
與浮屠道琛據周留城叛迎古王子扶餘豐嘗

① 日(鑄字本)
② 擢(鑄字本). 成宗의 諱 '治'의 同義 代字.

삼국사본기 28/9

質於倭國者立之爲王西北部皆應引兵圍仁
願於都城詔起劉仁軌撿校帶方州刺史將王
文度之衆便道發新羅兵以救仁願仁軌喜曰
天將富貴此翁矣請唐曆及廟諱而行曰吾欲
掃平東夷頒大唐正朔於海表仁軌御軍嚴整
轉鬪而前福信等立兩柵於熊津江口 以拒之
仁軌與新羅兵合擊之我軍退走入柵阻水橋
狹墮溺及戰死者萬餘人福信等乃釋 都城
之圍退保任存城新羅人以糧盡引還時龍朔

元年三月也於是道琛自稱領車將軍福信自
稱霜岑將軍招集徒衆其勢益張使告仁軌曰
聞大唐與新羅約誓百濟無問老少一切殺之
然後以國付新羅與其受死豈若戰亡所以聚
結自固守耳仁軌作書具陳禍福遣使諭之道
琛等恃衆驕倨置仁軌之使於外館嫚報曰使
人官小我是一國大將不合參不答書徒遣之
仁軌以衆小與仁願合軍休息士卒上表請合
新羅圖之羅王春秋奉詔遣其將金欽將兵救

① 軍(新 · 舊唐書 百濟傳 및 節要)
② 少(上同)

삼국사본기 28/10

仁軌等至古泗福信邀擊敗之欽自葛嶺道遁
還新羅不敢復出尋而福信殺道琛幷其還豐
不能制但主祭而已福信等以仁願等孤城無
援遣使慰之曰大使等何時西還當遣相送二
年七月仁願仁軌等大破福信餘衆於熊津之
東拔支羅城及尹城大山沙井等柵殺獲甚衆
仍令分兵以鎭守之福信等以眞峴城臨 江高
嶮當衝要加兵守之仁軌夜督新羅兵薄城板
堞比明而入城斬殺八百人遂通新羅饟道仁

願奏請益兵詔發淄青萊海之兵七千人遣左
威衛將軍孫仁師統衆浮海以益仁願之衆時
福信旣專權與扶餘豐寖相猜忌福信稱疾卧
於窟室欲俟豐問疾執殺之豐知之帥親信掩
殺福信遣使高句麗倭國乞師 以拒唐兵孫仁
師中路迎擊破之遂與仁願之衆相合士氣大
振於是諸將議所向或曰加林城水陸之衝合
先擊之仁軌曰兵法避實擊虛加林嶮而固攻
則傷士守則曠日周留城百濟巢穴羣聚焉若

① 衆(節要)

①

克之諸城自下於是仁師仁願及羅王金法敏帥陸軍進劉仁軌及別帥杜爽扶餘隆帥水軍及粮船自熊津江往白江以會陸軍同趍周留城遇倭人白江口四戰皆克焚其舟四百艘煙炎灼天海水爲丹王扶餘豐脫身而走不知所在或云奔高句麗獲其寳劒王子扶餘忠勝忠志等帥其衆與倭人並降獨遲受信據任存城未下初黒齒常之嘯聚亡散旬日間歸附者三萬餘人定方遣兵攻之常之拒戰敗之復取二百餘城定方不能克常之與別部將沙吒相如據嶮以應福信至是皆降仁軌以赤心示之俾取任存自效卽給鎧仗粮糒仁師曰野心難信若受甲濟粟資寇便也仁軌曰吾觀相如常之忠而謀因機立功尚何疑二人訖取其城遲受信委妻子奔高句麗餘黨悉平仁師等振旅還詔留仁軌統兵鎭守兵火之餘比屋凋殘殭屍如莽仁軌始命瘞骸骨籍戶口理村聚署官長通道塗立橋梁補堤堰復坡塘課農桑賑貧乏

① 船, 往

①

養孤老立唐社稷頒正朔及廟諱民皆悅各安其所帝以扶餘隆爲熊津都督俾歸國平新羅古憾招還遺人麟德二年與新羅王會熊津城刑白馬以盟仁軌爲盟辭乃作金書鐵契藏新羅廟中盟辭見新羅紀中仁願等還隆畏衆攜散亦歸京師儀鳳中以隆爲熊津都督帶方郡王遣歸國安輯餘衆仍移安東都護府於新城以統之時新羅強隆不敢入舊國寄理高句麗死武后又以其孫敬襲王而其地已爲新羅渤海靺鞨所分國系遂絶

怪

論曰新羅古事云天降金樻故姓金氏其言可恠而不可信臣修史以其傳之舊不得刪落其辭然而又聞新羅人自以小昊金天氏之後故姓金氏(見新羅國子博士薛因宣撰金庾信碑及朴居勿撰姚克一書三郞寺碑文)高句麗亦以高辛氏之後姓高氏(見晉書載記)古史曰百濟與高句麗同出扶餘又云秦漢亂離之時中國人多竄海東則三國祖先豈其古聖人之苗裔耶何其享國之長也至於百濟之季所行多非

① 成宗의 諱 '治'의 同義 代字.

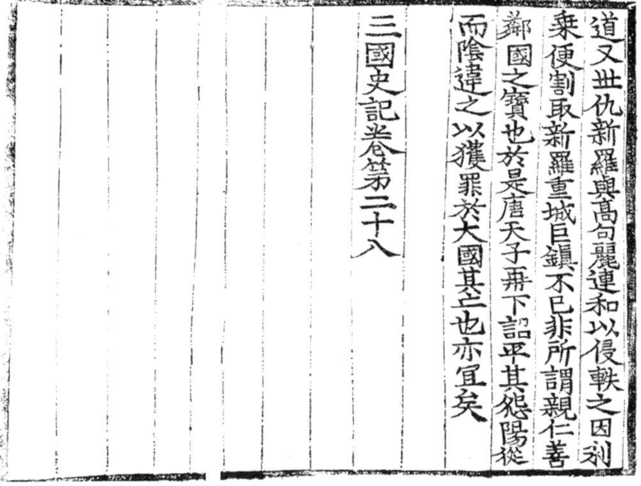

道又世仇新羅與高句麗連和以侵軼之因利
乘便割取新羅重城巨鎮不已非所謂親仁善
鄰國之寶也於是唐天子再下詔平其怨陽從
而陰違之以獲罪於大國其亡也亦宜矣

三國史記卷第二十八

삼국사기 권 제29

연표 상

삼국사연표 29 / 1

①

三國史記卷第二十九

輸忠定難靖國贊化同德功臣開府儀同三司檢校太師守太保門下侍中判尙書吏禮部事集賢殿太學士監修國史上柱國致仕臣金富軾奉

宣撰

年表上

海東有國家久矣自箕子受封於周室衛滿僭號於漢初年代綿邈文字疎略固莫得而詳馬①至於三國鼎峙則傳世尤多新羅五十六王九百九十二年高句麗二十八王七百五年百濟三十一王六百七十八年其始終可得而考焉

③②

作三國年表 唐買②言忠云髙丑②自③有國今九百年誤也

漢③

④

	甲子	乙丑
中國	前漢孝宣帝詢十七年五鳳元年	二
新羅	始祖朴赫居世居西干即位元年 從[illegible]④爲上代	二
高句麗		
百濟		

① 焉(鑄字本)
② 賈(舊唐書 190 文苑 및 新唐書 119 賈曾傳), 麗(新唐書 220 高麗傳)
③ 分註의 크기로 '自'와 '有' 사이에 移置(李丙燾)
④ 此至眞德(鑄字本)

삼국사연표 29 / 2

①

	丙寅	丁卯	戊辰	巳巳①	庚午	辛未
中國	三	四	甘露元年	二	三	四
新羅	三	四	五	六	七	八
高句麗						
百濟						

① 己(鑄字本). 年表의 天干 表記 '巳'와 '已'는 모두 '己'로서 이하 표기 생략.

삼국사연표 29/3

壬申	癸酉	甲戌	乙亥	丙子	丁丑
黃龍元年	孝元帝①奭 初元元年	二	三	四	五
九	十	十一	十二	十三	十四

① 帝(鑄字本)

삼국사연표 29/4

戊寅	己卯	庚辰	辛巳	壬午	癸未
永光元年	二	三	四	五	建昭元年
十五	十六	十七	十八	十九	二十

삼국사연표 29/5

甲申	乙酉	丙戌	丁亥	戊子 ①	己丑 ②
二	三	四	五	竟寧元年 成帝驁①	建②始元年
二十一	二十二	二十三	二十四	二十五	二十六
始祖東明聖王諱朱蒙姓高氏即位元年	二	三	四	五	六

① 驁(鑄字本)
② 太祖의 諱 '建'의 缺劃 誤刻. 이하 생략.

삼국사연표 29/6

庚寅	辛卯	壬辰	癸巳	甲午	乙未
二	三	四	河平元年	二	三
二十七	二十八	二十九	三十	三十一	三十二
七	八	九	十	十一	十二

丙申	丁酉	戊戌	己亥	庚子	辛丑
四	陽朔元年	二	三	四	鴻嘉元年
三十三	三十四	三十五	三十六	三十七	三十八
十三	十四	十五	十六	十七	十八

壬寅①	癸卯②	甲辰	乙巳	丙午	丁未
二	三	四	永始元年	二	三
三十九	四十	四十一	四十二	四十三	四十四
十九 東明王升遐 瑠璃明王類利 即位元年	二	三	四	五	六
	始祖溫祖 王即位 元年	二	三	四	五

① 類(鑄字本)
② 祚(鑄字本)

삼국사연표 29/9

戊申	己酉	庚戌	辛亥	壬子	癸丑
四	元延元年	二	三	四	綏和元年
四十五	四十六	四十七	四十八	四十九	五十
七	八	九	十	十一	十二
六	七	八	九	十	十一

삼국사연표 29/10

甲寅	乙卯	丙辰	丁巳	戊午	己未
孝哀帝欣 二	建平元年	二	三	四	元壽元年
五十一	五十二	五十三	五十四	五十五	五十六
十三	十四	十五	十六	十七	十八
十二	十三	十四	十五	十六	十七

庚申	辛酉	壬戌	癸亥	甲子	乙丑
二 孝平帝衎	元始元年	二	三	四	五
五十七	五十八	五十九	六十	六十一 始祖薨 南解次次雄即位 元年	二
十九	二十	二十一	二十二	二十三	二十四
十八	十九	二十	二十一	二十二	二十三

丙寅	丁卯	戊辰	己巳	庚午	辛未
孺子嬰 王莽① 居攝元年	二	三 初始元年	新室 始建國元年	二	三
三	四	五	六	七	八
二十五	二十六	二十七	二十八	二十九	三十
二十四	二十五	二十六	二十七	二十八	二十九

① 莽(鑄字本)

삼국사연표 29 / 13

壬申	癸酉	甲戌	乙亥	丙子	丁丑
四	五	天鳳元年	二	三	四
九	十	十一	十二	十三	十四
三十一	三十二	三十三	三十四	三十五	三十六
三十	三十一	三十二	三十三	三十四	三十五

삼국사연표 29 / 14

戊寅	己卯	庚辰	辛巳	壬午	癸未
五	六	地皇元年	二	三	四 劉聖公更始元年
十五	十六	十七	十八	十九	二十
三十七 瑠璃明王薨 大武神王無恤即位元年	二	三	四	五	六
三十六	三十七	三十八	三十九	四十	四十一

삼국사연표 29/15

甲申	乙酉	丙戌	丁亥	戊子	己丑
二	後漢光武帝秀建武元年	二	三	四	五
二十一 南解次次雄薨 儒理尼師今即位元年	二	三	四	五	六
七	八	九	十	十一	十二
四十二	四十三	四十四	四十五	四十六 温祚王薨 多婁王即位元年	二

삼국사연표 29/16

庚寅	辛①卯	壬辰	癸巳	甲午	乙未
六	七	八	九	十	十一
七	八	九	十	十一	十二
十三	十四	十五	十六	十七	十八
二	四	五	六	七	八

① 辛(鑄字本)

삼국사연표 29/17

丙申	①●酉	戊戌	己亥	庚子	辛丑
十二	十三	十四	十五	十六	十七
十三	十四	十五	十六	十七	十八
十九	二十	二十一	二十二	二十三	二十四
九	十	十一	十二	十三	十四

① 丁(鑄字本)

삼국사연표 29/18

壬寅	癸卯	甲辰	乙巳	丙午	丁未
十八	十九	二十	二十一	二十二	二十三
十九	二十	二十一	二十二	二十三	二十四
二十五	二十六	二十七 大武神王薨 ①閔中王解色●即位 元年	二	三	四
十五	十六	十七	十八	十九	二十

① 朱(高句麗本紀 2)

삼국사연표 29/19

戊申①	己酉	庚戌	辛亥	壬子	癸丑
二十四	二十五	二十六	二十七	二十八	二十九
二十五	二十六	二十七	二十八	二十九	三十
五 閔中王薨 慕本王解憂即位 元年	二	三	四	五	六 慕本王薨 國祖王宮即位 元年
二十一	二十二	二十三	二十四	二十五	二十六

① 憂(鑄字本)

삼국사연표 29/20

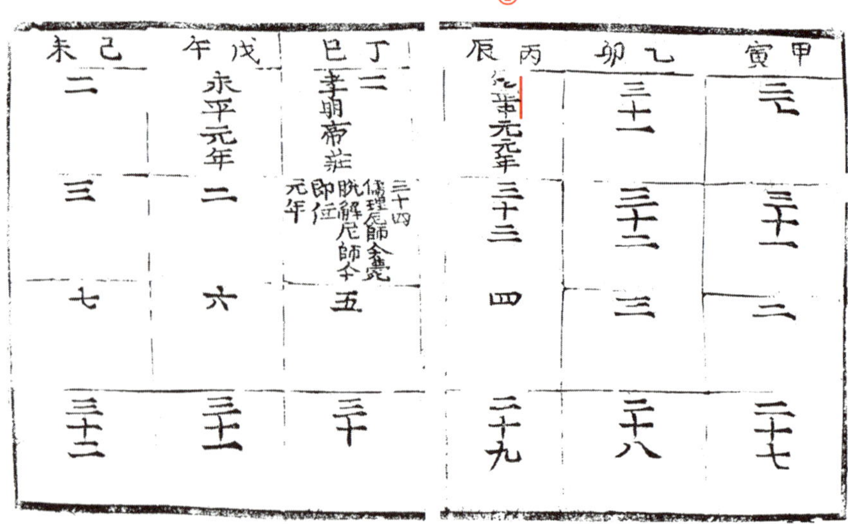

甲寅	乙卯	丙辰①	丁巳	戊午	己未
三十	三十一	中元元年	二 孝明帝莊	永平元年	二
三十一	三十二	三十三	三十四 儒理尼師今薨 脫解尼師今即位 元年	二	三
二	三	四	五	六	七
二十七	二十八	二十九	三十	三十一	三十二

① 建武(鑄字本)

삼국사연표 29/21

庚申	辛酉	壬戌	癸亥	甲子	乙丑
三	四	五	六	七	八
四	五	六	七	八	九
八	九	十	十一	十二	十三
三十三	三十四	三十五	三十六	三十七	三十八

삼국사연표 29/22

丙寅	丁卯	戊辰	己巳	庚午	辛未
九	十	十一	十二	十三	十四
十	十一	十二	十三	十四	十五
十四	十五	十六	十七	十八	十九
三十九	四十	四十一	四十二	四十三	四十四

② 建 ①

干支				
壬申	十五	十六	二十	四十五
癸酉	十六	十七	二十一	四十六
甲戌	十七	十八	二十二	四十七
乙亥	十八 孝章皇帝炟①	十九	二十三	四十八
丙子	律初元年	二十	二十四	四十九
丁丑	二	二十一	二十五	五十 㚣②婁王薨 己婁王即位元年

① 炟(後漢書 3 肅宗孝章帝紀)
② 多(鑄字本)

干支				
戊寅	三	二十二	二十六	二
己卯	四	二十三	二十七	三
庚辰	五	二十四 脫解尼師今薨 婆娑尼師今即位元年	二十八	四
辛巳	六	二	二十九	五
壬午	七	三	三十	六
癸未	八	四	三十一	七

삼국사연표 29/25

甲申	乙酉	丙戌	丁亥	戊子	己丑
元和元年	二	三	章和元年	二 孝和皇帝肇	永元元年
五	六	七	八	九	十
三十二	三十三	三十四	三十五	三十六	三十七
八	九	十	十一	十二	十三

삼국사연표 29/26

庚寅	辛卯	壬辰	癸巳	甲午	乙未
二	三	四	五	六	七
十一	十二	十三	十四	十五	十六
三十八	三十九	四十	四十一	四十二	四十三
十四	十五	十六	十七	十八	十九

삼국사연표 29/27

丙申	丁酉	戊戌	己亥	庚子	辛丑
八	九	十	十一	十二	十三
十七	十八	十九	二十	二十一	二十二
四十四	四十五	四十六	四十七	四十八	四十九
二十	二十一	二十二	二十三	二十四	二十五

삼국사연표 29/28

壬寅	癸卯	甲辰	乙巳	丙午	丁未
十四	十五	十六	元興元年 孝殤帝隆	延平元年 孝安帝祜	永初元年
二十三	二十四	二十五	二十六	二十七	二十八
五十	五十一	五十二	五十三	五十四	五十五
二十六	二十七	二十八	二十九	三十	三十一

삼국사연표 29/29

戊申	己酉	庚戌	辛亥	壬子	癸丑
二	三	四	五	六	七
二十九	三十	三十一	三十二	三十三 婆娑尼師今薨 ①祗摩尼師今即位 元年	二
五十六	五十七	五十八	五十九	六十	六十一
三十二	三十三	三十四	三十五	三十六	三十七

① 祇(鑄字本)

삼국사연표 29/30

甲寅	乙卯	丙辰	丁巳	戊午	己未
元初元年	二	三	四	五	六
三	四	五	六	七	八
六十二	六十三	六十四	六十五	六十六	六十七
三十八	三十九	四十	四十一	四十二	四十三

삼국사연표 29/31

庚申	辛酉	壬戌	癸亥	甲子	乙丑
永寧元年	建光元年	延光元年	二	三	孝順帝保
九	十	十一	十二	十三	十四
六十八	六十九	七十	七十一	七十二	七十三
四十四	四十五	四十六	四十七	四十八	四十九

삼국사연표 29/32

丙寅	丁卯	戊辰	己巳	庚午	辛未
永建元年	二	三	四	五	六
十五	十六	十七	十八	十九	二十
七十四	七十五	七十六	七十七	七十八	七十九
五十	五十一	五十二 己婁王薨 蓋婁王即位元年	二	三	四

삼국사연표 29/33

壬申	癸酉	甲戌	乙亥	丙子	丁丑
陽嘉元年	二	三	四	永和元年	二
二十一	二十二	二十三 祇摩尼師今①薨 逸聖尼師今卽位 元年	二	三	四
八十	八十一	八十二	八十三	八十四	八十五
五	六	七	八	九	十

① 今(鑄字本)

삼국사연표 29/34

戊寅	己卯	庚辰	辛巳	壬午	癸未
三	四	五	六	漢安元年	二
五	六	七	八	九	十
八十六	八十七	八十八	八十九	九十	九十一
十一	十二	十三	十四	十五	十六

甲申	乙酉	丙戌	丁亥	戊子	己丑
建康元年 孝沖帝炳	永嘉元年 孝質帝纘	本初元年 孝桓帝志	建和元年	二	三
十一	十二	十三	十四	十五	十六
九十二	九十三	九十四 ①国祖王遜位退居後宮 次大王遂成即位元年	二	三	四
十七	十八	十九	二十	二十一	二十二

① 國, 遜(鑄字本)

庚寅	辛卯	壬辰	癸巳	甲午	乙未
和平元年	元嘉元年	二	永興元年	二	①永壽元年
十七	十八	十九	二十	二十一 逸聖尼師今薨 阿達羅尼師今即位元年	二
五	六	七	八	九	十
二十三	二十四	二十五	二十六	二十七	二十八

① 永(鑄字本)

삼국사연표 29/37

丙申	丁酉	戊戌①	己亥	庚子	辛丑
二	三	延熹元年	二	三	四
三	四	五	六	七	八
十一	十二	十三	十四	十五	十六
二十九	三十	三十一	三十二	三十三	三十四

① 熹(後漢書 7 孝桓帝紀)

삼국사연표 29/38

壬寅	癸卯	甲辰	乙巳 ②國①	丙午	丁未③
五	六	七	八	九	永康元年
九	十	十一	十二	十三	十四
十七	十八	十九	三十 国祖王三月薨 次大王二月薨 新大王伯固即位元年	二	三
三十五	三十六	三十七	二十八	三十九 蓋婁王薨 肖古王即位元年	二

① 二(鑄字本)
② 三(鑄字本)
③ 康(鑄字本)

建 ① ②

戊申	己酉	庚戌	辛亥	壬子	癸丑
孝靈帝宏● 律●寧元年	二	三	四	熹平元年	●
十五	十六	十七	十八	十九	二十
四	五	六	七	八	九
三	四	五	六	七	八

① 宏(後漢書 8 孝靈帝紀)
② 二(鑄字本)

② 國 ①

甲寅	乙卯	丙辰	丁巳	戊午	己未
三	四	五	六	光和元年	二
二十一	二十二	二十三	二十四	二十五	二十六
十	十一	十二	十三	十四	新大王薨 故国●川王立 元年即位
九	十	十一	十二	十三	十四

① 十五(年表의 기재 방식 및 李丙燾)
② 王男武卽位元年(高句麗本紀 및 年表의 기재 방식)

庚申	辛酉	壬戌	癸亥	甲子 ①	乙丑 ②
三	四	五	六	中平元年	一②
二十七	二十八	二十九	三十	三十一 何①達尼師今薨 伐休尼師今即位元年	二
二	三	四	五	六	七
十五	十六	十七	十八	十九	二十

① 阿(鑄字本), 羅(新羅本紀 및 金貞培)
② 二(鑄字本)

丙寅 ①	丁卯	戊辰	己巳 ②③④	庚午	辛未
三	四	五	洪②農王辯立 改元光熹又大改元明③寧 孝獻帝協 改元末④漢	初平元年	二
二①	四	五	六	七	八
八	九	十	十一	十二	十三
二十一	二十二	二十三	二十四	二十五	二十六

① 三(鑄字本)
② 弘(後漢書 8 孝靈帝紀)
③ 昭(上同). '明'은 光宗의 諱 '昭'의 同義 代字.
④ 永(鑄字本)

壬申	癸酉	甲戌	乙亥	丙子	丁丑
三	四	興平元年	二	建安元年	二
九	十	十一	十二	十三 伐休尼師今薨 奈解尼師今即位 元年	二
十四	十五	十六	十七	十八	十九 故國川王薨 山上王延優即位 元年
二十七	二十八	二十九	三十	三十一	三十二

戊寅	己卯	庚辰	辛巳	壬午	癸未
三	四	五	六	七	八
三	四	五	六	七	八
二	三	四	五	六	七
三十三	三十四	三十五	三十六	三十七	三十八

삼국사연표 29/45

甲申	乙酉	丙戌	丁亥	戊子	己丑
九	十	十一	十二	十三	十四
九	十	十一	十二	十三	十四
八	九	十	十一	十二	十三
三十九	四十	四十一	四十二	四十三	四十四

삼국사연표 29/46

庚寅	辛卯	壬辰	癸巳	甲午	乙未
十五	十六	十七	十八	十九	二十
十五	十六	十七	十八	十九	二十
十四	十五	十六	十七	十八	十九
四十五	四十六	四十七	四十八	四十九 肖古王薨 仇首王即位 九年	二

辛丑	庚子	己亥	戊戌	丁酉	丙申
建	①				
二 蜀先主劉備即帝位於成都 律元章武	延康元年 魏文帝曹丕 皇初元年	二十四	二十三	二十二	二十一
二十六	二十五	二十四	二十三	二十二	二十一
二十五	二十四	二十三	二十二	二十一	二十
八	七	六	五	四	三

① 康(鑄字本)

丁未	丙午	乙巳	甲辰	癸卯	壬寅
②	①				建
大和元年	七 明皇帝睿	六	五	四 蜀後主禪立 改元建興	三 吳大帝孫權都武昌 律元黃武 自是三國分矣
三十二	三十一	三十	二十九	二十八	二十七
三十一 山上王薨 東川王憂位居即位 元年	三十	二十九	二十八	二十七	二十六
十四	十三	十二	十一	十	九

① 叡(三國志 3 明帝紀)
② 太(上同)

삼국사연표 29/49

③ ②①

戊申	己酉	庚戌	辛亥	壬子	癸丑
二	三 吳改元黃龍 三遷都建業 遷	四	五	六 吳改元嘉禾	青龍元年
三十三	三十四	三十五 奈解尼師今薨 助賁尼師今卽位元年	二	三	四
二	三	四	五	六	七
十五	十六	十七	十八	十九	二十

① 삭제(鑄字本)
② 都(鑄字本)
③ 삭제(鑄字本)

삼국사연표 29/50

① 尒

甲寅	乙卯	丙辰	丁巳	戊午	己未
二	三	四	景初元年	二 蜀改元延熙 吳改元赤烏	三 齊王芳
五	六	七	八	九	十
八	九	十	十一	十二	十二
二十一 仇首王薨 長子沙伴王嗣位 而幼少見廢 古尒王卽位 元年	二	三	四	五	六

① 烏(三國志 47 吳書 2)

庚申	辛酉	壬戌	癸亥	甲子	乙丑
正始元年	二	三	四	五	六
十一	十二	十三	十四	十五	十六
十四	十五	十六	十七	十八	十九
七	八	九	十	十一	十二

丙寅	丁卯 ①	戊辰	己巳	庚午	辛未 ②
七	八	九	嘉平元年	二	三 吳改元大②元
十七	十八 助賁尼師今薨 沾解尼師今臨① 元年	二	三	四	五
二十	二十一	二十二 東川王薨 中川王然弗聖 元年	二	三	四
十三	十四	十五	十六	十七	十八

① 位(鑄字本)
② 太(三國志 47 吳書 2)

壬申 ① 建	癸酉	甲戌	乙亥	丙子 ②	丁丑
四 吳會稽王亮立 改元達興	五	六 高貴鄕公髦 正元元年	二	甘露元年 吳改元大平	二
六	七	八	九	十	十一
五	六	七	八	九	十
十九	二十	二十一	二十二	二十三	二十四

① 吳(三國志 48 吳書 3)
② 太(三國志 48 吳書 3)

戊寅	己卯	庚辰	辛巳	壬午	癸未 ①
三 吳主休立 改元永安 蜀改元景耀	四	五 陳留王奐 景元元年	二	三	四 蜀改元炎舁 十月降於魏 蜀主甲三年
十二	十三	十四	十五 沾解尼師今薨	味鄒尼師今 元年	二
十一	十二	十三	十四	十五	十六
二十五	二十六	二十七	二十八	二十九	三十

① 炎興(三國志 33 蜀書 3)

삼국사연표 29/55

甲申	乙酉	丙戌	丁亥	戊子	己丑
吳主孫皓立 咸熙元年 改元元興	二 ①魏禪于晋 西晋世祖武皇帝②炎 泰始元年	三 吳改元寶鼎	三	四	五 吳改元③建衡
三	四	五	六	七	八
十七	十八	十九	二十	二十一	二十二
三十一	三十二	三十三	三十四	三十五	三十六

① 禪(鑄字本)
② 炎(晉書 3 武帝紀 및 鑄字本)
③ 建衡(三國志 48 吳書 3 및 鑄字本)

삼국사연표 29/56

庚寅	辛①夘	壬辰	癸巳	甲午	
六	七	八 吳改元鳳凰	九	十	三國史記卷第二十九
九	十	十一	十二	十三	
二十三 中川王薨 西川王藥盧卽位 元年	二	三	四	五	
三十七	三十八	三十九	四十	四十一	

① 卯(鑄字本)

삼국사기 권 제30

연표 중

三國史記卷第三十

輸忠定難靖國贊化同德功臣開府儀同三司檢校太師守太保門下侍中判尙書吏禮部事集賢殿太學士監修國史上柱國致仕臣金富軾奉

宣撰

年表下

	西晉	味鄒尼師今	西川王	古尒王
乙未	咸寧元年 吳改元天冊	十四	六	四十二
丙申	二年 吳改元天璽①	十五	七	四十三
丁酉	二②年 吳改元天紀	十六	八	四十四
戊戌	四	十七	九	四十五

① 天璽(鑄字本)
② 三(鑄字本)

	西晉	新羅	高句麗	百濟
己亥	五	十八	十	四十六
庚子	大①康元年 吳主降於晉 吳四主五十九年	十九	十一	四十七
辛丑	二	二十	十二	四十八
壬寅	三	二十一	十三	四十九
癸卯	四	二十二	十四	五十
甲辰	五	二十三 味鄒尼師今薨 儒禮尼師今卽位 元年	十五	五十一

① 太(晉書 3 武帝紀)

② ① 尒

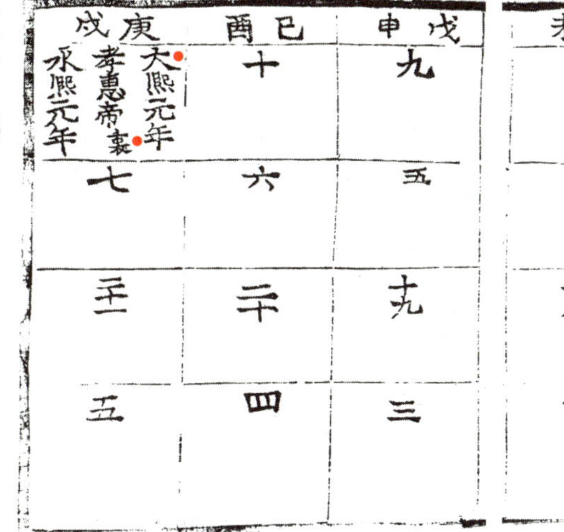

乙巳	丙午	丁未	戊申	己酉	庚戌
六	七	八	九	十	太①熙元年 孝惠帝 衷② 永熙元年
二	三	四	五	六	七
十六	十七	十八	十九	二十	二十一
五十二	五十三 古尒王薨 責稽王即位 元年	二	三	四	五

① 太(晉書 3 武帝紀)
② 衷(晉書 4 惠帝紀)

辛亥	壬子	癸丑	甲寅	乙卯	丙辰
永平元年 元康元年	二	三	四	五	六
八	九	十	十一	十二	十三
二十二	二十三 西川王薨 峰上王契即位 元年	二	三	四	五
六	七	八	九	十	十一

삼국사연표 30/5

丁巳	戊午	己未	庚申	辛酉	壬戌
七	八	九	永康元年	永寧元年	大③安元年
十四	十五 儒禮尼師今薨 基臨尼師今即位 元年	二	三	四	五
六	七	八	七 烽①上王薨 美川王②即位 元年	二	三
十二	十三 責稽王薨 汾西王即位 元年	二	三	四	五

① 烽(鑄字本)
② 乙弗(鑄字本)
③ 太(晉書 4 惠帝紀)

삼국사연표 30/6

癸亥	甲子	乙丑	丙寅	丁卯	戊辰
二	永安元年 建武元年 永興元年	二	光熙元年 孝懷帝熾	永嘉元年	二
六	七	八	九	十	十一
四	五	六	七	八	九
六	七 汾西王薨 比流王即位 元年	二	三	四	五

삼국사연표 30/7

④ ③ ② ①

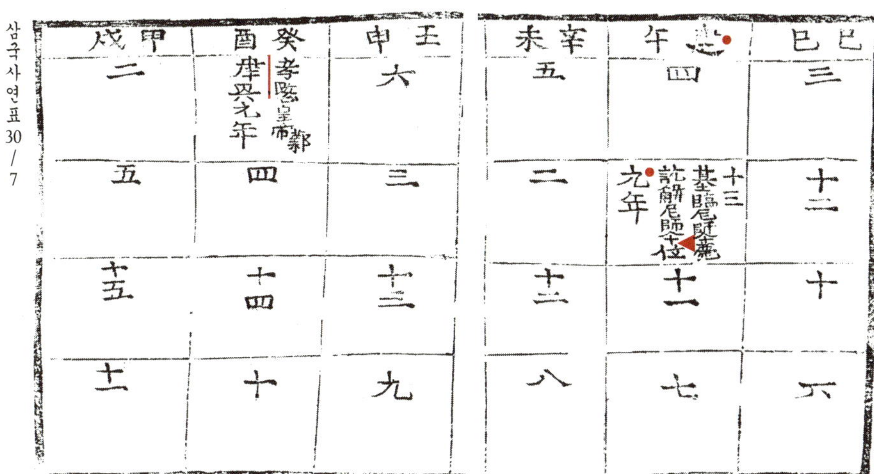

甲戌	癸酉	壬申	辛未	庚午	己巳
二	孝愍皇帝鄴 建興元年	六	五	四	三
五	四	三	二	十三 基臨尼師今薨 訖解尼師今即位 元年	十二
十五	十四	十三	十二	十一	十
十一	十	九	八	七	六

① 庚(鑄字本)
② 卽(鑄字本)
③ 元(鑄字本)
④ 建興(晉書 5 孝愍帝紀 및 鑄字本)

삼국사연표 30/8

④ ③ ②①

庚辰	己卯	戊寅	丁丑	丙子	乙亥
三	二	大興元年	東晉中宗 元皇帝睿 建武元年	前趙劉曜陷 長安愍帝明年為劉聰所殺 [illegible]	三
十一	十	九	八	七	六
二十一	二十	十九	十八	十七	十六
十七	十六	十五	十四	十三	十二

① 劉曜陷(鑄字本)
② 愍帝明年爲劉聰所殺(鑄字本)
③ 建武(晉書 6 元帝紀 및 鑄字本)
④ 太(晉書 6 元帝紀)

삼국사연표30/9

辛巳	壬午	癸未 ①	甲申	乙酉	丙戌
四	永昌元年	肅宗皇帝紹 大●寧元年	二	三 顯宗皇帝衍	咸和元年
十二	十三	十四	十五	十六	十七
三十二	二十三	二十四	二十五	二十六	二十七
十八	十九	二十	二十一	二十二	二十三

① 太(晉書 6 明帝紀)

삼국사연표30/10

丁亥	戊子	己丑	庚寅	辛卯 國	壬辰
二	三	四	五	六	七
十八	十九	二十	二十一	二十二	二十三
二十八	二十九	三十	三十一	三十二 美川王薨 故●固原王斯由立 元年	二
二十四	二十五	二十六	二十七	二十八	二十九

삼국사연표 30/11

干支	中國	高句麗	百濟	新羅
癸巳	八	二十四	三	三十
甲午	九	二十五	四	三十一
乙未	咸康元年	二十六	五	三十二
丙申	二	二十七	六	三十三
丁酉	三	二十八	七	三十四
戊戌	四	二十九	八	三十五

삼국사연표 30/12

干支	中國	高句麗	百濟	新羅
己亥	五	三十	九	三十六
庚子	六	三十一	十	三十七
辛丑	七	三十二	十一	三十八
壬寅	八 康皇帝岳	三十三	十二	三十九
癸卯	建元元年	三十四	十三	四十
甲辰	二 孝宗●皇帝 ①	三十五	十四	四十一 比流王薨 契王即位元年

① 穆(鑄字本)

삼국사연표30/13

乙巳	丙午	丁未	戊申	己酉	庚戌
永和元年	二	三	四	五	六
三十六	三十七	三十八	三十九	四十	四十一
十五	十六	十七	十八	十九	二十
二	三 契王薨 近肖古王卽位 元年	二	三	四	五

삼국사연표30/14

辛亥	壬子	癸丑	甲寅	乙卯	丙辰
七	八	九	十	十一	十二
四十二	四十三	四十四	四十五	四十六	四十七 訖解尼師今薨 奈勿尼師今卽位 元年
二十一	二十二	二十三	二十四	二十五	二十六
六	七	八	九	十	十一

삼국사연표 30/15

干支				
丁巳	升平元年	二	二十七	十二
戊午	二	三	二十八	十三
己未	三	四	二十九	十四
庚申	四	五	三十	十五
辛酉	五 哀皇帝丕	六	三十一	十六
壬戌	隆和元年	七	三十二	十七

삼국사연표 30/16

干支				
癸亥	興寧元年	八	三十三	十八
甲子	二	九	三十四	十九
乙丑	三 廢帝海①	十	三十五	二十
丙寅	大②和元年	十一	三十六	二十一
丁卯	二	十二	三十七	二十二
戊辰	三	十三	三十八	二十三

① 西公(晉書 8 海西公紀)
② 太(上同)

삼국사연표 30/17

己巳	庚午	辛未	壬申	癸酉	甲戌
四	五	簡文皇帝 咸安元年	二 孝武皇帝 諱曜	寧康元年	二
十四	十五	十六	十七	十八	十九
三十九	四十	四十一 故國原王薨 小獸林王即位 元年	二	三	四
二十四	二十五	二十六	二十七	二十八	二十九

삼국사연표 30/18

乙亥	丙子	丁丑	戊寅	己卯	庚辰
三	①大元元年	二	三	四	五
二十	二十一	二十二	二十三	二十四	二十五
五	六	七	八	九	十
三十 近肖古王薨 近仇首王即位 元年	二	三	四	五	六

① 太(晉書 9 孝武帝紀)

辛巳	壬午	癸未	甲申	乙酉	丙戌
六	七	八	九	十	十一
二十六	二十七	二十八	二十九	三十	三十一
十一	十二	十三	十四 小獸林王薨 故國壤王伊連即位 元年	二	三
七	八	九	十 近仇首王薨 枕流王即位 元年	二 ①枕流王薨 辰斯王即位 元年	二

① 枕(鑄字本)

丁亥	戊子	己丑	庚寅	辛卯	壬辰
十二	十三	十四	十五	十六	十七
三十二	三十三	三十四	三十五	三十六	三十七
四	五	六	七	八	九 故國壤王薨 廣開土王談德即位 元年
三	四	五	六	七	八 辰斯王薨 阿莘王即位 元年

癸巳	甲午 甲	乙未	丙申 ①	丁酉	戊戌
十八	十九	二十	二十一 唐德宗 安皇帝	隆安元年	二
三十八	三十九	四十	四十一	四十二	四十三
二	三	四	五	六	七
二	三	四	五	六	七

① 삭제(年表의 기재 방식)

己亥	庚子	辛丑	壬寅	癸卯	甲辰
三	四	五	元興元年	二	三
四十四	四十五	四十六	四十七 奈勿尼師今薨 實聖尼師今卽位 元年	二	三
八	九	十	十一	十二	十三
八	九	十	十一	十二	十三

삼국사연표 30/23

①

乙巳	丙午	丁未	戊申	己酉	庚戌
義熙元年	二	三	四	五	六
四	五	六	七	八	九
十四	十五	十六	十七	十八	十九
阿莘王薨 腆支王即位 元年	二	三	四	五	六

① 十四(年表의 기재 방식)

삼국사연표 30/24

辛亥	壬子	癸丑	甲寅	乙卯	丙辰
七	八	九	十	十一	十二
十	十一	十二	十三	十四	十五
二十	二十一	二十二 開土王薨 ① 長壽王巨連 元年	二	三	四
七	八	九	十	十一	十二

① 廣(高句麗本紀 6 및 金貞培)

丁巳 ①	戊午	己未 ②	庚申 ③ ④	辛酉	壬戌 ⑤
十三	十四 恭帝 德文	元熙元年 禪於宋東晉 十二主百四年 西秦晉元建弘	宋高祖武帝 劉裕 永初元年	二	三 少帝 義孫
十六 實聖尼師今薨 訥祗麻立干即位 元年	二	二	四	五	六
五	六	七	八	九	十
十三	十四	十五	十六 腆支王薨 久尒辛王即位 元年	二	三

① 祇(新羅本紀 3)
② 三(鑄字本)
③ 삭제(鑄字本)
④ 尒(鑄字本)
⑤ 符(宋書 4 少帝紀)

癸亥	甲子 ② ①	乙丑	丙寅	丁卯 (尒)	戊辰
景平元年	一 太宗文皇帝 義隆 元嘉元年	二	三	四	五
七	八	九	十	十一	十二
十一	十二	十三	十四	十五	十六
四	五	六	七	八 久尒辛王薨 毗有王即位 元年	二

① 二(鑄字本)
② 太祖(宋書 5 文帝紀)

삼국사연표 30/27

己巳	庚午	辛未	壬申	癸酉	甲戌
六	七	八	九	十	十一
十三	十四	十五	十六	十七	十八
十七	十八	十九	二十	二十一	二十二
三	四	五	六	七	八

삼국사연표 30/28

乙亥	丙子	丁丑	戊寅	己卯	庚辰
十二	十三	十四	十五	十六	十七
十九	二十	二十一	二十二	二十三	二十四
二十三	二十四	二十五	二十六	二十七	二十八
九	十	十一	十二	十三	十四

삼국사연표 30/29

辛巳①	壬午	癸未	甲申	乙酉	丙戌③②
十八	十九	二十	二十一	二十二	二十三
二十五	二十六	二十七	二十八	二十九	三十
二十九	三十	三十一	三十二	三十三	三十四
十五	十六	十七	十八	十九	二十

①

②
③

삼국사연표 30/30

丁亥	戊子	己丑	庚寅	辛卯	壬辰
二十四	二十五	二十六	二十七	二十八	二十九
三十一	三十二	三十三	三十四	三十五	三十六
三十五	三十六	三十七	三十八	三十九	四十
二十一	二十二	二十三	二十四	二十五	二十六

癸巳	甲午	乙未	丙申	丁酉	戊戌
三十 元凶邵①大①初元年 世祖孝武皇帝駿	孝建元年	二	三	大明元年	一②
三十七	三十八	三十九	四十	四十一	四十二 訥祇③麻立干薨 慈悲麻立干即位 元年
四十一	四十二	四十三	四十四	四十五	四十六
二十七	二十八	二十九 毗有王薨 蓋鹵王慶司即位 元年	二	三	四

① 邵(鑄字本) 혹은 劭(宋書 6 孝武帝紀), 太(資治通鑑 127 宋紀 9)
② 二(鑄字本)
③ 祇(新羅本紀 3)

己亥	庚子	辛丑	壬寅	癸卯	甲辰
三	四	五	六	七	八 前廢帝子業
二	三	四	五	六	七
四十七	四十八	四十九	五十	五十一	五十二
五	六	七	八	九	十

삼국사연표30/33

乙巳	丙午	丁未	戊申	己酉	庚戌
永光元年 景和元年 太①宗明皇帝彧① 泰始元年	二	三	四	五	六
八	九	十	十一	十二	十三
五十三	五十四	五十五	五十六	五十七	五十八
十一	十二	十三	十四	十五	十六

① 太(宋書 8 明帝紀 및 鑄字本), 彧(宋書 8 明帝紀 및 鑄字本)

삼국사연표30/34

辛亥	壬子	癸丑	甲寅	乙卯	丙辰
七	泰豫元年 後廢帝昱①	元徽②元年	二	三	四
十四	十五	十六	十七	十八	十九
五十九	六十	六十一	六十二	六十三	六十四
十七	十八	十九	二十	二十一 蓋鹵王戮 文周王即位 元年	二

① 昱(宋書 9 後廢帝紀)
② 徽(上同)

丁巳 ②①	戊午	己未 ④③	庚申	辛酉	壬戌 ⑤
五 順皇帝準 杲①明元年	二	三 南齊太祖高皇帝道成 建元元年	二	三	四 世祖武皇帝 順⑤
二十	二十一	二十二 慈悲麻幸③薨 炤知麻幸即位 元年	二	三	四
六十五	六十六	六十七	六十八	六十九	七十
三 文周王薨 王②斤王即位 元年	二	三 三斤王薨 東城王平④即位 元年	二	三	四

① 昇(宋書 10 順帝紀 및 鑄字本)
② 三(鑄字本)
③ 立干(鑄字本)
④ 牟大(鑄字本)
⑤ 賾(南齊書 3 武帝紀)

癸亥	甲子	乙丑	丙寅	丁卯	戊辰
永明元年	二	三	四	五	六
五	六	七	八	九	十
七十一	七十二	七十三	七十四	七十五	七十六
五	六	七	八	九	十

③ 興 ②①

삼국사연표 30/37

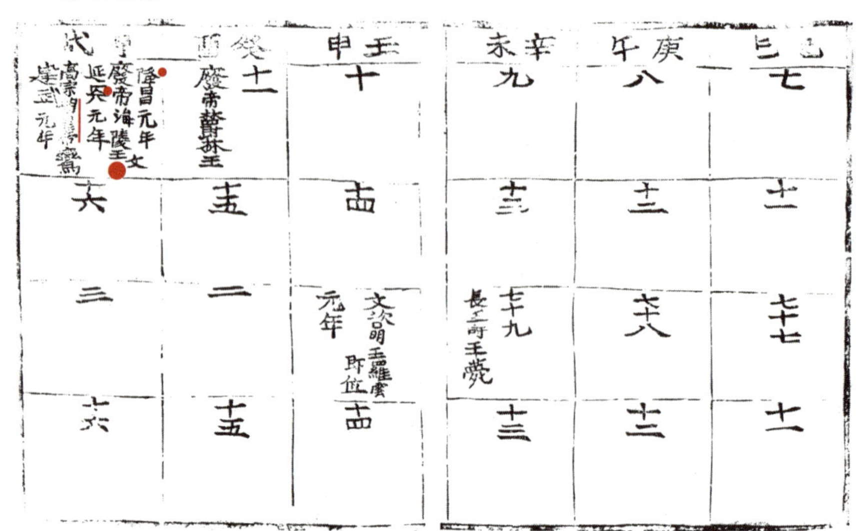

乙巳	庚午	辛未	壬申	癸酉	甲戌
七	八	九	十	十一 廢帝鬱林王	隆昌元年 文 廢帝海陵王 延興元年 高宗明皇帝鸞 建武元年
十一	十二	十三	十四	十五	十六
七十七	七十八	七十九 長壽王薨	文咨明王羅雲 卽位 元年	二	三
十一	十二	十三	十四	十五	十六

① 隆(南齊書 4 鬱林王紀 및 鑄字本)
② 昭(南齊書 5 海陵王紀 및 鑄字本)
③ 明皇帝(南齊書 6 明帝紀 및 鑄字本)

② ①

삼국사연표 30/38

乙亥	丙子	丁丑	戊寅	己卯	庚辰
二	三	四	永泰元年 廢帝	永元元年	二
十七	十八	十九	二十	二十一	二十二 照知麻立干薨 智證麻立干立 元年
四	五	六	七	八	九
十七	十八	十九	二十	二十一	二十二

① 炤(新羅本紀 3), 麻立干(新羅本紀 3)
② 麻立干(上同)

삼국사연표 30/39

辛巳	壬午	癸未	甲申	乙酉	丙戌
三 和帝寶融① 中興元年	二 梁高祖武帝衍② 天監元年	二	三	四	五
二	三	四	五	六	七
十	十一	十二	十三	十四	十五
二十三 東城王薨 武寧王斯摩立 元年	二	三	四	五	六

① 融(南齊書 8 和帝紀)
② 衍(梁書 1 武帝紀)

삼국사연표 30/40

丁亥	戊子	己丑	庚寅	辛卯	壬辰
六	七	八	九	十	十一
八	九	十	十一	十二	十三
十六	十七	十八	十九	二十	二十一
七	八	九	十	十一	十二

①

癸巳	甲午	乙未	丙申	丁酉	戊戌
十二	十三	十四	十五	十六	十七
十四	十五 智證麻立干薨 法興王原宗即位 元年	二	三	四	五
二十二	二十三	二十四	二十五	二十六	二十七
十三	十四	十五	十六	十七	十八

① 興, 宗(新羅本紀 4)

② ①

己亥	庚子	辛丑	壬寅	癸卯	甲辰
十八	普通元年	二	三	四	五
六	七	八	九	十	十一
二十八 文咨明王薨 安臧王興安即位 元年	二	三	四	五	六
十九	二十	二十一	二十二	二十三 武寧王薨 聖王明穠即位 元年	二

① 臧(高句麗本紀 7)
② 禯(百濟本紀 4)

삼국사연표 30/43

乙巳	丙午	丁未	戊申	己酉	庚戌
六	七	大通元年	二	中大通元年	二
十二	十三	十四	十五	十六	十七
七	八	九	十	十一	十二
三	四	五	六	七	八

삼국사연표 30/44

辛亥	壬子	癸丑	甲寅	乙卯	丙辰
三	四	五	六	大同元年	二
十八	十九	二十	二十一	二十二	二十三 始稱建元元年
十三 安藏①王薨 安原王寶延即位 元年	二	三	四	五	六
九	十	十一	十二	十三	十四

① 臧(高句麗本紀 7)

삼국사연표30/45

丁巳	戊午	己未	庚申	辛酉	壬戌
三	四	五	六	七	八
二十四	二十五	二十六	二十七 法①興王薨 眞興王彡麥宗即位 九年	二	三
七	八	九	十	十一	十二
十五	十六	十七	十八	十九	二十

① 興, 彡麥宗(新羅本紀 4)

삼국사연표30/46

癸亥	甲子	乙丑	丙寅	丁卯	戊辰
九	十	十一	中大同元年	大②清元年	二
四	五	六	七	八	九
十三	十四	十五 安原王薨 陽原王平成即位① 元年	二	三	四
二十一	二十二	二十三	二十四	二十五	二十六

① 位(鑄字本)
② 太(梁書 3 武帝紀 및 鑄字本)

삼국사연표 30/47

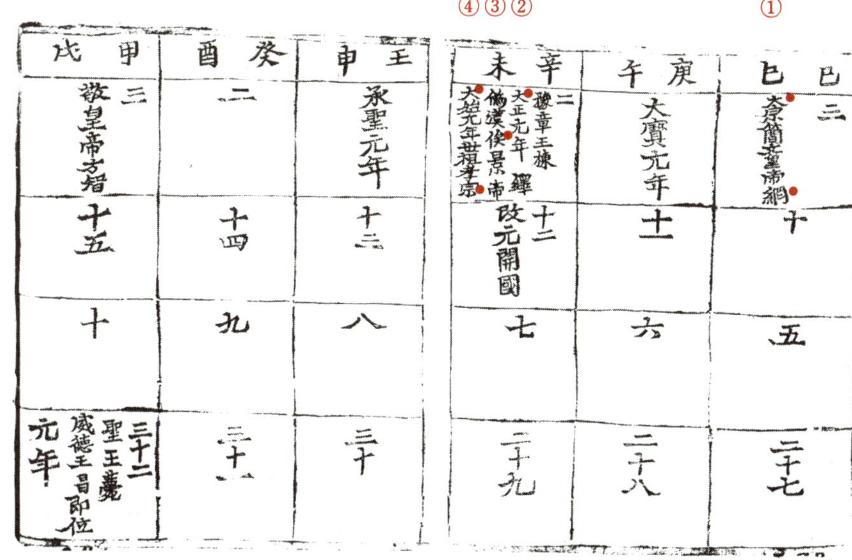

己巳	庚午	辛未	壬申	癸酉	甲戌
三 大宗簡文皇帝綱	大寶元年	二 豫章王棟 大正元年 篡 偽漢侯景帝 大始元年 世祖孝元	承聖元年	二	三 敬皇帝方智
十	十一	十二 改元開國	十三	十四	十五
五	六	七	八	九	十
二十七	二十八	二十九	三十	三十一	三十二 聖王薨 威德王昌即位 元年

① 太(梁書 4 簡文帝紀 및 鑄字本), 綱(梁書 4 簡文帝紀 및 鑄字本)
② 天(資治通鑑 164 梁紀 20)
③ 侯(上同)
④ 太(上同), 元(上同)

삼국사연표 30/48

乙亥	丙子	丁丑	戊寅	己卯	庚辰
四 貞陽侯 大成元年 紹泰元年	大平元年	陳高祖武皇帝 西霸先 永定元年	二	三 世祖文皇帝	天嘉元年
十六	十七	十八	十九	二十	二十一
十一	十二	十三	十四	十五 陽原王薨 平原王陽成即位 元年	二
二	三	四	五	六	七

① 侯(資治通鑑 166 梁紀 22 및 鑄字本)
② 天(上同)
③ 太(上同)
④ 삭제(鑄字本)

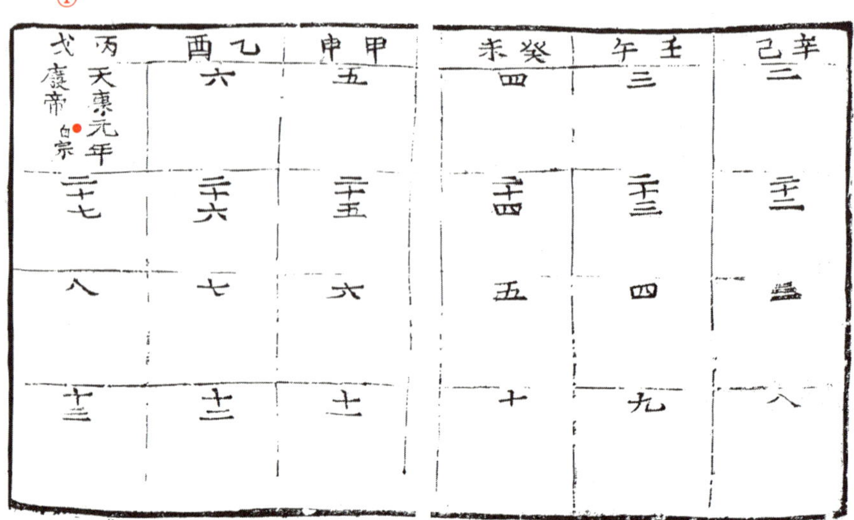

辛巳	壬午	癸未	甲申	乙酉	丙戌
二	三	四	五	六	天康元年 廢帝 白宗①
二十二	二十三	二十四	二十五	二十六	二十七
三	四	五	六	七	八
八	九	十	十一	十二	十三

① 伯(陳書 4 廢帝紀)

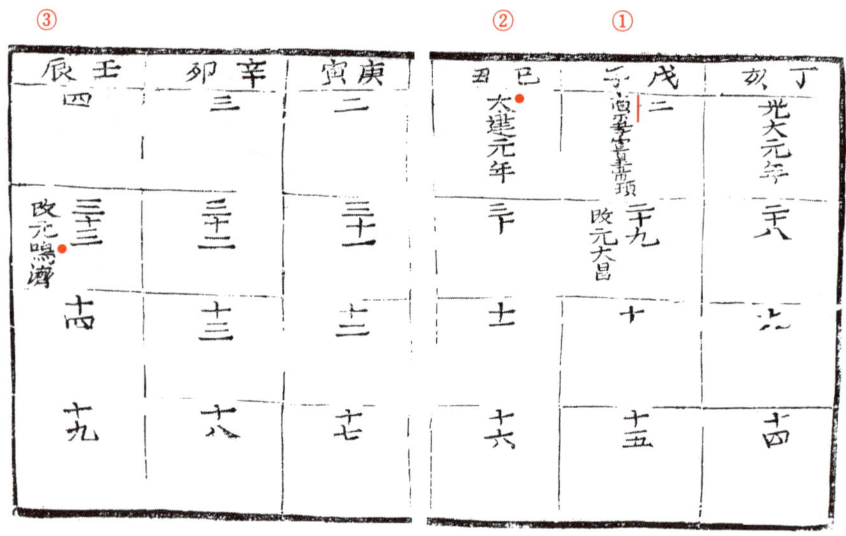

丁亥	戊子	己丑	庚寅	辛卯	壬辰
光大元年	二 高宗①孝宣皇帝頊	太②建元年	二	三	四
二十八	二十九 改元大昌	三十	三十一	三十二	三十三 改元鳴③濟
九	十	十一	十二	十三	十四
十四	十五	十六	十七	十八	十九

① 高宗(陳書 5 宣帝紀 및 鑄字本)
② 太(上同)
③ 鴻(新羅本紀 4 및 鑄字本)

興

삼국사연표30/51

	癸巳	甲午	乙未	丙申	丁酉	戊戌
	五	六	七	八	九	十
	三十四	三十五	三十六	三十七 眞興王薨 眞智王金輪即位 元年	二	三
	十五	十六	十七	十八	十九	二十
	二十	二十一	二十二	二十三	二十四	二十五

삼국사연표30/52

	己亥 ①	庚子	辛丑	壬寅 ②	癸卯	甲辰
	十一	十二	十三 隋高祖文皇帝楊堅 開皇元年	十四 後王 叔寶	至德元年	二
	四 眞智王薨 眞平王日淨即位 元年	二	三	四	五	六 改元建福
	二十一	二十二	二十三	二十四	二十五	二十六
	二十六	二十七	二十八	二十九	三十	三十一

① 白淨(新羅本紀 4)
② 主(晉書 6 後主紀 및 鑄字本)

삼국사연표 30 / 53

乙巳	丙午	丁未	戊申	己酉	庚戌
三	四	禎明元年	二	三 陳氏滅	隋開皇十年
七	八	九	十	十一	十二
二十七	二十八	二十九	三十	三十一	三十二 平原王薨 嬰陽王即位元年
三十二	三十三	三十四	三十五	三十六	三十七

삼국사연표 30 / 54

辛亥	壬子	癸丑	甲寅	乙卯	丙辰
十一	十二	十三	十四	十五	十六
十三	十四	十五	十六	十七	十八
二	三	四	五	六	七
三十八	三十九	四十	四十一	四十二	四十三

삼국사연표 30/55

丁巳	戊午	己未	庚申	辛酉	壬戌
十七	十八	十九	二十	仁壽元年	二
十九	二十一①	二十一	二十二	二十三	二十四
八	九	十	十一	十二	十三
四十四	四十五 乾②德王薨 德③王季即位 元年	二 德④王薨 法王宣即位 元年	二 法王薨 武王璋即位 元年	二	三

① 삭제(鑄字本)
② 威(百濟本紀 5 및 鑄字本)
③ 惠(上同)
④ 惠(上同)

삼국사연표 30/56

癸亥	甲子	乙丑	丙寅	丁卯	戊辰
三	四 煬白①帝廣	大業元年	二	三	四
二十五	二十六	二十七	二十八	二十九	三十
十四	十五	十六	十七	十八	十九
四	五	六	七	八	九

① 皇(鑄字本)

三國史記卷第三十

삼국사기 권 제31

연표 하

三國史記卷第三十一

輸忠定難靖國贊化同德功臣開府儀同三司檢校太師守太保門下侍中判尚書吏禮部事集賢殿大學士監修國史上柱國致仕臣金富軾奉 宣撰

年表下

	隋大業	眞平王	嬰陽王	武王
己巳	五	三十一	二十	十
庚午	六	三十二	二十一	十一
辛未	七	三十三	二十二	十二
壬申	八	三十四	二十三	十三

癸酉	九	三十五	二十四	十四
甲戌	十	三十六	二十五	十五
乙亥	十一	三十七	二十六	十六
丙子	十二	三十八	二十七	十七
丁丑	十三 ①恭皇帝侑 義寧元年	三十九	二十八	十八
戊寅	唐高祖神堯皇帝淵 武德元年	四十 ②嬰留	二十九 嬰陽王薨 ③榮留王建武立卽位 元年	十九

① 恭(隋書 5 恭帝紀 및 鑄字本)
② 삭제(李丙燾)
③ 榮(高句麗本紀 8 및 鑄字本)

삼국사연표31/3

己卯	庚辰	辛巳	壬午	癸未	甲申
二	三	四	五	六	七
四十一	四十二	四十三	四十四	四十五	四十六
二	三	四	五	六	七
二十	二十一	二十二	二十三	二十四	二十五

삼국사연표31/4

乙酉	丙戌	丁亥	戊子	己丑	庚寅
八	九 大①宗文武聖皇帝	貞觀元年	二	三	四
四十七	四十八	四十九	五十	五十一	五十二
八	九	十	十一	十二	十三
二十六	二十七	二十八	二十九	三十	三十一

① 太(鑄字本)

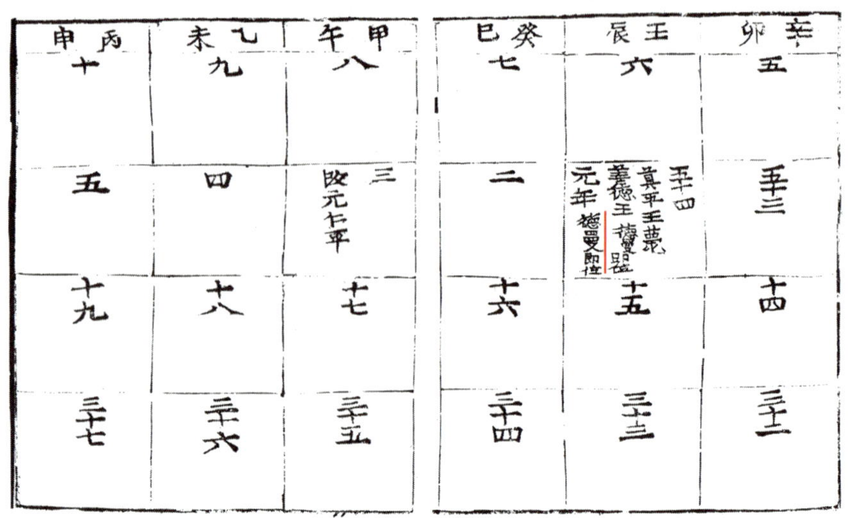

辛卯	壬辰①	癸巳	甲午	乙未	丙申
五	六	七	八	九	十
五十三	五十四 眞平王薨 善德王 諱德曼 即位 元年	二	三 改元仁平	四	五
十四	十五	十六	十七	十八	十九
三十二	三十三	三十四	三十五	三十六	三十七

① 삭제(鑄字本)

丁酉	戊戌	己亥	庚子	辛丑	壬寅
十一	十二	十三	十四	十五	十六
六	七	八	九	十	十一
二十	二十一	二十二	二十三	二十四	二十五 榮留王薨 寶藏①王即位 元年
三十八	三十九	四十	四十一	四十二 武王薨 義慈王即位 元年	二

① 臧(高句麗本紀 9)

삼국사연표 31/7

癸卯	甲辰	乙巳	丙午	丁未①	戊申②
十七	十八	十九	二十	二十一	二十二
十二	十三	十四	十五	十六 善德王薨 眞德王勝曼卽位 元年丁未	二 改元大和
二	三	四	五	六	七
三	四	五	六	七	八

① 眞(鑄字本)
② 太(鑄字本)

삼국사연표 31/8

己酉	庚戌	辛亥	壬子	癸丑	甲寅②①
二十三 高宗大聖大孝皇帝治	永徽元年	二	三	四	五
三	四 始行中國正朔	五	六	七	八 眞德王薨 大宗王春秋卽位 元年 從此巳上聖骨
八	九	十	十一	十二	十三
九	十	十一	十二	十三	十四

① 太(鑄字本)
② 已(精文硏)

삼국사연표 31/9

② ①

乙卯	丙辰	丁巳	戊午	己未	庚申
六	顯慶元年	二	三	四	五
二	三	四	五	六	七
十四	十五	十六	十七	十八	十九
十五	十六	十七	十八	十九	二十 唐將蘇定方與羅人討之王義慈降百濟凡三十一王六百七十八年而滅

① 삭제(鑄字本)
② 降(鑄字本)

삼국사연표 31/10

③ ② ①

辛酉	壬戌	癸亥	甲子	乙丑	丙寅
龍朔九年	二	三	麟德元年	二	乾封元年
太宗 文王武 元年	二	三	四	五	六
二十	二十一	二十二	二十三	二十四	二十五

① 八(精文研)
② 薨(李丙燾)
③ 法敏(新羅本紀 6 및 精文研), 卽位(精文研)

삼국사연표 31/11

④ ③②①

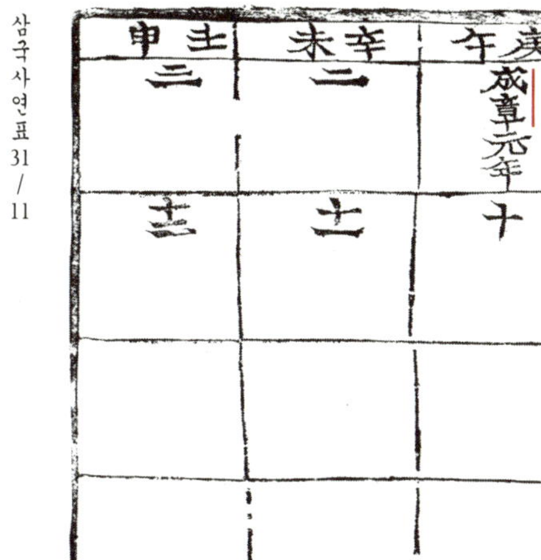

壬申	辛未	庚午
二	二	咸章元年
十二	十一	十

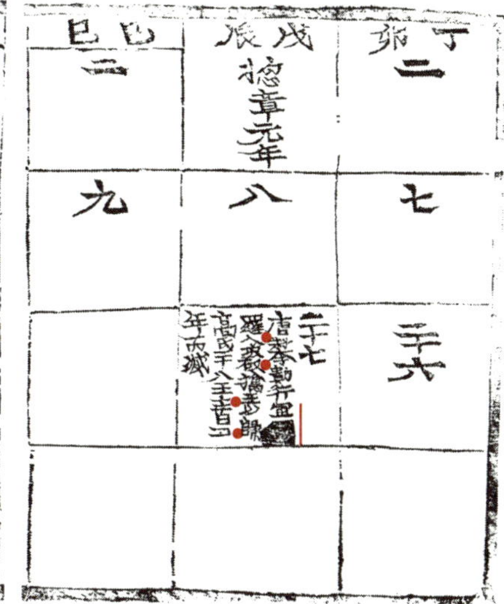

己巳	戊辰	丁卯
二	總章元年	二
九	八	七
	二十七 唐李勣拔平壤[illegible] [illegible]擒王藏歸 高句[illegible]年八王[illegible] 年而滅	二十六

① 軍與(鑄字本)
② 人(鑄字本), 破(鑄字本)
③ 七(鑄字本), 五(鑄字本)

④ 咸亨(舊唐書 5 高宗紀)

삼국사연표 31/12

戊寅	丁丑	丙子	乙亥	甲戌	癸酉
三	二	儀鳳元年	二	上元元年	四
十八	十七	十六	十五	十四	十三

乙卯	庚辰	辛巳	壬午	癸未	甲申
調露元年	永隆元年	開耀元年	永淳①元年	洪②道元年 中宗大聖孝皇帝顯③ 則天順聖皇后曌④	嗣聖元年 豫王旦 文明元年 光宅元年
十九	二十	二十一 文武王薨 神文王政明立 元年	二	三	四 光宅罷不行

① 淳(舊唐書 5 高宗紀)
② 弘(上同)
③ 顯(舊唐書 7 中宗紀 및 鑄字本)
④ 曌(舊唐書 6 則天皇后紀 및 鑄字本)

乙酉	丙戌	丁亥	戊子	己丑	庚寅
垂拱元年	二	三	四	永昌元年	載初元年 周 天授元年
五	六	七	八	九	十

삼국사연표31/15

①

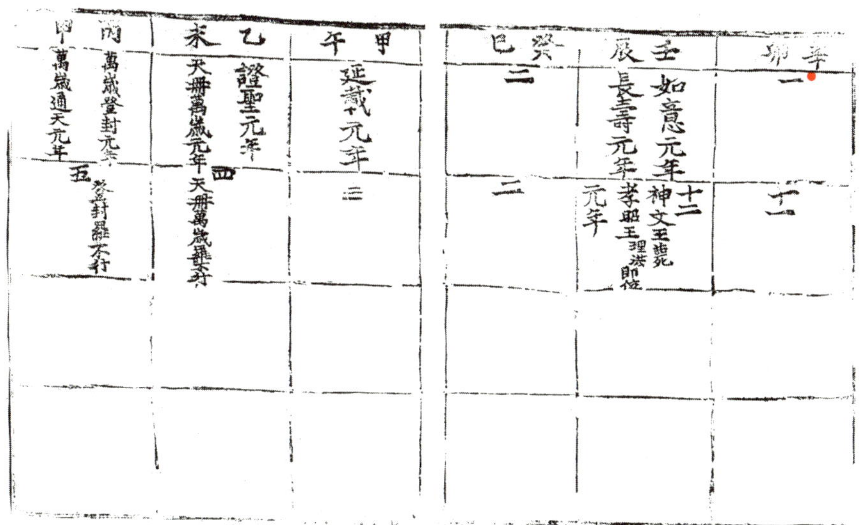

辛卯	壬辰	癸巳	甲午	乙未	丙申
一①	如意元年 長壽元年	二	延載元年	證聖元年 天冊萬歲元年	萬歲登封元年 萬歲通天元年
十一	十二 神文王薨 孝昭王理洪卽位 元年	二	三	四 天冊萬歲羅不行	五 登封羅不行

① 二(鑄字本)

삼국사연표31/16

丁酉	戊戌	己亥	庚子	辛丑	壬寅
神功元年	聖曆元年	二	久視元年	大足元年 長安元年	二
六	工①	八	九	十	十一 孝昭王薨 聖德王興元②卽位 元年

① 七(鑄字本)
② 光(新羅本紀 8)

삼국사연표 31/17

癸卯	甲辰	乙巳	丙午	丁未	戊申
三	四	唐中宗 神龍元年	二	景龍元年	二
二	三	四	五	六	七

삼국사연표 31/18

己酉	庚戌	辛亥	壬子	癸丑	甲寅
三	四 睿宗大聖孝皇帝景雲元年	二	大①極元年 延和元年 玄宗大聖皇帝隆基 先天元年	開元元年	二
八	九	十	十一	十二	十三

① 太(資治通鑑 210 先天 원년조 및 鑄字本)

삼국사연표31/19

乙卯	丙辰	丁巳	戊午	己未	庚申
三	四	五	六	七	八
十四	十五	十六	十七	十八	十九

삼국사연표31/20

辛酉	壬戌	癸亥	甲子	乙丑	丙寅
九	十	十一	十二	十三	十四
二十	二十一	二十二	二十三	二十四	二十五

丁卯	戊辰	己巳	庚午	辛未	壬申
十五	十六	十七	十八	十九	二十
二十六	二十七	二十八	二十九	三十	三十一

癸酉	甲戌	乙亥	丙子	丁丑	戊寅
二十一	二十二	二十三	二十四	二十五	二十六
三十二	三十三	三十四	三十五	三十六 聖德王薨 孝成王永①慶即位 元年	二

① 承(新羅本紀 9)

삼국사연표 31/23

己卯	庚辰	辛巳	壬午①	癸未	甲申②
二十七	二十八	二十九	天寶元年	二	三載
三	四	五	六 孝成王薨 景[illegible]王[illegible]英立 元年	二	三

① 德(新羅本紀 9), 憲英(新羅本紀 9 및 鑄字本)

② 삭제(精文研)

삼국사연표 31/24

乙酉	丙戌	丁亥	戊子	己丑	庚寅
四	五	六	七	八	九
四	五	六	七	八	九

②①

삼국사연표 31/25

辛卯	壬辰	癸巳	甲午	乙未	丙申
十	十一	十二	十三	十四	十五 肅宗皇帝老①至德元載
十	十一	十二	十三	十四	十五 至德雖②不行猶用天寶

① 亨(舊唐書 10 肅宗紀)
② 羅(鑄字本)

삼국사연표 31/26

丁酉	戊戌	己亥	庚子	辛丑	壬寅
二	乾元元年	二	上元元年	二	寶應元年 代宗皇帝豫
十六	十七	十八	十九	二十	二十一

삼국사연표 31/27

①

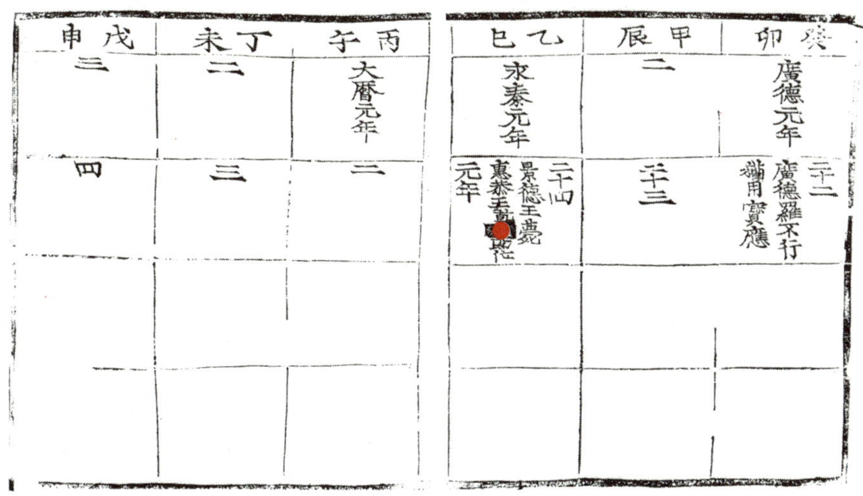

癸卯	甲辰	乙巳	丙午	丁未	戊申
廣德元年	二	永泰元年	大曆元年	二	三
二十二 廣德羅不行 猶用寶應	二十三	二十四 景德王薨 惠恭王乾[illegible]①立 元年	二	三	四

① 運(新羅本紀 9 및 鑄字本)

삼국사연표 31/28

己酉	庚戌	辛亥	壬子	癸丑	甲寅
四	五	六	七	八	九
五	六	七	八	九	十

삼국사연표 31/29

乙卯	丙辰	丁巳	戊午	己未	庚申
十	十一	十二	十三	十四 德宗皇帝立	建中元年
十一	十二	十三	十四	十五	十六 惠恭王薨 宣德王良相即位 元年

삼국사연표 31/30

辛酉	壬戌	癸亥	甲子	乙丑	丙寅
二	三	四	興元元年	貞元元年	二
二	三	四	五	六 宣德王薨 元聖敬信即位 元年	二

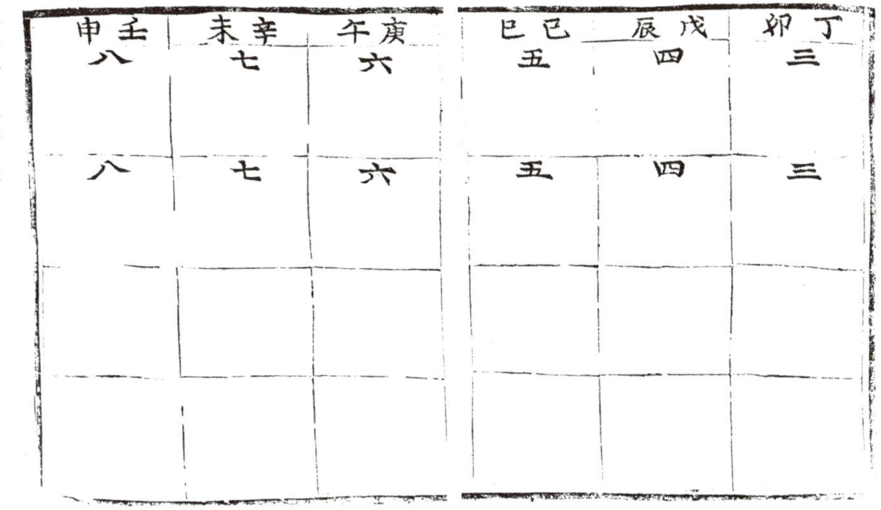

丁卯	戊辰	己巳	庚午	辛未	壬申
三	四	五	六	七	八
三	四	五	六	七	八

癸酉	甲戌	乙亥	丙子	丁丑	戊寅
九	十	十一	十二	十三	十四
九	十	十一	十二	十三	十四 元望①王薨

① 聖(鑄字本)

삼국사연표 31/33

甲申	癸未	壬午	辛巳	庚辰	己卯
二十	十九	十八	十七	十六	十五
五	四	三	二	一① 昭聖王薨 哀莊王重熙立 元年	昭聖王俊邕立 元年

① 二(鑄字本)

삼국사연표 31/34

庚寅	己丑	戊子	丁亥	丙戌	乙酉
五	四	三	二	元和元年	二十一 順宗皇帝誦 永貞元年 憲宗皇帝純
二	十 哀莊王薨 憲德王彦昇立 元年	九	八	七	六

삼국사연표 31 / 35

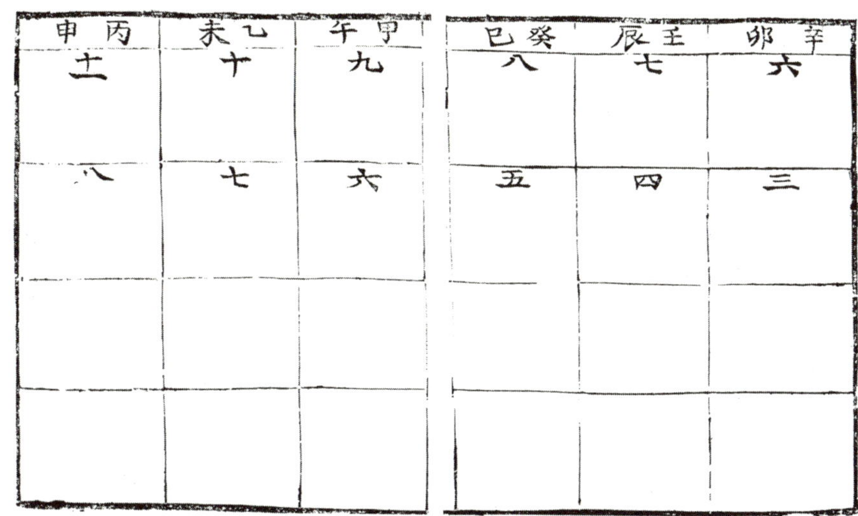

辛卯	壬辰	癸巳	甲午	乙未	丙申
六	七	八	九	十	十一
三	四	五	六	七	八

삼국사연표 31 / 36

丁酉	戊戌	己亥	庚子 ①	辛丑	壬寅
十二	十三	十四	十五 穆宗皇帝恒	長慶元年	二
九	十	十一	十二	十三	十四

① 穆(鑄字本)

삼국사연표 31/37

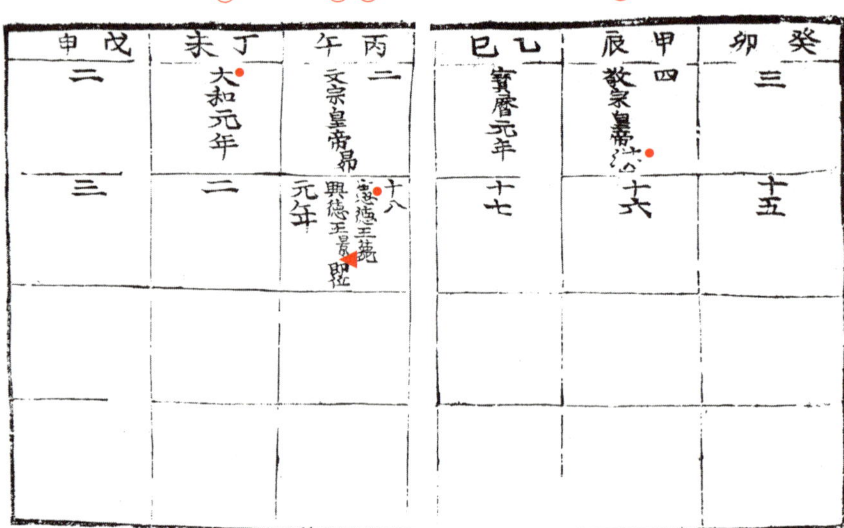

癸卯	甲辰	乙巳	丙午	丁未	戊申
三	四 敬宗皇帝[illegible]①	寶曆元年	二 文宗皇帝昂	大④和元年	二
十五	十六	十七	十八 憲②德王薨 興德王景暉③ 元年	二	三

① 湛(舊唐書 17 敬宗紀 및 鑄字本)
② 憲(鑄字本)
③ 徽(新羅本紀 10)
④ 太(鑄字本)

삼국사연표 31/38

己酉	庚戌	辛亥	壬子	癸丑	甲寅
三	四	五	六	七	八
四	五	六	七	八	九

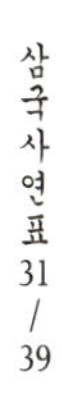
삼국사연표 31/39

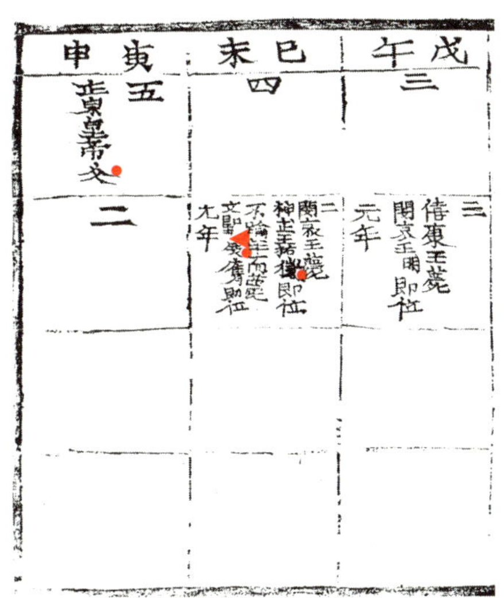
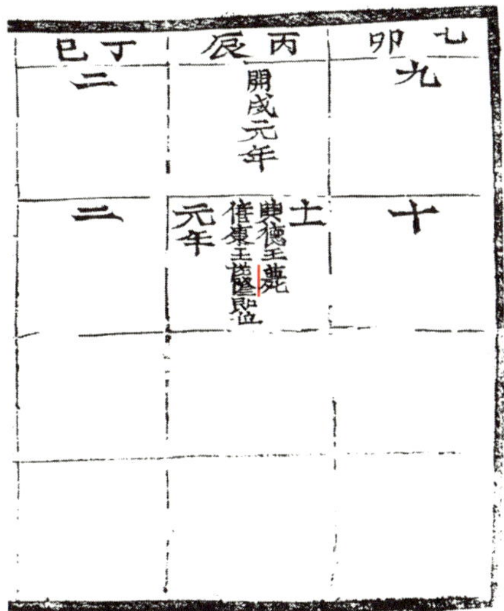

乙卯	丙辰 ①	丁巳	戊午	己未 ② ③	庚申 ④
九	開成元年	二	三	四	五 武宗皇帝炎
十	十一 興德王薨 僖康王悌隆即位 元年	二	三 僖康王薨 閔哀王明即位 元年	二 閔哀王薨 神武王祐徵即位 不踰年而薨 文聖王慶膺即位 元年	二

① 悌隆(鑄字本)
② 徵(鑄字本)
③ 王(鑄字本), 慶(鑄字本)
④ 炎(舊唐書 18 武宗紀)

삼국사연표 31/40

辛酉	壬戌	癸亥	甲子	乙丑	丙寅
會昌元年	二	三	四	五	六 宣宗皇帝忱
三	四	五	六	七	八

丁卯	戊辰	己巳	庚午	辛未	壬申
大中元年	二	三	四	五	六
九	十	十一	十二	十三	十四

癸酉	甲戌	乙亥	丙子	丁丑 ①	戊寅
七	八	九	十	十一	十二
十五	十六	十七	十八	十九 文聖王薨 憲安王諱誼靖即位 元年	二十

① 誼靖(鑄字本)

삼국사연표31/43

④ ③ ② ①

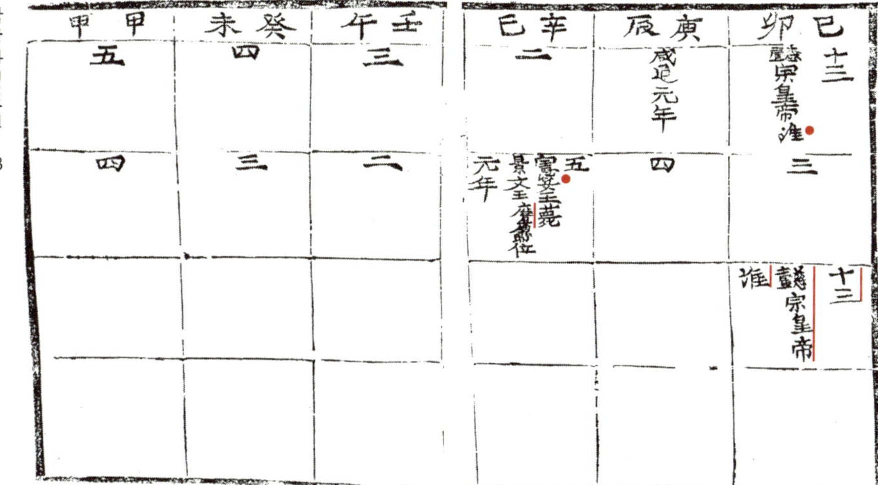

己卯	庚辰	辛巳	壬午	癸未	甲申
十三 懿宗皇帝 漼	咸通元年	二	三	四	五
三	四	五 憲安王薨 景文王膺廉即位 元年	二	三	四
十三 懿宗皇帝 漼					

① 漼(舊唐書 19 懿宗紀)
② 삭제(鑄字本)
③ 安(鑄字本)
④ 膺廉(新羅本紀 11)

삼국사연표31/44

乙酉	丙戌	丁亥	戊子	己丑	庚寅
六	七	八	九	十	十一
五	六	七	八	九	十

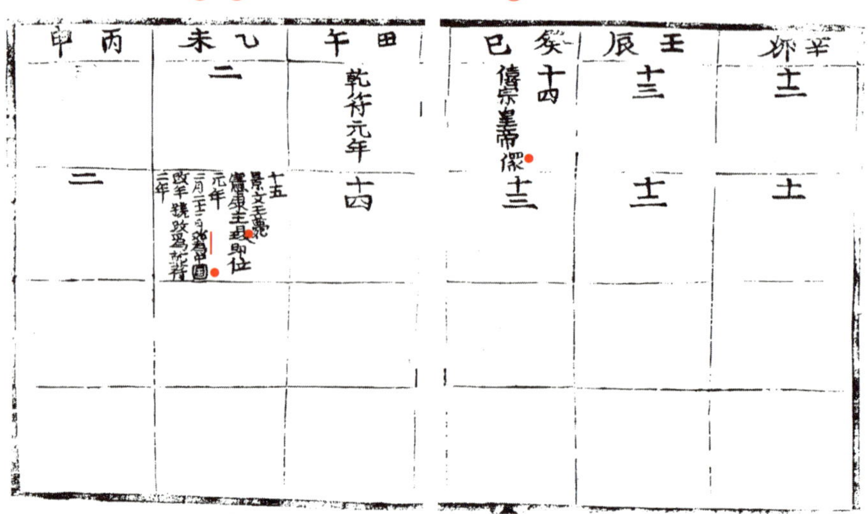

丙申	乙未	甲午	癸巳	壬辰	辛卯
	二	乾符元年	十四 僖宗皇帝儇	十三	十二
二	十五 景文王薨 憲康王晸即位 元年 二月二十六日始知中國改年號改爲乾符二年	十四	十三	十二	十一

① 儇(舊唐書 19 僖宗紀 및 鑄字本)
② 晸(鑄字本)
③ 始知(精文研), 國

壬寅	辛丑	庚子	己亥	戊戌	丁酉
二	中和元年	廣明元年	六	五	四
八 五月二十五日知國改年號遂用中和二年	七	六	五	四	三

① 中(鑄字本)

삼국사연표31/47

	癸卯	甲辰	乙巳	丙午	丁未	戊申
	三	四	光啓元年	二	三	文德元年 昭宗皇帝曄
	九	十	十一	十二 書①康王薨 定康王晃即位 元年 六月知自②改年號 迺爲光啓二年	二 定康王薨 眞聖王 曼③即位 元年	二

① 憲(鑄字本)
② 中國(鑄字本)
③ 曼(鑄字本)

삼국사연표31/48

	己酉	庚戌	辛亥	壬子	癸丑	甲寅
	龍紀元年	大順元年	二	景福元年	二	乾寧元年
	三	四	五	六	七 知中國改年號 迺爲景福二年	八
			弓裔始起兵			
				後百濟 甄萱白①稱王	二	三

① 自(鑄字本)

①

庚申	己未	戊午	丁巳	丙辰	乙卯
三	二	光化元年	四	三	二
四	三	二	十一 眞聖王禪位 太子[illegible]後書 孝恭王嶢卽位 元年	十	九
		弓裔移都松嶽郡			
九	八	七	六	五	四

① 化(鑄字本)

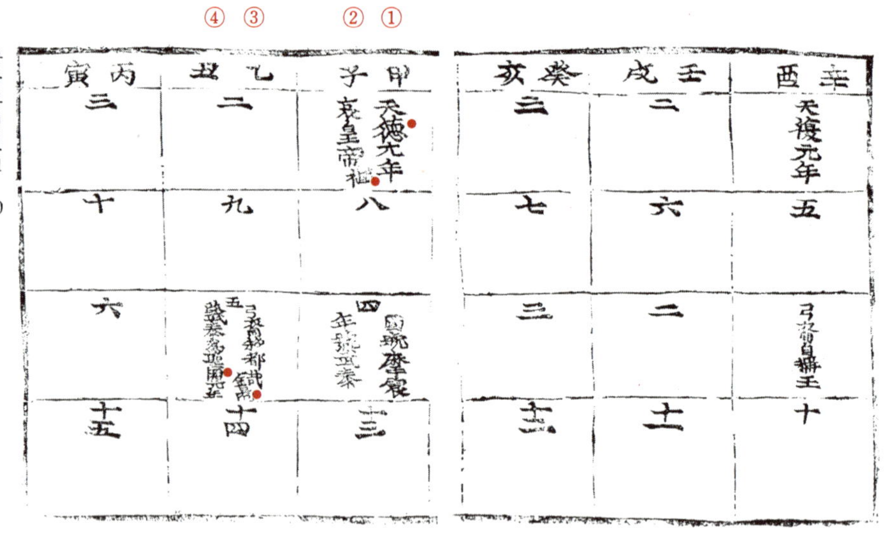
④ ③ ② ①

丙寅	乙丑	甲子	癸亥	壬戌	辛酉
三	二	天德元年 哀皇帝柷	三	二	天復元年
十	九	八	七	六	五
六	五 弓裔移都鐵圓 改武泰爲聖册元年	四 國號摩震 年號武泰	三	二	弓裔自稱王
十五	十四	十三	十二	十一	十

① 祐(舊唐書 20 昭宗紀)
② 柷(舊唐書 哀帝紀)
③ 圓(鑄字本)
④ 冊(鑄字本)

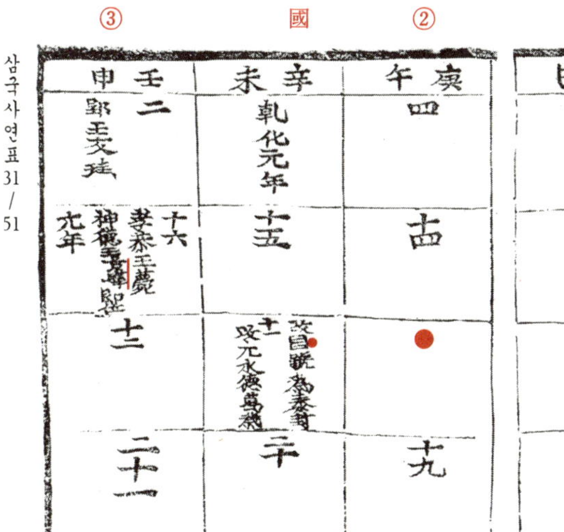

丁卯	戊辰	己巳	庚午	辛未	壬申
四 梁大祖皇帝晃 開平元年 ①	二	三	四	乾化元年	二 郢王友珪
十一	十二	十三	十四	十五	十六 孝恭王薨 神德王昇暉即位 元年 ③
七	八	九	● ②	十一 改國號爲泰封 改元水德萬歲 國	十二
十六	十七	十八	十九	二十	二十一

① 太(舊五代史 1 梁書 1 太祖紀), 晃(上同)
② 十(鑄字本)
③ 景暉(鑄字本)

癸酉	甲戌	乙亥	丙子	丁丑	戊寅
三 末帝瑱	四	貞明元年	二	三	四
二	三	四	五	六 神德王薨 景明王昇英即位 元年 ②	二
十三	十四 改元政開 以大祖爲百舡將軍 ①	十五	十六	十七	十八 弓裔所屬人心怱變 推戴大祖 弓裔出奔爲下所殺 大祖即位稱元 ③④⑤
二十二	二十三	二十四	二十五	二十六	二十七

① 太(鑄字本), 船(鑄字本)
② 昇英(鑄字本)
③ 忽(鑄字本)
④ 太(鑄字本)
⑤ 太(鑄字本)

己卯	庚辰	辛巳	壬午	癸未	甲申
五	六	龍德元年	二	三 後唐同光元年	二
三	四	五	六	七	八 景明王薨 景哀王魏膺立 元年
二十八	二十九	三十	三十一	三十二	三十三

乙酉	丙戌	丁亥	戊子	己丑	庚寅
三	四 明宗皇帝亶 天成元年	二	三	四	長興元年
二	三	四 景哀王薨 敬順王傅立 元年	二	三	四
三十四	三十五	三十六	三十七	三十八	三十九

삼국사연표 31/55

辛卯	壬辰	癸巳	甲午	乙未	丙申
二	三	四 閔帝 從厚	應順元年 末帝 從珂 淸泰元年	二	三 晉高祖 敬瑭 天福元年
五	六	七	八	九 王投書 我太祖自降納 新羅五十六王 九百九十二年 而滅	
卌	卌一	卌二	卌三	卌四	甄萱子神劒 父簒位自稱 卌五 將軍甄萱 奔麗城投 太祖

① 帝(鑄字本)
② 石敬瑭(舊五代史 75 晉書 1 高祖紀 및 鑄字本)
③ 簒(鑄字本)

삼국사연표 31/56

삼국사기 권 제32

잡지 제1

제사(祭祀)

악(樂)

삼국사지 32/1

三國史記卷第三十二

輸忠定難靖國贊化同德功臣開府儀同三司檢校太師守太保門下侍中判尙書吏禮部事集賢殿大學士監修國史上柱國致仕臣金富軾奉

宣撰

雜志第一 祭祀 樂

祭祀

按新羅宗廟之制第二代南解王三年春始立始祖赫居世廟四時祭之以親妹阿老主祭第二十二代智證主於始祖誕降之地奈乙創立神宮以享之至第三十六代惠恭王始定五廟以味鄒王爲金姓始祖以太宗大王文武大王平百濟高句麗有大功德並爲世世不毁之宗兼親廟二爲五廟至第三十七代宣德王立社稷壇又見於祀典皆境內山川而不及天地者蓋以王制曰天子七廟諸侯五廟二昭二穆與太祖之廟而五又曰天子祭天地天下名山大川諸侯祭社稷名山大川之在其地者是故不敢越禮而行之者歟然其壇堂之高下壝門之內外次位之尊卑陳設登降之節尊爵籩豆牲牢

① 王(新羅本紀 4)

삼국사지 32/2

冊祝之禮不可得而推也但粗記其大略云爾一年六祭五廟謂正月二日五日五月五日七月上旬八月一日十五日十二月寅日新城北門祭八措豊年用大牢凶年用小牢立春後亥日明活城南熊殺谷祭先農立夏後亥日新城北門祭中農立秋後亥日䔉園祭後農立春後丑日犬首谷門祭風伯立夏後申日卓渚祭雨師立秋後辰日本彼遊村祭靈星檢諸禮典只祭先農無中農後農三山五岳已下名山大川分爲大中小祀

大祀三山一奈歷習比部二骨火切也火郡三穴禮大城郡中祀五岳東吐含山大城郡南地理山菁州西雞龍山熊川州北太伯山奈巳郡中文岳一云公山押督郡四鎭東溫沫懃牙谷停南海恥也里一云悉帝推大郡西加耶岬岳馬尸山郡北熊谷岳比烈忽郡四海東阿等邊一云斤烏兄邊退火郡南兄邊居柒山郡西未陵邊屎山郡北非禮山悉直郡四瀆東吐只河一云槧浦退火郡南黃山河歃良州西熊川河熊川州北漢山河漢山州俗離岳三年山郡推心加耶

① 禮(禮記 禮運 및 郊特牲)
② 火(地理志)
③ 大(節要)

삼국사지 32 / 3

① ② ③

(耶郡)上助音居西(西林郡)爲西岳(結已郡)北兄山城(大城)
郡清海鎭(助音島)
小把霜岳(高城郡)雪岳(迂城郡)花岳(斤平郡)鉗岳(七重城)
負兒岳(北漢山州)月奈岳(月奈郡)武珍岳(武珍州)西多山
(伯海郡難知可縣)月兄山(奈吐郡沙熱伊縣)道西城(萬弩郡)冬
老岳(進禮郡丹川縣)竹旨(及伐山郡)熊只(屈自郡熊只縣)岳髮(一云髮岳
(于珍也郡)于火(生西良郡于火縣)三岐(大城郡)卉黃(牟梁)高墟(沙梁)
嘉阿岳(三年山郡)波只谷原岳(阿支縣)非藥岳(退火郡)加
林城(加林縣一本有靈嵒山虞鳳山無加林城)加良岳(菁州)西述(牟梁)

四城門祭一大井門二吐山良門三習比門四
王后梯門部庭祭梁部四川上祭一犬首二文
熱林三青淵四樸樹文熱林行日月祭靈廟寺
南行五星祭惠樹行祈雨祭四大道祭東古里
南簷并樹西渚樹北活倂岐壓丘祭辟氣祭上
件或因別制或因水旱而行之者也
高句麗百濟祀禮不明但考古記及中國史書
所載者以記云爾
後漢書云高句麗好祠鬼神社稷零星以十月

① 音(鑄字本), 己(地理志)
② 祀(鑄字本)
③ 火(鑄字本)

삼국사지 32 / 4

太 太 ①

祭天大會名曰東盟其國東有大穴號襚神亦
以十月迎而祭之
北史云高句麗常以十月祭天多淫祠有神廟
二所一曰夫餘神刻木作婦人像二曰高登神
云是始祖夫餘神之子竝置官司遣人守護蓋
河伯女朱蒙云
梁書云高句麗於所居之左立大屋祭鬼神冬
祠零星社稷
唐書云高句麗俗多淫祠祀靈星及日箕子可

汗等神國左有大穴曰神隧每十月王皆自祭
古記云東明王十四年秋八月王母柳花薨於
東扶餘其王金蛙以大后禮葬之遂立神廟大
祖王六十九年冬十月幸扶餘祀大后廟新大
王四年秋九月如卒本祀始祖廟故國川王元
年秋九月東川王二年春二月中川王十三年
秋九月故國原王二年春二月安臧王三年夏
四月平原王二年春二月建武王二年夏四月
竝如上行故國壤王九年春三月立國社又云

① 又(梁書 54 高句驪傳)

삼국사지 32/5

鼓　①

高句麗常以三月三日會獵樂浪之丘獲猪鹿祭天及山川

册府元龜云百濟每以四仲之月王祭天及五帝之神立其始祖仇台廟於國城歲四祠之(按海東古記或云始祖東明或云始祖優台北史及隋書皆云東明之後有仇台立國於帶方此云始祖仇台然東明爲始祖事迹明白其餘不可信也)

古記云溫祉①王二十年春二月設壇祠天地三十八年冬十月多婁王二年春二月古尒王五年春正月十年春正月十四年春正月近肖古王二年春正月阿莘王二年春正月腆支王二年春正月牟大王十一年冬十月並如上行多婁王二年春正月謁始祖東明廟責稽王二年春正月汾西王二年春正月契王二年夏四月阿莘王二年春正月腆支王二年春正月並如上行

樂

新羅樂三竹三絃拍板大鼓歌舞舞二人放角幞頭紫大袖公襴紅鞓鍍金銙腰帶烏皮靴三絃一玄琴二加耶琴三琵琶三竹一大笒二中笒三小笒

① 祚(百濟本紀 1)

삼국사지 32/6

③　②　①

玄琴衆①中國樂部琴而爲之按琴操曰伏犧作琴以修身理性反其天眞也又曰琴長三尺六寸六分象三百六十六日廣六寸象六合文上曰池(池者水也言其平)下曰濵(濵者服也)前廣後狹象尊卑也上圓下方法天地也五絃象五行大賢②爲君十③絃爲臣文王武王加二絃又風俗通曰琴長四尺五寸者法四時五行七絃法七星玄琴之作也新羅古記云初晉人以七絃琴送高句麗麗人雖知其爲樂器而不知其聲音及鼓之之法購國人能識其音而鼓之者厚賞時第二相王山岳存其本樣頗改易其法制而造之兼製一百餘曲以奏之於時玄鶴來舞遂名玄鶴琴後但云玄琴羅人沙湌恭永子玉寶高入地理山雲上院學琴五十年自製新調三十曲傳之續命得得傳之貴金先生先生亦入地理山不出羅王恐琴道斷絶謂伊湌允興方便傳得其音遂委南原公事允興到官簡聰明少年二人曰安長清長使詣山中傳學先生教之而其隱

① 象(鑄字本)
② 絃(鑄字本)
③ 小(李丙燾)

삼국사지32/7

微不以傳允興與婦偕進曰吾王遣我南原者
無他欲傳先生之技于今三年矣先生有所祕①
而不傳吾無以復命允興捧酒其婦執盞膝行
致禮盡誠然後傳其所祕②飄風等三曲安長傳
其子克相克宗克宗制七曲克宗之後以琴自
業者非一二所製音曲有二調一平調二羽調
共一百八十七曲其餘聲遺曲流傳可記者無
幾餘悉散逸不得具載
王寶高所制三十曲上院曲一中院曲一下院

曲一南海曲二倚嵒曲一老人曲七竹庵曲二
玄合曲一春朝曲一秋夕曲一吾沙息曲一鴛③
鴦曲一遠岾曲六比目曲一入實相曲一幽谷
請聲曲一降天聲曲一克宗所製七曲今亡
加耶琴亦法中國樂部箏而為之風俗通曰箏
秦聲也釋名曰箏施絃高箏箏然并梁二州箏
形如瑟傅玄曰上圓象天下平象地中空准六
合絃柱擬十二月斯乃仁智之器阮瑀④曰箏長
六尺以應律數絃有十二象四時柱⑤高三寸象

① 秘(鑄字本)
② 秘(節要)
③ 鴛(鑄字本)
④ 瑀(鑄字本)
⑤ 柱(鑄字本)

삼국사지32/8

三才加耶琴雖與箏制度小異而大槩似之羅
古記云加耶國嘉實王見唐之樂器而造之王
以謂諸國方言各異聲音豈可一哉乃命樂師
省熱縣人于勒造十二曲後于勒以其國將亂
攜樂器投新羅眞興王王受之安置國原乃遣
大奈麻注知階古大舍萬德傳其業三人旣傳
十一①曲相謂曰此繁且淫不可以為雅正遂約
為五曲于勒始聞焉而怒及聽其五種之音流
淚歎曰樂而不流哀而不悲可謂正也爾其奏

之王前王聞之大悅諫臣獻議加耶亡國之音
不足取也王曰加耶王淫亂自滅樂何罪乎蓋
聖人制樂緣人情以為撙節②國之理亂不由音
調遂行之以為大樂加耶琴有二調一河臨調
二嫩竹調共一百八十五曲
干③勒所製十二曲一曰下加羅都二曰上加羅
都三曰寶伎四曰達已五曰思勿六曰勿慧七
曰下奇物八曰師子伎九曰居烈十曰沙八兮
十一曰爾赦十二曰上奇物泥文所製三曲一

① 二(節要)
② 節(鑄字本), 成宗의 諱 '治'의 代字.
③ 于(鑄字本)

삼국사지 32/9

③ ② ①

日烏二曰鼠三曰鵝(緞字未詳)
琵琶風俗通曰近代樂家所作不知所起長三
尺五寸法天地人與五行四絃象四時也釋名
曰琵琶本胡中馬上所鼓推手前曰琵引手却
曰琶因以爲名鄉琵琶與唐制度大同而少異
亦始於新羅但不知何人所造其音有三調一
宮調二七賢調三鳳皇調共二百一十二曲
三竹亦模倣唐笛而爲之者也風俗通曰笛漢
武帝時丘仲所作也又按宋玉有笛賦玉在漢

前恐此說非也馬融云近代雙笛從羌起又笛
滌也所以滌邪穢而納之於雅正也長一尺四
十七孔鄉三竹此亦起於新羅不知何人所作
古記云神女王時東海中忽有一小山形如龜
頭其上有一竿竹晝分爲二夜合爲一王使斫
之作笛名萬波息雖有此說怪不可信三竹笛
有七調一平調二黃鐘調三二雅調四越調五
般涉調六出調七俊調大笒三百二十四曲中
笒二百四十五曲小笒二百九十八曲

① 二(風俗通義 6 笛조)
② 寸(上同)
③ 文(三國遺事 萬波息笛조)

삼국사지 32/10

③ ② ①

會樂及辛熱樂儒理王時作也突阿樂脫解王
時作也枝兒樂婆娑王時作也思內(一作詩惱)樂奈
解王時作也笳舞奈密王時作也憂息樂訥祗
王時作也碓樂慈悲王時人百結先生作也竽
引智大路王時人川上郁皆子作也美知樂法
興王時作也徒領歌眞興王時作也捺絃引眞
平王時人淡水作也思內奇物樂原郎徒作也
內知日上郡樂也白實坤梁郡樂也德思內河
西郡樂也石南思內道同伐郡樂也祀中北隈

郡樂也此皆鄉人喜樂之所由作也而聲器之
數歌舞之容不傳於後世但古記云政明王九
年幸新村設酺奏樂笳舞監六人笳尺二人舞
尺一人下辛熱舞監四人琴尺一人舞尺二人
歌尺三人思內舞監三人琴尺一人舞尺二人
歌尺二人韓岐舞監三人琴尺一人舞尺二人
上辛熱舞監三人琴尺一人舞尺二人歌尺二
人小京舞監三人琴尺一人舞尺一人歌尺三
人美知舞監四人琴尺一人舞尺二人哀莊王

① 祇(新羅本紀 3)
② 押(地理志)
③ 京(鑄字本)의 俗字. 이하 생략.

② ①

삼국사지32/11

八年奏樂始奏思內琴舞尺四人青衣琴尺一人赤衣歌尺五人彩衣繡扇並金鏤帶次奏碓琴舞舞尺赤衣琴尺青衣如此而已則不可言其詳也羅時樂工皆謂之尺崔致遠詩有鄕樂雜詠五首今錄于此金丸迴身掉臂弄金丸月轉星浮滿眼看縱有宜僚那勝此定知鯨海息波瀾月顚肩高項縮髮崔嵬攘臂群儒鬪酒盃聽得歌聲人盡笑夜頭旗幟曉頭催大面黃金面色是其人手抱珠鞭役鬼神疾步徐趍呈雅舞宛如丹鳳舞堯春束毒蓬頭藍面異人間押隊來庭學舞鸞打鼓冬冬風瑟瑟南奔北躍也無端狻猊遠涉流沙萬里來毛衣破盡着塵埃搖頭掉尾馴仁德雄氣寧同百獸才

高句麗樂通典云樂工人紫羅帽飾以鳥羽黃大袖紫羅帶大口袴赤皮鞾五色緇繩舞者四人椎髻於後以絳抹額飾以金璫二人黃裙襦赤黃袴二人赤黃裙襦袴極長其袖烏皮鞾雙雙併立而舞樂用彈箏一掬箏一臥箜篌一竪

① 雄(鑄字本)
② 搊(通典 146 四方樂조)

鼓 ④ ③ ② ①

삼국사지32/12

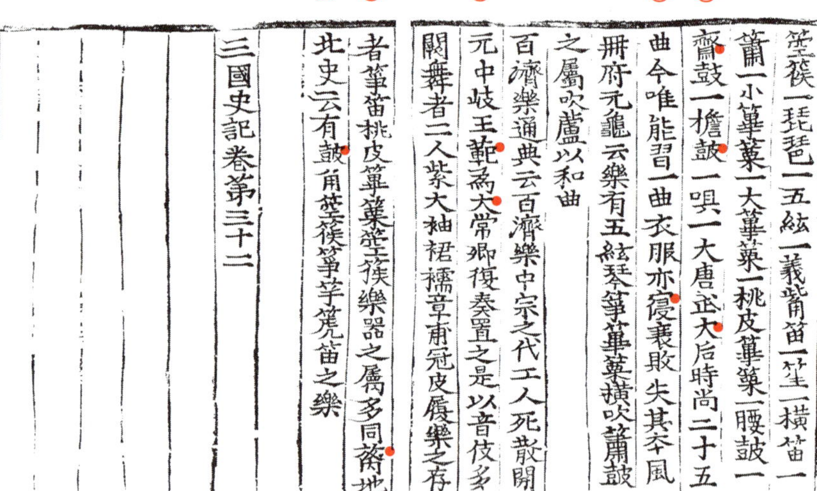
箜篌一琵琶一五絃一義觜笛一笙一橫笛一簫一小篳篥一大篳篥一桃皮篳篥一腰鼓一齋鼓一檐鼓一唄一大唐武太后時尚二十五曲今唯能習一曲衣服亦寖衰敗失其本風冊府元龜云樂有五絃琴箏篳篥橫吹簫鼓之屬吹蘆以和曲

百濟樂通典云百濟樂中宗之代工人死散開元中岐王範爲太常卿復奏置之是以音伎多闕舞者二人紫大袖裙襦章甫冠皮履樂之存者箏笛桃皮篳篥箜篌樂器之屬多同於內地北史云有鼓角箜篌箏竽篪笛之樂

三國史記卷第三十二

① 齊(通典 146 四方樂조), 鼓, 太
② 寖(上同)
③ 範(上同), 太(上同). '大常卿'의 경우 이하 생략.
④ 於(通典 185 邊防 1 百濟)

삼국사기 권 제33

잡지 제2

색복(色服)
거기(車騎)
기용(器用)
옥사(屋舍)

삼국사지 33/1

三國史記卷第三十三

輸忠定難靖國贊化同德功臣開府儀同三司檢校太師守太保門下侍中判尙書吏禮部事集賢殿太學士監修國史上柱國致仕臣金富軾奉

宣撰

雜志第二　色服　車騎　器用　屋舍

新羅之初衣服之制不可考色至第二十三葉
法興王始定六部人服色尊卑之制猶是夷俗
至眞德在位二年金春秋入唐請襲唐儀玄宗
皇帝詔可之兼賜衣帶遂還來施行以夷易華
文武王在位四年又革婦人之服自此已後衣
冠同於中國
我太祖受命凡國家法度多因羅舊則至今朝
廷士女之衣裳蓋亦春秋請來之遺制歟臣三
奉使上國一行衣冠與宋人無異嘗入朝尚早
立紫宸殿門一閤門員來問何者是高麗人使
應曰我是則笑而去又宋使臣劉逵吳拭來聘
在館宴次見鄕粧倡女召來上階指闊袖衣色
絲帶大裙嘆曰此皆三代之服不擬尚行於此
知今之婦人禮服蓋亦唐之旧歟新羅[illegible]

① 色服(精文硏)
② 太(新羅本紀 5 및 節要)
③ 兼(鑄字本)
④ 家(鑄字本)
⑤ 嘆(鑄字本)
⑥ 舊(鑄字本), 歟(鑄字本)의 俗字. 이하 생략.

삼국사지 33/2

遺文史缺落其制不可僂數但粗記其可見云爾
法興王制自太大角干至大阿飡紫衣阿飡至
級飡緋衣並牙笏大奈麻奈麻靑衣大舍至先
沮知黃衣
伊飡迊飡錦冠波珍飡大阿飡衿荷緋冠上堂
大奈麻赤位大舍組纓
興德王即位九年大和八年下教曰人有上下
位有尊卑名例不同衣服亦異俗漸澆薄民競
奢華只尚異物之珍奇却嫌土産之鄙野禮數
失於逼僭風俗至於陵夷敢率舊章以申明命
苟或故犯国有常刑
眞骨大等幞頭任意表衣半臂袴並禁罽繡錦
羅腰帶禁研文白玉靴禁紫皮靴帶禁隱文白
玉襪任用綾已下履任用皮絲麻布用二十六
升已下
眞骨女表衣禁罽繡錦羅內衣半臂袴襪履並
禁罽繡羅裱禁罽及繡用金銀絲孔雀尾翡翠
毛者梳禁瑟瑟鈿玳瑁釵禁刻鏤及綴珠冠禁

① 太(年表 및 節要)
② 固(節要)

삼국사지 33 / 3

① ② ③

瑟瑟鈿布用二十八升已下九色禁赭黃
六頭品幞頭用繐羅絁絹布表衣只用綿紬紬
布內衣只用小文綾絁絹綿紬
布帶只用烏犀鍮鐵銅襪只用絁綿紬布靴禁
烏麖皺文紫皮靴帶用烏犀鍮鐵銅履只用皮
麻布用十八升已下
六頭品女表衣只用中小文綾絁絹內衣禁罽
繡錦野草羅半臂禁罽繡羅繐羅袴禁罽繡錦
羅繐羅金泥裱禁罽繡錦羅金銀泥褙襠短衣
並禁罽繡錦羅布紡羅野草羅金銀泥表裳禁
罽繡錦羅繐羅野草羅金銀泥纐纈襖襻禁罽
繡內裳禁罽繡錦羅野草羅帶禁以金銀絲孔
雀尾翡翠毛爲組襪袎禁罽羅繐羅襪禁罽繡
錦羅繐羅野草羅履禁罽繡錦羅繐羅梳禁瑟
瑟鈿釵禁純金以銀刻鏤及綴珠冠用繐羅紗
絹布用二十五升已下色禁赭黃紫紫粉金屑紅
五頭品幞頭用羅絁絹布表衣只用布內衣半
臂只用小文綾絁絹布袴只用綿紬布腰帶只

① 凡(節要)
② 犀(鑄字本)
③ 犀(鑄字本)

삼국사지 33 / 4

① ②

用鐵襪只用綿紬靴禁烏麖皺文紫皮靴帶只
用鍮鐵銅履用皮麻布用十五升已下
五頭品女表衣只用無文獨織內衣只用小文
綾半臂禁罽繡錦野草羅繐羅袴禁罽繡錦羅
繐羅野草羅金泥裱用綾絹已下褙襠禁罽繡
錦野草羅布紡羅金銀泥纐纈短衣禁罽繡錦
野草羅布紡羅繐羅金銀泥纐纈表裳禁罽繡
錦野草羅繐羅金銀泥纐纈襖襻禁罽繡錦羅
內裳禁罽繡錦野草羅金銀泥纐纈帶禁以金
銀絲孔雀尾翡翠毛爲組襪袎禁罽繡錦羅繐
羅襪禁罽繡錦羅繐羅野草羅履但用皮已下
梳用素玳瑁已下釵用白銀已下無冠布用二
十升已下色禁赭黃紫紫粉黃屑紅緋
四頭品幞頭只用紗絁絹布表衣袴只用布內衣
半臂只用絁絹綿紬布腰帶只用鐵銅靴禁烏
麖皺文紫皮靴帶只用鐵銅履用牛皮麻已下
布用十三升已下
四頭品女表衣只用綿紬已下內衣只用小文

① 褙(鑄字本)
② 麋(鑄字本)

삼국사지 33/5

綾已下半臂袴只用小文綾絁絹已下裱𧙕
只用絹已下褙襠只用綾已下表裳只用絁絹
已下褾與裳同襻用越羅無內裳帶禁繡組
及野草羅乘天羅越羅只用錦①紬已下襪袎只
用小文綾已下襪只用小文綾絁綿紬布履用
皮已下梳用素牙角木釵禁刻鏤綴珠及純金
無冠布用十八升色禁赭黃紫紫粉黃屑緋紅
滅紫
平人幞頭只用絹布表衣袴只用布內衣只用
絹布帶只用銅鐵靴禁烏麖皺文紫皮靴帶只
用鐵銅履用麻已下布用十二升已下
平人女表衣只用綿紬布內衣只用絁絹綿紬
布袴用絁已下表裳用絹已下襻只用綾已下
帶只用綾絹已下襪袎用無文襪用絁綿紬已
下梳用素牙角已下釵用鍮石已下布用十五
升已下色與四頭品女同
高句麗百濟衣服之制不可得而考今但記見
於中國歷代史書者

① 綿(鑄字本)

삼국사지 33/6

北史云高麗人皆頭着折風形如弁士人加插
二鳥羽貴者其冠曰蘇骨多用紫羅爲之飾以
金銀服大袖衫①大口袴素皮帶黃革履婦人裙
襦加襈
新唐書云高句麗王服五采以白羅製冠革帶
皆金釦大臣青羅冠次絳羅珥兩鳥羽金銀雜
釦衫筩褎袴大口白韋帶黃革履庶人衣褐戴
弁女子首巾幗
册府元龜云高句麗其公會皆錦繡金銀以自
飾大加主簿皆着幘如冠幘而無後其小加着
折風形如弁
北史云百濟衣服與高麗略同若朝拜祭祀其
冠兩廂加翅戎事則不奈率已下②冠飾銀花將
德紫帶施德皂帶固德赤帶季德青帶對德文
督皆黃帶自武督至剋虞皆白帶
隋書云百濟自左平至將德服紫帶施德皂帶
固德赤帶季德青帶對德以下皆黃帶自文督
至剋虞皆白帶冠制並同唯奈率以上飾以銀花

① 袖衫(鑄字本)
② 上(北史 94 百濟傳)

삼국사지 33/7

唐書云百濟其王服大袖紫袍青錦袴烏羅冠
金花爲飾素皮帶烏革履官人盡緋爲衣銀花
飾冠庶人不得衣緋紫
通典云百濟其衣服男子略同於高麗婦人衣
似袍而袖微①大
車騎 新羅
眞骨車材②不用紫檀沉香不得帖玳瑁亦不敢
飾以金銀玉褥子用綾絹已下不過二重坐子
用錮錦二色綾已下緣用錦已下前後幰用小
文綾紗絁已下色以深青碧紫紫粉絡網用糸③
麻色以紅緋翠碧襟表旦④用絹布色以紅緋青
纓牛勒及鞅用絁絹布環禁金銀鍮石步搖亦
禁金銀鍮石
六頭品褥子用絁絹已下坐子用絁絹布無緣
前後幰若隨眞骨已上貴人行則不設但白行
則用竹簾若莞席緣以絁絹已下絡網用布色
以赤青牛勒及鞅用布環用鍮銅鐵
五頭品褥子只用氈若布前後幰只用竹簾莞

① 微(鑄字本)
② 材(鑄字本). 沈의 俗字. '沉香'의 경우 이하 표기 생략.
③ 糸(節要)
④ 但(節要)

삼국사지 33/8

席緣以皮布無勒鞅用麻環用木鐵
眞骨鞍橋禁紫檀沉香鞍韉禁罽繡錦羅鞍
坐子禁罽繡羅障泥但用麻油染銜鐙禁金鍮
石鍍金綴玉靷鞦禁組及紫條
眞骨女鞍橋禁寶鈿鞍韉鞍坐子禁罽羅春雜
一云體春禁罽繡羅銜鐙禁裹金綴玉靷鞦禁雜
金銀絲組
六頭品鞍橋禁紫檀沉香黄楊槐柘及金銀綴
玉鞍韉用皮鞍坐子用綿紬絁布皮障泥用麻
油染銜鐙禁金銀鍮石及鍍金銀綴玉靷鞦用
皮麻
六頭品女鞍橋禁紫檀沉香及裹金綴玉鞍韉
鞍坐子禁罽繡綿①羅繐羅替春用綾絁絹銜
鐙禁金銀鍮石及鍍金銀綴毛障泥用皮靷②鞦
不用組
五頭品鞍橋禁紫檀沉香黄楊槐柘亦不得用
金銀綴王③鞍韉用皮障泥用麻油染銜鐙禁金
銀鍮石又不得鍍鏤金銀靷④鞦用麻

① 錦(精文硏)
② 靷(鑄字本)
③ 玉(鑄字本)
④ 靷(鑄字本)

삼국사지 33/9

五頭品女鞍橋禁紫檀沉香又禁飾以金銀玉
鞍韉鞍坐子禁罽繡錦綾羅虎皮銜鐙禁金銀
鍮石又禁飾以金銀障泥用皮靷鞦禁組及紫
紫粉暈條
四頭品至百姓鞍橋禁紫檀沉香黃楊槐柘又
禁飾以金銀玉鞍韉用牛馬皮鞍褥用皮障泥
用楊竹銜用鐵鐙用木鐵靷鞦用筋若麻爲綾
四頭品女至百姓女鞍橋禁紫檀沉香黃楊槐又
禁飾金銀玉鞍韉鞍坐子禁罽繡錦羅繐羅綾

虎皮銜鐙禁金銀鍮石又禁飾金銀障泥但用
皮靷鞦禁組及紫紫粉暈條
器用
眞骨禁金銀及鍍金
六頭五頭品禁金銀及鍍金銀又不用虎皮毬
毯毾㲪
四頭品至百姓禁金銀鍮石朱裏平文物又禁
毬毯毾㲪虎皮大唐毯等
屋舍

삼국사지 33/10

眞骨室長廣不得過二十四尺不覆唐瓦不施
飛簷不雕懸魚不飾以金銀鍮石五彩不磨
階石不置三重階垣墻不施梁棟不塗石灰簾
緣禁錦罽繡野草羅屛風禁繡牀不飾玳
①瑁沉香
六頭品室長廣不過二十一尺不覆唐瓦不施飛
簷重栿栱牙懸魚不飾以金銀鍮石白鑞五彩
不置巾②階及二重階階石不磨垣墻不過八尺
又不施梁棟不塗石灰簾緣禁罽繡綾屛風

禁繡牀不得飾玳瑁紫檀沉香黃楊又禁錦薦
不置重門及四方門廐容五馬
五頭品室長廣不過十八尺不用山榆木不覆
唐瓦不置獸頭不施飛簷重栿花斗③牙懸魚不
以金銀鍮石銅鑞五彩爲飾不磨階石垣墻不
過七尺不架以梁不塗石灰簾緣禁錦罽綾絹
絁不作大門四方門廐容三馬
四頭品至百姓室長廣不過十五尺不用山榆
木不施藻井不覆唐瓦不置獸頭飛簷栱牙懸

① 瑁(鑄字本)
② 中(節要)
③ 斗(鑄字本)

飾不以金銀鍮石銅鑞爲飾階砌不用山石垣
墻不過六尺又不架梁不塗石灰不作大門四
方門廐容二馬
外眞村主與五品同次村主與四品同

三國史記卷第三十三

삼국사기 권 제34

잡지 제3

지리1 신라

삼국사지 34/1

三國史記卷第三十四

宣撰

雜志第三　地理一

新羅疆界古傳記不同杜佑通典云其先本辰韓種其國在百濟高麗二國東南東濵大海劉昫唐書云東南俱限大海宋祁新書云東南日本西百濟北高麗南濵海賈耽四夷述曰辰韓在馬韓東東抵海北與濊接新羅崔致遠曰馬

韓則高麗卞韓則百濟辰韓則新羅也此諸說可謂近似焉若新舊唐書皆云卞韓苗裔在樂浪之地新書又云東距長人長人者人長三丈鋸牙鉤爪搏人以食新羅常屯弩士數千守之此皆傳聞懸說非實錄也按兩漢志樂浪郡距洛陽東北五千里注曰屬幽州故朝鮮國也則似與雞林地分隔絶又相傳東海絶島上有大人國而人無見者豈有弩士守之者今按新羅始祖赫居世前漢五鳳元年甲子開國王

삼국사지 34/2

怪

都長三千七十五步廣三千一十八步三十五里六部國號曰徐耶伐或云斯羅或云斯盧或云新羅脫解王九年始林有雞更名雞林因以爲國號基臨王十年復號新羅初赫居世二十一年築宮城號金城婆娑王二十二年於金城東南築城號月城或號在城周一千二十三步新月城北有滿月城周一千八百三十八步又新月城東有明活城周一千九百六步又新月城南有南山城周二千八百四步始祖已來處金城

至後世多處兩月城始與高句麗百濟地錯犬牙或相和親或相寇鈔後與大唐侵滅二邦平其土地遂置九州本國界內置三州王城東北當唐恩浦路曰尚州王城南曰良州西曰康州於故百濟國界置三州百濟故城北熊津口曰熊州次西南曰全州次南曰武州於故高句麗南界置三州從西第一曰漢州次東曰朔州又次東曰溟州九州所管郡縣無慮四百五十[方言所謂鄕部曲等雜所不復具錄]新羅地理之廣袤斯爲極矣及

① ② ③ ④

其衰也政荒民散疆土日蹙末王金傅以國敀●
我太祖以其國爲慶州
尙州沾●解王時取沙伐國爲州法興王十一年
梁普通六年初置軍主爲上州眞興王十八年
州廢神文王七年唐垂拱三年復置築城周一
千一百九步景德王十六年改名尙州今因之
領縣三青驍縣本昔●里火縣景德王改名今青
理縣多仁縣本達巳●縣或云多巳●景德王改名今因
之化昌縣本知乃彌知縣景德王改名今未詳

醴泉郡本水酒郡景德王改名今甫州領縣四
永安縣本下枝縣景德王改名今豐山縣安仁
縣本蘭山縣景德王改名今未詳嘉猷縣本近
一作巾品縣景德王改名今山陽縣殷正縣本赤
牙縣景德王改名今殷豐縣
古昌郡本古陁耶郡景德王改名今安東府領
縣三直寧縣本一直縣景德王改名今復故日
谿縣本熱兮縣或云泥兮景德王改名今未詳高丘
縣本仇火縣或云高近景德王改名今合屬義城府

① 蹙(鑄字本), 歸(鑄字本)와 同字인 皈의 誤刻.
② 沾(鑄字本)
③ 音(職官志 및 節要)
④ 已(鑄字本)

① ② ③ ④ ⑤ ⑥ ⑦ ⑧

聞韶郡本召文國景德王改名令●義城府領縣
四眞寶縣本漆●巴火縣景德王改名今甫城比
屋縣本阿火屋縣一云并屋景德王改名今因之安
賢縣本阿尸兮縣一云阿乙兮景德王改名今安定
縣單密縣本武冬彌知一云昌●冬彌知景德王改名今
因之
尙善郡本一善那●眞平主●三十六年爲一善州
置軍主神文王七年州廢景德王改名今善州
領縣三孝靈縣本芼兮縣景德王改名今因之

尒同兮縣今未詳軍威縣本奴同覓縣一云如旦●覓
景德王改名今因之
開寧郡古甘文小國也眞興王十八年梁●永定
元年置軍主爲青州眞平王時州廢文武王元
年置甘文郡景德王改名今因之領縣四禦侮
縣本今勿縣一云陰達景德王改名今因之金山縣
景德王改州縣名及令●並因之知禮縣本知品
川縣景德王改名令●因之茂豐縣本茂山縣景
德王改名今因之

① 今(鑄字本)
② 柒(節要)
③ 曷(高麗史 및 金貞培)
④ 郡(鑄字本), 王(鑄字本)

⑤ 豆(鑄字本)
⑥ 陳(年表)
⑦ 今(鑄字本)
⑧ 今(鑄字本)

삼국사지34/5

①②③④⑤⑥⑦

永同郡本吉同郡景德王改名今因之領縣二
陽山縣本助比川縣景德王改名今因之黃澗
縣本召羅縣景德王改名今因之
管城郡本古尸山郡景德王改名今因之領縣
二利山縣本所利山縣景德王改名今因之縣
眞縣本阿冬号縣景德王改名今安邑縣
二年郡本三年山郡景德王改名今保齡郡領
縣二淸川縣本薩買縣景德王改名今因之
耆山縣本屈縣景德王改名今靑山縣
古寧郡本古寧加耶國新羅取之爲古冬攬郡(一云古陵縣)
景德王改名今咸寧郡領縣三嘉善縣本加害縣
景德王改名今加恩縣冠山縣本冠縣(一云冠文縣)
景德王改名今聞慶縣虎溪縣本虎側縣景德
王改名今因之
化寧郡本荅達匕郡(一云沓達)景德王改名今因之
領縣一道安縣本刀良縣景德王改名今中牟縣
良州文武王五年麟德二年割上州下州地置
歃良州神文王七年築城周一千二百六十步

① 安貞(節要)
② 兮(節要)
③ 三(節要)
④ 薩(節要)
⑤ 冠(鑄字本)
⑥ 沓(節要)
⑦ 歃(鑄字本)

삼국사지34/6

①②

景德王改名良州今梁州領縣一巘陽縣本居
知火縣景德王改名今因之
金海小京古金官國(一云伽落國一云伽耶)自始祖首露
王至十世仇亥王以梁中大通四年新羅法興
王十九年率百姓來降以其地爲金官郡文武
王二十年永隆元年爲小京景德王改名金海
京今金州
義安郡本屈自郡景德王改名今因之領縣三
漆隄縣本漆吐縣景德王改名今漆園縣合浦
縣本骨浦縣景德王改名今因之熊神縣本熊
只縣景德王改名今因之
密城郡本推火郡景德王改名今因之領縣五
尙藥縣本西火縣景德王改名今靈山縣密津
縣本推浦縣(一云竹山)景德王改名今未詳烏丘山
綠本烏也山縣(一云仇道一云烏禮山)景德王改名今合
屬淸道郡荊山縣本驚山縣景德王改名今
合屬淸道郡蘇山縣本率已山縣景德王改
名今合屬淸道郡

① 今(鑄字本)
② 縣(鑄字本)

삼국사지34/7

①

火王郡本比自火郡(一云比斯伐)眞興王十六年置
州名下州二十六年州廢景德王改名今昌寧
郡領縣一玄驍縣本推良火縣(一云三良火)景德王
改名今玄豐縣
壽昌郡(壽一作嘉)本喟火郡景德王改名今壽城郡
領縣四大丘縣本達句火縣景德王改名今因
之八里縣本八居里縣(一云北耻長里一云仁里)景德王改
名今八居縣河濱縣本多斯只縣(一云沓只)景德
王改名今因之花園縣本舌火縣景德王改名

③ ②

今因之
獐山郡祇味王時伐取押梁(一作督)小國置郡景
德王改名今章山郡領縣三解顔縣本雉省火
縣(一云美里)景德王改名今因之餘粮縣本麻珍(一作彌)
良縣景德王改名今仇史部曲慈仁縣本奴斯
火縣景德王改名今因之
臨皐郡本切也火郡景德王改名今永州領縣
五長鎭縣今竹長伊部曲臨川縣助貴王時伐
淂骨大小國置縣景德王改名今合屬永州道

① 耻(鑄字本)의 俗字.
② 賁(新羅本紀 2)
③ 得(鑄字本), 火(高麗史)

삼국사지34/8

同縣本刀冬火縣景德王改名今合屬永州新
寧縣本史丁火縣景德王改名今因之䢴白縣
本買熱次縣景德王改名今合屬新寧縣
東萊郡本居柒山郡景德王改名今因之領縣
二東平縣本大甑縣景德王改名今因之機張
縣本甲火良谷縣景德王改名今因之
東安郡本生西良郡景德王改名今合屬慶州
領縣一虞風縣本于火縣景德王改名今合屬
蔚州

② ①

臨關郡本毛火(一作蚊伐)郡聖德王築城以遮日本
賊路景德王改名今合屬慶州領縣二東津縣
本栗浦縣景德王改名今合屬蔚州河曲(一作西)
縣婆娑王時取屈阿火村置縣景德王改名今
蔚州
義昌郡本退火郡景德王改名今興海郡領縣
六安康縣本比火縣景德王改名今因之鬐立
縣本只沓縣景德王改名今長鬐縣神光縣本
東仍音縣景德王改名今因之臨汀縣本斤烏

① 化(鑄字本)
② 海(鑄字本)

삼국사지 34/9

島 ③ ②　　　①

支縣景德王改名今迎日縣杞溪縣本芼兮縣
一云化雞景德王改名今因之音汁火縣婆娑王時
取音汁伐國置縣今合屬安康縣驚
大城郡本仇刀城境內率伊山城茄山縣一云驚山城
烏刀山城等三城今合屬淸道郡約章縣本惡
支縣景德王改名今合屬慶州東畿停本毛只
停景德王改名今合屬慶州
商城郡本西兄山郡景德王改名今合屬慶州
南畿停本道品兮停景德王改名今合屬慶州

中畿停本根乃停景德王改名今合屬慶州西
畿停本豆良彌知停景德王改名今合屬慶州
北畿停本雨谷停景德王改名今合屬慶州莫
耶停本官阿良支停一云北阿良景德王改名今合
屬慶州
康州神文王五年唐垂拱元年分居陁州置菁
州景德王改名分晉州領縣二嘉壽縣本加主
火縣景德王改名今因之屈林縣今未詳
南海郡神文王初置轉也山郡海中島也景德

① 삭제(鑄字本)
② 今(鑄字本)
③ 村(鑄字本)

삼국사지 34/10

島　　　①

王改名今因之領縣二蘭浦縣本內浦縣景德
王改名今因之平山縣本平西山縣一云西平景德
王改名今因之
河東郡本韓多沙郡景德王改名今因之領縣
三省良縣今金良部曲嶽陽縣本小多沙縣景德
王改名今因之河邑縣本浦村縣景德王改名
今未詳
固城郡本古自郡景德王改名今因之領縣三
蚊火良縣今未詳泗水縣本史勿縣景德王改

名今泗州尙善縣本一善縣景德王改名今永
善縣
咸安郡法興王以大兵滅阿尸良國一云阿耶加耶以
其地爲郡景德王改名今因之領縣二玄武縣
本召彡縣景德王改名今召彡部曲宜寧縣本
獐含縣景德王改名今因之
巨濟郡文武王初置裳郡海中島也景德王改
名今因之領縣三鵝洲縣本巨老縣景德王改
名今因之溟珍縣本買珍伊縣景德王改名今

① 那(高麗史)

삼국사지 34/11

①

因之南垂縣本松邊縣景德王改名今復故
闕城郡本闕支郡景德王改名今江城縣領縣
二丹邑縣本赤村縣景德王改名今丹溪縣山
陰縣本知品川縣景德王改名今因之
天嶺郡本速含郡景德王改名今咸陽郡領縣
二雲峯縣本母①山縣或云阿英城或云阿莫城景德王改名今
因之利安縣本馬利縣景德王改名今因之
居昌郡本居烈郡或云居陁景德王改名今因之領
縣二餘善縣本南內縣景德王改名今感陰縣

咸陰縣本加召縣景德王改名今復故
高靈郡本大加耶國自始祖伊珍阿豉王一云內珍朱智
至道設智王凡十六世五百二十年眞興大王
侵滅之以其地爲大加耶郡景德王改名今因
之領縣二冶爐縣本赤火縣景德王改名今因之
新復縣本加尸兮縣景德王改名今未詳
江陽郡本大良一作耶州郡景德王改名今陜州
領縣三三岐縣本三支縣一云麻杖景德王改名今
因之八谿縣本草八兮縣景德王改名今草谿縣宜

① 母(節要)

삼국사지 34/12

桑縣本辛尒縣一云朱烏村一云泉州縣景德王改名今新
繁縣
星山郡本一利郡一云里山郡景德王改名今加利
縣領縣四壽同縣本斯同火縣景德王改名今
未詳谿子縣本大木縣景德王改名今若木縣
新安縣本本彼縣景德王改名今京山府都山
縣本狄山縣景德王改名今未詳

三國史記卷第三十四

삼국사기 권 제35

잡지 제4

지리2 신라

①

삼국사지35/1

三國史記卷第三十五

輸忠定難靖國贊化同德功臣開府儀同三司檢校太師守太保門下侍中判尙書吏禮部事集賢殿太學士監修國史上柱國致仕臣金富軾奉

宣撰

雜志第四　地理二

漢州本高句麗漢山郡新羅取之景德王改爲漢州今廣州領縣二黃武縣本高句麗南川縣新羅并之眞興王爲州置軍主景德王改名今利川縣巨黍縣本高句麗駒城縣景德王改名今龍駒縣

中原京本高句麗國原城新羅平之眞興王置小京文武王時築城周二千五百九十二步景德王改爲中原京今忠州

槐壤郡本高句麗仍斤內郡景德王改名今槐州

泝(一作沂)川郡本高句麗述川郡景德王改名今川寧郡領縣二黃驍縣本高句麗骨乃斤縣景德王改名今黃驪縣濱陽縣本高句麗楊根縣景德王改名今復故

黑壤郡(一云黃壤郡)本高句麗今勿奴郡景德王改名

① 黍(節要)

蛇

삼국사지35/2

今鎭州領縣二都西縣本高句麗道西縣景德王改名今道安縣陰城縣本高句麗仍忽縣景德王改名今因之

介山郡本高句麗皆次山郡景德王改名今竹州領縣一陰竹縣本高句麗奴音竹縣景德王改名今因之

白城郡本高句麗奈兮忽景德王改名今安城郡領縣二赤城縣本高句麗沙伏忽景德王改名今陽城縣蛇山縣本高句麗縣景德王因之今稷山縣

水城郡本高句麗買忽郡景德王改名今水州

唐恩郡本高句麗唐城郡景德王改名今復故領縣二車城縣本高句麗上(一作車)忽縣景德王改名今龍城縣振威縣本高句麗釜山縣景德王改名今因之

栗津郡本高句麗栗木郡景德王改名今菓州領縣三穀壤縣本高句麗仍伐奴縣景德王改名今黔州孔巖縣本高句麗濟次巴衣縣景德

王改名今因之邵城縣本高句麗買召忽縣景
德王改名今仁州 一云慶原買召一作弥鄒
獐口郡本高句麗獐項口縣景德王改名今安
山縣
長堤郡本高句麗主夫吐郡景德王改名今樹
州領縣四戍城縣本高句麗首尒忽景德王改
名今守安縣金浦縣本高句麗黔浦縣景德王
改名今因之童城縣本高句麗童子忽 一云幢山縣
縣景德王改名今因之分津縣本高句麗平唯
押縣景德王改名今通津縣
漢陽郡本高句麗北漢山郡 一云平壤 眞興王爲州
置軍主景德王改名今楊州舊墟領縣二荒壤
縣本高句麗骨衣奴縣景德王改名今豊壤縣
遇王縣本高句麗皆伯縣景德王改名今幸州
來蘇郡本高句麗買省縣景德王改名今見州
領縣二重城縣本高句麗七重縣景德王改名
今積城縣波平縣本高句麗波害平吏縣景德
王改名今因之

① 平(節要)
② 豐(鑄字本)
③ 平(鑄字本), 史(高麗史)

交河郡本高句麗泉井口縣景德王改名今因
之領縣二峯城縣本高句麗述尒忽縣景德王
改名今因之高烽縣本高句麗達乙省縣景德
王改名今因之
堅城郡本高句麗馬忽郡景德王改名今抱川
領縣二沙川縣本高句麗內乙買縣景德王改
名今因之洞陰縣本高句麗梁骨縣景德王
改名今因之
鐵城郡本高句麗鐵圓郡景德王改名今東州
領縣二幢梁縣本高句麗僧梁縣景德王改
名今僧嶺縣功成縣本高句麗功木達縣景德
王改名今獐州
富平郡本高句麗夫如郡景德王改名今金化
縣領縣一廣平縣本高句麗斧壤縣景德王
改名今平康縣
兎山郡本高句麗烏斯含達縣景德王改名今
因之領縣三安峽縣本高句麗阿珍押縣景德
王改名今因之朔邑縣本高句麗所邑豆縣景

① 峯(鑄字本)
② 珍(節要)

삼국사지 35/5

德王改名今朔寧縣伊川縣本高句麗毋珍買
縣景德王改名今因之
牛峯郡本高句麗牛岑郡景德王改名今因之
領縣三臨江縣本高句麗獐項縣景德王改名
今因之長湍縣本高句麗長淺城縣景德王改
名今因之臨端縣本高句麗麻田淺縣景德王
改名今麻田縣
松岳郡本高句麗扶蘇岬孝昭王三年築城景
德王因之

我太祖開國爲王畿領縣二如羆縣本高句麗
若豆耻縣景德王改名今松林縣第四葉
光宗創置佛曰寺於其地移其縣於東北江陰
縣本高句麗屈押縣景德王改名今因之
開城郡本高句麗冬比忽景德王改名今開城
府領縣二德水縣本高句麗德勿縣景德王改
名今因之第十一葉
文宗代創置興王寺於其地移其縣於南臨津
縣本高句麗津臨城景德王改名今因之

① 伊(鑄字本)
② 日(鑄字本)

삼국사지 35/6

海口郡本高句麗穴口郡在海中景德王改名
今江華縣領縣三沍陰縣本高句麗冬音奈縣
景德王改名在穴口島內今河陰縣喬桐縣本
高句麗高木根縣海島也景德王改名今因之
守鎭縣本高句麗首知縣景德王改名今鎭江縣
永豐郡本高句麗大谷郡景德王改名今平州
領縣二檀溪縣本高句麗水谷城縣景德王改
名今俠溪縣鎭湍縣本高句麗十谷城縣景德
王改名今谷州

海皐郡本高句麗冬彡(音一作忽)郡景德王改名
今鹽州領縣一雊澤縣本高句麗刀臘縣景德
王改名今白州
瀑池郡本高句麗內米忽郡景德王改名今海州
重盤郡本高句麗息城郡景德王改名今安州
棲嵒郡本高句麗鵂嵒郡景德王改名今鳳州
五關郡本高句麗五谷郡景德王改名今洞州
領縣一獐塞縣本高句麗獐塞縣景德王因之今遂
安郡

① 冱(節要) 혹은 江(鑄字本)
② 栖(節要)

삼국사지35/7

取城郡本高句麗冬忽憲德王改名今黃州領
縣三土山縣本高句麗息達憲德王改名今因
之唐嶽縣本高句麗加火押憲德王置縣改名
今中和縣松峴縣本高句麗夫斯波衣縣憲德
王改名今屬中和縣
朔州賈躭(耽)古今郡國志云句麗之東南濊之西
古貊地蓋今新羅北朔州善德王六年唐貞觀
十一年為午①首州置軍主(一云文武王十三年唐咸亨四年置首若州)
景德王改為朔州今春州領縣三綠驍縣本高
句麗伐力川縣景德王改名今洪川縣潢川縣
本高句麗横川縣景德王改名今復故砿②平縣
本高句麗砿③峴縣景德王改名今因之
北原京本高句麗平原郡文武王置北原小京神文
王五年築城周一千三十一步景德王因之今
原州
奈隄郡本高句麗奈吐郡景德王改名今湜④州
領縣二清風縣本高句麗沙熱伊縣景德王改
名今因之赤山縣本高句麗縣景德王因之今

① 牛(高麗史)
② 砥(鑄字本)
③ 砥(鑄字本)
④ 堤(高麗史)

삼국사지35/8

丹山縣
奈靈郡本百濟奈巳①郡婆娑王取之景德王改
名今剛州領縣二善谷縣本高句麗買谷縣景
德王改名今未詳玉馬縣本高句麗古斯馬縣
景德王改名今奉化縣
岋②山郡本高句麗及伐山郡景德王改名今興
州領縣一鄰豐縣本高句麗伊伐支縣景德王
改名今未詳
嘉平郡本高句麗斤平郡景德王改名今因之
領縣一浚水縣本高句麗深川縣景德王改名
今朝宗縣
楊麓郡本高句麗楊口郡景德王改名今陽溝
縣領縣三豨蹄縣本高句麗猪足縣景德王改
名今麟蹄縣馳道縣本高句麗玉岐縣景德王
改名今瑞禾縣三嶺縣本高句麗三峴縣景德
王改名今方山縣
狼川郡本高句麗狌川郡景德王改名今因之
大楊郡本高句麗大楊管郡景德王改名今長

① 己로 판단.
② 岌(鑄字本)

⑤ ④ ③ ② ①

揚郡領縣二藪川縣本高句麗藪狌川縣景德
王改名今和川縣文登縣本高句麗文峴縣景
德王改名今因之
益城郡本高句麗①母城郡景德王改名今金城郡
岐城郡本高句麗冬斯忽郡景德王改名今因
之領縣一通溝縣本高句麗②木入縣景德王改
名今因之
連城郡本高句麗各（客一作）連城郡景德王改名
今交州領縣三丹松縣本高句麗赤③木鎭景德
王改名今嵐谷縣軼雲縣本高句麗猪述縣景
德王改名今未詳狶嶺縣本高句麗猪守峴縣
景德王改名今未詳
朔庭郡本高句麗比列忽郡眞興王十七年梁
④大平元年爲比列州置軍主孝昭王時築城周
一千一百八十步景德王改名今登州領縣五
瑞谷縣本高句麗原谷縣景德王改名今因之
蘭山縣本高句麗昔達縣景德王改名今未詳
霜陰縣本高句麗⑤蓬寒縣景德王改名今因之

① 母(節要)
② 水(高麗史)
③ 木(節要)
④ 太(年表)
⑤ 薩(高麗史)

耽 ①

菁山縣本高句麗加支達縣景德王改名今汶
山縣翊①谿縣本高句麗翼谷縣景德王改名今
因之
井泉郡本高句麗泉井郡文武王二十一年取
之景德王改名築炭項關門今湧州領縣三蒜
山縣本高句麗買尸達縣景德王改名今未詳
松山縣本高句麗夫斯達縣景德王改名今未
詳幽居縣本高句麗東墟縣景德王改名今未詳
溟州本高句麗河西良（一作何瑟羅）後屬新羅賈躭
古今郡國志云今新羅北界溟州蓋濊之古國
前史以扶餘爲濊地蓋誤善德王時爲小京置
仕臣太宗王五年唐顯慶三年以何瑟羅地連
靺鞨罷京爲州置軍主以鎭之景德王十六
年改爲溟州今因之領縣四旌善縣本高句麗
仍買縣景德王改名今因之棟（一作揀）隄縣本高
句麗束吐縣景德王改名今未詳支山縣本高
句麗縣景德王因之今連谷縣洞山縣本高句
麗穴山縣景德王改名今因之

① 谿(鑄字本)

삼국사지 35/11

①②③④⑤⑥⑦

曲城郡本高句麗屈火郡景德王攺名今臨河
郡領縣一緣(揮一作)武縣本高句麗伊火兮縣景
德王攺名今安德縣
野城郡本高句麗也尸忽郡景德王攺名今盈
德郡領縣二眞安縣本高句麗助攬縣景德王
攺名今甫城府積善縣本高句麗青己縣景德
王攺名今青鳧縣
有鄰郡本高句麗于尸郡景德王攺名今禮州
領縣一海阿縣本高句麗阿兮縣景德王攺名

今淸河縣
蔚珍郡本高句麗于珍也縣景德王攺名今因
之領縣一海曲(一作西)縣本高句麗波旦縣景德
王攺名今未詳
奈城郡本高句麗奈生郡景德王攺名今寍越
郡領縣三子春縣本高句麗乙阿旦縣景德王
攺名今永春縣白烏縣本高句麗郁烏縣景德
王攺名今平昌縣酒泉縣本高句麗酒淵縣景
德王攺名今因之

① 椽(金貞培)
② 今(鑄字本)
③ 旦(精文研)
④ 寧(鑄字本)
⑤ 改(鑄字本)
⑥ 改(鑄字本)
⑦ 改(鑄字本)

삼국사지 35/12

三陟郡本悉直國婆娑王世來降智證王六年
梁天監四年爲州以異斯夫爲軍主景德王攺
名今因之領縣四竹嶺縣本高句麗竹峴縣景
德王攺名今未詳滿卿(一作鄕)縣本高句麗滿若
縣景德王攺名今未詳羽谿縣本高句麗羽谷
縣景德王攺名今因之海利縣本高句麗波利
縣景德王攺名今未詳
守城郡本高句麗迂城郡景德王攺名今杅城
縣領縣二童山縣本高句麗僧山縣景德王攺

名今烈山縣翼嶺縣本高句麗翼峴縣景德王
攺名今因之
高城郡本高句麗達忽眞興王二十九年爲州
置軍主景德王攺名今因之領縣二豢猳縣本
高句麗猪迲穴縣景德王攺名今因之偏嶮縣
本高句麗平珍峴縣景德王攺名今雲巖縣
金壤郡本高句麗休壤郡景德王攺名今因之
領縣五習谿縣本高句麗習比谷縣景德王攺
名今歙谷縣隄上縣本高句麗吐上縣景德王

派

改名今碧山縣臨道縣本高句麗道臨縣景德王改名今因之泒川縣本高句麗改淵縣景德王改名今因之鶻浦縣本高句麗鵠浦縣景德王改名今因之

三國史記卷第三十五

삼국사지 35 / 13

삼국사기 권 제36

잡지 제5

지리3 신라

삼국사지 36/1

三國史記卷第三十六
宣撰
雜志第五 地理三
熊州本百濟舊都唐高宗遣蘇定方平之置
熊津都督府羅文武王取其地有之神文王改
爲熊川州置都督景德王十六年改名熊州今
分州領縣二尼山縣本百濟熱也山縣景德王
改名今因之清音縣本百濟伐音支縣景德王
改名今新豐縣
西原京神文王五年初置西原小京景德王改
名西原京今清州
大麓郡本百濟大木岳郡景德王改名今木州
領縣二馴雉縣本百濟甘買縣景德王改名今
豐歲縣金池縣本百濟仇知縣景德王改名今
全義縣
嘉林郡本百濟加林郡景德改加爲嘉今因
之領縣二馬山縣本百濟縣景德王改州郡名

① 新(精文硏)
② 公(高麗史)
③ 王(高麗史)

삼국사지 36/2

及今並因之翰山縣本百濟大山縣景德王改
名今鴻山縣
西林郡本百濟舌林郡景德王改名今因之領
縣二藍浦縣本百濟寺浦縣景德王改名今因
之庇仁縣本百濟比衆縣景德王改名今因之
伊山郡本百濟馬尸山郡景德王改名今因之
領縣二目牛縣本百濟牛見縣景德王改名今
未詳今並縣本百濟今勿縣景德王改名今德
豐縣
槥城郡本百濟槥郡景德王改名今因之領縣
三唐津縣本百濟伐首只縣景德王改名今因
之餘邑縣本百濟餘村縣景德王改名今餘美
縣新平縣本百濟沙平縣景德王改名今因之
扶餘郡本百濟所夫里郡唐將蘇定方與庾信
平之文武王十二年置摠管景德王改名今因
之領縣二石山縣本百濟珍惡山縣景德王改
名今石城縣悅城縣本百濟悅已縣景德王改
名今定山縣

① 平(鑄字本)
② 平(鑄字本)
③ 己(世宗實錄地理志)

삼국사지 36/3

任城郡本百濟任存城景德王改名今大興郡
領縣二青正縣本百濟古良夫里縣景德王改
名今青陽縣孤山縣本百濟烏山縣景德王改
名今禮山縣
黃山郡本百濟黃等也山郡景德王改名今連
山縣領縣二鎭嶺縣本百濟眞峴縣(眞一作貞)景德
王改名今鎭岑縣珍同縣本百濟縣景德王改
州郡名及今並因之
比豐郡本百濟雨述郡景德王改名今懷德郡

領縣二儒城縣本百濟奴斯只縣景德王改名
今因之赤烏縣本百濟所比浦縣景德王改名
今德津縣
潔城郡本百濟結巳郡景德王改名今因之領
縣二新邑縣本百濟新村縣景德王改名今保
寧縣新良縣本百濟沙尸良縣景德王改名今
黎陽縣
燕山郡本百濟一牟山郡景德王改名今因之
領縣二燕岐縣本百濟豆仍只縣景德王改名

武

① 己(李丙燾)

삼국사지 36/4

今因之昧谷縣本百濟未谷縣景德王改名今
懷仁縣
富城郡本百濟基郡景德王改名今因之領縣
二蘇泰縣本百濟省大号縣景德王改名今因
之地育縣本百濟知六縣景德王改名今北谷縣
湯井郡本百濟郡文武王十一年唐咸亨二年
爲州宣摠管咸亨十二年廢州爲郡景德王因
之今溫水郡領縣二陰峯(一云陰岑)縣本百濟牙述
縣景德王改名今牙州祁梁縣本百濟屈直

縣景德王改名今新昌縣
全州本百濟完山眞興王十六年爲州二十六
年州癈神文王五年復置完山州景德王十六
年改名今因之領縣三杜城縣本百濟豆伊縣
景德王改名今伊城縣金溝縣本百濟仇知只
山縣景德王攺名今因之高山縣本百濟縣景
德王改州郡名及今因之
南原小亰本百濟古龍郡新羅幷之神文王五
年初置小亰景德王十六年置南原小京今南

京 京

① 兮(節要)
② 置(高麗史)
③ 廢(鑄字本)
④ 改(鑄字本)

삼국사지 36/5

③ ② ①

原府
大山郡本百濟大尸山郡景德王改名今泰山
郡領縣三井邑縣本百濟井村景德王改名今
因之斌城縣本百濟賓屈縣景德王改名今仁
義縣野西縣本百濟也西伊縣景德王改名今
臣野縣
古阜郡本百濟古眇夫里郡景德王改名今因
之領縣三扶寧縣本百濟皆火縣景德王改名
今因之喜安縣本百濟欣良買縣景德王改名
今保安縣尙質縣本百濟上柒縣景德王改名
今因之
進禮郡本百濟進仍乙郡景德王改名今因之
領縣三伊城縣本百濟豆尸伊縣景德王改名
今富利縣淸渠縣本百濟勿居縣景德王改名
今因之丹川縣本百濟赤川縣景德王改名今
朱溪縣
德殷郡本百濟德近郡景德王改名今德思郡
領縣三市津縣本百濟加知奈縣景德王改名

① 巨(鑄字本)
② 沙(節要)
③ 恩(鑄字本)

삼국사지 36/6

② ①

今因之礪良縣本百濟只良肖縣景德王改名
今因之雲梯縣本百濟只伐只縣景德王改名
今因之
臨陂郡本百濟屎山郡景德王改名今因之領
縣三咸悅縣本百濟甘勿阿縣景德王改名今
因之沃溝縣本百濟馬西良縣景德王改名今
因之澮尾縣本百濟夫夫里縣景德王改名今
因之
金堤郡本百濟碧骨縣景德王改名今因之領
縣四萬項縣本百濟豆乃山縣景德王改名今
因之平皐縣本百濟首冬山縣景德王改名今
因之利城縣本百濟乃利阿縣景德王改名今
因之武邑縣本百濟武斤村縣景德王改名今
富潤縣
淳化郡本百濟道實郡景德王改名今淳
昌縣領縣二磧城縣本百濟礫坪縣景德王改
名今因之九皐縣本百濟[illegible]坪縣景德王改名
今因之

① 頃(鑄字本)
② 堗(高麗史)

삼국사지 36/7

金馬郡本百濟金馬渚郡景德王改名今因之
領縣三沃野縣本百濟所力只縣景德王改名
今因之野山縣本百濟閼也山縣景德王改名
今朗山縣紆洲縣本百濟于召渚縣景德王改
名今紆州
壁谿郡本百濟伯伊(一作海)郡景德王改名今長
溪縣領縣二鎭安縣本百濟難珍阿縣景德王
改名今因之高澤縣本百濟雨坪縣景德王改
名今長氷縣

任實郡本百濟郡景德王改州郡名及今並因
之領縣二馬靈縣本百濟馬突縣景德王改名
今因之青雄縣本百濟居斯勿縣景德王改名
今巨寧縣
武州本百濟地神文王六年爲武珍州景德王
改爲武州今光州領縣三玄雄縣本百濟未冬
夫里縣景德王改名今南平郡龍山縣本百濟
伏龍縣景德王改名今復故祁陽縣本百濟
屈支縣景德王改名今昌平縣

① 水(鑄字本)
② 州(鑄字本)
③ 里(鑄字本)

삼국사지 36/8

分嶺郡本百濟分嵯郡景德王改名今樂安郡
領縣四忠烈縣本百濟助助禮縣景德王改名
今南陽縣兆陽縣本百濟冬老縣景德王改名
今因之薑原縣本百濟豆肹縣景德王改名今
荳原縣栢舟縣本百濟比史縣景德王改名今
泰江縣
寶城郡本百濟伏忽郡景德王改名今因之領
縣四代勞縣本百濟馬斯良縣景德王改名今
會寧縣季水縣本百濟季川縣景德王改名今

長澤縣烏兒縣本百濟烏次縣景德王改名今
定安縣馬邑縣本百濟古馬旀知縣景德王改
名今遂寧縣
秋成郡本百濟秋子兮郡景德王改名今潭陽
郡領縣二玉菓縣本百濟菓支縣景德王改名
今因之栗原縣本百濟栗支縣景德王改名今
原栗縣
靈巖郡本百濟月奈郡景德王改名今因之
潘南郡本百濟半奈夫里縣景德王改名今因之

① 弥(高麗史)
② 玉(高麗史)

삼국사지 36/9

④ ③ ② ①

領縣二野老縣本百濟阿老谷縣景德王改名
今安老縣昆湄縣本百濟古彌縣景德王改名
今因之
岬城郡本百濟古尸伊縣景德王改名今長城
郡領縣二珍原縣本百濟丘斯珍考縣景德王
改名今因之森溪縣本百濟所非考縣景德王
改名今因之
武靈郡本百濟武尸伊郡景德王改名今靈光
郡領縣三長沙縣本百濟上老縣景德王改名

今因之高敞縣本百濟毛良夫里縣景德王改
名今因之茂松縣本百濟松彌知縣景德王改
名今因之
昇平郡本百濟歃乎郡景德王改名今因之一云
昇州領縣三海邑縣本百濟猿村縣景德王改名
今麗水縣睎陽縣本百濟馬老縣景德王改名
今光陽縣廬山縣本百濟突山縣景德王改名
今復故
谷城郡本百濟欲乃郡景德王改名今因之領

① 兮(高麗史)
② 兮(高麗史)
③ 昇(鑄字本), 欿(高麗史), 平(鑄字本)
④ 晞(鑄字本)

삼국사지 36/10

耽 ①

縣三富有縣本百濟遁支縣景德王改名今因
之求禮縣本百濟仇次禮縣景德王改名今因
之同福縣本百濟豆夫只縣景德王改名今因之
陵城郡本百濟尒陵夫里郡景德王改名今因
之領縣二富里縣本百濟波夫里郡景德王改
名今福城縣汝湄縣本百濟仍利阿縣景德王
改名今和順縣
錦山郡本百濟發羅郡景德王改名今羅州牧
領縣三會津縣本百濟豆肸縣景德王改名今

因之鐵冶縣本百濟實於山縣景德王改名今
因之艅艎縣本百濟水川縣景德王改名今因之
陽武郡本百濟道武郡景德王改名今道康郡
領縣四固安縣（固一作同）本百濟古西伊縣景德王
改名今竹山縣躭津縣本百濟冬音縣景德王改
名今因之浸溟縣本百濟塞琴縣景德王改名今
海南縣黃原縣本百濟黃述縣景德王改名今因之
務安郡本百濟勿阿兮郡景德王改名今因
之領縣四咸豐縣本百濟屈乃縣景德王改名

① 肹(高麗史)

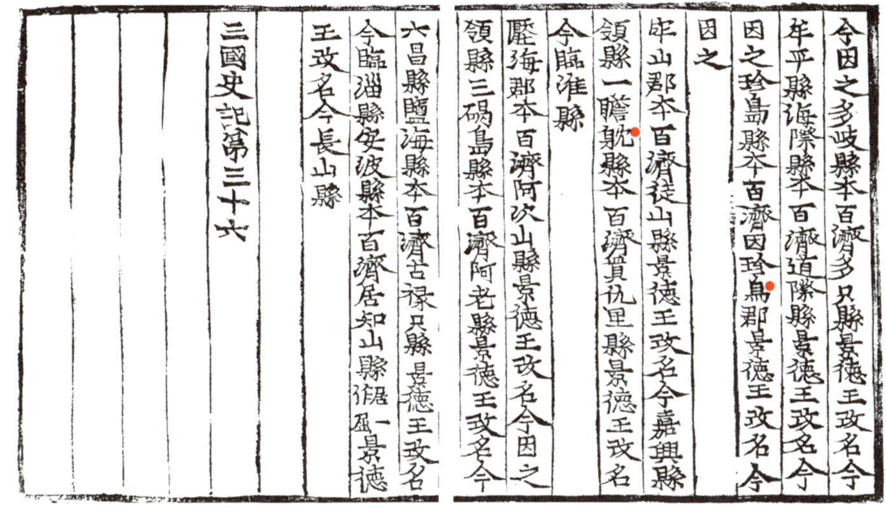
耽 ①

今因之多岐縣本百濟多只縣景德王改名今
年平縣海際縣本百濟道際縣景德王改名今
因之珍島縣本百濟因珍島郡景德王改名今
因之
牢山郡本百濟徒山縣景德王改名今嘉興縣
領縣一瞻耽縣本百濟買仇里縣景德王改名
今臨淮縣
壓海郡本百濟阿次山縣景德王改名今因之
領縣三碣島縣本百濟阿老縣景德王改名今
六昌縣鹽海縣本百濟古祿只縣景德王改名
今臨淄縣安波縣本百濟居知山縣居一徦屈景德
王改名今長山縣

三國史記第三十六

① 島(節要)

삼국사기 권 제37

잡지 제6

지리4 고구려 백제

삼국사지 37/1

三國史記卷第三十七

宣撰

雜志第六 地理四 高句麗 百濟

按通典云朱蒙以漢建昭二年自北扶餘東南行渡普述水至紇升骨城居焉號曰句麗以高爲氏古記云朱蒙自扶餘逃難至卒本則紇升骨城卒本似一處也漢書志云遼東郡距洛陽三千六百里屬縣有無慮則周禮北鎭醫巫閭山也大遼於其下置醫州玄菟郡距洛陽東北四千里所屬三縣高句麗是其一焉則所謂朱蒙所都紇升骨城卒本者蓋漢玄菟郡之界大遼國東京之西漢志所謂玄菟屬縣高句麗是歟昔大遼未亡時遼帝在燕景則吾人朝聘者過東京涉遼水一兩日行至醫州以向燕薊故知其然也自朱蒙立都紇升骨城歷四十年孺留王二十二年移都國內城(或云尉耶巖城 或云不而城)按漢書樂浪郡屬縣有不而又總章二年英國

① 京(遼史 38 地理 2)
② 那(高句麗本紀 1)

삼국사지 37/2

公李勣奉勅以高句麗諸城置都督府及州縣目錄云鴨淥以北已降城十一其一國內城從平壤至此十七驛則此城亦在北朝境內但不知其何所耳都国内歷四百二十五年長壽王十五年移都平壤歷一百五十六年平原王二十八年移都長安城歷八十三年寶臧王二十七年而滅(古人記錄自始祖朱蒙王寶臧王歷年丁寧纖悉若此而或云故國原王十三年移居平壤東黃城城在今西京東木覓山中不可知其然否)平壤城似今西京而浿水則大同江是也何以知之唐書云平壤城漢樂浪郡也隨山屈繚爲郛南涯浿水又志云登州東北海行南傍海壖過浿江口椒島得新羅西北又隋煬帝東征詔曰滄海道軍舟艫千里高帆電逝巨艦雲飛橫絶浿江遙造平壤以此言之今大同江爲浿水明矣則西京之爲平壤亦可知矣唐書云平壤城亦謂長安而古記云自平壤移長安則二城同異遠近則不可知矣高句麗始居中國北地則漸東遷于浿水之側澥海人武藝曰昔高麗盛

① 至(金貞培)
② 渤(鑄字本)

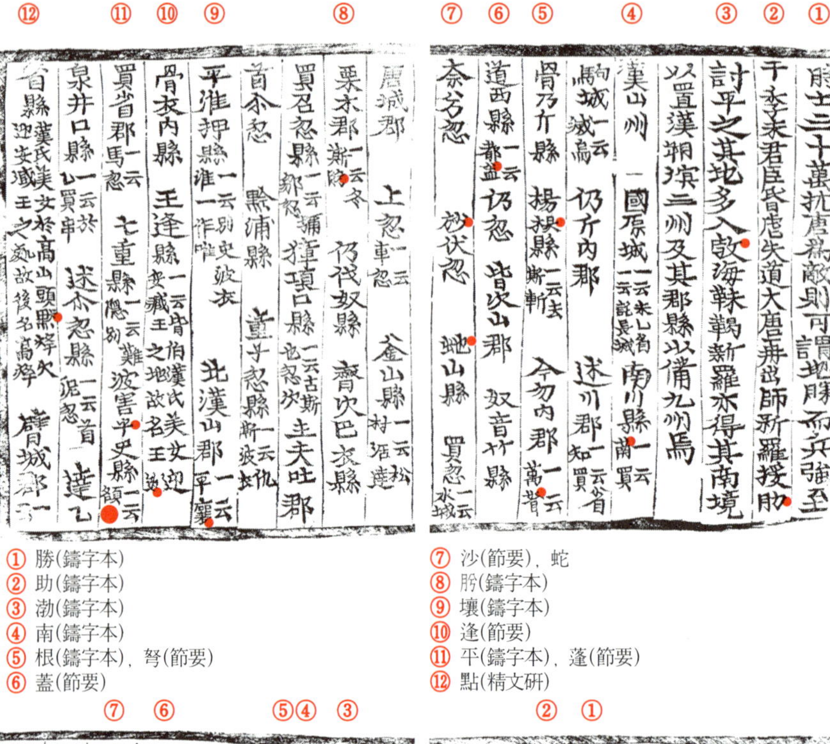

⑫ ⑪ ⑩ ⑨ ⑧ ⑦ ⑥ ⑤ ④ ③ ② ①

將士三十萬抗唐爲敵則可謂地勝而兵強至
于季末君臣昏虐失道大唐再出師新羅援助
討平之其地多入渤海靺鞨新羅亦得其南境
以置漢朔溟三州及其郡縣以備九州焉
漢山州 國原城 一云未乙省 一云託長城 南川縣 一云南買
駒城 一云滅烏 仍斤內郡 述川郡 一云省知買
骨乃斤縣 楊根縣 一云去斯斬 今勿內郡 一云萬弩
道西縣 一云都盖 仍忽 皆次山郡 奴音竹縣
奈兮忽 沙伏忽 蛇山縣 買忽 一云水城

唐城郡 上忽 一云車忽 釜山縣 一云松村活達
栗木郡 一云冬斯肹 仍伐奴縣 齊次巴衣縣
買召忽縣 一云彌鄒忽 獐項口縣 一云古斯也忽次 主夫吐郡
首尒忽 黔浦縣 童子忽縣 一云仇斯波衣
平淮押縣 一云別史波衣 北漢山郡 一云平壤
骨衣內縣 王逢縣 一云皆伯 漢氏美女迎安臧王之地 故名王迎
買省郡 一云馬忽 七重縣 一云難隱別 波害平史縣 一云額
泉井口縣 一云於乙買串 述尒忽縣 一云首泥忽 達乙
省縣 漢氏美女於高山頭點烽火 迎安臧王之處 故後名高烽 臂城郡 一云

① 勝(鑄字本)
② 助(鑄字本)
③ 渤(鑄字本)
④ 南(鑄字本)
⑤ 根(鑄字本), 弩(節要)
⑥ 蓋(節要)
⑦ 沙(節要), 蛇
⑧ 肹(鑄字本)
⑨ 壤(鑄字本)
⑩ 逢(節要)
⑪ 平(鑄字本), 蓬(節要)
⑫ 點(精文硏)

⑦ ⑥ ⑤④ ③ ② ①

忽 內乙買 一云內尒米 鐵圓郡 一云毛乙冬非
梁骨縣 僧梁縣 一云非勿 功木達 一云熊閃山
夫如郡 於斯內縣 一云斧壤 烏斯含達
阿珍押縣 一云窮嶽 所邑豆縣 伊珍買縣
牛岑郡 一云牛嶺 一云首知衣 獐項縣 一云古斯也忽次
長淺城縣 一云耶耶 一云夜牙 麻田淺縣 一云泥沙波忽
扶蘇岬 若只頭恥縣 一云朔頭 一云衣頭 屈於押 一云紅西
冬比忽 德勿縣 津臨城縣 一云烏阿忽
穴口郡 一云甲比古次 冬音奈縣 一云休陰 高木根縣

一云達乙斬 首知縣 一云新知 大谷郡 一云多知忽
水谷城縣 一云買旦忽 十谷縣 一云德頓忽 冬音忽
一云豉鹽城 刀臘縣 一云雉嶽城 五谷郡 一云于次吞忽
內米忽 一云池城 一云長池 漢城郡 一云漢忽 一云息城 一云乃忽
鵂鶹城 一云租波衣 一云鵂巖郡 獐塞縣 一云古所於 冬忽
一云于冬於忽 今達 一云薪達 一云息達 仇乙峴 一云屈遷 今豐
州 闕口 今儒州 栗口 一云栗川 今殷栗縣
長淵 今因之 麻耕伊 今青松縣 楊岳 今安
嶽郡 板麻串 今嘉禾縣 熊閑伊 今水寧縣

① 波(節要)
② 江(高麗史)
③ 頓(鑄字本)
④ 于(高麗史)
⑤ 呑(高麗史)
⑥ 遷(鑄字本)의 俗字. 이하 생략.
⑦ 一(鑄字本)

⑤　　　　④　③　②　①　遷

삼국사지 37/5

甕迁今甕津縣　付珍伊今永康縣
鵠島今白嶺鎭　升山今信州　加火抑
夫斯波衣縣一云仇史峴　牛首州首一作頭一云首次若一云烏根乃
伐力川縣　橫川縣一云於斯買　砥峴縣
乎原郡一云北原　奈吐郡一云大提　沙熱伊縣
赤山縣　斤平郡一云並平　深川縣一云伏斯買
楊口郡一云要隱忽次　猪足縣一云烏斯迴　王岐縣一云皆次丁
三峴縣一云密波兮　狌川郡一云也尸買　大楊
管郡一云馬斤押　買谷縣　古斯馬縣

及伐山郡　伊伐支縣一云自伐支　藪狌川縣
一云藪川　文峴縣一云斤尸波兮　母城郡一云也次忽
冬斯忽　水入縣一云買伊縣　客連郡
一云客一作各一云加兮牙　赤木縣一云沙非斤乙　管述縣
猪闌峴縣一云烏生波衣一云猪守　淺城郡一云比烈忽
原谷縣一云首乙呑　菁達縣一云昔達　薩寒縣
加支達縣　於支呑一云翼谷　買尸達
泉井郡一云於乙買　夫斯達縣　東墟縣一云加知斤
奈生郡　乙阿旦縣　于烏縣一云郁烏

① 押(節要)
② 砥(高麗史)
③ 平(高麗史), 堤(節要)
④ 玉(高麗史)

⑤ 旦(高麗史)

兮　　　　⑤④　③　②①　　西

삼국사지 37/6

酒淵縣　何瑟羅州一云河西良一云河西　乃買縣
東吐縣　支山縣　穴山縣　達城郡一云
加阿忽　僧山縣一云所勿達　翼峴縣一云伊文縣
達忽　猪迚穴縣一云烏斯押　平珍峴縣
一云平珍波衣　道臨縣一云助乙浦　休壤郡一云金惱
習比谷一作呑　吐上縣　岐淵縣　鵠浦縣一云
古衣浦　竹峴縣一云柰生於　滿若縣一云沔兮
波利縣　于珍也郡　波且縣一云波豊
也尸忽郡　助攬郡一云才攬　青巳縣

屈火縣　伊火兮縣　于尸郡　阿兮縣
悉直郡一云史直　羽谷縣
右高句麗州郡縣共一百六十四其新羅改名
及今名見新羅志
百濟
後漢書云三韓凡七十八國百濟是其一國焉
北史云百濟東極新羅西南俱限大海北際漢
江其都曰居拔城又云固麻城其外更有五方
城通典云百濟南接新羅北距高麗西限大海

① 奈(鑄字本)
② 㴅의 俗字. 이하 생략.
③ 旦(蔚珍鳳坪碑 및 精文研)
④ 才(節要)

⑤ 已(高麗史)

삼국사기 37/7

③② ①

舊唐書云百濟扶餘之別種東北新羅西渡海
至越州南渡海至倭北高麗其王所居有東西
兩城新唐書云百濟西界越州南倭皆踰海北
高麗按古典記東明王第三子溫祚以前漢鴻嘉
三年癸卯自卒本扶餘至慰礼城立都稱王歷
三百八十九年至十三世近肖古王取高句麗南
平壤都漢城歷一百五年至二十二世文周王
移都熊川歷六十三年至二十六世聖王移都
所夫里國號南扶餘至三十一世義慈王歷年一百二

十二至唐顯慶五年是義慈王在位二十年新羅
庾信與唐蘇定方討平之舊有五部分統三
十七郡二百城七十六萬戶唐以其地分置熊
津馬韓東明等五都督府仍以其酋長爲都
督府刺史未幾新羅盡幷其地置熊全武三州
及諸郡縣與高句麗南境及新羅舊地
爲九州
熊川州一云熊津 熱也山縣 伐音支縣
西原一云臂城一云子谷 大木岳郡 其買縣一云林川

① 卒(鑄字本), 禮(鑄字本)의 古字.
② 娘(高麗史), 娘(高麗史)
③ 甘(高麗史)

삼국사기 37/8

⑦ ⑥ ⑤ ④ 往 ③ ② ①

仇知縣 加林郡 馬山縣 大山縣
古林郡 寺浦縣 比衆縣 馬尸山郡
牛見縣 今勿縣 構郡 伐首只縣
餘村縣 沙平縣 所夫里郡一云泗沘
珍惡山縣 悅巳縣一云豆陵尹城一云豆串城一云尹城 任存城
古良夫里縣 烏山縣 黃等也山郡 眞峴縣一云貞峴
珍洞縣 雨述郡 奴斯只縣 所比浦縣
結巳郡 新村縣 沙尸良縣 一牟山郡
豆仍只縣 未谷縣 基郡 省大兮縣

知六縣 湯井郡 牙述縣 屈旨縣
一云闕直 完山一云比斯伐一云比自火 豆伊縣一云往武
仇知山縣 高山縣 南原一云古龍郡
大尸山郡 井村縣 賓屈縣 也西伊縣
古沙夫里郡 皆火縣 欣良買縣 上柒縣
進乃郡一云進仍乙 豆尸伊縣一云富尸伊 勿居縣
赤川縣 德近郡 加知奈縣一云加乙乃
只良肖縣 只伐只縣 屎山郡一云折文
甘勿阿縣 馬西良縣 夫夫里縣 碧骨郡

① 槥(節要)
② 己(節要)
③ 己로 판단함, 村(鑄字本)
④ 柒(精文研)
⑤ 伊(鑄字本)
⑥ 忻(高麗史)
⑦ 里(鑄字本)

삼국사지 37/9

③ ② ①

豆乃山縣 首冬山縣 乃利阿縣 武斤縣
道實郡 礫坪縣 埃坪縣 金馬渚郡
所力只縣 閼也山縣 干召渚縣 伯海郡 一云伯伊
難珍阿縣 雨坪縣 任實郡
馬突縣 一云馬珍 居斯勿縣 武珍州 一云奴只 未冬夫里縣
伏龍縣 屈支縣 分嵯郡 一云夫沙 助助禮縣
冬老縣 豆肹縣 比史縣 伏忽郡
馬斯良縣 季川縣 烏次縣 古馬彌知縣
秋子兮郡 菓支縣 一云菓兮 栗支縣 月奈郡

半奈夫里縣 阿老谷縣 古彌縣 古尸伊縣
丘斯珍兮縣 所非兮縣 武尸伊郡 上老縣
毛良夫里縣 松彌知縣 欿平郡 一云武平 猿村縣
馬老縣 突山縣 欲乃郡 遁支縣
仇次禮縣 豆夫只縣 尒陵夫里郡 一云竹樹夫里 一云仁夫里
波夫里郡 仍利阿縣 一云海濵
發羅郡 豆肹縣 實於山縣 水川縣 一云水入伊
道武郡 古西伊縣 冬音縣
塞琴縣 一云捉濵 黃述縣 勿阿兮郡 屈乃縣

① 于(節要)
② 伏(鑄字本)
③ 欿(精文研)

삼국사지 37/10

③ 建 ② ①

多只縣 道際縣 一云陰海 因珍島郡 海島也
徒山縣 海島也 或云猿山 買仇里縣 海島也 阿次山郡
葛草縣 一云何老 一云谷野 古祿只縣 一云開要 居知山縣
一云安陵 奈已郡
右百濟州郡縣共一百四十七 其新羅改名及
今名見新羅志
三國有名未詳地分
調駿鄉 神鶴村 翔鸞村 對仙宮
鳳庭村 飛龍村 飼龍鄉 接仙鄉

敬仁鄉 好禮鄉 積善鄉 守義鄉
斷金鄉 海豊鄉 北濵鄉 麗金成
接靈鄉 河清鄉 江寧鄉 咸寧鄉
馴雉鄉 律節鄉 敉民鄉 鐵山鄉
金川鄉 睦仁鄉 靈池鄉 永安鄉
缶安鄉 富平鄉 穀成鄉 密雲鄉
宜祿鄉 利人鄉 賞仁鄉 封德鄉
歸德鄉 永豊鄉 律功鄉 龍橋鄉
臨川鄉 海洲成 江陵鄉 鐵求鄉

① 際(鑄字本)
② 己로 판단함.
③ 缶의 俗字. 이하 생략.

삼국사지 37/11

島 ①

江南鄕 河東鄕 漵瀾鄕 露均戍
永壽戍 寶劍戍 岳陽戍 萬壽戍
濯錦戍 河曲戍 岳南戍 推畔戍
進錦戍 澗水戍 傍海戍 萬年鄕
欽仁鄕 通路鄕 懷信鄕 江西鄕
利上鄕 抱忠鄕 連嘉鄕 天露鄕
漢寧戍 會昌宮 邀仙宮 北海通
鹽池通 東海通 海南通 北傜通
末康戍 屑氣戍 奉天戍 安定戍

莱遠城 莱津戍 乾門驛 坤門驛
坎門驛 艮門驛 兌門驛 大岾城
岱山郡 枯彌縣 北隈郡 非惱城
鄒川縣 皐夷島 泉州 冷井縣
慰禮城 比只國 南新縣 腰車城
沙道城 骨火國 馬頭柵 槐谷城
長峯鎭 獨山城 活開城 芼老城
廣石城 坐羅城 孤鳴城 刀耶城
狐山城 臨海鎭 長嶺鎭 牛山城

① 安(鑄字本)

삼국사지 37/12

① ② 缶 缶 ③ ④ ⑤ ⑥ ⑦ ⑧ ⑨ 薩 建

波里彌城 實珍城 德骨城 大林城
伐音城 楸山城 多伐國 近岳城
勤奴城 椴岑城 究項城 石吐城
富山城 阿旦城 缶羅城 耳山城
甘勿城 桐岑城 骨平城 一云骨平 達咸城
西谷城 勿伐城 子陁城 畏石城
泉山城 獐岑城 獨母城 缶谷城
西單城 猴城 櫻岑城 岐岑城
旗懸城 穴柵城 蛙山城 濕水

龍瓶 猪岳 瓶山 直明
達伐 朶山 木出島 狗壤
大丘 沙峴 熊谷 風島
斧峴 狼山 叢山 安北河
泊灼城 蓋馬國 句茶國 華麗城
藻那國 赤烽鎭 檀盧城 加尸城
石城 水口城 卑奢城 蓋岑城
沙平城 牛山城 道薩城 白岳城
建安城 蒼岳城 辱夷城

① 波(新羅本紀 智證麻立干 5년조)
② 靳(金貞培)
③ 獼(百濟本紀 義慈王 2년조)
④ 穴柵(新羅本紀 眞平王 46년조)
⑤ 甁(新羅本紀 敬順王 4년조), 明(上同)
⑥ 朶(新羅本紀 儒理尼師今 13년조), 壤(新羅本紀 脫解尼師今 8년조)
⑦ 熊(新羅本紀 奈解尼師今 27년조)
⑧ 那(高句麗本紀 太祖大王 16년조), 赤烽(精文研)
⑨ 卑奢(高句麗本紀 嬰陽王 25년조)

삼국사지 37/13

③ ② ①

荇人國 撗山 白水山 迦葉原
東牟河 優渤水 淹淲水或云蓋斯水
沸流水 薩水 毛屯谷 鶻嶺
龍山 鶻川 涼谷 箕山
長屋澤 易山 礪津 尉中林
烏骨 沙勿澤 貴湍水 安地
薩賀水 矛川 馬嶺 鸛盤嶺
馬邑山 王骨嶺 豆谷 骨句川
理勿林 車廻谷 曷思水 掾耶部

⑤ ④

北濵山 閔中原 慕本 罽山
倭山 蚕支落 平儒原 狗山瀨
坐原 質山 故國谷 左勿村
故國原 裴嶺 酒桶村 巨谷
青木谷 杜訥河 柴原 箕丘
中川 海谷 西川 鵠林
烏川 氷室村 思收村 烽山
侯山 美川 斷熊谷 馬首山
長城 磨米山 銀山 後黃

① 横(高句麗本紀 寶臧王 4년조)
② 渤(鑄字本)
③ 那(高句麗本紀)
④ 烽(鑄字本)
⑤ 候(鑄字本)

삼국사지 37/14

①

嬰留山 小獸林 禿山 武厲邏
大斧峴 馬首城 甁山柵 普述水
烽峴 禿山柵 狗川柵 走壤城
石頭城 高木城 圓山城 錦峴城
大豆山城 牛谷城 橫岳 犬牙城
赤峴城 沙道城 德安城 寒泉
釜山 石川 狗原 八坤城
關彌城 石峴城 雙峴城 沙口城
斗谷 耳山城 牛鳴谷 沙井城

島 島 島 ② 沈

馬浦村 長嶺城 加弗城 葦川
狐山 穴城 獨山城 金峴城
角山城 松山城 赤嵒城 生草原
馬川城 沉峴 眞都城 高轡府
葛嶺 支羅城或云周留城 大山柵 郁里阿
崇山 張吐野 絶影山 淸津
遺鳳島 大陸 汧隴 鳥栖島
鳳澤 龍丘 連城原 浮雲島
天馬山 海濵島 擘中島 王塞

① 押(鑄字本)
② 河(百濟本紀 蓋鹵王 21년조)

삼국사지 37/15

島 島 島 ① ② 太

連峯　叢林　升天鳥　乗黃鳥
八駿山　絶羣山　求麟鳥　負圖鳥
吐景山　河精鳥　遊氣山　平原
大澤　騏驎澤　躡景山　金穴
蘭池　西極山　浦陽丘　鐵伽山
桃林　石礫山　瑞麟苑　棽麗苑
沙苑　風達郡　曰上郡
總章二年二月前司空兼大子大師英國公李
勣等奏稱奉　勑高麗諸城堪置都督府及州

③ ④ ⑤

郡者宜共男生商量准擬奏聞并狀如前　勑
依奏其州郡應須隸屬宜委遼東道安撫使
兼右相劉仁軌遂便穩分割仍㧾隸安東都
護府
鴨渌水以北未降十一城
北扶餘城州本助利非西　節城本蕪子忽
豐夫城本肖巴忽　新城州本仇次忽(或云敦城)
挑城本波尸忽　大豆山城本非達忽
遼東城州本烏列忽　屋城州　白石城

① 瑞(鑄字本)
② 日(樂志)
③ 隸(節要)
④ 桃(節要)
⑤ 屋(鑄字本)

삼국사지 37/16

① ② ③

多伐嶽州　安市城舊安寸忽(或云丸都城)
鴨渌水以北已降城十一　椋嵒城　木底城
藪口城　南蘇城　甘勿主城本甘勿伊忽
麥田谷城　心岳城本居尸坤　國內州(一云不耐)
(或云尉邢嵒城)　屑夫婁城本肖利巴利忽
杇岳城本骨尸坤　檪木城
鴨渌以北逃城七　鈆城本乃勿忽　面岳城
牙岳城本皆尸押忽　鷲岳城本甘弥忽
積利城本赤里忽　木銀城本召尸忽

④ ⑤

犁山城本加尸達忽
鴨渌以北打得城三　穴城本甲忽
銀城本折忽　似城本史忽
都督府一十三縣　嵎夷縣　神丘縣
尹城縣本悅巳　麟德縣本古良夫里
散昆縣本新村　安遠縣本仇尸波知
賓汶縣本比勿　歸化縣本麻斯良
邁羅縣　甘蓋縣本古莫夫里
奈西縣本奈西兮　得安縣本德近支

① 押(節要)
② 那(高句麗本紀 琉璃明王 22년조)
③ 押(節要)
④ 犂(鑄字本)
⑤ 己로 판단함.

삼국사지 37/17

龍山縣本古麻山

東明州四縣　熊津縣本熊津村

㐫辛縣本阿老谷　久遲①縣本仇知

富林縣本伐音村

支潯州九縣　巳②汶縣本今勿

支潯縣本只彡村　馬津縣本孤山

子來縣本夫首只　解禮縣本皆利伊

古魯縣本古麻只　平夷縣本知留

珊瑚縣本沙好薩　隆化縣本居斯勿

魯山州六縣　魯山縣本甘勿阿

唐山縣本仇知只山　淳遲縣本豆尸

支牟縣本只馬馬知　烏蚕縣本馬知沙

阿錯縣本源村

古四州本古沙夫里五縣　平倭縣本古沙夫村

帶山縣本大尸山　辟城縣本辟骨

佐贊縣本上杜

沙泮州本号③尸伊城四縣　淳牟縣本豆奈只

無割縣本毛良夫里　牟支縣本号③尸伊村

佐魯縣本上老④

① 遲의 大篆. 이하 생략.
② 己(精文研)
③ 另(精文研), 另(精文研)
④ 老(節要)

삼국사지 37/18

多支縣本夫只

帶方州本竹軍城六縣　至留縣本知留

軍那縣本屈奈　徒山縣本抽山

半那縣本半奈夫里　竹軍縣本豆肹①

布賢縣本巴老彌

分嵯州本波知城四縣　貴旦縣本仇斯珍兮

首原縣本買省坪　皐西縣本秋子兮

軍支縣

賈躭②古今郡國志云渤②海國南海鴨淥扶餘

柵城四府並是高句麗舊地也自新羅泉

井郡至柵城府凡三十九驛

三國史記卷第三十七

① 肹(節要)
② 耽, 渤(鑄字本)

삼국사기 권 제38

잡지 제7

직관(職官) 상

三國史記卷第三十八

[illegible]

宣撰

雜志第七　職官上

新羅官號因時沿革不同其名言唐夷相雜其曰侍中郎中等者皆唐官①名其義若可考曰伊伐湌伊湌等者皆夷言不知所以言之之意當初之施設必也職有常守位有定員所以辨其尊卑待其人才之大小世久文記缺落不可得覈考而周詳觀其第二南解王以國事委任大臣謂之大輔第三儒理王設位十七等自是之後其名目繁多今採其可考者以著于篇

大輔南解王七年以脫解爲之儒理王九年置十七等一曰伊伐湌或云伊罰干或云于②伐湌或云角干或云角粲③或云舒發翰或云舒弗邯④二曰伊尺湌或云伊湌三曰迊湌或云迊判或云蘇判四曰波珍湌或云海干或云破彌干五曰大阿湌從此至伊伐湌唯眞骨受之他宗則否六曰阿湌或云阿尺干或云阿粲自重阿湌至四重阿湌七曰一吉湌

① 官(鑄字本)
② 于(李丙燾)
③ 粲(鑄字本)
④ 邯(鑄字本)

或云乙吉干八曰沙湌或云薩湌或云沙咄干九曰級伐湌或云級湌或云及伏干①十曰大奈麻或云大奈末自重奈麻至九重奈麻十一曰奈麻或云奈末自重奈麻至七重奈麻十二曰大舍或云韓舍十三曰舍知或云小舍十四曰吉士或云稽知或云吉次②十五曰大烏或云大烏知十六曰小烏或云小烏知十七曰造位或云先沮知

上大等或云上臣法興王十八年始置

大角干或云大舒發翰③太宗王七年滅百濟論功授大將軍金庾信大角干於前十七位之上加之非常位也

太大角干或云太大舒發翰④文武王八年滅高句麗授留⑤守金庾信以太大角干賞其元謀也於前十七位及大角干之上加此位以示殊尤之禮

執事省本名稟主或云祖主眞德王五年改爲執事部興德王四年又改爲省中侍一人⑥眞德王五年置景德王六年改爲侍中位自大阿湌至伊湌爲之典大等二人眞興王二十六年置景德王六年改爲侍郞位自奈麻至阿湌爲之大舍

① 伐干(節要)
② 次(鑄字本)
③ 翰(鑄字本)
④ 翰(鑄字本)
⑤ 留(鑄字本)
⑥ 人(鑄字本)

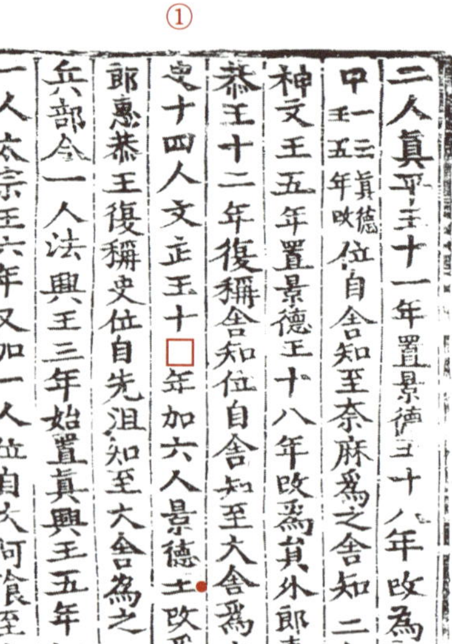

二人眞平王十一年置景德王十八年改爲郞
中一云眞德王五年改位自舍知至奈麻爲之舍知二人
神文王五年置景德王十八年改爲員外郞惠
恭王十二年復稱舍知位自舍知至大舍爲之
史十四人文武王十□年加六人景德王改爲
郞惠恭王復稱史位自先沮知至大舍爲之
兵部令一人法興王三年始置眞興王五年加
一人太宗王六年又加一人位自大阿飡至太
大角干爲之又得兼宰相私臣大監二人眞平

王四十五年初置大宗王十五年加一人景德
王改爲侍郞惠恭王復稱大監位自級飡至阿
食爲之弟監二人眞平王十一年置文宗王五
年改爲大舍景德工改爲郞中惠恭王復稱大
舍位自舍知至奈麻爲之弩舍知一人文武王
十二年始置景德王改爲司兵惠恭王復稱弩
舍知位自舍知至大舍爲之史十二人文武王
十一年加二人十二年加三人位自先沮知至
大舍爲之弩幢一人文武王十一年置景德王

① 二(絶要), 王(鑄字本)
② 文武(精文硏)
③ 級飡至(節要)
④ 飡(鑄字本), 太宗王(鑄字本)
⑤ 王(鑄字本), 復稱(鑄字本)
⑥ 至(節要)
⑦ 兵(鑄字本)
⑧ 史(鑄字本)

改爲小司兵惠恭王復故位與史同
調府眞平王六年置景德王改爲大府惠恭王
復故令二人眞德王五年置位自衿荷至太大
角干爲之卿二人文武王十五年加一人位與
兵部大監同大舍二人眞德王置景德王改爲
主簿惠恭王復稱大舍位自舍知至奈麻爲之
舍知一人神文王五年置景德王改爲司庫惠
恭王復稱舍知位自舍知至大舍爲之史八人
孝昭王四年加二人位與兵部史同

京城周作典景德王改爲修城府惠恭王復故
令五人聖德王三十一年置位自大阿飡至
大角干爲之卿六人聖德王三十二年置位與
執事侍郞同大舍六人景德王改爲主簿惠恭
王復稱大舍位自舍知至大奈麻爲之舍知一
人景德王改爲司功惠恭王復稱舍知位自舍
知至大舍爲之史八人位與調府史同
四天王寺成典景德王改爲監四天王寺府惠
恭王復故衿荷臣一人景德王改爲監令惠恭

王復稱衿荷臣哀莊王又改爲合①位自大阿飡
至角干爲之上堂一人景德王改爲卿惠恭王
復稱上堂哀莊王又改爲卿位自奈麻至阿飡
爲之赤位一人景德王改爲監惠恭王復稱赤
位青位二人景德王改爲主簿惠恭王復稱青
位哀莊王改爲大舍省一人位自舍知至奈麻
爲之史二人
奉聖寺成典景德王改爲修營奉聖寺使院後
復故衿荷臣一人景德王改爲檢校使惠恭王
復稱衿荷臣哀莊王改爲令上堂一人景德王
改爲副使後復稱上堂赤位一人景德王改爲
判官後復稱赤位青位一人景德王改爲録事
後復稱青位史二人景德王改爲典後復稱史
感恩寺成典景德王改爲修營感恩寺使院後
復故衿荷臣一人景德王改爲檢校使惠恭王
復稱衿荷臣哀莊王改爲合②上堂一人景德王
改爲副使惠恭王復稱上堂哀莊王改爲卿(一云
省卿赤位)置赤位一人景德王改爲判官後復稱赤

① 令(節要)
② 令(節要)

位青位一人景德王改爲録事後復稱青位史
二人景德王改爲典後復稱史
奉德寺成典景德王十八年改爲修營奉德寺
使院後復故衿荷臣一人景德王改爲檢校使
惠恭王復稱衿荷臣哀莊王又改爲卿上堂一
人景德王改爲副使惠恭王復稱上堂哀莊王
又改爲卿赤位一人景德王改爲判官惠恭王
復稱赤位青位二人景德王改爲録事惠恭王
復稱青位史六人後省四人景德王改爲典惠
恭王復稱史
奉思①寺成典衿荷臣一人惠恭王始置哀莊王
改爲令副使一人惠恭王始置尋改爲上堂哀
莊王又改爲卿大舍二人史二人
靈廟寺成典景德王十八年改爲修營靈廟寺
使院後復故上堂一人景德王改爲判官後復
稱上堂青位一人景德王改爲録事後又改爲
大舍史二人
永興寺成典神文王四年始置景德王十八年

① 恩(節要)

삼국사지 38/7

①

改爲監永興寺館大奈麻一人景德王改爲監
史三人
倉部昔者倉部之事兼於稟主至眞德王五年
分置此司令二人位自大阿飡至大角干爲之
卿二人眞德王五年置文武王十五年加一人
景德王改爲侍郎惠恭王復稱卿位與兵部大
監同大舍二人眞德王置景德王改爲郎中惠
恭王復稱大舍位與兵部大舍同租舍知一人
孝昭王八年置景德王改爲司倉惠恭王復故

②

位與弩舍知同史八人眞德王置文武王十一
年加三人十二年加七人孝昭王八年加一人
景德王十一年加三人惠恭王加八人
禮部令二人眞平王八年置位與兵部令同卿
二人眞德王二年 一云五年 置文武王十五年加一
人位與調府卿同大舍二人眞德王五年置景
德王改爲主簿後復稱大舍位與調府大舍同
舍知一人景德王改爲司禮後復稱舍知位與
調府舍知同史八人眞德王五年加三人位與

① 兼(鑄字本)
② 人(鑄字本)

삼국사지 38/8

①

調府史同
乘府景德王改爲司馭府惠恭王復故令二人
眞平王六年置位自大阿飡至角干爲之卿二
人文武王十五年加一人位與調府卿同大舍
二人景德王改爲主簿後復稱大舍位與兵部
大舍同舍知一人景德王改爲司牧稷復稱舍
知位與調府舍知同史九人文武王十一年加
三人位與調府史同
司正府太宗王六年置景德王改爲肅正臺惠

②

恭王復故令一人位自大阿飡至角干爲之卿
二人眞興王五年置文武王十五年加一人位
與乘府卿同佐二人孝成王元年爲犯大王諱
凡丞皆稱佐景德王改爲評事後復稱佐位自
柰麻至大柰麻爲之大舍二人位自舍知至柰
麻爲之史十人文武王十一年加五人
例作府 一云例作典 景德王改爲修例府惠恭王復
故令一人神文王六年置位自大阿飡至角干
爲之卿二人神文王置位與司正卿同大舍四

① 後(鑄字本)
② 奈(鑄字本), 大(節要), 奈, 奈

① 船

人哀莊王六年省二人景德王改爲主簿後復
稱大舍位與兵部大舍同舍知二人景德王改
爲司例後復稱舍知位與弩舍知同史八人
船府舊以兵部大監弟監掌舟楫之事文武王
十八年別置景德王改爲利濟府惠恭王復故
令一人位自大阿飡至角于爲之卿二人文武
王三年置神文王八年加一人位與調府卿同
大舍二人景德王改爲主簿惠恭王復稱大舍
位與調府大舍同舍知一人景德王改爲司舟

惠恭王復稱舍知位與調府舍知同史八人神
文王元年加二人哀莊王六年省二人
領客府本名倭典眞平王四十三年改爲領客
典(後又別置倭典)景德王又改爲司賓府惠恭王復故
令二人眞德王五年置位自大阿飡至角于爲
之卿二人文武王十五年加一人位與調府卿
同大舍二人景德王改爲主簿惠恭王復稱大
舍位與調府大舍同舍知一人景德王改爲司
儀惠恭王復稱舍知位與調府舍知同史八人

① 干(鑄字本)

①

位和府眞平王三年始置景德王改爲司位府
惠恭王復故衿荷臣二人神文王二年始置五
年加一人哀莊王六年改爲令位自伊飡至大
角干爲之上堂二人神文王置聖德王二年加
一人哀莊王改爲卿位自級飡至阿飡爲之大
舍二人景德王改爲主簿後復稱大舍位與調
府大舍同史八人
左理方府眞德王五年置孝昭王元年避大王
諱改爲議方府令二人位自級飡至迊飡爲之

卿二人眞德王置文武王十八年加一人位與
他卿同佐二人眞德王置景德王改爲評事惠
恭王復稱佐位與司正佐同大舍二人位與兵
部大舍同史十五人元聖王十三年省五人
右理方府文武王七年置令二人卿二人佐二
人大舍二人史十人
賞賜署屬倉部景德王改爲司勳監惠恭王復
故大正一人眞平王四十六年置景德王改爲正
後復稱大正位自級飡至阿飡爲之位一人位

① 簿(鑄字本)

삼국사지 38/11

①

自大奈麻至級湌爲之大舍二人眞德王五年
置景德王改爲主書惠恭王復稱大舍位自舍
知至奈麻爲之史六人文武王二十年加二人
哀莊王六年省二人
大道署或云寺典或云內道監屬禮部大正一人眞平王
四十六年置景德王改爲正後復稱大正位自
級湌至阿湌爲之一云大正下有大舍二人主書二人景德
王改爲主事位自舍知至奈麻爲之史八人
典邑署景德王改爲典京府惠恭王復毀卿二
人本置監六人分領六部元聖王六年升二人爲卿位自奈麻至沙湌爲
之監四人位自奈麻至大奈麻爲之大司邑六
人位自舍知至奈麻爲之中司邑六人位自舍
知至大舍爲之小司邑九人位與弩舍知同史
十六人木尺七十人
永昌宮成典文武王十七年置上堂一人景德
王置又改爲卿惠恭王復稱上堂哀莊王六年
又改爲卿位自級湌至阿湌爲之大舍二人景
德王改爲主簿惠恭王復稱大舍位自舍知至

① 內(鑄字本)

삼국사지 38/12

博 博 ①

奈麻爲之史四人
國學屬礼部神文王二年置景德王改爲大學
監惠恭王復故卿一人景德王改爲司業惠恭
王復稱卿位與他卿同博士若干人數不定助教若干人數
不定大舍二人眞德王五年置景德王改爲主簿
惠恭王復稱大舍位自舍知至奈麻爲之史二
人惠恭王元年加二人教授之法以周易尚書
毛詩禮記春秋左氏傳文選分而爲之業博士
若助教一人或以禮記周易論語孝經或以春
秋左傳毛詩論語孝經或以尚書論語孝經文
選教授之諸生讀書以三品出身讀春秋左氏
傳若禮記若文選而能通其義兼明論語孝經者
爲上讀曲禮論語孝經者爲中讀曲禮孝經者
爲下若能兼通五經三史諸子百家書者超擢
用之或差筭學博士若助教一人以綴經三開
九章六章教授之凡學生位自大舍已下至無
位年自十五至三十皆充之限九年若朴魯不
化者罷之若才器可成而未熟者雖踰九年許

① 算과 同字, 博

삼국사지 38/13

在學位至大奈麻奈麻而後出學

音聲署屬禮部景德王改爲大樂監惠恭王復故長二人神文王七年改爲卿景德王又改爲司樂惠恭王復稱卿位與他卿同大舍二人眞德王五年置景德王改爲主簿後復稱大舍位自舍知至奈麻爲之史四人

大日任典太宗王四年置景德王合典京府大都司六人景德王改爲大典儀後復故位自舍知至大奈麻爲之小都司二人景德王改爲小典儀後復故位自舍知至大舍爲之都事大舍二人景德王改爲大典事後復故位自舍知至奈麻爲之都事舍知四人景德王改爲中典事後復故位自舍知至大舍爲之都謁舍知八人景德王改爲典謁後復故位自舍知至大舍爲之都引舍知一人景德王改爲典引後復故位與弩舍知同幢六人景德王改爲小典事後復故位與調府史同都事替知六人都謁替知六人都引替知五人或云都引幢 或云少典引比伐首十人

삼국사지 38/14

工匠府景德王改爲典祀署後復故監一人神文王二年置位自大奈麻至級飡爲之主書二人或云主事 或云大舍眞德王五年置位自舍知至奈麻爲之史四人

彩典景德王改爲典彩署後復故監一人神文王二年置位自奈麻至大奈麻爲之主書二人眞德王五年置位自舍知至奈麻爲之史三人一云四人

左司祿館文武王十七年置監一人位自奈麻至大奈麻爲之主書二人或云主事位自舍知至奈麻爲之史四人

右司祿館文武王二十一年置監一人主書二人史四人

典祀署屬禮部聖德王十二年置監一人位自奈麻至大奈麻爲之大舍二人眞德王五年置位自舍知至奈麻爲之史四人

新宮聖德王十六年置景德王改爲典設館後復故監一人位與典祀署監同主書二人位與

삼국사지 38/15

典祀署大舍同史三人
東市典智證王九年置監二人位自奈麻至大
奈麻爲之大舍二人景德王改爲主事後復稱
大舍位自舍知至奈麻爲之書生二人景德王
改爲司直後復稱書生位與調府史同史四人
西市典孝昭王四年置監二人大舍二人景德
王改爲主事後復稱大舍書生二人景德王改
爲司直後復稱書生史四人
南市典亦孝昭王四年置監二人大舍二人景
德王改爲主事後復稱大舍書生二人景德王
改爲司直後復稱書生史四人
司範署屬禮部大舍二人(或云主書)景德王改爲主
事後復稱大舍位與調府舍知同史四人
京都驛景德王改爲都亭驛後復故大舍二人
位自舍知至奈麻爲之史二人
漏刻典聖德王十七年始置愽士①六人史一人
六部少監典(一云六部監典)梁部沙梁部監郎各一人
大奈麻各一人大舍各二人舍知各一人梁部

① 博, 士(鑄字本)

삼국사지 38/16

史六人沙梁部史五人本彼部監郎一人監大
舍一人舍知一人監幢五人史一人牟梁部監
臣一人大舍一人舍知一人監幢五人史一人
漢抵①部習比部監臣各一人大舍各一人舍知
各一人監幢各三人史各一人
食尺典大舍六人史六人
直徒典大舍六人舍知八人史二十六人
古官家典幢(一云稽知)四人鉤尺六人水主六人
禾主十五人

三國史記卷第三十八

① 祇(新羅本紀 儒理尼師今 9년조)

삼국사기 권 제39

잡지 제8

직관(職官) 중

삼국사지 39/1

三國史記卷第三十九

輸忠定難靖國贊化同德功臣開府儀同三司檢校太師守太保門下侍中判尙書吏禮部事集賢殿太學士監修國史上柱國致仕臣金富軾奉

宣撰

雜志第八　職官中

內省景德王十八年改爲殿中省後復故私①臣一人眞平王七年三宮各置私臣大宮和文大阿飡梁宮首肹夫阿飡沙梁宮弩知伊飡至四十四年以一員兼掌三宮②位自衿荷至太大角干惟其人則授之亦無年限景德王又改爲殿中舍後復稱私臣卿二人位自奈麻至阿飡爲之監二人位自奈麻至沙飡爲之大舍一人舍知一人

內司正典景德王五年置十八年改爲建平省後復故議决③一人貞察二人史四人

典大舍典典大舍一人典翁一人史四人

工大舍典工大舍一人上翁一人

黑鎧監景德王改爲衛武監後復故大舍一人史四人

① 私(鑄字本)
② 宮(鑄字本)
③ 決(節要)의 俗字. 이하 생략.

삼국사지 39/2

本彼宮神文王元年置虞一人私母一人工翁一人典翁一人史二人

引道典景德王改爲禮成典後復故上引道三人□①位引道三人官引道四人

村徒典文武王十年置子一人宮翁一人大尺一人史二人

屍驛典看翁一人宮翁一人

平珍音典景德王改爲埽宮後復故看翁一人莚翁一人典翁二人

煙舍典聖德王十七年置看翁一人

詳文師聖德王十三年改爲通文博士景德王又改爲翰林後置學士

所內學生聖德王二十年置

天文博士後改爲司天博士

醫學孝昭王元年初置教授學生以本草經甲乙經素問經針經脈經明堂經難經爲之業

博士二人

供奉乘師闕

① 干(李丙燾)

삼국사지 39/3

博

律令典博士六人
藪宮典大舍二人史二人
青淵宮典景德王改爲造秋亭後復故大舍二人史二人宮翁一人
夫泉宮典大舍二人史二人宮翁一人
且熱音宮典大舍二人史四人宮翁一人
坐山典大舍二人史三人宮翁一人
屛村宮典景德王改爲玄龍亭後復故大舍二人史二人宮翁一人
北吐只宮典大舍二人史二人
弘峴宮(已下五宮通謂之古奈宮)典大舍二人史二人
葛川宮典大舍二人史二人
善坪宮典大舍二人史二人
伊同宮典大舍二人史二人
平立宮典大舍二人史二人
明活典景暉王二年置大舍一人看翁一人
源谷羊典興德王四年置大舍一人看翁一人
滌谷典看翁一人

삼국사지 39/4

壁典看翁一人下典四人
莿園典看翁一人下典二人
豆①吞炭典看翁一人
少年監典景德王改爲釣天省後復故大舍二人史二人
會宮典景德王改爲北司設後復故宮翁一人
助舍知四人
上新謀典大舍一人史二人
下新謀典大舍一人史二人
左新謀典大舍一人史二人
右新謀典大舍一人史二人
租典大舍一人史一人
新園典大舍一人史一人
冰②庫典大舍一人史一人
白川苜蓿典大舍一人史一人
漢祇苜蓿典大舍一人史一人
蚊川苜蓿典大舍一人史一人
本彼苜蓿典大舍一人史一人

① 판독불능(精文研)
② 氷(鑄字本)의 本字.

삼국사지 39/5

陵色典大舍一人史一人
織官典景德王改爲珍閣省後復故稚省十人
宫翁一人助舍知四人從舍知二人
朝霞房母二十三人
染宫母十一人
疏典母六人
紅典母六人
蘇芳典母六人
攢染典母六人

漂典母十人
倭典已下十四官員數闕
錦典景德王改爲織錦房後復故
鐵鍮典景德王改爲築冶房後復故
寺典
①漆典景德王改爲餙器房後復故
毛典景德王改爲聚毳房後復故
皮典景德王改爲鞄人房後復故
鞦典

① 漆, 飾(節要)

삼국사지 39/6

皮打典景德王改爲韗工房後復故
磨典景德王改爲梓人房後復故
①鞜典
靴典
打典
麻履典
御龍省私臣一人哀莊王二年置御伯郎
二人景德王九年改爲奉 御宣德王元年
又改爲卿尋改爲監稚省十四人

洗宅景德王改爲中事省後復故大舍八人
從舍知二人
崇文臺郎二人史四人從舍知二人
獄典大舍二人史四人從舍知二人
監典大舍二人舍知二人史四人都官四人
從舍知二人樂子無定數
廩典景德王改爲天祿司後復故大舍二
人舍知二人史八人廩翁四人從舍知二人
②春典舍知二人史八人

① 鞜(鑄字本)
② 舂(金貞培)

삼국사지 39/7

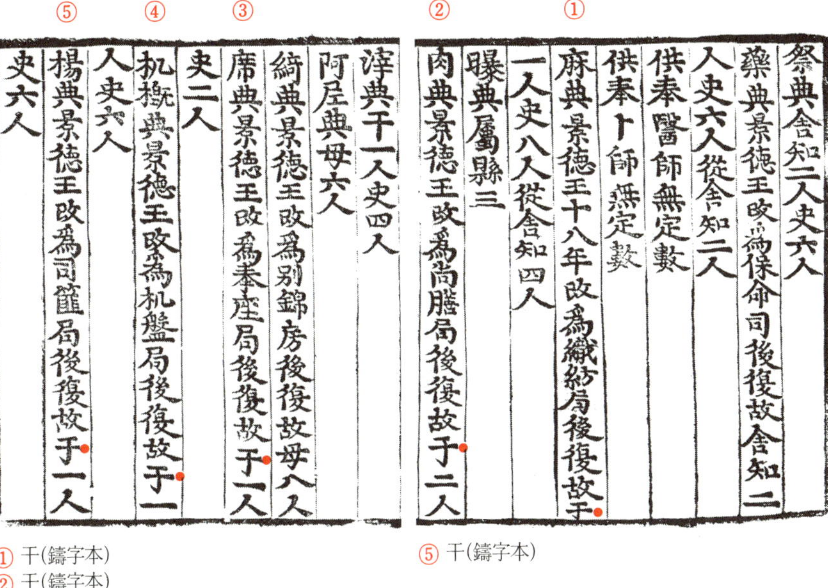

祭典舍知二人史六人
藥典景德王改爲保命司後復故舍知二
人史六人從舍知二人
供奉醫師無定數
供奉卜師無定數
麻典景德王十八年改爲織紡局後復故于①
一人史八人從舍知四人
曝典屬縣三
肉典景德王改爲尚膳局後復故于②二人

滓典干一人史四人
阿尼典母六人
綺典景德王改爲別錦房後復故母八人
席典景德王改爲奉座局後復故于③一人
史二人
机㮣典景德王改爲机盤局後復故于④一
人史六人
楊典景德王改爲司篚局後復故于⑤一人
史六人

① 干(鑄字本)
② 干(鑄字本)
③ 干(鑄字本)
④ 干(鑄字本)
⑤ 干(鑄字本)

삼국사지 39/8

瓦器典景德王改爲陶登局後復故于一
人史六人
監夫大典大舍二人史二人從舍知二人
大傳典大舍二人史二人從舍知二人
行軍典大舍二人史四人從舍知二人
永昌典大舍二人史二人
古昌典大舍二人史四人
畓①監大舍二人史二人
願堂典大舍二人從舍知二人

物藏典大舍四人史二人
北廂典大舍二人史四人
南下所宮景德王改爲雜工司後復故翁
一人助四人
南桃園宮翁一人
北園宮翁一人
新青淵宮翁一人
針房女子十六人
東宮官

① 番(節要)

東宮衙 景德王十一年置上大舍一人次大舍一人
御龍省大舍二人稚省六人
洗宅大舍四人從舍知二人
給帳典一云□典典四人稚四人
月池典 闕
僧房典大舍二人從舍知二人
庖典大舍二人史二人從舍知二人
月池嶽典大舍二人水主一人
龍王典大舍二人史二人

三國史記卷第三十九

삼국사기 권 제40

잡지 제9

직관(職官) 하

三國史記卷第四十
輸忠定難靖國贊化同德功臣開府儀同三司檢校太師守太保門下侍中判
尙書吏禮部事集賢殿大學士監修國史上柱國致仕臣金富軾奉 宣撰
雜志第九 職官下
武官
侍衛府有三徒眞德王五年置將軍六人神文
王元年罷監置將軍位自級湌至阿湌爲之大
監六人位自奈麻至阿湌爲之隊頭十五人位
自舍知至沙湌爲之項三十六人位自舍知至
大奈麻爲之卒百十七人位自先沮知至大舍
爲之
諸軍官將軍共三十六人掌大幢四人貴幢四
人漢山停(羅人謂營爲停)三人完山停三人河西停二
人牛首停二人位自眞骨上堂至上臣爲之緑
衿幢二人紫衿幢二人白衿幢二人緋衿幢二
人黃衿幢二人黑衿幢二人碧衿幢二人赤衿
幢二人靑衿幢二人位自眞骨級湌至角干爲
之至景德王時熊川州停加置三人

大官大監眞興王十年置掌大幢五人貴幢五
人漢山停四人牛首停四人河西停四人完山
停四人無衿緑衿幢四人紫衿幢四人白衿幢
四人緋衿幢四人黃衿幢四人黑衿幢四人碧
衿幢四人赤衿幢四人靑衿幢四人共六十二
人著①衿眞骨位自舍知至阿湌爲之次品自奈
麻至四重阿湌爲之
隊大監領馬兵屬衿一人音里火停一人古良
夫里停一人居斯勿停一人參良火停一人召
參停一人未多夫里停一人南川停一人骨乃
斤停一人伐力川停一人伊火兮停一人緑衿
幢三人紫衿幢三人白衿幢三人黃衿幢三人
黑衿幢三人碧衿幢三人赤衿幢三人靑衿幢
三人菁州誓一人漢山州誓一人完山州誓一
人領步兵大幢三人漢山停三人貴幢二人牛
首停二人完山停二人碧衿幢二人緑衿幢二
人白衿幢二人黃衿幢二人黑衿幢二人紫衿
幢二人赤衿幢二人靑衿幢二人緋衿幢四

① 著의 俗字. 이하 표기 생략.

삼국사지40/3

人共七十人並著衿位自奈麻至阿飡爲之
弟監眞興王二十三年置領大幢五人貴幢五
人漢山停四人牛首停四人河西停四人完山
停四人無衿碧衿幢四人綠衿幢四人白衿幢
四人緋衿幢四人黃衿幢四人黑衿幢四人紫
衿幢四人赤衿幢四人靑衿幢四人罽衿幢一
人共六十三人位自舍知至大奈麻爲之
監舍知共十九人法興王十年置大幢一人上州
停一人漢山停一人牛首停一人河西停一人

完山停一人碧衿幢一人綠衿幢一人白衿幢
一人緋衿幢一人黃衿幢一人黑衿幢一人紫
衿幢一人赤衿幢一人靑衿幢一人罽衿幢一
人白衿武幢一人赤衿武幢一人黃衿武幢一
人無衿位自舍知至大舍爲之
少監眞興王二十三年置大幢十五人貴幢十
五人漢山停十五人河西①●●二人牛首停十
三人完山停十三人碧衿幢十三人綠衿幢十
三人白衿幢十三人緋衿幢十三人黃衿幢十

① 停十(鑄字本)

삼국사지40/4

三人黑衿幢十三人紫衿幢十三人赤衿幢十
三人靑衿幢十三人領騎兵音里火停二人古①
良夫里停二人居斯勿停二人參良火停二人
召參停二人未多夫里停二人南川停二人骨
乃斤停二人伐力川停二人伊火兮停二人緋
衿幢二人碧衿幢六人綠衿幢六人白衿幢六人
黃衿幢六人黑衿幢六人紫衿幢六人赤衿幢
六人靑衿幢六人罽衿②一人菁州誓三人漢山
州誓三人完山州誓三人領步兵大幢六人漢

山停六人貴幢四人牛首停四人完山停四人
碧衿幢四人綠衿幢四人白衿幢四人黃衿幢
四人黑衿幢四人紫衿幢四人赤衿幢四人靑
衿幢四人緋衿幢八人菁州誓九人漢山州誓
九人完山州誓九人共三百七十二人六停無
衿此外皆著衿位自大舍已下爲之
大尺大幢十五人貴幢十人漢山停十人牛首
停十人河西停十人完山停十人綠衿幢十人
緋衿幢十人紫衿幢十人白衿幢十三人黃衿

① 古(節要)
② 幢(金貞培)

삼국사지 40/5

幢十三人黑衿幢十三人碧衿幢十三人赤衿
幢十三人青衿幢十三人屬大官罽衿七人音
里火停二人古良夫里停二人居斯勿停二人
參良火停二人召參停二人未多夫里停二人
南川停二人骨乃斤停二人伐力川停二人伊
火兮停二人碧衿幢六人緑衿幢六人白衿幢
六人黄衿幢六人黑衿幢六人紫衿幢六人赤
衿幢六人青衿幢六人菁州誓二人漢山州誓
二人完山州誓二人領騎兵大幢六人漢山停

六人貴幢四人牛首停四人完山停四人碧衿
幢四人緑衿幢四人白衿幢四人黄衿幢四人
黑衿幢四人紫衿幢四人赤衿幢四人青衿幢
四人緋衿幢八人白衿武幢八人赤衿武幢八
人黄衿武幢八人領歩兵共三百四十二人位
與少監同
軍師幢王①法興王十一年置王都一人無衿大
幢一人上州停一人漢山停一人牛首停一人
河西停一人完山停一人碧衿幢一人緑衿幢

① 主(鑄字本)

삼국사지 40/6

一人緋衿幢一人白衿幢一人黄衿幢一人黑
衿幢一人紫衿幢一人赤衿幢一人青衿幢一
人白衿武幢一人赤衿武幢一人黄衿武幢一
人共十九人菁衿位自奈麻至一吉湌爲之六①
大匠尺幢主大幢一人上州停一人僕②山停一
人牛首停一人河西停一人完山停一人碧衿
幢一人緑衿幢一人緋衿幢一人白衿幢一人
黄衿幢一人黑衿幢一人紫衿幢一人赤衿幢
一人青衿幢一人共十五人無衿位與軍師幢

主同
歩騎幢主王都一人無衿大幢六人漢山六人
貴幢四人牛首州四人完山州四人碧衿幢四
人緑衿幢四人白衿幢四人黄衿幢四人黑衿
幢四人紫衿幢四人赤衿幢四人青衿幢四人
白衿武幢三人赤衿武幢三人黄衿武幢一③人
共六十三人位自奈麻至沙湌爲之
三千幢主音里氷④停六人古良夫里停六人居
斯勿停六人參良火停六人召參停六人未多夫

① 삭제(李丙燾)
② 漢(鑄字本)
③ 二(節要)
④ 火(節要)

삼국사지 40/7

里停六人南州①停六人骨乃斤停六人伐力川
停六人伊伐支停六人共六十人著衿位自舍
知至沙飡爲之
著衿騎幢主碧衿幢十八人綠衿幢十八人白
衿幢十八人黃衿幢十八人黑衿幢十八人紫
衿幢十八人赤衿幢十八人靑衿幢十八人罽
衿六人菁州六人完山州六人漢山州六人河
西州四人牛首幢三人四千幢三人共一百七
十八人位與三千幢主同
緋衿幢主四十人沙伐州三人歃良州三人菁
州三人漢山州二人牛首州六人河西州六人
熊川州五人完山州四人武珍州八人共四十
人著衿位自舍知至沙飡爲之
師子衿幢主王都三人沙伐州三人歃良州三
人菁州三人漢山州三人牛首州三人河西州
三人熊川州三人完山州三人武珍州三人共
三十人著衿位自舍知至一吉飡爲之
法幢主百官幢主三十人京餘甲幢主十五人

① 川(節要)

삼국사지 40/8

小京餘甲幢主十六人外餘甲幢主五十二人
弩幢主十五人雲梯幢主六人衝幢主十二人
石投幢主十二人共一百五十八人無衿
黑衣長槍末步幢主大幢三十人貴幢二十二
人漢山二十八人牛首二十人完山二十人紫
衿二十人黃衿二十人黑衿二十人碧衿二十
人赤衿二十人靑衿二十人綠衿二十四人共
二百六十四人位自舍知至級飡爲之
三武幢主白衿武幢十六人赤衿武幢十六人
黃衿武幢十六人共四十八人位與末步幢主同
萬步幢主京五種幢主十五人節末幢主四人
九州萬步幢主十八人共三十七人無衿位自
舍知至大奈麻爲之
軍師監王都二人無衿大幢二人上州停二人
漢山停二人牛首停二人河西停二人完山停
二人碧衿幢二人綠衿幢二人緋衿幢二人白
衿幢二人黃衿幢二人黑衿幢二人紫衿幢二
人赤衿幢二人靑衿幢二人共三十二人著衿

位自舍知至奈麻爲之
大匠①大監大幢一人上州停一人漢山停一人
牛首停一人河西停一人完山停一人碧衿幢
一人綠衿幢一人緋衿幢一人白衿幢一人黃
衿幢一人黑衿幢一人紫衿幢一人赤衿幢一
人青衿幢一人共十五人無衿位自舍知至大
奈麻爲之
步騎監六十三人王都一人大幢六人漢山六
人貴幢四人牛首四人完山四人碧衿幢四人
綠衿幢四人白衿幢四人黃衿幢四人黑衿幢
四人紫衿幢四人赤衿幢四人青衿幢四人白
衿武幢二人赤衿武幢二人黃衿武幢二人著衿
共六十三人位與軍師監同
三千監音里火停六人古良夫里停六人居斯
勿停六人參良火停六人召參停六人未多夫
里停六人南川停六人骨乃斤停六人伐力川
停六人伊火兮停六人共六十人著衿位自舍
知至大奈麻爲之

① 尺(節要)

師子衿幢監三十人位自幢至奈麻爲之
法幢監百官幢三十人京餘甲幢十五人外餘
甲幢六十八人石投幢十二人衝幢十二人弩
幢四十五人雲梯幢十二人共一百九十四人
無衿位自舍知至奈麻爲之
緋衿監四十八人領幢四十人領馬兵八人
著衿監碧衿幢十八人綠衿幢十八人白衿幢
十八人黃衿幢十八人黑衿幢十八人紫衿幢
十八人赤衿幢十八人青衿幢十八人罽衿六
人青①州六人漢山六人完山六人河西三人牛
首幢三人四子②幢三人共一百七十五人位自
幢至奈麻爲之
皆知戟幢監四人並王都位自舍知至奈麻爲之
法幢頭上百九十二人餘甲幢四十五人外法
幢百二人弩幢四十五人
法幢火尺軍師幢三十人師子衿幢二十人京
餘甲幢十五人外餘甲幢百二人弩幢四十五
人雲梯幢十一人衝幢十八人石投幢十八人

① 菁(李丙燾)
② 千(節要)

삼국사지 40/11

共二百五十九人
法幢辟主餘甲幢四十五人外法幢三百六人誓
幢百三十五人共四百八十六人
三千卒百五十人位自大奈麻已下爲之
九軍號二十三一日六停二日九誓幢三日十幢
四日五州誓五日三武幢六日罽衿幢七日急幢
八日四千幢九日京五種幢十日二節末幢十
一日萬步幢十二日大匠尺幢十三日軍師幢十
四日仲幢十五日百官幢十六日四設幢十七
日皆知戟幢十八日三十九餘甲幢十九日仇七幢
二十日二罽二十一日二弓二十二日三邊守二十三日新三千幢
六停一日大幢眞興王五年始置衿色紫白二
日上州停眞興王十三年置至文武王十三年
改爲貴幢衿色靑赤三日漢山停本新州停眞
興王二十九年罷新州停置南川停眞平王二
十六年罷南川停置漢山停衿色黃靑四日牛
首停本比烈忽停文武王十三年罷比烈忽停
置牛首停衿色綠白五日河西停本悉直停太

삼국사지 40/12

宗王五年罷悉直停置河西停衿色綠白六日
① 皃山停本下州停神文王五年罷下州停置皃
山停衿色白紫
② 九誓幢一日綠衿誓幢眞平王五年始置伹名
誓幢三十五年改爲綠衿誓幢衿色綠紫二日
紫衿誓幢眞平王四十七年始置郞幢文武王
十七年改爲紫衿誓幢衿色紫綠三日白衿誓
幢文武王十二年以百濟民爲幢衿色白靑四
③ 日緋衿誓幢文武王十二年始置長槍幢孝昭
王二年改爲緋衿誓幢五日黃衿誓幢神文王
三年以高句麗民爲幢衿色黃赤六日黑衿誓
國 幢神文王三年以靺鞨國民爲幢衿色黑赤七
日碧衿誓幢神文王六年以報德城民爲幢衿色
碧黃八日赤衿誓幢神文王六年又以報德城
民爲幢衿色赤黑九日靑衿誓幢神文王七年
以百濟殘民爲幢衿色靑白
十停或云三千幢一日音里火停二日古良夫里停
三日居斯勿停衿色靑四日參良火停五日召

① 完(節要)
② 但(鑄字本)
③ 槍(節要)

參停六曰未多夫里停衿色黑七曰南川停八
曰骨乃斤停衿色黃九曰伐力川停十曰伊火
兮停衿色綠並眞興王五年置
五州誓一曰菁州誓二曰完山州誓三曰漢山
州誓衿色紫綠四曰牛首州誓五曰河西州誓
衿色綠紫並文武王十二年置
三武幢一曰白衿武幢文武王十五年置二曰
赤衿武幢神文王七年置三曰黃衿武幢九年置
罽衿幢太宗王元年置衿色罽
急幢眞平王二十七年置衿色黃綠
四千幢眞平王十三年置衿色黃黑
京五種幢衿色一靑綠二赤紫三黃白四白黑
五黑靑
二節末幢衿色一綠紫二紫綠
萬步幢九州各二衿色沙伐州靑黃靑紫歃良
州赤靑赤白菁州赤黃赤綠漢山州黃黑黃綠
牛首州黑綠黑白熊川州黃紫黃靑河西州靑
黑靑赤武珍州白赤白黃

大匠尺幢無衿
軍師幢眞平王二十六年始置衿色白
仲幢文武王十一年始置衿色白
百官幢無衿
四設幢一曰弩幢二曰雲梯幢三曰衝幢四曰
石投幢無衿
皆知戟幢神文王十年始置衿色黑赤白
三十九餘甲幢無衿(謂京餘甲小京餘甲外餘甲等也其數未詳)
仇七幢文武王十六年始置衿色白
二罽幢(或云外罽)一曰漢山州罽幢①太宗王十七年
置二曰牛首州罽幢文武王十二年置衿色皆罽
二弓(或云外弓)一曰漢山州弓尺眞德王六年置二
曰河西州弓尺眞平王二十年置無衿
三邊守幢(一云邊守)神文王十年置一曰漢山邊二
曰牛首邊三曰河西邊無衿
新三千幢(一云外三千)一曰牛首州三千幢二曰奈
吐郡三千幢文武王十二年置三曰奈生郡三
千幢十六年置衿色未詳

① 太, 元(節要)

삼국사지 40/15

①

衿蓋書傳所謂徽織詩云織文鳥章箋云織
徽織也鳥章鳥隼之文章將帥以下衣皆著焉
史記漢書謂之旗幟幟與織字異音同周禮司
常九旗所畫異物者徽織所以相別在國以表
朝位在軍又象其制而爲之披①之以備死事羅
人徽織以青赤等色爲別者其形象半月罽亦
著於衣上其長短之制未詳
大將軍花三副長九寸廣三寸三分上將軍花
四副長九寸五分下將軍花五副長一尺大監

花大虎頰皮長九寸廣二寸五分鈴黄金圓一
尺二寸弟監花熊頰皮長八寸五分鈴白銀圓
九寸少監花鷲尾鈴白銅圓六寸大尺花與少
監同鈴鐵圓二寸軍師幢主花大虎尾長一尺
八寸軍師監花熊胷皮長八寸五分大匠尺幢
主花熊臂皮長七寸(一云中虎額皮長八寸五分)鈴黄金圓
九寸三千幢主花大虎尾長一尺八寸三千監
花鷲鳥尾諸著衿幢主花大虎尾長一尺八寸五分
花以猛獸皮若鷲鳥羽作之置杠上若所謂豹

① 被(鑄字本)

삼국사지 40/16

①

尾者今人謂之面槍將軍花不言物名其數或
多或少其義未詳鈴行路置馱馬上或云鐸
政官(或云政法典)始以大舍一人史二人爲司至元
聖王元年初置僧官簡僧中有才行者充之
有故則遆①無定年限
國統一人(一云寺主)眞興王十二年以高句麗惠亮
法師爲寺主都唯那娘一人阿尼大都唯那一
人眞興王始以寶良法師爲之眞德王元年加
一人大書省一人眞興王以安藏法師爲之眞

太

德王元年加一人少年書省二人元聖王三年
以惠英梵如二法師爲之
州統九人郡統十八人
外官
都督九人智證王六年以異斯夫爲悉直州
軍主文武王元年改爲摠管元聖王元年稱都
督位自級湌至伊湌爲之仕臣(或云仕大等)五人眞
興王二十五年始置位自級湌至波珍湌爲之
州助(或云州輔)九人位自奈麻至重阿湌爲之郡大

① 遞(鑄字本)

삼국사지 40/17

守百十五人位自舍知至重阿飡爲之長史(或云司馬)九人位自舍知至大奈麻爲之仕大舍(或云少尹)五人位自舍知至大奈麻爲之外司正百三十三人文武王十三年置位未詳少守(或云制守)八十五人位自幢至大奈麻爲之縣令二百一人位自先沮知至沙飡爲之

浿江鎭典

頭上大監一人宣德王三年始置大谷城頭上位自①級飡至四重阿飡爲之大監七人位與大守同頭上弟監一人位自舍知至大奈麻爲之弟監一人位自幢至奈麻爲之步監一人位與縣令同少監六人位自先沮知至大舍爲之

外位文武王十四年以六徒眞骨出居②於五京九州別稱官名其位視京位嶽干視一吉飡述干視沙飡高干視級飡貴③干視大奈麻選干(一作撰干)視奈麻上干視大舍④干視舍知一伐視吉次彼日視小烏阿尺視先沮知

高句麗人位神文王六年以高句麗人授京官

① 自(鑄字本), 太
② 於(節要)
③ 干(鑄字本), 干(節要)
④ 干(鑄字本)

삼국사지 40/18

量本國官品授之一吉飡本主簿沙飡本大相級飡本位頭大兄從大相奈麻本小相狄相大舍本小兄舍知本諸兄吉次本先人烏知本自位

百濟人位文武王十三年以百濟來人授內外官其位次視在本國官銜京官大奈麻本達率奈麻本恩率大舍本德率舍知本扞率幢本奈率大烏本將德外官貴干本達率選干本恩率上干本德率干本扞率一伐本奈率一尺本將德

其官銜見於雜傳記而未詳其設官之始及位之高下者書之於後

爲文王撿校尚書左僕射上柱國知元鳳省事興文監卿①大子侍書學士元鳳省待詔記室郞瑞書郞孔子廟堂大舍錄事叅軍右衛將軍功德司節度使安撫諸軍事州都令佐丞上舍人下舍人中事省南邊第一

高句麗百濟職官年代久遠文墨晦昧是故不得詳悉今但以其著於古記及中國史書者爲之志

① 太(鑄字本)

삼국사지 40/19

隋書云高句麗官有太大兄次大兄次小兄次對盧次意侯奢次烏拙次太大使者次大使者次小使者次褥奢次翳属次仙人凡十二亦復有内評外評五部褥薩

新唐書云高句麗官凡十二級曰大對盧或曰吐 曰鬱折主圖簿者曰太大使者曰皂衣頭大兄所謂皂衣者仙人也秉國政三歲一易善職則否凡代曰有不服則相攻王爲閉宮守勝者聽爲之曰大使者曰大兄曰上位使者曰諸兄曰小使者曰過節曰先人曰古鄒大加又云莫離支大莫離支中裏小兄中裏大兄

册府元龜云高句麗後漢時其國置官有相加對盧沛者古鄒大加(古鄒大加高句麗掌賓客之官如大鴻臚也)主簿優亍(一作)合使者皂衣先人一說大官有大對盧次有太大兄大兄小兄意侯奢烏拙太大使者小使者褥奢翳屬仙人并褥薩凡十三等復有内評外評分掌内外事焉

右見中国歷代史

① 屬(鑄字本)의 俗字. 이하 생략. 等(鑄字本)
② 薩(隋書 81 高麗傳)
③ 捽(新唐書 220 高麗傳)
④ 秉(鑄字本)
⑤ 大(鑄字本)
⑥ 台(冊府元龜 962 外臣部 7 官號)
⑦ 薩(上同)

삼국사지 40/20

左輔右輔大主簿国相九使者中畏大夫

右見本国古記

廣評省匡治奈(今侍中)徐事(今侍郎)外書(今員外郎)兵部大龍部(謂倉部)壽春部(今禮部)奉賓部(今禮賓省)義刑臺(今刑部)納貨府(今大府寺)調位府(今三司)内奉省(今都省)禁書省(今秘書省)南廂壇(今將作監)水壇(今水部)元鳳省(今翰林院)飛龍省(今太僕寺)物藏省(今少府監)史臺(掌習諸譯語)植貨府(掌栽植菓樹)障繕府(掌修理城隍)珠淘省(掌造成器物)正匡元輔大相元尹佐尹正朝甫尹軍尹中尹

右弓裔所制官号

北史云百濟官有十六品左平五人一品達率三十人二品恩率三品德率四品扞率五品奈率六品將德七品施德八品固德九品季德十品對德十一品文督十二品武督十三品佐軍十四品振武十五品剋虞十六品自恩率以下官無常員各有部司分掌衆務内官有前内部穀内部内椋部外椋部馬部刀部功德部藥部木部法部後宮部外官有司軍部司徒部司空部

삼국사지 40/21

①

司寇部點口部外舍部綢部日官部市部長吏
三年一交代都下有方各爲五部曰上部前部
中部下部後部部有五巷士庶居焉部統兵五
百人五方各有方鎭一人以達率爲之方佐貳
之方有十郡郡有將三人以德率爲之統兵一
千一百人以下七百人以上
隋書云百濟官有十六品長曰左平次大率次
恩率次德率次扞率次奈率次將德次施德次
固德次李德次對德次文督次武督次佐軍次

②

振武次克虞五方各有方領二人方佐貳之方
有十郡郡有將
唐書云百濟所置內官曰內臣佐平掌宣納事
內頭佐平掌庫藏事內法佐平掌禮儀事衛士
佐平掌宿衛兵事朝廷佐平掌刑獄事兵官
佐平掌外兵馬事
右見中國歷代史
左輔右輔左將上佐平北門頭
右見本國古記

① 領(北史 94 百濟傳), 貳
② 一(隋書 81 百濟傳), 貳

삼국사지 40/22

三國史記卷第四十

삼국사기 권 제41

열전 제1

김유신(金庾信) 상

三國史記卷第四十一

輸忠定難靖國贊化同德功臣開府儀同三司檢校太師守太保門下侍中判尚書吏禮部事集賢殿太學士監修國史上柱國致仕臣金富軾奉

宣撰

列傳第一 金庾信上

金庾信王京人也十二世祖首露不知何許人也以後漢建武十八年壬寅登龜峯望駕洛九村遂至其地開國號曰加耶後改爲金官國其子孫相承至九世孫仇亥或云仇次休於庾信爲曾祖羅人自謂少昊金天氏之後故姓金庾信碑亦云軒轅之裔少昊之胤則南加耶始祖首露與新羅同姓也祖武力爲新州道行軍摠管嘗領兵獲百濟王及其將四人斬首一萬餘級父舒玄官至蘇判大梁州都督安撫大梁州諸軍事按庾信碑云考蘇判金道衍不知舒玄或更名耶或道衍是字耶疑故兩存之初舒玄路見葛文王立宗之子肅訖宗之女萬明心悅而目挑之不待媒妁而合舒玄爲萬弩郡大守將與俱行肅訖宗始知女子與玄野合疾之

① 太祖의 諱 '建'의 缺劃 誤刻.
② 逍(李丙燾)
③ 逍(李丙燾)

囚於別第使人守之忽雷震屋門守者驚亂萬明從竇穴而出遂與舒玄赴萬弩郡舒玄庚辰之夜夢熒或鎭二星降於已萬明亦以辛丑之夜夢見童子衣金甲乘雲入堂中尋而有娠二十月而生庾信是眞平王建福十二年隋文帝開皇十五年乙卯也及欲定名謂夫人曰吾以庚辰夜吉夢得此兒宜以爲名然禮不以日月爲名今庚與庚字相似辰與信聲相近況古之賢人有名庾信盍以命之遂名庾信焉萬弩那今之鎭州初以庾信胎藏之高山至今謂之胎靈山公年十五歲爲花郎時人洽然服從號龍華香徒眞平王建福二十八年辛未公年十七歲見高句麗百濟靺鞨侵軼國疆慷慨有平寇賊之志獨行入中嶽石崛齊戒告天盟誓曰敵國無道爲豺虎以擾我封埸略無寧歲傕是一介微臣不量材力志清禍亂惟天降監假手於我居四日忽有一老人被褐而來曰此處多毒蟲猛獸可畏之地貴少年爰來獨處何也答曰長者從何許來尊名可得聞乎老人

① 惑(鑄字本)
② 郡(鑄字本)
③ 齋와 通用. 이하 생략.
④ 僕(鑄字本)

④ ③ 辭 ② ① 冀

曰吾無所住行止隨緣名則難勝也公聞之知
非常人再拜進曰僕新羅人也見國之讎痛心
疾首故來此冀有所遇耳伏乞長者憫我精誠
受之方術老人默然無言公涕淚懇請不倦至
于六七老人乃言曰子幼而有并三國之心不
亦壯乎乃授以秘法曰愼勿妄傳若用之不義
反受其殃言訖而辭行二里許追而望之不見
唯山上有光爛然若五色焉建福二十九年鄰
賊轉逼公愈激壯心獨携寶劒入咽薄山深壑
之中燒香告天祈祝若在中嶽誓辭仍禱天官
垂光降靈於寶劒三日夜虛角二星光芒赫然
下垂劒若動搖然建福四十六年己丑秋八月
王遣伊飡任末里波珍飡龍春白龍蘇判大因
舒玄等率兵攻高句麗娘臂城麗人出兵逆擊
之吾人失利死者衆多衆心折衄無復鬪心庾
信時爲中幢幢主進於父前脫冑而告曰我兵
敗北吾平生以忠孝自期臨戰不可不勇蓋聞
振領而裘正提綱而網張吾其爲綱領乎迺跨

① 授(鑄字本)
② 乃(鑄字本)
③ 末(節要)
④ 提(鑄字本)

①

馬拔劒跳坑出入賊陣斬將軍提其首而來我
軍見之乘勝奮擊斬殺五千餘級生擒一千人
城中兇懼無敢抗皆出降善德大王十一年壬
寅百濟敗大梁州春秋公女子古陁炤娘從夫
品釋死焉春秋恨之欲請高句麗兵以報百濟
之怨王許之將行謂庾信曰吾與公同體爲國
股肱今我若入彼見害則公其無心乎庾信曰
公若往而不還則僕之馬跡必踐於麗濟兩王
之庭苟不如此將何面目以見國人乎春秋感
悅與公互噬手指歃血以盟曰吾計日六旬乃
還若過此不來則無再見之期矣遂相別後庾
信爲押梁州軍主春秋與訓信沙干聘高句麗
行至代買縣縣人豆斯支沙于贈靑布三百步
旣入彼境麗王遣太大對盧盖金館之燕饗有
加或告麗王曰新羅使者非庸人也今來殆欲
觀我形勢也王其圖之俾無後患王欲橫問因
其難對而辱之謂曰麻木峴與竹嶺本我國地
若不我還則不得歸春秋答曰國家土地非臣

① 干(節要)

子所專臣不敢聞命王怒囚之欲戮未果春秋以青布三百步密贈王之寵臣先道解道解以饌具來相飮酒酣戱語曰子亦嘗聞龜兎之說乎昔東海龍女病心醫言得兎肝合藥則可療也然海中無兎不奈之何有一龜白龍王言吾能得之遂登陸見兎言海中有一島淸泉白石茂林佳菓寒暑不能到鷹隼不能侵爾若得至可以安居無患因負兎背上游行二三里許龜顧謂兎曰今龍女被病須兎肝爲藥故不憚勞負爾來耳兎曰噫吾神明之後能出五藏洗而納之日者小覺心煩遂出肝心洗之暫置巖石之底聞爾甘言徑來肝尙在彼何不迴歸取肝則汝得所未吾雖無肝尙活豈不兩相宜哉龜信之而還纔上岸兎脫入草中請龜曰愚哉汝也豈有無肝而生者乎龜憫默而退春秋聞其言喩其意移書於王曰二嶺本大國地分臣歸國請吾王還之謂予不信有如皦日王廼悅焉春秋入高句麗過六旬未還庾信揀得國內勇

① 兎(鑄字本)
② 求(鑄字本)
③ 謂(節要)

士三千人相語曰吾聞見危致命臨難忘身者烈士之志也夫一人致死當百人百人致死當千人千人致死當萬人則可以橫行天下今國之賢相被他國之拘執其可畏不犯難乎於是衆人曰雖出萬死一生之中敢不從將軍之令乎遂請王以定行期時高句麗諜者浮屠德昌使告於王王前聞春秋盟辭又聞諜者之言不敢復留厚禮而歸之及出境謂送者曰吾欲釋憾於百濟故來請師大王不許之而反求土地此非臣所得專嚮與大王書者啚逭死耳此與本記眞平王十二年所書一事而小異以皆古記所傳故兩存之庾信爲押梁州軍主十三年爲蘇判秋九月王命爲上將軍使領兵伐百濟加兮城省熱城同大城等七城大克之因開加兮之津乙丑正月歸未見王封人急報百濟大軍來攻我買利浦城王又拜庾信爲上州將軍令拒之庾信聞命卽駕不見妻子逆擊百濟軍走之斬首二千級三月還命王宮未歸家又急告百濟兵出屯于其國界將大擧

① 日(鑄字本)
② 圖(鑄字本)의 略字, 記(精文硏)
③ 火(節要)
④ 津(節要), 巳(節要)

삼국사열전41/7

兵侵我王後告庾信曰請公不憚勞遄行及其
未至備之庾信又不入家練軍繕兵向西行于
時其家人皆出門外待來庾信過門不顧而行
至五十步許駐馬令取漿水於宅啜之曰吾家
之水尚有舊味於是軍衆皆云大將軍猶如此
我輩豈以離別骨肉爲恨乎及至疆埸百濟人
望我兵衛不敢迫乃退大王聞之甚喜加爵賞
十六年丁未是善德王末年眞德王元年也大
臣毗曇廉宗謂女主不能善理擧兵欲廢之王

自內禦之毗曇等屯於明活城王師營於月城
攻守十日不解丙夜大星落於月城毗曇等謂
士卒曰吾聞落星之下必有流血此殆女主敗
績之兆也士卒呼吼聲振地大王聞之恐懼失
次庾信見王曰吉凶無常惟人所召故紂以赤
雀亡①魯以獲麟衰高宗以雉雊興鄭公以龍鬪
昌故知德勝於妖則星辰變異不足畏也請王
勿憂乃造偶人抱大②載於風鳶而颺之若上天
然翌日使人傳言於路曰昨夜落星還上佚賊

① 亡(鑄字本)
② 火(鑄字本)

삼국사열전41/8

軍疑焉又刑白馬祭於落星之地①祝曰天道則
陽剛而陰柔人道則君尊而臣卑苟或易之卽
爲大亂今毗曇等以臣而謀君自下而犯上此
所謂亂臣賊子人神所同疾天地所不容今天
若無意於此而反見星怪於王城此臣之所疑
惑而不喩者也惟天之威從人之欲善善惡惡
無作神羞於是督諸將卒奮擊之毗曇等敗走
追斬之夷九族冬十月百濟兵來圍茂山甘勿
桐岑等三城王遣庾信率步騎一萬拒之苦戰

氣竭庾信謂丕寧子曰今日之事急矣非子誰
能激衆心乎丕寧子拜曰敢不惟命之從遂赴
敵子擧眞及家奴合節隨之突劍②戟力戰死之
軍士望之感勵爭進大敗賊兵斬首三千餘級
眞德王大③和元年戊申春秋以不得請於高句
麗遂入唐乞師太宗皇帝曰聞爾國庾信之名
其爲人也如何對曰庾信雖少有才智若不籍
天威豈易除鄰患帝曰誠君子之國也乃詔許
勅將軍蘇定方以師二十萬徂征百濟時庾信

① 卑(鑄字本)
② 劍(鑄字本)
③ 太(年表)

삼국사열전 41 / 9

爲押梁州軍主若無意於軍事飮酒作樂屢經
旬月州人以庾信爲庸將譏謗之曰衆人安居
日久力有餘可以一戰而將軍慵惰如之何庾
信聞之知民可用告大王曰今觀民心可以有
事請伐百濟以報大梁州之役王曰以小觸大
危將奈何對曰兵之勝否不在大小顧其人心
何如耳故紂有億兆人離心離德不如周家十
亂同心同德今吾人一意可與同死生彼百濟
者不足畏也王乃許之遂簡練州兵赴敵至大

梁城外百濟逆拒之佯北不勝至玉門谷百濟
輕之大率衆來伏發擊其前後大敗之獲百濟
將軍八人斬獲一千級於是使告百濟將軍曰
我軍主品釋及其妻金氏之骨埋於爾國獄中
今爾稗①將八人見捉於我匍匐請命我以狐豹
首丘山之意未忍殺之今爾送死二人之骨易
生八人可乎百濟仲常(一作忠常)佐平言於王曰羅
人骸骨留之無益可以送之若羅人失信不還
我八人則曲在彼直在我何患之有乃掘品釋

① 裨(鑄字本)

삼국사열전 41 / 10

夫妻之骨櫝而送之庾信曰一葉落茂林無所
損一塵集大山無所增許八人生還遂乘勝入
百濟之境攻拔嶽城等十二城斬首二萬餘級
生獲九千人論功增秩伊湌爲上州行軍大摠
管又入賊境屠進禮等九城斬首九千餘級虜
得六百人春秋入唐請得兵二十萬來見庾信
曰死生有命故得生還復與公相見何幸如焉
庾信對曰下臣仗國威靈再與百濟大戰拔城
二十斬獲三萬餘人又使品釋公及其夫人之

骨得反鄕里此皆天幸所致也吾何力焉

三國史記卷第四十一

삼국사기 권 제42

열전 제2

김유신(金庾信) 중

삼국사열전42/1

三國史記卷第四十二
[illegible]奉
宣撰
① 列傳第二
二年秋八月百濟將軍殷相來攻石吐等七城
王命庾信及竹旨陳春天存等將軍出禦之分
三軍爲五道擊之互相勝負經旬不解至於僵
屍滿野流血浮杵於是屯於道薩城下歇馬餉
士以圖再擧時有水鳥東飛過庾信之幕將士
見之以爲不祥庾信曰此不足怪也謂衆曰今
日必有百濟人來諜汝等佯不知勿敢誰何又
使徇于軍中曰堅壁不動待明日援軍至然後
決戰諜者聞之歸報殷相殷相等謂有加兵不
能不疑懼於是庾信等一時奮擊大克之生獲
將軍達率正仲士卒一百人斬佐平殷相達率
自堅等十人及卒八千九百八十人獲馬一萬
匹鎧一千八百領其他器械稱是及歸還路見
百濟佐平正福與卒一千人來降皆放之任其

① 金庾信中(鑄字本)

삼국사열전42/2

所往至京城大王迎門勞慰優厚永徽五年真
① 德大王薨無嗣庾信與宰相閼川伊湌謀迎春
秋伊湌即位是爲太宗大王永徽六年乙卯秋
九月庾信入百濟攻刀比川城克之是時百濟
君臣奢泰淫逸不恤國事民怨神怒災怪屢見
庾信告於王曰百濟無道其罪過於桀紂此誠
② 順天弔民伐罪之秋也先是租未坤級湌爲夫
山縣令被虜於百濟爲佐平任子之家奴從事
勤恪曾無懈慢任子憐之不疑縱其出入乃逃
③ 歸以百濟之事告庾信庾信知租未坤忠正而
可用乃語曰吾聞任子專百濟之事思有與
謀而未由子其爲我再歸言之荅曰公不以僕
爲不肖而指使之雖死無悔遂復入於百濟告
任子曰奴自以謂旣爲國民宜知國俗是以出
遊累旬不返不勝犬馬戀主之誠故此來耳任
④ 子信之不責租未坤伺間報曰前者畏罪不敢
直言其實往新羅還來庾信諭我來告於君曰
邦國興亡不可先知若君國亡則君依於我國

① 與(鑄字本)
② 押(北)
③ 押(北)
④ 押(北)

삼국사열전 42/3

① ② ③ ④

我國亡則吾依於君國任子聞之嘿然無言祖
未押①惶懼而退待罪數月任子喚而問之曰汝
前說庾信之言若何祖未押②驚恐而對如前所
言任子曰爾所傳我已悉知可歸告之遂來說
兼及中外之事丁寧詳悉於是愈急幷呑之謀
太宗大王七年庚申夏六月大王與太子法敏
將伐百濟大發兵至南川而營時入唐請師波
珍飡金仁問與唐大將軍蘇定方劉伯英領兵
十三萬過海到德物島先遣從者文泉來告王

命太子與將軍庾信眞珠天存等以大船一百
艘載兵士會之太子見將軍蘇定方定方謂太
子曰吾由海路太子登陸行以七月十日會于
百濟王都泗沘之城太子來告大王率將士行
至沙羅之停將軍蘇定方金仁問等㳂③海入伎
伐浦海岸泥濘陷不可行乃布柳席以出師唐
羅合擊百濟滅之此役也庾信之功爲多於是
唐皇帝聞之遣使褒④嘉之將軍定方謂庾信仁
問良圖三人曰吾受命以便宜從事今以所得

① 押(北)
② 押(北)
③ 沿의 俗字. 이하 표기 생략. 伎(節要)
④ 褒(李丙燾)

삼국사열전 42/4

百濟之地分錫公等爲食邑以酬厥功如何庾
信對曰大將軍以天兵來副寡君之望雪小國
之讎寡君及一國臣民喜抃之不暇而吾等獨
受賜以自利其如義何遂不受唐人旣滅百濟
營於泗沘之丘陰謀侵新羅我王知之召羣臣
問策多美公進曰令我民詐爲百濟之人服其
服若欲爲賊者唐人必擊之因與之戰可以得
志矣庾信曰斯言可取請從之王曰唐軍爲我
滅敵而反與之戰天其祐我耶庾信曰犬畏其

主而主踏其脚則咬之豈可遇難而不自救乎
請大王許之唐人諜知我有備虜百濟王及臣
寮九十三人卒二萬人以九月三日自泗沘泛
船而歸留郞將劉仁願等鎭守之定方旣獻
俘天子慰藉之曰何不因而伐新羅定方曰新
羅其君仁而愛民其臣忠以事國下之人事其
上如父兄雖小不可謀也龍朔元年春王謂百濟餘
燼尚在不可不滅以伊飡品日蘇判文王大阿
飡良圖等爲將軍往伐之不克又遣伊飡欽純

삼국사열전42/5

(一作欽春)真欽天存蘇判竹旨等濟師高句麗靺鞨謂新羅銳兵皆在百濟內虛可擊發兵水陸並進圍北漢山城高句麗營其西靺鞨屯其東攻擊浹旬城中危懼忽有大星落於賊營又雷雨震擊賊等疑駭解圍而遁初庾信聞賊圍城曰人力既竭陰助可資詣佛寺設壇祈禱會有天變皆謂至誠所感也庾信嘗以中秋夜領子弟立大門外忽有人從西來庾信知高句麗諜者呼使之前曰而國有底事乎其人俯而不敢對

庾信曰無畏也但以實告又不言庾信告之曰吾國王上不違天意下不失人心百姓欣然皆樂其業今爾見之往告而國人遂慰送之麗人聞之曰新羅雖小國庾信為相不可輕也六月唐高宗皇帝遣將軍蘇定方等征高句麗入唐宿衛金仁問受命來告兵期兼諭出兵會伐於是文武大王率庾信仁問文訓等發大兵向高句麗行次南川州鎮守劉仁願以所領兵自泗沘泛船至鞋浦下陸亦營於南川州時有司報

삼국사열전42/6

鼓

前路有百濟殘賊屯聚瓮岑山城遮路不可直前於是庾信以兵進而圍城使人近城下與賊將語曰而國不恭致大國之討順命者賞不順命者戮今汝等獨守孤城欲何爲乎終必塗地不如出降非獨存命富貴可期也賊高聲唱曰雖蕞爾小城兵食俱足士卒義勇寧爲死戰誓不生降庾信笑曰窮鳥困獸猶知自救此之謂也乃揮旗鳴鼓攻之大王登高見戰士泣語激勵之士皆奮突鋒刃不顧九月二十七日城陷捉

賊將戮之放其民論功賞賜將士劉仁願亦分絹有差於是饗士秣馬欲往會唐兵大王前遣大監文泉移書蘇將軍至是復命遂傳定方之言曰我受命萬里涉滄海而討賊艤舟海岸既踰月矣大王軍士不至糧道不繼其危殆甚矣王其圖之大王問羣臣如之何而可皆言深入敵境輸糧勢不得達矣大王患之咨嗟庾信前對曰臣過叨恩遇忝辱重寄國家之事雖死不避今日是老臣盡節之日也當向敵國以副蘇

삼국사열전 42/7

將軍之意大王前席執其手下淚曰得公賢弼
可以無憂若今玆之役罔愆于素則公之功德
曷日可忘庾信旣受命至懸鼓岑之岫寺齋戒
卽靈室閉戶獨坐焚香累日夜而後出私自喜
曰吾今之行得不死矣將行王以手書告庾信
出疆之後賞罰專之可也十二月十日與副將
軍仁問眞服良圖等九將軍率兵載糧入高句
麗之界壬戌正月二十三日至七重河人皆恐懼
不敢先登庾信曰諸君若怕死豈合來此遂先

自上船而濟諸將卒相隨渡河入高句麗之境
慮麗人要於大路遂自險隘以行至於蒜壤庾
信與諸將士曰麗濟二國侵凌我疆場賊害我
人民或虜丁壯以斬戮之或俘幼少以奴使之
者久矣其可不痛乎吾今所以不畏死赴難者
欲藉大國之力滅二城以雪國讎誓心告天以
期陰助而未知衆心如何故言及之若輕敵者
必成功而歸若畏敵則豈免其禽獲乎宜同心
協力無不以一當百是所望於諸公者也諸將

① 鼓, 齋(鑄字本)
② 擒과 同字. 이하 생략.
③ 協과 同字. 이하 생략.

삼국사열전 42/8

卒皆曰願奉將軍之命不敢有偸生之心乃鼓
行向平壤路逢賊兵逆擊克之所得甲兵甚多
至獐塞之險會天寒烈人馬疲憊往往僵仆庾
信露肩執鞭策馬以前驅衆人見之努力奔走
出汗不敢言寒遂過險距平壤不遠庾信曰唐
軍乏食窘迫宜先報之乃喚步騎監裂起曰吾
少與爾遊知爾志節今欲致意於蘇將軍而難
其人汝可行否裂起曰吾雖不肖濫中軍職況
辱將軍使令雖死之日猶生之年遂與壯士仇近

等十五人詣平壤見蘇將軍曰庾信等領兵致
資糧已達近境定方喜以書謝之庾信等行抵
楊隩見一老人問之具悉敵國消息賜之布帛
辭不受而去庾信營楊隩遣解漢語者仁問良
圖及子軍勝等達唐營以王旨餽軍糧定方以
食盡兵疲不能力戰及得糧便廻唐良圖以兵
八百人泛海還國時麗人伏兵欲要擊我軍於
歸路庾信以鼓及桴繫羣牛腰尾使揮擊有聲
又積柴草燃之使煙火不絶夜半潛行至瓢河

① 使(鑄字本)

急渡岸休兵麗人知之來追庾信使萬弩俱發
麗軍且退率勵諸幢將士分發掩擊敗之生擒
將軍一人斬首一萬餘級王聞之遣使勞之及
至賞賜封邑爵位有差龍朔三年癸亥百濟諸
城潛圖興復其渠帥據豆率城乞師於倭爲援
助大王親率庾信仁問天存竹旨等將軍以七
月十七日征討次熊津州與鎭守劉仁願合兵
八月十三日至于豆率城百濟人與倭人出陣
我軍力戰大敗之百濟與倭人皆降大王謂倭
人曰惟我與爾國隔海分疆未嘗交構但結好
講和聘問交通何故今日與百濟同惡以謀我
國今爾軍卒在我掌握之中不忍殺之爾其歸
告爾王任其所之分兵擊諸城降之唯任存城
地險城固而又糧多是以攻之三旬不能下士
卒疲困猒①兵大王曰今雖一城未下而諸餘城
保②皆降不可謂無功乃振旅而還冬十一月二
十日至京賜庾信田五百結其餘將卒賞賜
有差

① 厭(精文研)
② 堡와 通用.

三國史記卷第四十二

삼국사기 권 제43

열전 제3

김유신 하[아들 삼광(三光)·원술(元述)과 손자 윤중(允中)·윤문(允文)과 현손 암(巖) 붙임]

② ①

三國史記卷第四十三

宣撰

列傳第三 ●庾信下

麟德元年●●●月百濟餘衆又聚泗沘城反
叛熊州都督發所管兵士攻之累日霧塞不辨
人物是故不能戰使伯山來告之庾信授之陰
謀以克之麟德二年高宗遣使梁冬碧任智高
等來聘兼冊庾信奉常正卿平壤郡開國公食
邑二千戶乾封元年皇帝勑召庾信長子大阿
湌三光爲左武衛翊府中郎將仍令宿衛摠章
元年戊辰唐高宗皇帝遣英國公李勣興師伐
高句麗遂徵兵於我文武大王欲出兵應之遂
命欽純仁問爲將軍欽純告王曰若不與庾信
同行恐有後悔王曰公等三臣國之寶也若摠
向敵場儻有不虞之事而不得歸則其如國何
故欲留庾信守國則隱然若長城終無憂矣欽
純庾信之弟仁問庾信之外甥故尊事之不敢

① 金(鑄字本)
② 甲子三(新羅本紀 文武王 4년조)

② ①

抗至是告庾信曰吾等不材今從大王就不測
之地爲之奈何願有所指誨答曰夫爲將者作
國之干城君之爪牙決勝否於矢石之間必上
得天道下得地理中得人心然後可得成功今
我國以忠信而存百濟以傲慢而亡高句麗以
驕滿而殆今若以我之直擊彼之曲可以得志
況憑大國明天子之威稜哉往矣勉焉無墮乃
事二公拜曰奉以周旋不敢失墜文武大王旣
與英公破平壤還到南漢州謂群臣曰昔者百
濟明穠王在古利山謀侵我國庾信之祖武力
角干爲將逆擊之乘勝俘其王及宰相四人與
士卒以折其衝又其父舒玄爲良州摠管屢與
百濟戰挫其銳●使不得犯境故邊民安農桑之
業君臣無宵旰之憂今庾信承祖考之業爲社
稷之臣出將入相功績茂焉若不倚賴公之一
門國之興亡未可知也其於職賞宜如何也群
臣曰誠如王旨於是授太大舒發翰之職食邑
五百戶仍賜輿杖上殿不趨其諸寮●佐各賜位

① 銳(鑄字本)
② 寮(金貞培)

①

一級摠章元年唐皇帝旣策英公之功遂遣使
宣慰濟師助戰兼賜金帛亦授詔書於庾信以
褒奬之且諭入朝而不果行其詔書傳於家至
五世孫●去焉咸●寧四年癸酉是文武大王十三
年春妖星見地震大王憂之庾信進曰今之變
異厄在老臣非國家之災也王請勿憂大王曰
若此則寡人所甚憂也命有司祈禳之夏六月
人或見戎服持兵器數十人自庾信宅泣而去
俄而不見庾信聞之曰此必陰兵護我者見我

②

福盡是以去吾其死矣後旬有餘日寢疾大王
親臨慰問庾信曰臣願竭股肱之力以奉元首
而犬馬之疾至此今日之後不復再見龍顔矣
大王泣曰寡人之有卿如魚有水若有不可諱
其如人民何其如社稷何庾信對曰臣愚不肖
豈能有益於國家所幸者明上用之不疑任之
勿貳故得攀附王明成尺寸功三韓爲一家百
姓無二心雖未至大●平亦可謂小康臣觀自古
繼體之君靡不有初鮮克有終累世功績一朝

① 失(鑄字本), 亨(年表)
② 太(鑄字本)

庭

隳廢甚可痛也伏願殿下知成功之不易念守
成之亦難疏遠小人親近君子使朝廷●和於上
民物安於下禍亂不作基業無窮則臣死且無
憾王泣而受之至秋七月一日薨于私第之正
寢享年七十有九大王聞訃震慟贈賻彩帛一
千匹租二千石以供喪事給軍樂鼓吹一百人
出葬于金山原命有司立碑以紀功名又定入
民戶以守墓焉妻智炤夫人太宗大王第三女
也生子五人長曰三光伊飡次元述蘇判次元

貞海干次長耳夫阿飡次元望大阿飡女子四
人又庶子軍勝阿飡失其母姓氏後智炤夫人
落髮衣褐爲比丘尼時大王謂夫人曰今中外
平安君臣高枕而無憂者是太大角干之賜也
惟夫人宜其室家儆誡相成陰功茂焉寡人欲
報之德未嘗一日忘于心其餽南城租每年一
千石後興德大王封公爲興武大王初法敏王
納高句麗叛衆又據百濟故地有之唐高宗大
怒遣師來討唐軍與靺鞨營於石門之野王遣

② ①

將軍義福春長等禦之營於帶方之野時長槍
幢獨別營遇唐兵三千餘人捉送大將軍之營
於是諸幢共言長槍營獨處成功必得厚賞吾
等不宜屯聚徒自勞耳遂各別兵分散唐兵與
靺鞨乘其未陣擊之吾人大敗將軍曉川義文
等死之庾信子元述爲裨將亦欲戰死其佐淡
淩止之曰大丈夫非死之難處死之爲難也若
死而無成不若生而圖後効答曰男兒不苟生
將何面目以見吾父乎便欲策馬而走淡淩攬
轡不放遂不能死隨上將軍出蕪荑嶺唐兵追
及之居烈州大監阿珍含一吉干謂上將軍曰
公等努力速去吾年已七十能得幾時活也此
時是吾死日也便橫戟突陣而死其子亦隨而
死大將軍等微行入京大王聞之問庾信曰軍
敗如此奈何對曰唐人之謀不可測也宜使將
卒各守要害但元述不惟辱王命而亦負家訓
可斬也大王曰元述裨將不可獨施重刑乃赦
之元述慙懼不敢見父隱遁於田園至父薨後

① 日(鑄字本)
② 遁(鑄字本)

③ ② 棄 ① 太

求見母氏母氏曰婦人有三從之義今旣寡矣
宜從於子若元述者旣不得爲子於先君吾焉
得爲其母乎遂不見之元述慟哭擗踊而不能
去夫人終不見焉元述嘆曰爲淡淩所誤至於
此極乃入大伯山至乙亥年唐兵來攻買蘇川
城元述聞之欲死之以雪前恥遂力戰有功賞
以不容於父母憤恨不仕以終其身嫡孫允中
仕聖德大王爲大阿飡屢承恩顧王之親屬頗
嫉妬之時屬仲秋之望王登月城岑頭眺望乃
與侍從官置酒以娛命喚允中有諫者曰今宗
室戚里豈無好人而獨召疎遠之臣豈所謂親
親者乎王曰今寡人與卿等安平無事者允中
祖之德也若如公言忘棄之則非善善及子孫
之義也遂賜允中密坐言及其祖平生日晩告
退賜絶影山馬一匹羣臣觖望而已開元二十
一年大唐遣使教諭曰靺鞨渤海外稱藩翰內
懷狡猾今欲出兵問罪卿亦發兵相爲犄角聞
有舊將金庾信孫允中在須差此人爲將仍賜

① 承恩(鑄字本), 頗(鑄字本)
② 平(鑄字本)
③ 諭(鑄字本)

삼국사열전 43/7

允中金帛若干於是大王命允中弟允文等四將軍率兵會唐兵伐渤海允中庶孫巖性聰敏好習方術少壯爲伊湌入唐宿衛閒就師學陰陽家法聞一隅則反之以三隅自述遁甲立成之法呈於其師師撫①然曰不圖吾子之明達至於此也從是而後不敢以弟子待之大曆中還國爲司天大博②士歷良康漢三州大守復爲執事侍郎浿江鎭頭上所至盡心撫字三務之餘敎之以六陣兵法人皆便之嘗有蝗蟲自西入浿江之界蠢然蔽野百姓憂懼巖登山頂焚香析③天忽風雨大作蝗蟲盡死大曆十四年己未受命聘日本國其國王知其賢欲勒留之會大唐使臣高鶴林來相見甚懽倭人認巖爲大國所知故不敢留乃還夏四月旋風坌起自庾信墓至始祖大王之陵塵霧暗冥④不辨人物守陵人聞其中若有哭泣悲嘆之声⑤惠恭大王聞之恐懼遣大臣致祭謝過仍於鷲仙寺納田三十結以資冥福是寺庾信平麗濟二國所營立也

① 憮(節要)
② 博, 太
③ 祈(鑄字本)
④ 冥(鑄字本)
⑤ 聲(鑄字本)의 俗字.

삼국사열전 43/8

庾信玄孫新羅執事郎長淸作行錄十卷行於世頗多釀辝(辭)故刪落之取其可書者爲之傳

論曰唐李絳對憲宗曰遠邪佞進忠直與大臣言敬而信無使小人參焉與賢者遊親而禮無使不肖預焉誠哉斯言也實爲君之要道也故書曰任賢勿貳去邪勿疑觀夫新羅之待庾信也親近而無間委任而不貳謀行言聽不使怨乎不以可謂得六五童蒙之吉故庾信得以行其志與上國恊(協)謀合三土爲一家能以功名終焉雖有乙支文德之智略張保皐之義勇微中國之書則泯滅而無聞若庾信則鄕人稱頌之至今不亡士大夫知之可也至於蒭童牧豎亦能知之則其爲人也必有以異於人矣

三國史記卷第四十三

삼국사기 권 제44

열전 제4

을지문덕(乙支文德)

거칠부(居柒夫)

거도(居道)

이사부(異斯夫)

김인문(金仁問)[양도(良圖) 붙임]

김양(金陽)[김흔(金昕) 붙임]

흑치상지(黑齒常之)

장보고(張保皐)[정년(鄭年) 붙임]

사다함(斯多含)

三國史記卷第四十四
輸忠定難靖國贊化同德功臣開府儀同三司檢校太師守太保門下侍中判尙書吏禮部事集賢殿太學士監修國史上柱國致仕臣金富軾奉
宣撰
列傳第四 乙支文德 居柒夫 居道 異斯夫 金仁問 金陽 黑齒常之 張保皐 斯多含
乙支文德未詳其世系資沈鷙有智數兼解屬
文隋開皇中煬帝下詔征高句麗於是左翊衛
大將軍宇文述出扶餘道右翊衛大將軍于仲
文出樂浪道與九軍至鴨淥水文德受王命詣
其營詐降實欲觀其虛實述與仲文先奉密旨
若遇王及文德來則執之仲文等將留之尙書
右丞劉士龍爲慰撫使固止之遂聽文德歸深
悔之遣人紿文德曰更欲有議可復來文德不
顧遂濟鴨淥而歸述與仲文旣失文德內不自
安述以糧盡欲還仲文謂以精銳追文德可以
有功述止之仲文怒曰將軍仗十萬兵不能破
小賊何顏以見帝述等不得已而從之度鴨淥
水追之文德見隋軍士有饑色欲疲之每戰輒
北述等一日之中七戰皆捷旣恃驟勝又逼羣

算

議遂進東濟薩水去平壤城三十里因山爲營
文德遺仲文詩曰神策究天文妙筭窮地理戰
勝功旣高知足願云止仲文答書諭之文德又
遣使詐降請於述曰若旋師者當奉王朝行在
所述見士卒疲弊不可復戰又平壤城險固難
以猝拔遂因其詐而還爲方陣而行文德出軍
四面鈔擊之述等且戰且行至薩水軍半濟文
德進軍擊其後軍殺右屯衛將軍辛世雄於是
諸軍俱潰不可禁止九軍將士奔還一日一夜
至鴨淥水行四百五十里初度遼九軍三十萬
五千人及還至遼東城唯二千七百人
論曰煬帝遼東之役出師之盛前古未之有也
高句麗一偏方小國而能拒之不唯自保而已
滅其衆幾盡者文德一人之力也傳曰不有君
子其能國乎信哉
居柒夫 或云荒宗 姓金氏奈勿王五世孫祖仍宿角
干父勿力伊飡居柒夫少跅弛有遠志祝髮爲
①偕遊觀四方便欲覘高句麗入其境聞法師惠

① 僧(鑄字本)

삼국사열전 44/3

亮聞堂說經遂詣聽講經一日惠亮問曰沙彌
從何來對曰某新羅人也其夕法師招來相見
握手密言曰吾閱人多矣見汝容貌定非常流
其殆有異心乎答曰某生於偏方未聞道理聞
師之德譽來伏下風願師不拒以卒發蒙師曰
老僧不敏亦能識子此國雖小不可謂無知人
者恐子見執故密告之宜疾其歸居柒夫欲還
師又語曰相汝鷰頷鷹視將來必爲將師若以
兵行無貽我害居柒夫曰若如師言所不與師
同好者有如皦日遂還國返本從仕職一大阿
飡眞興大王六年乙丑承朝旨集諸文士修撰
國史加官波珍飡十二年辛未王命居柒夫及
仇珍大角飡比台角飡耽知迊飡非西迊飡奴
夫波珍飡西力夫波珍飡比次夫大阿飡未珍
夫阿飡等八將軍與百濟侵高句麗百濟人先
攻破平壤居柒夫等乘勝取竹嶺以外高峴以
內十郡至是惠亮法師領其徒出路上居柒夫
下馬以軍禮揖拜進曰昔遊學之日蒙法師之

① 子(鑄字本)
② 帥(鑄字本)
③ 至(鑄字本)

삼국사열전 44/4

恩得保性命今邂逅相遇不知何以爲報對曰
今我國政亂滅亡無日願致之貴域於是居柒
夫同載以歸見之於王王以爲僧統始置百座
講會及八關之法眞智王元年丙申居柒夫爲
上大等以軍國事務自任至老終於家享年七
十八
居道失其族姓不知何所人也仕脫解尼師今
爲干時于尸山國居柒山國介居鄰境頗爲國
患居道爲邊官潛懷幷呑之志每年一度集羣
馬於張吐之野使兵士騎之馳走以爲戲樂時
人稱爲馬叔兩國人習見之以爲新羅常事未
以爲怪於是起兵馬擊其不意以滅二國
異斯夫或云苔宗姓金氏奈勿王四世孫智度路王
時爲沿邊官襲居道權謀以馬戲誤加耶或云加羅
國取之至十三年壬辰爲阿瑟羅州軍主謀幷
于山國謂其國人愚悍難以威降可以討服乃
多造木偶師子分載戰舡抵其國海岸詐告曰
汝若不服則放此猛獸踏殺之其人恐懼則降

① 何(節要)
② 計(鑄字本)
③ 獅(鑄字本)와 通用, 抵(鑄字本)

삼국사열전 44/5

眞興王在位十一年大寶元年百濟拔高句麗
道薩城高句麗陷百濟金峴城主乘兩國兵疲
命異斯夫出兵擊之取二城增築留申士戍之
時高句麗遣兵來攻金峴城不克而還異斯夫
追擊之大勝

金仁問字仁壽大宗大王第二子也幼而就學
多讀儒家之書兼涉莊老浮屠之說又善隷書
射御鄕樂行藝純熟識量宏弘時人推許永徽
二年仁問年二十三歲受主命大唐宿衛高
宗謂涉海來朝忠誠可尙特授左領軍衛將軍
四年詔許歸國覲省太宗大王授以押督州揔
管於是築獐山城以設險太宗錄其功授食邑
三百戶新羅屢爲百濟所侵願得唐兵爲援助
以雪着恥擬諭宿衛仁問乞師會高宗以蘇定
方爲神丘道大揔管率師討百濟帝徵仁問問
道路險易去就便宜仁問應對尤詳帝悅制授
神丘道副大揔管勑赴軍中遂與定方濟海到
德物島主命太子與將軍庾信眞珠天存等以

① 峴(鑄字本)은 이하 표기 생략, 王(節要)
② 甲(鑄字本)
③ 王(金貞培), 入(鑄字本)
④ 摠(鑄字本)
⑤ 羞(鑄字本)
⑥ 副(鑄字本)
⑦ 王(金貞培)

삼국사열전 44/6

巨艦一百艘載兵迎之至熊津口賊瀕江屯
兵戰破之乘勝入其都城滅之定方俘王義慈
及太子孝王子泰等迴唐大王嘉尙仁問功業
授波珍飡又加角千尋入唐宿衛如前龍朔元
年高宗召謂曰朕旣滅百濟除爾國患今高句
麗負固與穢貊同惡違事大之禮棄善鄰之義
朕欲遣兵致討爾歸告國王出師同伐以殲垂
亡之虜仁問便歸國以致帝命國王使仁問與
庾信等練兵以待皇帝命邢國公蘇定方爲遼
東道行軍大揔管以六軍長驅萬里遇麗人於
浿江擊破之遂圍平壤麗人固守故不能克士
馬多死傷糧道不繼仁問與留鎭劉仁願率兵
兼輸米四千石租二萬餘斛赴之唐人得食以
大雪解圍還羅人將歸高句麗謀要擊於半塗
仁問與庾信詭謀夜遁麗人翌日覺而追之仁
問等迴擊大敗之斬首一萬餘級獲人五千餘
口而歸仁問又入唐以乾封元年扈駕登封泰
山加授右驍衛大將軍食邑四百戶揔章元年

① 屯(鑄字本)
② 干(鑄字本)
③ 浿(鑄字本)

戊辰高宗皇帝遣英國公李勣帥師伐高句麗
又遣仁問徵兵於我文武大王與仁問出兵二
十萬行至北漢山城王住此先遣仁問等領兵
會唐兵擊平壤月餘執王臧仁問使主跪於英
公前數其罪王再拜英公禮答之卽以王及男
産男建男生等還文武大王以仁問英略勇功
特異常倫賜故犬琢角干朴紐食邑五百戶高
宗亦聞仁問屢有戰功制曰爪牙良將文武英
材制爵疏封允宜誥命仍加爵秩食邑二千戶

自後侍衛宿禁多歷年所上元元年文武王納
高句麗叛衆又據百濟故地唐皇帝大怒以劉
仁軌爲雞林道大摠管發兵來討詔削王官爵
時仁問爲右驍衛員外大將軍臨海郡公在京
師立以爲王令歸國以代其兄仍册爲雞林州
大都督開府儀同三司仁問懇辤不得命遂上
道會王遣使入貢且謝罪皇帝赦之復王官爵
仁問中路而還亦復前銜調露元年轉鎭軍大
將軍行右武威衛大將軍載初元年授輔國大

① 王(金貞培)
② 太祖의 諱 '建'의 缺劃 誤刻.
③ 大(鑄字本)
④ 辭, 遂(鑄字本)

將軍上柱國臨海郡開國公左羽林軍將軍延
載元年四月二十九日寢疾薨於帝都享年六
十六訃聞上震悼贈襚加等命朝散大夫行司
禮寺大醫署令陸元景判官朝散郞直司禮寺
某等押送靈柩孝昭大王追贈太大角干命有
司以延載二年十月二十七日窆千京西原仁
問七入大唐在朝宿衛計月日九二十二年時
亦有良圖海湌大入唐死千西京失其行事
始末

金陽字魏昕太宗大王九世孫也曾祖周元伊
湌祖宗基蘇判考貞茹波珍湌皆以世家爲將
相陽生而英傑大和二年興德王三年爲固城
郡大守尋拜中原大尹俄轉武州都督所臨有
政譽開成元年丙辰興德王薨無嫡嗣王之堂
弟均貞堂弟之子悌隆爭嗣位陽與均貞之子
阿湌祐徵均貞妹壻禮徵奉均貞爲王入積板
宮以族兵宿衛悌隆之黨金明利弘等來圍陽
陳兵宮門以拒之曰新君在此爾等何敢兇逆

① 柩(鑄字本)
② 于(鑄字本)
③ 凡(鑄字本)
④ 于(鑄字本)
⑤ 太(年表)
⑥ 太, 守(誠庵本)
⑦ 板(誠庵本)

삼국사열전 44/9

③ ② ①

如此遂引弓射殺十數人悌隆下裴萱伯射陽
中股均貞曰彼衆我寡勢不可遏公其佯退以
爲後圖陽於是突圍而出至韓歧一作漢祇市均貞
没於亂兵陽號泣旻天誓心白日潛藏山野以
俟時來至開成二年八月前侍中祐
徵收殘兵入淸海鎭結大使弓福謀報不同天
之讎陽聞之募集謀士兵卒以三年二月入海
見祐徵與謀擧事三月以勁卒五千人襲武州
至城下州人悉降進次南原遇新羅兵與戰克

⑦ ⑥ ⑤ ④

之祐徵以士卒久勞且歸海鎭養兵秣馬冬彗
孛見西方芒角指東衆賀曰此除舊布新報寃
雪恥之祥也陽號爲平東將軍十二月再出金
亮詢以鵡洲軍來祐徵又遣驍勇閻長張弁鄭年
駱金張律榮李順行大將統兵軍容甚盛鼓行
至武州鐵冶縣北川新羅大監金敏周以兵逆
之將軍駱金李順行以馬兵三千突入彼軍殺
傷殆盡四年正月十九日軍至大丘王以兵迎
拒逆擊之王軍敗北生擒斬獲莫之能計時王

① 歧, 漢祇(金貞培), 貞(鑄字本)
② 日(鑄字本)
③ 祐(鑄字本)
④ 平(鑄字本)

⑤ 詢(誠庵本). 顯宗의 諱 '詢'의 缺劃字.
⑥ 太祖의 諱 '建'의 缺劃 誤刻, 鼓
⑦ 大(鑄字本)

삼국사열전 44/10

⑤ ④ ③ ② ①

顚沛逃入離宮兵士尋害之陽於是命左右將
軍領騎士徇曰本爲報讎今渠魁就戮衣冠士
女百姓宜各安居勿妄動遂收復王城人民安
堵陽召萱伯曰犬各吠非其主爾以其主射我
義士也我勿校爾安無恐衆聞之曰萱伯如此
其他何憂無不感悅四月淸宮奉迎侍中祐徵
卽位是爲神武王至七月二十三日大王薨太
子嗣位是爲文聖王追錄功授蘇判兼倉部令
轉侍中兼兵部令唐聘問兼授公檢校衛尉卿

⑥ 太

大中十一年八月十三日薨于私第享年五十
訃聞大王哀慟追贈舒發翰其贈賻殮葬一依
金庾信舊例以其年十二月八日陪葬于太宗
大王之陵從父兄昕字泰父璋如仕至侍中波
珍飡昕幼而聰悟好學問長慶二年憲德王將
遣人入唐難其人或薦昕太宗之裔精神朗秀
器宇深沉可以當選遂令入朝宿衛歲餘請還
皇帝詔授金紫光祿大夫試大常卿及歸國王
以不辱命擢授南原大守累遷至康州大都督

① 入(鑄字本)
② 士(鑄字本)
③ 收(鑄字本)
④ 追(鑄字本)

⑤ 入(精文研)
⑥ 擢(鑄字本), 太

삼국사열전 44/11

尋加伊湌兼相國開成己未閏正月爲大將軍領軍十萬禦淸海兵於大丘敗績自以敗軍又不能死綏不復仕官入小白山葛衣蔬食與浮圖遊至大中三年八月二十七日感疾終於山齋享年四十七歲以其年九月十日葬於奈靈郡之南原無嗣子夫人主喪事後爲比丘尼

黑齒常之百濟西部人長七尺餘驍毅有謀略爲百濟達率兼風達郡將猶唐刺史云蘇定方平百濟常之以所部降而定方囚老王縱兵大掠常之懼與左右酋長十餘人遯去嘯合逋亡依任存山自固不旬日歸者三萬定方勒兵攻之不克遂復二百餘城龍朔中高宗遣使招諭乃詣劉仁軌降入唐爲左領軍員外將軍洋州刺史累從征伐積功授爵賞殊等久之爲燕然道大摠管與李多祚等擊突厥破之左監門衛中郎將寶璧欲窮追邀功詔與常之共討寶璧獨進爲虜所覆擧軍沒寶璧下吏誅常之坐無功會周興等誣其與鷹揚將軍趙懷節叛捕繫

① 己(鑄字本)
② 齋(鑄字本)
③ 邀(鑄字本)

삼국사열전 44/12

詔獄投繯死常之御下有恩所乘馬爲士所箠或請罪之荅曰何遽以私馬鞭官兵乎前後賞賜分麾下無留貲及死人皆哀其枉

張保皐羅紀作弓福 鄭年年或作連 皆新羅人但不知鄕邑父祖皆善鬪戰年復能沒海底行五十里不噎角其勇壯保皐差不及也年以兄呼保皐保皐以齒年以藝常齟齬不相下二人如唐爲武寧軍小將騎而用槍無能敵者後保皐還國謁大王曰遍中國以吾人爲奴婢願得鎭淸海使賊不得掠人西去淸海新羅海路之要今謂之莞島大王與保皐萬人此後海上無鬻鄕人者保皐旣貴年去職饑寒在泗之漣水縣一日言於戍將馮元規曰我欲東歸乞食於張保皐元規曰若與保皐所負如何奈何去取死其手年曰饑寒死不如兵死快況死故鄕耶遂去謁保皐飮之極歡飮未卒聞王弑國亂無主保皐分兵五千人與年持年手泣曰非子不能平禍難年入國誅叛者立王王召保皐爲相以年代守

① 差(鑄字本)
② 水(節要)

猜悔(此與新羅傳記頗異以杜牧立傳故兩存之)
論曰杜牧言天寶安祿山亂朔方節度使安思
順以祿山從弟賜死詔郭汾陽代之後旬日復
詔李臨淮持節分朔方半兵東出趙魏當思順
時汾陽臨淮俱爲牙門都將二人不相能雖同
盤飮食常睇相視不交一言及汾陽代思順臨
淮欲亡去計未决詔臨淮分汾陽半兵東討臨
淮入請曰一死固甘乞免妻子汾陽趍下持手
上堂偶坐曰今國亂主遷非公不能東伐豈懷

私忿時耶及別執手泣涕相勉以忠義訖平巨
盜實二公之力知其心不叛知其材可任然後
心不疑兵可分平生積憤知其心難也忿必見
短知其材益難也此保皐與汾陽之賢等耳年
投保皐必曰彼貴我賤我降下之不宜以舊忿
殺我保皐果不殺人之常情也臨淮請死於汾
陽亦人之常情也保皐任年事出於巳年且饑
寒易爲感動汾陽臨淮平生抗立臨淮之命出
於天子擢於保皐汾陽爲優此乃聖賢遲疑成

決

① 己(鑄字本)

敗之際也彼無他也仁義之心與雜情並植雜
情勝則仁義滅仁義勝則雜情消彼二人仁義
之心既勝復資之以明故卒成功廿稱周召爲
百代之師周公擁孺子而召公疑之以周公之
聖召公之賢少事文王老佐武王能平天下周
公之心召公且不知之苟有仁義之心不資以
明雖召公尚爾况其下哉語曰國有一人其國
不亡夫亡國非無人也丁其亡時賢人不用苟
能用之一人足矣宋祁曰嗟乎不以怨毒相甚

而先國家之憂晉有祁奚唐有汾陽保皐孰謂
夷無人哉
斯多含系出眞骨奈密王七世孫也父仇梨知
級飡本高門華冑風標淸秀志氣方正時人請
奉爲花郎不得已爲之其徒無慮一千人盡得
其歡心眞興王命伊飡異斯夫襲加羅(一作加耶)國
時斯多含年十五六請從軍王以幼少不許其
請勤而志礭遂命爲貴幢裨將其徒從之者亦
衆及抵其國界請於元帥領麾下兵先入旃檀

① 世(鑄字本)
② 甚(新唐書 220 新羅傳)
③ 孰(鑄字本)
④ 確과 通用.

梁(一作檀梁城門名加羅語謂門爲梁云)其國人不意兵猝至驚動不能
禦大兵乘之遂滅其國洎師還王策功賜加羅
人口三百受已皆放無一留者又賜田固辭王
强之請賜閼川不毛之地而已含始與武官郎
約爲死友及武官病卒哭之慟甚七日亦卒時
年十七歲

三國史記卷第四十四

삼국사기 권 제45

열전 제5

을파소(乙巴素)

김후직(金后稷)

녹진(祿眞)

밀우(密友)·유유(紐由)

명림답부(明臨荅夫)

석우로(昔于老)

박제상(朴堤上)

귀산(貴山)

온달(溫達)

삼국사열전45/1

三國史記卷第四十五

宣撰

列傳第五 乙巴素 金后稷 祿眞 密友 紐由 明臨荅夫 昔于老 朴堤上 貴山 溫達

乙巴素高句麗人也國川王時沛者於昇留評
者左可慮等皆以外戚擅權多行不義國人怨
憤王怒欲誅之左可慮等謀反王誅竄之遂下
令曰近者官以寵授位非德進毒流百姓動我
王家此寡人不明所致也今汝四部各舉賢良
在下者於是四部共舉東部晏留王徵之委以
國政晏留言於王曰微臣庸愚固不足以參大
政西鴨淥谷左勿村乙巴素者琉璃王大臣乙
素之孫也性質剛毅智慮淵深不見用於世力
田自給大王若欲理國非此人則不可王遣使
以卑辭重禮聘之拜中畏大夫加爵爲于台謂
曰孤叨承先業處臣民之上德薄材短未濟於
理先生藏用晦明窮處草澤者久矣今不我棄
幡然而來非獨孤之喜幸社稷生民之福也請

① 紐(鑄字本), 臨(鑄字本)
② 老(鑄字本)
③ 畀(高句麗本紀 故國川王 12년조)

삼국사열전45/2

安承敎公其盡心巴素意雖許國謂所受職不
足以濟事乃對曰臣之駑蹇不敢當嚴命願大
王選賢良授高官以成大業王知其意乃除爲
國相令知政事於是朝臣國戚謂巴素以新間
舊疾之王有敎曰無貴賤苟不從國相者族之
巴素退而告人曰不逢時則隱逢時則仕士之
常也今上待我以厚意其可復念舊隱乎乃以
至誠奉國明政敎愼賞罰人民以安內外無事
王謂晏留曰若無子之一言孤不能得巴素以
共理今庶績之凝子之功也迺拜爲大使者至
山上王七年秋八月巴素卒國人哭之慟
金后稷智證王之曾孫事眞平大王爲伊飡轉
兵部令大王頗好田獵后稷諫曰古之王者必
一日萬機深思遠慮左右正士容受直諫孶孶
矻矻不敢逸豫然後德政酵美國家可保今殿
下日與狂夫獵士放鷹犬逐雉菟奔馳山野不
能自止老子曰馳騁日獵令人心狂書曰內作
色荒外作禽荒有一于此未或不亡由是觀之

① 醇(鑄字本)
② 兎(鑄字本)
③ 田(鑄字本)

삼국사열전45/3

內則蕩心外則亡國不可不省也殿下其念之
王不從又切諫不見聽後后稷疾病將死謂其
三子曰吾爲人臣不能匡救君惡恐大王遊娛
不已[①]以至於亡敗是吾所憂也雖死必思有以
悟君須瘞吾骨於大王遊畋之路側子等皆從
之他日王出行半路有遠聲若曰莫去王顧問
聲何從來從者告云彼后稷伊飡之墓也遂陳
后稷臨死之言大王潸[②]然流涕曰夫子忠諫死
而不忘其愛我也深矣若終不改其何顏於幽

明之間耶遂終身不復獵
祿眞姓與字並詳父秀奉一吉飡祿眞二十三
歲始仕屢經內外官至憲德大王十年戊戌爲
執事侍郎十四年國王無嗣子以母弟秀宗爲
儲貳入月池宮時忠恭角干爲上大等坐政事
堂注擬內外官退公感疾召國醫診脉曰病在
心臟須服龍齒湯遂告暇三七日杜門不見賓
客於是祿眞造而請見門者拒焉祿眞曰下官
非不知相公移疾謝客須獻一言於左右以開

① 已(鑄字本)
② 潸로 판단, 혹은 濽(節要)

삼국사열전45/4

鬱悒之慮故此來耳若不見則不敢退也門者
再三復之於是引見祿眞進曰伏聞寶體不調
得非早朝晩罷蒙犯風露以傷榮衛之和失支
體之安乎曰未至是也但昏昏嘿嘿精神不快[①]
耳祿眞曰然則公之病不須藥石不須針砭可
以至言高論一攻而破之也公將聞之乎曰吾子
不我遐遺惠然光臨願聽玉音洗我胸臆祿眞
曰彼梓人之爲室也材大者爲梁柱小者爲椽
榱偃者植者各安所施然後大廈成焉古者賢

宰相之爲政也又何異焉才巨者置之高位小
者授之薄任內則六官百執事外則方伯連率
郡守縣令朝無闕位位無非人上下定矣賢不
肖分矣然後王政成焉今則不然徇私而滅公
爲人而擇官愛之則雖不材擬送於雲霄憎之
則雖有能圖陷於溝壑取捨混其心是非亂其
志則不獨國事溷濁而爲之者亦勞且病矣若
其當官淸白蒞事恪恭杜貨賂之門遠[②]請託之
累黜陟只以幽明予奪[奪]不以愛憎如衡焉不可

① 快(鑄字本)
② 遠(鑄字本)

① ② 辭

枉以輕重如繩焉不可欺以曲直如是則刑政
允穆國家和平雖日開孫弘之閤置曹參之酒
與朋友故舊談笑自樂可也又何必區區於服
餌之間徒自費日廢事爲哉甫千於是謝遣醫
官命駕朝王室王曰謂卿尅日服藥何以來朝
荅曰臣聞祿眞之言同於藥石豈止飲龍齒湯
而已哉因爲王一一陳之王曰寡人爲君卿爲
相而有人直言如此何喜如焉不可使儲君不
知宜往月池宮儲君聞之入賀曰嘗聞君明則

臣直此亦國家之美事也後熊川州都督憲昌
反叛王擧兵討之祿眞從事有功王授位大阿
飡辤不受
密友紐由者並高句麗人也東川王二十年魏
幽州刺史毋丘儉將兵來侵陷丸都城王出奔
將軍王頎追之王欲奔南沃沮至于竹嶺軍士奔
散殆盡唯東部密友獨在側謂王曰今追兵甚
迫勢不可脫臣請決死而禦之王可遁矣遂募
死士與之赴敵力戰王僅得脫而去依山谷聚

① 剋과 同字.
② 沃(鑄字本)

太

散卒自衛謂曰若有能取密友者厚賞之下部
劉屋句前對曰臣試往焉遂於戰地見密友伏
地乃負至王枕之以股久而乃蘇王間行轉
輾至南沃沮魏軍追不止王計窮勢屈不知所
爲東部人紐由進曰勢甚危迫不可徒死臣有
愚計請以飮食往犒魏軍因伺隙刺殺彼將若
臣計得成則王可奮擊決勝王曰諾紐由入魏
軍詐降曰寡君獲罪於大國逃至海濱措躬無
地矣將以請降於陣前歸死司寇先遣小臣致

不腆之物爲從者羞魏將聞之將受其降紐由
隱刀食器進前拔刀刺魏將胷與之俱死魏軍
遂亂王分軍爲三道急擊之魏軍擾亂不能陳
遂自樂浪而退王復國論功以密友紐由爲第
一賜密友巨谷青木谷賜屋句鴨綠豆訥河原
以爲食邑追贈紐由爲九使者又以其子多優
爲大使者
明臨荅夫高句麗人也新大王時爲國相漢玄
菟郡大守耿臨發大兵欲攻我王問羣臣戰守

①②③

執便衆議曰漢兵恃衆輕我若不出戰彼以我
爲怯數來且我國山險而路隘此所謂一夫當
關萬夫莫當者也漢兵雖衆無如我何請出師
禦之荅夫曰不然漢國大民衆令以强兵遠鬪
其鋒不可當也而又兵衆者宜戰兵小者宜守
兵家之常也今漢人千里轉糧不能持久若我
深溝高壘清野以待之彼必不過旬月饑困而
歸我以勁卒迫之可以得志王然之嬰城固守
漢人攻之不克士卒饑餓引還荅夫帥師數千

④⑤

騎追之戰於坐原漢軍大敗匹馬不反王大悅
賜荅夫坐原及質山爲食邑十五年秋九月卒
年百十三歲王自臨慟罷朝七日以禮葬於質
山置守墓二十家
昔于老奈解尼師今之子或云角干水老之子也助賁王二
年七月以伊湌爲大將軍出討甘文國破之以
其地爲郡縣四年七月倭人來侵于老逆戰於
沙道乘風縱火焚賊戰艦賊溺死且盡十五年
正月進爲舒弗耶兼知兵馬事十六年高句麗

① 執(鑄字本)
② 今(鑄字本)
③ 少(節要)
④ 火(鑄字本)
⑤ 邯(誠庵本)

①②③④

侵北邊出擊之不克退保馬頭柵至夜士卒寒
苦干老躬行勞問手燒薪穢暖埶之羣心感喜
如夾纊沽解王在位沙梁伐國舊屬我忽背而
歸百濟于老將兵往討滅之七年癸酉倭國使
臣葛那古在館于老主之與客戲言早晚以汝
王爲鹽奴王妃爲爨婦倭王聞之怒遣將軍于
道朱君討我大王出居于柚村于老曰今玆之
患由吾言之不愼我其當之遂抵倭軍謂曰前
日之言戲之耳豈意興師至於此耶倭人不荅

⑤

執之積柴置其上燒殺之乃去于老子幼弱不
能步人抱以騎而歸後爲訖解尼師今未鄒王
時倭國大臣來聘于老妻請於國王私饗倭使
臣及其泥醉使壯士曳下庭焚之以報前怨倭
人忿來攻金城不克引歸
論曰于老爲當時大臣掌軍國事戰必克雖不
克亦不敗則其謀策必有過人者然以一言之
悖以自取死又令兩國交兵其妻能報怨亦變
而非正也若不爾者其功業亦可錄也

① 于(鑄字本), 樵(李丙燾), 熱(鑄字本)
② 沾(鑄字本)
③ 葛那(鑄字本)
④ 爨(鑄字本)
⑤ 味(新羅本紀 2 味鄒尼師今 즉위년조)

삼국사열전45/9

朴堤上 或云毛末 始祖赫居世之後婆娑尼師今五
世孫祖阿道葛文王父勿品波珍飡堤上仕爲
歃良州干先是實聖王元年壬寅與倭國講和
倭王請以奈勿王之子未斯欣爲質王嘗恨奈
勿王使己質於高句麗思有以釋憾於其子故
不拒而遣之又十一年王子高句麗亦欲得未
斯欣之兄卜好爲質大王又遣之及訥祇王即
位思得辯士往迎之聞水酒村千伐寶靺一利
村干仇里迺利伊村干波老三人有賢智召問

曰吾弟二人質於倭麗二國多年不還兄弟之
故思念不能自止願使生還若之何而可三人
同對曰臣等聞歃良州千堤上剛勇而有謀可
得以解殿下之憂於是徵堤上使前告三臣之
言而請行堤上對曰臣雖愚不肖敢不唯命祗
承遂以聘禮入高句麗語王曰臣聞交鄰國之
道誠信而已若交質子則不及五霸誠未世之
事也今寡君之愛第在此殆將十年寡君以鶺
鴒在原之意永懷不已若大王惠然歸之則若

① 祖(鑄字本)
② 歃(鑄字本)
③ 壬(年表)
④ 干(節要)
⑤ 干(鑄字本)
⑥ 覇(鑄字本)의 本字, 末(鑄字本)
⑦ 弟(鑄字本), 鶺(鑄字本)

삼국사열전45/10

九牛之落一毛無所損也而寡君之德大王也
不可量也王其念之王曰諾許與同歸及歸國
大王喜慰曰我念二弟如左右臂今只得一臂
奈何堤上報曰臣雖奴才旣以身許國終不辱
命然高句麗大國王亦賢君是故臣得以一言
悟之若倭人不可以口舌諭當以詐謀可使王
子歸來臣適彼則請以背国論使彼聞之乃以
死自誓不見妻子抵栗浦汎舟向倭其妻聞之
奔至浦口望舟大哭曰好歸來堤上回顧曰我

將命入敵國爾莫作再見期遂徑入倭國若叛
來者倭王疑之百濟人前入倭讒言新羅與高
句麗謀侵王國倭遂遣兵邏戍新羅境外會高
句麗來侵幷擒殺倭邏人倭王乃以百濟人言
爲實又聞羅王囚未斯欣堤上之家人謂堤上
實叛者於是出師將襲新羅兼差堤上與未斯
欣爲將兼使之鄕導行至海中山島倭諸將密
議滅新羅後執堤上未斯欣妻孥以還堤上知
之與未斯欣乘舟遊若捉魚鴨者倭人見之以

① 國
島

① 抵粟(鑄字本)

島　辭

謂無心喜焉於是堤上勸未斯欣潛歸本國未
斯欣曰僕奉將軍如父豈可獨歸堤上曰若二
人俱發則恐謀不成未斯欣抱堤上項泣辝而
歸堤上獨眠室內晏起欲使未斯欣遠行諸人
問將軍何起之晚荅曰前日行舟勞困不得夙
興及出知未斯欣之逃遂縛堤上行舡追之適
煙霧晦冥望不及焉歸堤上於王所則流於木
烏未幾使人以薪火燒爛支體然後斬之大王
聞之哀慟追贈大阿飡厚賜其家使未斯欣娶

①

其堤上之第二女爲妻以報之初未斯欣之來
也命六部遠迎之及見握手相泣會兄弟置酒
極娛王自作歌舞以宣其意今鄉樂憂息曲
是也
貴山沙梁部人也父武殺阿千貴山少與部人
箒項爲友二人相謂曰我等期與士君子遊而
不先正心修身則恐不免於招辱盍聞道於賢
者之側乎時圓光法師入隋遊學還居加悉寺
爲時人所尊禮貴山等詣門摳衣進告曰俗士

① 殷(百濟本紀 武王 3년조), 干(鑄字本)

顓蒙無所知識願賜一言以爲終身之誡法師
曰佛戒有菩薩戒其別有十若等爲人臣子恐
不能堪今有世俗五戒一曰事君以忠二曰事
親以孝三曰交友以信四曰臨戰無退五曰殺
生有擇若等行之無忽貴山等曰他則旣受命
矣所謂殺生有擇獨未曉也師曰六齋日春夏
月不殺是擇時也不殺使畜謂馬牛雞犬不殺
細物謂肉不足一臠是擇物也如此唯其所用
不求多殺此可謂世俗之善戒也貴山等曰自

③　②　①

今已後奉以周旋不敢失墜眞平王建福十九
年壬戌秋八月百濟大發兵來圍阿莫(一作莫)城
王使將軍波珍千乾品武梨屈伊梨伐級干武
殷比梨耶等領兵拒之貴山箒項並以少監赴
焉百濟敗退於泉山之澤伏兵以待之我軍進
擊力困引還時武殷爲殿立於軍尾伏猝出鉤
而下之貴山大言曰吾嘗聞之師曰士當軍無
退豈敢奔北乎擊殺賊數十人以己馬出父與
箒項揮戈力鬪諸軍見之奮擊橫尸滿野匹馬

① 太祖의 諱 '建'의 缺劃 誤刻.
② 暮(鑄字本)
③ 干(鑄字本)

삼국사열전45/13

④ ③ ② ①

喪輪無反者貴山等金瘡滿身半路而卒王與
羣臣迎於阿那之野臨尸痛哭以禮殯葬追賜
位貴山奈麻箒項大舍
溫達高句麗平岡王時人也容貌龍鍾可笑中
心則曄然家甚貧常乞食以養母破衫弊履往
來於市井閒時人目之爲愚溫達平岡王少女
兒好啼王戱曰汝常啼聒我耳長必不得爲士
大夫妻當歸之愚溫達王每言之及女年二八
欲下嫁於上部高氏公主對曰大王常語汝必
爲溫達之婦今何故改前言乎匹夫猶不欲食
言況至尊乎故曰王者無戱言今大王之命謬
矣妾不敢祗承王怒曰汝不從我敎則固不得
爲吾女也安用同居宜從汝所適矣於是公主
以寳釧數十枚繫肘後出宮獨行路遇一人問
溫達之家乃行至其家見盲老母近前拜問其
子所在老母對曰吾子貧具陋非貴人之所可
近今聞子之臭芬馥異常接子之手柔滑如綿
必天下之貴人也因誰之侜以至於此乎惟我

① 曉(精文硏) 혹은 曄(李丙燾) 혹은 暐(鑄字本), 然家(鑄字本)
② 間(鑄字本)의 本字.
③ 寶(鑄字本)
④ 且陋(鑄字本)

삼국사열전45/14

② ①

息不忍饑取楡皮於山林久而未還公主出行
至山下見溫達負楡皮而來公主與之言懷溫
達悖然曰此非幼女子所宜行必非人也狐鬼
也勿迫我也遂行不頋公主獨歸宿柴門下明
朝更入與母子備言之溫達依違未決其母曰
吾息至陋不足爲貴人匹吾家至窶固不宜貴
人居公主對曰古人言一斗粟猶可舂一尺布
猶可縫則苟爲同心何必富貴然後可共乎乃
賣金釗買得田宅奴婢牛馬器物資用完具初
買馬公主語溫達曰愼勿買市人馬須擇國馬
病瘦而見放者而後換之溫達如其言公主養
飼甚勤馬日肥且壯高句麗常以春三月三日
會獵樂浪之丘以所獲猪鹿祭天及山川神至
其日王出獵羣臣及五部兵士皆從於是溫達
以所養之馬隨行其馳騁常在前所獲亦多他
無若者王召來問姓名驚且異之時後周武帝
出師伐遼東王領軍逆戰於拜山之野溫達爲
先鋒疾鬪斬數十餘級諸軍乘勝奮擊大克及

① 顧(鑄字本)의 俗字. 이하 생략. 柴
② 釧(鑄字本)

論功無不以溫達爲第①一 王嘉歎之曰是吾女
壻也備禮迎之賜爵爲大兄由此寵榮尤渥威
權日盛及陽岡王卽位溫達奏曰惟新羅割我
漢北之地爲郡縣百姓痛恨未嘗忘父母之國
願大王不以愚不肖授之以兵一往必還吾地
王許焉臨行誓曰鷄立峴竹嶺已西不歸於我
則不返也遂行與羅軍戰於阿旦城之下爲流
矢所中路②而死欲葬柩不肯動公主來撫棺曰
死生決矣於乎歸矣遂擧而窆大王聞之悲慟

三國史記卷第四十五

① 第(鑄字本)
② 踣(誠庵本)

삼국사기 권 제46

열전 제6

강수(强首)

최치원(崔致遠)

설총(薛聰)[최승우(崔承祐)·최언위(崔彥撝)·김대문(金大問)·박인범(朴仁範)·원걸(元傑)·거인(巨仁)·김운경(金雲卿)·김수훈(金垂訓) 붙임]

삼국사열전 46/1

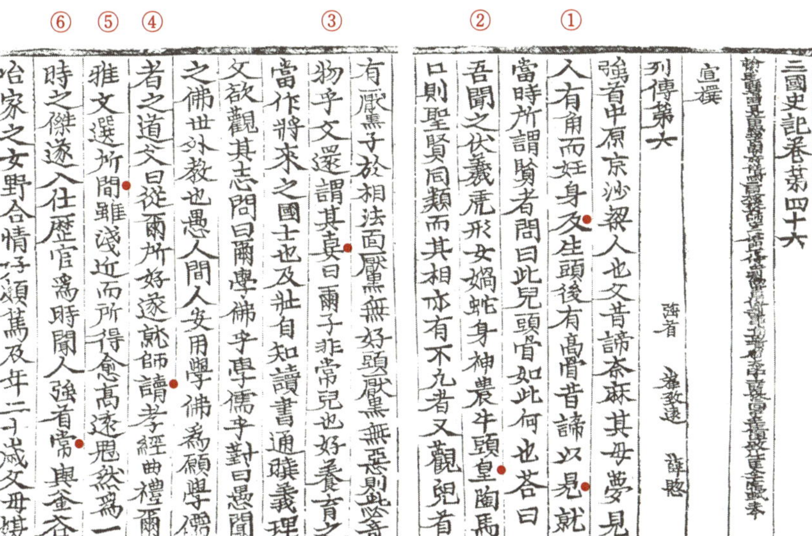

三國史記卷第四十六

輸忠定難靖國贊化同德功臣開府儀同三司檢校太師守太保門下侍中判尚書吏禮部事集賢殿大學士監修國史上柱國致仕臣金富軾奉

宣撰

列傳第六　强首　崔致遠　薛聰

强首中原京沙梁人也父昔諦奈麻其母夢見人有角而妊身及生頭後有高骨昔諦以見就當時所謂賢者問曰此兒頭骨如此何也答曰吾聞之伏羲虎形女媧蛇身神農牛頭皇陶馬口則聖賢同類而其相亦有不凡者又觀兒首有黶子於相法面黶無好頭黶無惡則此必奇物乎父還謂其妻曰爾子非常兒也好養育之當作將來之國士也及壯自知讀書通曉義理父欲觀其志問曰爾學佛乎學儒乎對曰愚聞之佛世外教也愚人間人安用學佛爲願學儒者之道父曰從爾所好遂就師請孝經曲禮爾雅文選所間雖淺近而所得愈高遠嵬然爲一時之傑遂入仕歷官爲時聞人强首常與釜谷冶家之女野合情好頗篤及年二十歲父母媒

① 及(鑄字本), 兒(鑄字本)
② 皐(鑄字本)
③ 妻(鑄字本)
④ 讀(鑄字本)
⑤ 聞(鑄字本)
⑥ 嘗(節要)

삼국사열전 46/2

邑中之女有容行者將妻之强首辭不可以再娶父怒曰爾有時名國人無不知而以微者爲偶不亦可恥乎强首再拜曰貧且賤非所羞也學道而不行之誠所羞也嘗聞古人之言曰糟糠之妻不下堂貧賤之交不可忘則賤妾所不忍弃者也及太宗大王即位唐使者至傳詔書其中有難讀處王召問之在王前一見說釋無疑滯王驚喜恨相見之晚問其姓名對曰臣本任那加良人名字頭王曰見卿頭骨可稱强首先生使製迴謝唐皇帝詔書表文工而意盡王益奇之不稱名言任生而已强首未嘗謀生家貧怡如也王命有司歲賜新城租一百石文武王曰强首文章自任能以書翰致意於中国及麗濟二邦故能結好成功我先王請兵於唐以平麗濟者雖曰武功亦由文章之助焉則强首之功豈可忽也授位沙湌增俸歲租二百石至神文大王時卒葬事官供其賻贈衣物匹段尤多家人無所私皆歸之佛事其妻之於食欲還

① 牛(鑄字本)
② 乏(鑄字本)

太 衰 ③ ② ①

鄕里大臣聞之請王賜租百石妻辭曰妾賤者
也衣食從夫受国恩多矣今旣獨矣豈敢再辱
厚賜乎遂不受而歸新羅古記曰文章則强首
帝文守眞良圖風訓骨沓帝文已下事逸不得
立傳
崔致遠字孤雲或云海雲王京沙梁部人也史
傳泯滅不知其世系致遠少精敏好學至年十
二將隨海舶入唐求學其父謂曰十年不第卽
非吾子也行矣勉之致遠至唐追師學問無怠

乾符元年甲午禮部侍郞裴瓚下一擧及第調
授宣州溧水縣尉考績爲承務郞侍御史內供
奉賜紫金魚袋時黃巢叛高騈爲諸道行營兵
馬都統以討之辟致遠爲從事以委書記之任
其表狀書啓傳之至今及年二十八歲有歸寧
之志僖宗知之光啓元年使將詔書來聘留爲
侍讀兼翰林學士守兵部侍郞知瑞書監致遠
自以西學多所得及來將行已志而衰季多疑
忌不能容出爲大山郡大守唐昭宗景福二年

① 沓(誠庵本)
② 務(鑄字本)
③ 委(誠庵本)

④ ③ ② 太 太 ① 太

納旌節使兵部侍郞金處誨歿於海卽差橘山
郡大守金峻爲告奏使時致遠爲富城郡大守
祗召爲賀正使以比歲饑荒因之盜賊交午道
梗不果行其後致遠亦嘗奉使如唐但不知其
歲月耳故其文集有上大師侍中狀云伏聞東
海之外有三國其名馬韓卞韓辰韓馬韓則高
麗卞韓則百濟辰韓則新羅也高麗百濟全盛
之時强兵百萬南侵吳越北撓幽燕齊魯爲中
國巨蠹隋皇失馭由於征遼貞觀中我唐大宗

皇帝親統六軍渡海恭行天罰高麗畏威請和
文皇受降迴蹕此際我武列大王請以犬馬之
誠助定一方之難入唐朝謁自此而始後以高
麗百濟踵前造惡武烈七朝請爲鄕導至高宗
皇帝顯慶五年勅蘇定方統十道强兵樓舡萬
隻大破百濟乃於其地置扶餘都督府招緝遺
氓莅以漢官以臭味不同屢聞離叛遂徙其人
於河南摠章元年命英公徐勣破高句麗置安
東都督府至儀鳳三年徙其人於河南隴右高

① 祇(鑄字本)
② 烈(鑄字本)
③ 王(金貞培) 혹은 入(節要)
④ 李(金仁問傳 및 李丙燾)

삼국사열전 46/5

⑥ ⑤ 太 太 ④ ③ ② ①

句麗殘孽類聚北依大白山下国號爲渤海開
元二十年怨恨天朝將兵掩襲登州殺刺史韋俊
於是明皇帝大怒命內史高品何行成大僕卿
金思蘭發兵過海攻討仍就加我王金某爲正
大尉持節充寧海軍事雞林州大都督以冬深
雪厚蕃漢苦寒勑命迴軍至今三百餘年一方
無事滄海晏然此乃我武烈大王之功也今某
儒門末學海外凡村謬奉表章來朝樂土凡有
誠懇禮合披陳伏見元和十二年本國王子金
張廉風飄至明州下岸浙東某官發送入京中
和二年入朝使金直諒爲叛臣作亂道路不通
遂於楚州下岸邐迤至楊州得知聖駕幸蜀高
大尉差都頭張儉監押送至西川已前事例分
明伏乞大師侍中俯降台恩特賜水陸券牒令
所在供給舟舡熟食及長行驢馬草料幷差軍
將監送至駕前此所謂大師侍中姑名亦不可
知也致遠自西事大唐東歸故国皆遭亂世屯
邅蹇連動輒得咎自傷不偶無復仕進意逍遙

① 太, 國
② 朝(鑄字本)
③ 太, 僕(鑄字本)
④ 末(鑄字本), 材(鑄字本)
⑤ 屯(鑄字本)
⑥ 遇와 同字.

삼국사열전 46/6

國 國 船 遲 ①

自放山林之下江海之濱營臺榭植松竹枕藉
書史嘯詠風月若慶州南山剛州氷山陝州清
涼寺智異山雙溪寺合浦縣別墅此皆遊焉之
所最後帶家隱伽耶山海印寺與母兄浮圖賢
俊及定玄師結爲道友棲遲偃仰以終老焉始
西遊時與江東詩人羅隱相知隱負才自高不
輕許可人示致遠所製歌詩五軸又與同年顧
雲友善將歸顧雲以詩送別略曰我聞海上三
金鼇金鼇頭戴山高高山之上兮珠宮貝闕黃
金殿山之下兮千里萬里之洪濤傍邊一點雞
林碧鼇山孕秀生奇特十二乘船渡海來文章
感動中華國十八橫行戰詞苑一箭射破金門
策新唐書藝文志云崔致遠四六集一卷桂苑
筆耕二十卷注云崔致遠高麗人賓貢及第爲
高駢從事其名聞上国如此又有文集三十卷
行於世初
我太祖作興致遠知非常人必受命開国因致
書問有雞林黃葉鵠嶺青松之句其門人等至

① 印(鑄字本)

國初來朝仕至達官者非一
顯宗在位爲致遠密賛祖業功不可忘下教贈
內史令至十四歲大平二年壬戌五月贈謚文
昌侯
薛聰字聰智祖談捺奈麻父元曉初爲桑門掩
該佛書既而返本自號小性居士聰性明銳生
知道待以方言讀九經訓導後生至今學者宗
之又能屬文而世無傳者但今南地或有聰所
製碑銘文字缺落不可讀竟不知其何如也神
文大王以仲夏之月處高明之室顧謂聰曰今
日宿雨初歇薰風微涼雖有珍饌哀音不如高
談善謔以舒伊鬱吾子必有異聞盍爲我陳之
聰曰唯臣聞昔花王之始來也植之以香園護
之以翠幕當三春而發艷凌百花而獨出於是
自邇及遐艷艷之靈夭夭之英無不奔走上謁
唯恐不及忽有一佳人朱顔玉齒鮮粧靚服伶
俜而來綽約而前曰妾履雪白之沙汀對鏡清
之海而沐春雨以去垢快清風而自適其名曰

① 太(高麗史)
② 侯(鑄字本)
③ 淹(鑄字本)
④ 術(誠庵本)
⑤ 缺(鑄字本)
⑥ 謔(鑄字本)
⑦ 垢(鑄字本)

棄

薔薇聞王之令德期薦枕於香帷王其容我乎
又有一丈夫布衣韋帶戴白持杖龍鍾而步傴
僂而來曰僕在京城之外居大道之旁下臨蒼
茫之野景上倚嵯峨之山色其名曰白頭翁竊
謂左右供給雖足膏粱以充腸茶酒以清神巾
衍儲藏須有良藥以補氣惡石以蠲毒故曰雖
有絲麻無弃菅蒯凡百君子無不代匱不識王
亦有意乎或曰二者之來何取何捨花王曰丈
夫之言亦有道理而佳人難得將如之何丈夫
進而言曰吾謂王聰明識理義故來焉耳今則
非也凡爲君者鮮不親近邪佞疎遠正直是以
孟軻不遇以終身馮唐郎潛而皓首自古如此
吾其奈何花王曰吾過矣吾過矣於是王愀然
作色曰子之寓言誠有深志請書之以謂王者
之戒遂擢聰以高秩世傳日本國眞人贈新羅
使薛判官詩序云嘗覽元曉居士所著金剛三
昧論深恨不見其人聞新羅國使薛即是居士
之抱孫雖不見其祖而喜遇其孫乃作詩贈之

① 枕(鑄字本)
② 佞(鑄字本)
③ 爲(節要)
④ 序(鑄字本)

其詩至今存焉但不知其子孫名字耳至
我顯宗在位十三歲天禧五年辛酉追贈爲弘
儒侯或云薛聰嘗入唐學未知然不崔承祐以
唐昭宗龍紀二年入唐至景福二年侍郞楊涉
下及第有四六五卷自序爲餬本集後爲甄萱
作檄書移
我太祖崔彦撝年十八入唐遊學禮部侍郞薛
廷珪下及第四十二還國爲執事侍郞瑞書院
學士及
太祖開國入朝仕至翰林院大學士平章事卒
謚文英金大問本新羅貴門子弟聖德王三年
爲漢山州都督作傳記若干卷其高僧傳花郞
世記樂本漢山記猶存朴仁範元傑巨仁金雲
卿金垂訓輩雖僅有文字傳者而史失行事不
得立傳

三國史記卷第四十六

삼국사기 권 제47

열전 제7

해론(奚論)[아버지 찬덕(讚德) 붙임]
소나(素那)[아버지 심나(沈那) 붙임]
취도(驟徒)[형 부과(夫果)와 아우 핍실(逼實) 붙임]
눌최(訥催)
설계두(薛罽頭)
김영윤(金令胤)[할아버지 흠춘(欽春)과 아버지 반굴(盤屈) 붙임]
관창(官昌)
김흠운(金歆運)
열기(裂起)[구근(仇近) 붙임]
비령자(丕寧子)[아들 거진(擧眞)과 종 합절(合節) 붙임]
죽죽(竹竹)
필부(匹夫)
계백(階伯)

①

三國史記卷第四十七

輸忠定難靖國贊化同德功臣開府儀同三司檢校太師守太保門下侍中判尙書吏禮部事集賢殿太學士監修國史上柱國致仕臣金富軾奉

宣撰

列傳第七

奚論 素那 驟徒 訥催 薛罽頭 金令胤 官昌
金歆運 裂起 丕寧子 竹竹 匹夫 階伯

奚論牟梁人也其父讚德有勇志英節名高一
時建福二十七年庚午眞平大王選爲椵岑城
縣令明年辛未冬十月百濟大發兵來攻椵岑
城一百餘日眞平王命將以上州下州新州之
兵救之遂往與百濟人戰不克引還讚德憤恨
之謂士卒曰三州軍帥見敵強不進城危不救
是無義也與其無義而生不若有義而死乃激
昂奮勵且戰且守以至粮盡水竭而猶食屍飮
尿力戰不怠至春正月人旣疲城將破勢不可
復完乃仰天大呼曰吾王委我以一城而不能
全爲敵所敗願死爲大厲喫盡百濟人以復此
城遂攘臂瞋目走觸槐樹而死於是城陷軍士
皆降奚論年二十餘歲以父功爲大奈麻至建
福三十五年戊寅王命奚論爲金山幢主與漢

① 歆運(鑄字本). 宣宗의 諱 '運'의 缺劃 誤刻.

蛇 ① ② 太

山州都督邊品興師襲椵岑城取之百濟聞之
擧兵來奚論等逆之兵旣相交奚論謂諸將曰
昔吾父殞身於此我今亦與百濟人戰於此是
我死日也遂以短兵赴敵殺數人而死王聞之
爲流涕贈賻其家甚厚時人無不哀悼爲作長
歌弔之

素那(或云金川)白城郡虵山人也其父沈那(或云煌川)旅
力過人身輕且捷虵山境與百濟相錯故互相
寇擊無虛月沈那每出戰所向無堅陣仁平中
白城郡出兵往抄百濟邊邑百濟出精兵急擊
之我士卒亂退沈那獨立拔劍怒目大叱斬殺
數十餘人賊懼不敢當遂引兵而走百濟人指
沈那曰新羅飛將因相謂曰沈那尚生莫近白
城素那雄豪有父風百濟滅後漢州都督都儒
公請大王遷素那於阿達城俾禦北鄙上元二
年乙亥春阿達城大守級飡漢宣敎民以某日
齊出種麻不得違令靺鞨諜者認之歸告其酋
長至其日百姓皆出城在田靺鞨潛師猝入城

① 蛇, 膂(節要)
② 其(鑄字本)

剽掠一城老幼狼狽不知所爲素那奮刃向賊
大呼曰爾等知新羅有沈那之子素那乎固不
畏死以圖生欲鬪者曷不來耶遂憤怒突賊賊
不敢迫但向射之素那亦射飛矢如蜂自辰至
酉素那身矢如猬遂倒而死素那妻加林郡良
家女子初素那以阿達城鄰敵國獨行留其妻
而在家郡人聞素那死弔之其妻哭而對曰吾
夫常曰丈夫固當兵死豈可臥牀席死家人之
手乎其平昔之言如此今死如其志也大王聞

國
之涕泣沾襟曰父子勇於国事可謂世濟忠義
矣贈官迊湌
驟徒沙梁人奈麻聚福之子史失其姓兄弟三
人長夫果仲驟徒季逼實驟徒嘗出家名道玉
太
居實際寺大宗大王時百濟來伐助川城大王
興師出戰未決於是道玉語其徒曰吾聞爲僧
者上則精術業以復性次則起道用以益他我
形似桑門而已無一善可取不如從軍殺身以
報國脫法衣著戎服改名曰驟徒意謂馳驟而

爲徒也乃詣兵部請屬三千幢遂隨軍赴敵場
及旗鼓相當持槍劒突陣力鬪殺賊數人而死
①
後咸亨二年辛未文武大王茇兵使踐百濟邊
地之禾遂與百濟人戰於熊津之南時夫果以
幢主戰死論功第一文明元年甲申高句麗殘
賊據報德城而叛神文大王命將討之以逼實
爲貴幢弟監臨行謂其婦曰吾二兄旣死於王
事名垂不朽吾雖不肖何得畏死而苟存乎今
日與爾生離終是死別也好住無傷及對陣獨

出奮擊斬殺數十人而死大王聞之流涕嘆曰
驟徒知死所而激昆弟之心夫果逼實亦能勇
於義不顧其身不其壯歟皆追贈官沙湌
訥催沙梁人大奈麻都非之子也眞平王建福
四十一年甲申冬十月百濟大舉來侵分兵圍
②
攻速含櫻岑岐岑烽岑旗懸冗柵等六城王命
上州下州貴幢法幢誓幢五軍往救之旣到見
百濟兵陣堂堂鋒不可當盤桓不進或立議曰
國
大王以五軍委之諸將国之存亡在此一役兵

① 發(鑄字本)
② 穴(新羅本紀 眞平王 46년조 및 節要)

삼국사열전 47/5

③ ② ①

家之言曰見可而進知難而退今強敵在前不以好謀而直進萬一有不如意則悔不可追將佐皆以爲然而業已受命出師不得徒還先是國家欲築奴珍等六城而未遑遂於其地築畢而歸於是百濟侵攻愈急速含岐岑宂柵三城或滅或降訥催以三城固守及聞五軍不救而還慷慨流涕謂士卒曰陽春和氣草木皆華至於歲寒獨松栢後彫今孤城無援日益阽危此誠志士義夫盡節揚名之秋汝等將若之何士卒揮淚曰不敢惜死唯命是從及城將隤軍士死亡無幾人皆殊死戰無苟免之心訥催有一奴強力善射或嘗語曰小人而有異才鮮不爲害此奴宜遠之訥催不聽至是城陷賊人奴張弓挾矢在訥催前射不虛發賊懼不能前有一賊出後以斧擊訥催乃仆奴反與鬪俱死王聞之悲慟追贈訥催職級湌

薛(一本作薛)罽頭亦新羅衣冠子孫也嘗與親友四人同會燕飮各言其志罽頭曰新羅用人論骨

① 穴(新羅本紀 眞平王 46년조 및 節要)
② 入(鑄字本)
③ 薩(精文研)

삼국사열전 47/6

太 ① 太

品苟非其族雖有鴻才傑功不能踰越我願西遊中華國奮不世之略立非常之功自致榮路備簪紳劒佩出入天子之側足矣武德四年辛巳潛隨海舶入唐會大宗文皇帝親征高句麗自薦爲左武衛果毅至遼東與麗人戰駐蹕山下深入疾鬪而死功一等皇帝問是何許人左右奏新羅人薛罽頭也皇帝泫然曰吾人尚畏死顧望不前而外國人爲吾死事何以報其功乎問從者聞其平生之願脫御衣覆之授職爲大將軍以禮葬之

金令胤沙梁人級湌盤屈之子相欽春(或云欽純)角干眞平王時爲花郎仁深信厚能得衆心及壯文武大王陟爲冢宰事上以忠臨民以恕國人翕然稱爲賢相大宗大王七年庚申唐高宗命大將軍蘇定方伐百濟欽春受王命與將軍庾信等率精兵五萬以應之秋七月至黃山之原値百濟將軍階伯戰不利欽春召子盤屈曰爲臣莫若忠爲子莫若孝見危致命忠孝兩全盤

① 祖(誠庵本)

屈曰唯乃入賊陣力戰死令胤生長世家以名
節自許神文大王時高句麗殘賊悉伏以報德
城叛王命討之以令胤為黃衿誓幢步騎監將
行謂人曰吾此行也不使宗族朋友聞其惡聲
及見悉伏出椵岑城南七里結陣以待之或告
曰今此凶黨譬如燕巢幕上魚戲鼎中出萬死
以爭一日之命耳語曰窮寇勿追宜左次以待
疲極而擊之可不血刃而擒也諸將然其言暫
退獨令胤不肯之而欲戰從者告曰今諸將豈

盡偷生之人惜死之輩哉而以向者之言為然
者將俟其隙而得其便者也而子獨直前其不
可乎令胤曰臨陣無勇禮經之所識有進無退士
卒之常分也丈夫臨事自決何必從衆遂赴敵
陣挌鬪而死王聞之悽慟流涕曰無是父無是
子其義烈可嘉者也追贈爵賞尤厚
官昌 一云官狀 新羅將軍品日之子儀表都雅少而
為花郎善與人交年十六能騎馬彎弓大監某
薦之大宗大王至唐顯慶五年庚申王出師與

① 誡(誠庵本)

唐將軍侵百濟以官昌為副將至黃山之野兩
兵相對父品日謂曰爾雖幼年有志氣今日是
立功名取富貴之時其可無勇乎官昌曰唯即
上馬橫槍直擣敵陣馳殺數人而彼衆我寡為
賊所虜生致百濟元帥階伯前階伯俾脫胄愛
其少且勇不忍加害乃嘆曰新羅多奇士少年
尚如此況壯士乎乃許生還官昌曰向吾入賊
中不能斬將搴旗深所恨也再入必能成功以
手掬井水飲訖再突賊陣疾鬪階伯擒斬首繫

馬鞍送之品日執其首袖拭血曰吾兒面目如
生能死於王事無所悔矣三軍見之慷慨有立
志鼓噪進擊百濟大敗大王贈位級湌以禮葬
之賻其家唐絹三十匹二十升布三十匹穀一
百石
金歆運 奈密王八世孫也父達福迊湌歆運少
遊花郎文努之門時徒衆言及其戰死留名至
今歆運慨然流涕有激勵思齊之貌同門僧轉
密曰此人若赴敵必不還也永徽六年大宗大

① 宣宗의 諱 '運'의 缺劃 誤刻. 이하 생략.

삼국사열전 47/9

王愼百濟與高句麗梗邊謀伐之及出師以歆運爲郎幢大監於是不宿於家風梳雨沐與士卒同甘苦抵百濟之地營陽山下欲進攻助川城百濟人乘夜疾驅黎明緣壘而入我軍驚駭顛沛不能定賊因亂急擊飛矢雨集歆運橫馬握槊待敵大舍詮知說曰今賊起暗中咫尺不相辨公雖死人無識者况公新羅之貴骨大王之半子若死賊人手則百濟所誇詫而吾人之所深羞者矣歆運曰大丈夫既以身許國人知之與不知一也豈敢求名乎強立不動從者握轡勸還歆運拔劒揮之與賊鬪殺數人而死於是大監穢破少監狄得相與戰死步騎幢寶用那聞歆運死曰彼骨貴而勢榮人所愛惜而猶守節以死况寶用那生而無益死而無損乎遂赴敵殺三數人而死大王聞之傷慟贈歆運穢破位一吉湌寶用那狄得位大奈麻時人聞之作陽山歌以傷之

論曰羅人患無以知人欲使類聚羣遊以觀其

① 駭(鑄字本)
② 顚(鑄字本)
③ 運(鑄字本)
④ 寶(鑄字本)의 俗字.

삼국사열전 47/10

行義然後擧用之遂取美貌男子粧飾之名花郎以奉之徒衆雲集或相磨以道義或相悅以歌樂遊娛山水無遠不至因此知其邪正擇而薦之於朝故大問曰賢佐忠臣從此而秀良將勇卒由是而生者此也三代花郎無慮二百餘人而芳名美事具如傳記若歆運者亦郎徒也能致命於王事可謂不辱其名者也

裂起史失族姓文武王元年唐皇帝遣蘇定方討高句麗圍平壤城含資道摠管劉德敏傳宣國王送軍資平壤王命大角干金庾信輸米四千石租二萬二千二百五十石到獐塞風雪沍寒人馬多凍死麗人知兵疲欲要擊之距唐營三萬餘步而不能前欲移書而難其人時裂起以步騎監輔行進而言曰某雖駑蹇願備行人之數遂與軍師仇近等十五人持弓劒走馬麗人望之不能遮閼凡兩日致命於蘇將軍唐人聞之喜慰廻書裂起又兩日廻庾信嘉其勇與級湌位及軍還庾信告王曰裂起仇近天下之

① 起(鑄字本)
② 沍(鑄字本)
③ 起(鑄字本)
④ 起(鑄字本)
⑤ 起(鑄字本)

삼국사열전 47/11

② ① 太

勇士也臣以便宜許位級飡而未副功勞願加
位沙飡王曰沙飡之秩不亦過乎庾信再拜曰
爵祿公器所以酬功何謂過乎王允之後庾信
之子三光執政裂起就求郡守不許裂起與祇
園寺僧順憬曰我之功大請郡不得三光殆以
父死而忘我乎順憬說三光三光授以三年山
郡大守仇近從元貞公築西原述城元貞公聞
人言謂怠於事杖之仇近曰僕甞與裂起入不
測之地不辱大角干之命大角干不以僕爲無

能待以國士今以浮言罪之平生之辱無大此
焉元貞聞之終身羞悔
丕寧子不知鄕邑族姓眞德王元年丁未百濟
以大兵來攻茂山甘勿桐岑等城庾信率步騎
一萬拒之百濟兵甚銳苦戰不能克士氣索而
力憊庾信知丕寧子有力戰深入之志召謂曰
歲寒然後知松栢之後彫今日之事急矣非子
誰能奮厲出奇以激衆心乎因與之飮酒以示
慇懃丕寧子再拜云今於稠人廣衆之中獨以事

① 日(鑄字本)
② 殷(鑄字本)

삼국사열전 47/12

奪 棄 ①

屬我可謂知己矣固當以死報之出謂奴合節
曰吾今日上爲國家下爲知己死之吾子擧眞
雖幼年有壯志必欲與之俱死若父子併命則
家人其將疇依汝其與擧眞好收吾骸骨歸以
慰母心言畢卽鞭馬橫槊突賊陣格殺數人而
死擧眞望之欲去合節請曰大人有言令合節
與阿郞還家安慰夫人今子負父命弃母慈可
謂孝乎執馬轡不放擧眞曰見父死而苟存豈
所謂孝子乎卽以劒擊折合節臂奔入敵中戰

死合節曰私天崩矣不死何爲亦交鋒而死軍
士見三人之死感激爭進所向挫鋒陷陣大敗
賊兵斬首三千餘級庾信收三屍脫衣覆之哭
甚哀大王聞之涕淚以禮合葬於反知山恩賞
妻子九族尤渥
竹竹大耶州人也父郝熱爲撰干善德王時爲
舍知佐大耶城都督金品釋幢下王十一年壬
寅秋八月百濟將軍允忠領兵來攻其城先是
都督品釋見幕客舍知黔日之妻有色奪之黔

① 突(鑄字本)

③② ①

曰恨之至是爲內應燒其倉庫故城中兇懼恐
不能固守品釋之佐阿飡西川一云汸飡秖之那登城
謂允忠曰若將軍不殺我願以城降允忠曰若
如是所不與公同好者有如白日西川勸品釋
及諸將士欲出城竹竹止之曰百濟反覆之國
不可信也而允忠之言甘必誘我也若出城必
爲賊之所虜與其竄伏而求生不若虎鬪而至
死品釋不聽開門士卒先出百濟發伏兵盡殺
之品釋將出聞將士死先殺妻子而自刎竹竹

奪 太 ④

收殘卒閉城門自拒舍知龍石謂竹竹曰今兵
勢如此必不得全不若生降以圖後効荅曰君
言當矣而吾父名我以竹竹者使我歲寒不淍
可折而不可屈豈可畏死而生降乎遂力戰至
城陷與龍石同死王聞之哀傷贈竹竹以級飡
龍石以大奈麻賞其妻子遷之王都
匹夫沙梁人也父尊臺阿飡大宗大王以百濟
高句麗靺鞨轉相親比爲脣齒同謀侵奪求忠
身材堪綏禦者以匹夫爲七重城下縣令其明

삼국사열전 47/13

① 燒(鑄字本). 定宗의 諱 '堯'의 缺劃.
② 沙(誠庵本)
③ 祇(鑄字本)
④ 凋(誠庵本)

年庚申秋七月王與唐師滅百濟於是高句麗
疾我以冬十月發兵來圍七重城匹夫守且戰
二十餘日賊將見我士卒盡誠鬪不內顧謂不
可猝拔便欲引還逆臣大奈麻比歃密遣人告
賊以城內食盡力窮若攻之必降賊遂復戰匹
夫知之拔劒斬比歃首投之城外乃告軍士曰
忠臣義士死且不屈勉哉努力城之存亡在此
一戰乃奮拳一呼病者皆起爭先登而士氣疲
乏死傷過半賊乘風縱火攻城突入匹夫與上

干本宿謀支美齊等向賊對射飛矢如雨支體
穿破血流至踵乃仆而死大王聞之哭甚痛追
贈級飡
階伯百濟人仕爲達率唐顯慶五年庚申高宗
以蘇定方爲神丘道大摠管率師濟海與新羅
伐百濟階伯爲將軍簡死士五千人拒之曰以
一國之人當唐羅之大兵國之存亡未可知也
恐吾妻孥沒爲奴婢與其生辱不如死快遂盡
殺之至黃山之野設三營遇新羅兵將戰誓衆

삼국사열전 47/14

日昔句踐以五千人破吴七十萬衆今之日宜各奮勵決勝以報国恩遂鏖戰無不以一當千羅兵乃却如是進退至四合力屈以死

三国史記巻第四十七

삼국사기 권 제48

열전 제8

향덕(向德)
성각(聖覺)
실혜(實兮)
물계자(勿稽子)
백결선생(百結先生)
검군(劍君)
김생(金生)[요극일(姚克一) 붙임]
솔거(率居)
효녀 지은(孝女知恩)
설씨(薛氏)
도미(都彌)

삼국사열전48/1

①　②　③

三國史記卷第四十八
輸忠定難靖國贊化同德功臣開府儀同三司檢校太師守太保門下侍中判尚書吏禮部事集賢殿大學士監修國史上柱國致仕臣金富軾奉
宣撰
列傳第八　向德 聖覺 實兮 勿稽子 百結先生 劒君 金生 率居 孝女知恩 薛氏 都彌
向德熊川州板積鄉人也父名善字潘吉天資
溫良鄉里推其行母則失其名向德亦以孝順
爲時所稱天寶十四年乙未年荒民饑加之以
疫癘父母飢且病母又發癰皆濵於死向德日
夜不解衣盡誠安慰而無以爲養乃刲髀肉以
食之又吮母癰皆致之平安鄉司報之州州報
於王王下敎賜租三百斛宅一區口分田若干
命有司立石紀事以標之至今人號其地云孝家
聖覺菁州人史失其氏族不樂世間名官自號
爲居士依止一利縣法定寺後歸家養母以老
病難於蔬食割股肉以食之及死至誠爲佛事
資薦大臣角干敬信伊飡周元等聞之國王以
熊川州向德故事賞近縣租三百石
論曰宋祁唐書云善乎韓愈之論也曰父母疾

① 彌(鑄字本)
② 里(節要)
③ 租(鑄字本)

삼국사열전48/2

①　②　③　④　⑤　往

烹藥餌以是爲孝未聞毀支體者也苟不傷義
則聖賢先衆而爲之是不幸因而且死則毀傷
滅絶之罪有歸矣安可旌其門以表異之雖然
委巷之陋非有學術禮義之資能忘身以及其
親出於誠心亦足稱者故列焉則若向德者亦
可書者乎
實兮大舍純德之子也性剛直不可屈以非義
眞平王時爲上舍人時下舍人珍堤其爲人便
佞爲王所嬖雖與實兮同寮臨事互相是非實
兮守正不苟且珍堤嫉恨屢讒於王曰實兮無
智慧多膽氣急於喜怒雖大王之言非其意則
憤不能已若不懲艾其將爲亂盍黜退之待其
屈服而後用之非晩也王然之謫官泠林或謂
實兮曰君自祖考以忠誠公材聞於時今爲佞
臣之讒毀遠宦於竹嶺之外荒僻之地不亦痛
乎何不直言自辨實兮荅曰昔屈原孤直爲楚
擯黜李斯盡忠爲秦極刑故知佞臣惑主忠士
被斥古亦然也何足悲乎遂不言而往作長歌

① 烹(鑄字本)
② 佞(鑄字本), 互(鑄字本)
③ 佞(鑄字本)
④ 毀(鑄字本)
⑤ 佞(鑄字本)의 俗字, 惑(鑄字本)

見意
勿稽子奈解尼師今時人也家世平微爲人倜
儻少有壯志時八浦上國同謀伐阿羅國阿羅
使來請救尼師今使王孫棕音率近郡及六部
軍往救遂敗八國兵是役也勿稽子有大功以
見憎於王孫故不記其功或謂勿稽子曰子之
功莫大而不見録怨乎曰何怨之有或曰盍聞
之於王勿稽子曰矜功求名志士所不爲也但
當勵志以待後時而已後三年骨浦柒浦古史

浦三國人來攻竭火城王率兵出救大敗三國
之師勿稽子斬獲數十餘級及其論功又無所
得乃語其婦曰嘗聞爲臣之道見危則致命臨
難則志①身前日浦上竭火之役可謂危且難矣
而不能以致命忘身聞於人將何面目以出市
朝乎遂被髮携琴入師彘②山不反
百結先生不知何許人居狼山下家極貧衣百
結若懸鶉時人號爲東里百結先生嘗慕榮啓
期之爲人以琴自隨凡喜怒悲歡不平之事皆

① 忘(鑄字本)
② 彘(節要)

以琴宣之歲將暮鄰里舂粟其妻聞杵聲曰人
皆有粟舂之我獨無焉何以卒歲先生仰天嘆
曰夫死生有命富貴在天其來也不可拒其往
也不可追汝何傷乎吾爲汝作杵聲以慰之乃
鼓琴作杵聲世傳之名爲碓樂
劍君仇文大舍之子爲沙梁宮舍人建福四十
四年丁亥秋八月隕霜殺諸穀明秊①春夏大飢
民賣子而食於時宮中諸舍人同謀盜唱翳倉
穀分之劍君獨不受諸舍人曰衆人皆受君獨

郤之何也若嫌小請更加之劍君笑曰僕編名
於近郎之徒修行於風月之廷②苟非其義雖千
金之利不動心焉時大日伊飡之子爲花郎號
近郎故去爾劍君出至近郎之門舍人等密議
不殺此人必有漏言遂召之劍君知其謀殺辭③近
郎曰今日之後不復相見郎問之劍君不言再
三問之乃畧④言其由郎曰胡不言於有司劍
君曰畏己死使衆人入罪情所不忍也然則盍
迯⑤乎曰彼曲我直而反自迯⑤非丈夫也遂徃⑤諸

① 年(鑄字本)과 同字. 이하 표기 생략.
② 庭(鑄字本)
③ 殺辭
④ 略(鑄字本)과 同字.
⑤ 逃(鑄字本), 逃(鑄字本), 往

舍人置酒謝之密以藥置食劒君知而强食乃死君子曰劒君死非其所可謂輕泰山於鴻毛者也

金生父母微不知其世系生於景雲二年自幼能書平生不攻他藝年踰八十猶操筆不休隷書行草皆入神至今往往有真蹟學者傳寶之崇寧中學士洪灌隨進奉使入宋館於汴京時翰林待詔楊球李革奉帝勅至館書圖簇洪灌以金生行草一卷示之二人大駭曰不圖今日得見王右軍手書洪灌曰非是此乃新羅人金生所書也二人笑曰天下除右軍焉有妙筆如此哉洪灌屢言之終不信又有姚克一者仕至侍中兼侍書學士筆力遒勁得歐陽率更法雖不及生亦奇品也

率居新羅人所出微故不記其族系生而善畫嘗於皇龍寺壁畫老松體幹鱗皴枝葉盤屈烏鳶燕雀往往望之飛入及到蹭蹬而落歲久色暗寺僧以丹青補之烏雀不復至又慶州芬皇寺觀音菩薩晉州斷俗寺維摩像皆其筆蹟世傳爲神畫

孝女知恩韓歧①部百姓連權女丁①也性至孝少喪父獨養其母年三十二猶不從人定省不離左右而無以爲養或傭作或行乞得食以飼之日久不勝困憊就富家請賣身爲婢得米十餘石窮日行役於其家暮則作食歸養之如是三四日其母謂女子曰向食麤而甘今則食雖好味不如昔而肝心若以刀刃刺之者是何意耶女子以實告之母曰以我故使爾爲婢不如死之速也乃放聲大哭女子亦哭哀感行路時孝宗郎出遊見之歸請父母輸家栗②百石及衣物予之又償買主以從良郎徒幾千人各出粟一石爲贈大王聞之亦賜租五百石家一區復除征③役以粟多恐有剽竊者命所司差兵番守標榜其里曰孝養坊仍奉表歸美於唐室孝宗時第三宰相舒發翰仁慶子少名化達王謂雖當幼齒便見老成卽以其兄憲康王之女妻之

① 岐(節要), 子(鑄字本)
② 粟(鑄字本)
③ 徭(誠庵本)

삼국사열전 48/7

薛氏女栗里民家女子也雖寒門單族而顔色
端正志行脩整見者無不歆艶而不敢犯眞平
王時其父年老番當防秋於正谷女以父襄①病
不忍遠別又恨女身不得待②行徒自愁悶沙梁
部少年嘉實雖貧且窶而其養志貞男子
也嘗悅美薛氏而不敢言聞薛氏憂父老而從
軍遂請③薛氏曰僕雖一懦夫而嘗以志氣自許願
以不肖之身代嚴君之役薛氏甚喜入告於父父
引見曰聞公欲代老人之行不勝喜懼思所以
報之若公不以愚陋見棄願薦幼女子以奉
箕帚嘉實再拜曰非敢望也是所願焉於
是嘉實退而請期薛氏曰婚姻人之大倫不可以倉
猝妾旣以心許有死無易願君赴防交代而歸然
後卜日成禮未晩也乃取鏡分半各執一片云
此所以爲信後日當合之嘉實有一馬謂薛
氏曰此天下良馬後必有用今我徒行無人爲養請
留之以爲用耳遂辭而行會國有故不使人
交代淹六年未還父謂女曰始以三 年爲期今

① 衰(鑄字本)
② 代(誠庵本) 혹은 侍(鑄字本)
③ 詣(節要), 僕(鑄字本)

삼국사열전 48/8

旣踰矣可歸于他族矣薛氏曰向以安親故强
與嘉實約嘉實信之故從軍累年飢寒辛若①況
迫賊境手不釋兵如近虎口恒恐見咥而弃[棄]信
食言豈人情乎終不敢從父之命請無復言其
父老且耄以其女壯而無伉儷欲强嫁之潛約
婚於里人旣定日引其人薛氏固拒密圖遁去
而未果至廐見嘉實所留馬大[太]息流淚於是嘉
實代來形骸枯槁衣裳藍縷室人不知謂爲別
人嘉實直前以破鏡投之薛氏得之呼泣父反②
室人失喜遂約異日相會與之偕老
都彌百濟人也雖編戶小民而頗知義理其妻
美麗亦有節行爲時人所稱蓋婁王聞之召都
彌與語曰凡婦人之德雖以貞潔爲先若在幽
昏無人之處誘之以巧言則能不動心者鮮矣
乎對曰人之情不可測也而若臣之妻者雖死
無貳者也王欲試之留都彌以事使一近臣假
王衣服馬從夜抵其家使人先報王來謂其婦
曰我久聞爾好與都彌愽[博]得之來日入爾爲宮

① 苦(鑄字本)
② 及(金貞培)

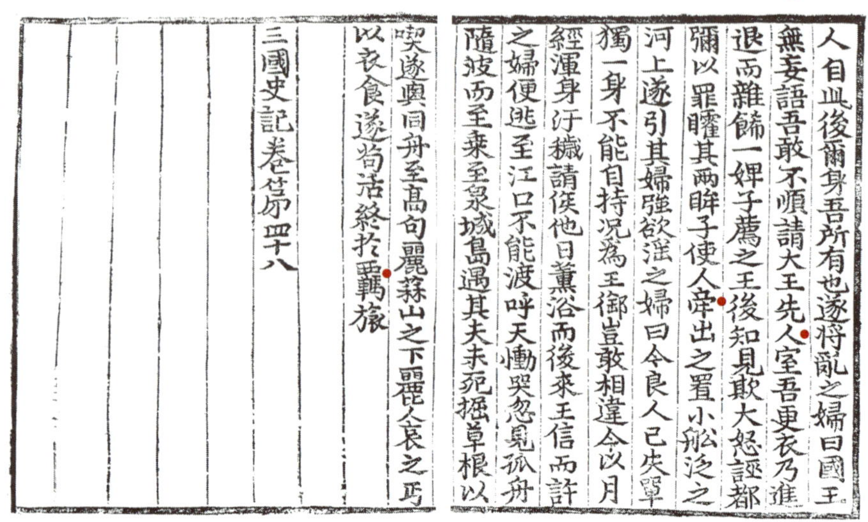
人自此後爾身吾所有也遂将亂之婦曰國王
無妄語吾敢不順請大王先人室吾更衣乃進
退而雜餙一婢子薦之王後知見欺大怒誣都
彌以罪矐其兩眸子使人牵出之置小船泛之
河上遂引其婦强欲淫之婦曰今良人已失單
獨一身不能自持况爲王御豈敢相違今以月
經渾身汙穢請俟他日薰浴而後來王信而許
之婦便逃至江口不能渡呼天慟哭忽見孤舟
隨波而至乘至泉城島遇其夫未死掘草根以
喫遂與同舟至高句麗蒜山之下麗人哀之丐
以衣食遂苟活終於羇旅

三國史記卷第四十八

① 入(鑄字本)
② 牽(鑄字本)
③ 羈와 同字.

삼국사기 권 제49

열전 제9

창조리(倉助利)

개소문(蓋蘇文)[아들 남생(男生)·남건(男建)·남산(男産)과 손자 헌성(獻誠) 붙임]

三國史記卷第四十九

輸忠定難靖國贊化同德功臣開府儀同三司檢校太師守太保門下侍中判尙書吏禮部事集賢殿太學士監修國史上柱國致仕臣金富軾奉

宣撰

列傳第九　倉助利　蓋蘇文

倉助利高句麗人也烽上王時爲國相時慕容廆爲邊患王謂群臣曰慕容氏兵强屢犯我疆埸爲之柰何倉助利對曰北部大兄高奴子賢且勇大王若欲禦寇安民非高奴子無可用者王以爲新城太守慕容廆不復來九年秋八月王發國內丁男年十五已上修理宮室民乏於食困於役因之以流亡倉助利諫曰天災荐至年穀不登黎民失所壯者流離四方老幼轉乎溝壑此誠畏天憂民恐懼修省之時也大王曾是不思驅飢餓之人困木石之役甚乖爲民父母之意而况比隣有强梗之敵若乘吾弊以來其如社稷生民何願大王熟計之王慍曰君者百姓之所瞻望也宮室不壯無以示威重今相國蓋欲謗寡人以干百姓之譽也助利曰君

②　棄　①　冀

不恤民非仁也臣不諫君非忠也臣旣承乏國相不敢不言豈敢干譽乎王笑曰國相欲爲百姓死耶異無後言助利知王之不悛退與群臣謀廢之王知不免自縊

蓋蘇文 或云蓋金 姓泉氏自云生水中以惑衆儀表雄偉意氣豪逸其父東部 或云西部 大人大對盧死蓋蘇文當嗣而國人以性忍暴惡之不得立蘇文頓首謝衆請攝職如有不可雖廢無悔衆哀之遂許嗣位而凶殘不道諸大人與王密議欲誅事洩蘇文悉集部兵若將校閱者幷盛陳酒饌於城南召諸大臣共臨視賓至盡殺之凡百餘人馳入宮弑王斷爲數段弃之溝中立王弟之子臧爲王自爲莫離支其官如唐兵部尙書兼中書令職也於是號令遠近專制國事甚有威嚴身佩五刀左右莫敢仰視每上下馬常令貴人武將伏地而履之出行必布隊伍前導者長呼則人皆奔迸不避坑谷國人甚苦之唐稕宗聞蓋蘇文弑君而專國欲伐之長孫無

① 唐 高祖의 諱 '淵'의 同義 代字. 水(鑄字本)
② 太(鑄字本)

忌曰蘇文自知罪大畏大國之討設其守備陛
下姑爲之隱忍彼得以自安愈肆其惡然後取
之未晩也帝從之蘇文告王曰聞中國三教竝
行而國家道教尚缺請遣使於唐求之王遂表
請唐遣道士叔達等八人兼賜道德經於是取
浮屠寺館之會新羅入唐告百濟攻取我四十
餘城復與高句麗連兵謀絶入朝之路小國不
得已出師伏乞天兵救援於是太宗命司農
丞相聖玄奬賫璽書勅王曰新羅委真國家朝

貢不闕爾與百濟宜各戢兵若更攻之明年
發兵討爾國矣初玄奬入境蘇文已將兵擊新
羅王使召之乃還玄奬宣勅蘇文曰往者隋人
侵我新羅乘釁奪我城邑五百里自此怨隙已久
若非還我侵地兵不能已玄奬曰既往之事焉
可追論今遼東本皆中國郡縣中國尚不言句
麗豈得必求故地蘇文不從玄奬還具言之太
宗曰蓋蘇文弑其君賊其大臣殘雹其民今又
違我詔命不可以不討又遣使將儼諭旨蘇文

① 里(高句麗本紀 寶臧王 3년조), 璽(鑄字本), 質(高句麗本紀 寶臧王 3년조)
② 虐(上同)

竟不奉詔乃以兵脅使者不屈遂囚之窟室中
於是太宗大擧兵親征之事具句麗本紀蘇文
至乾封九年死子男生字元德九歲以父任爲
先人遷中裏小兄猶唐謁者也又爲中裏大兄
知國政凡辭令皆男生主之進中裏位頭大兄
久之爲莫離支兼三軍大將軍加大莫離支出
按諸部而弟男建男産知國事或曰男生惡君
等逼己將除之建産未之信又有謂男生將不
納君男生遣諜往男建捕得卽矯王命召之男

生懼不敢入男建殺其子獻忠男生走保國內
城率其衆與契丹靺鞨兵附唐遣子獻誠訴之
高宗拜獻誠右武衛將軍賜乘輿馬瑞錦寶刀
使還報詔契苾何力率兵援之男生乃免授平
壤道行軍大摠管兼持節安撫大使擧哥勿南
蘇倉巖等城以降帝又命西臺舍人李虔繹就
軍慰勞賜枹帶金釦七事明年召入朝遷遼東
大都督玄菟郡公賜第京師因詔還軍與李勣
攻平壤入禽王帝詔遣子卽遼水勞賜還進右

① 袍(鑄字本)

衛大將軍卞國公年四十六卒男生純厚有禮奏對敏辯善射藝其初至伏斧鑕待罪世以此稱焉獻誠天授中以右衛大將軍兼羽林衛武后嘗出金幣於文武官內擇善射者五人中者以賜之內史張光輔先讓獻誠爲第一獻誠後讓右玉鈐衛大將軍薛吐摩支摩支又讓獻誠既而獻誠奏曰陛下擇善射者然多非華人臣恐唐官以射爲恥不如罷之后嘉納來俊臣嘗求貨獻誠不荅乃誣其謀叛縊殺之后後知其冤贈右羽林衛大將軍以禮改葬

論曰宋神宗與王介甫論事曰太宗伐高句麗何以不克介甫曰蓋蘇文非常人也然則蘇文亦才士也而不能以直道奉國殘暴自肆以至大逆春秋君弑賊不討謂之國無人而蘇文保腰領以死於家可謂幸而免者男生獻誠雖有聞於唐室而以本國言之未免爲叛人者矣

三國史記卷第四十九

삼국사기 권 제50

열전 제10

궁예(弓裔)

견훤(甄萱)[아들 신검(神劍)·용검(龍劍)·양검(良劍)·금강(金剛)과 사위 영규(英規) 붙임]

삼국사열전50/1

三國史記卷第五十

宣撰　　齋

列傳第一　弓裔　甄萱

弓裔新羅人姓金氏考第四十七憲安王誼靖母憲安王嬪御失其姓名或云四十八景文王膺廉之子以五月五日生於外家其時屋上有素光若長虹上屬天日官奏曰此兒以重午日生而有齒且光熖異常恐將來不利於國家宜勿養之王勅中使抵其家殺之使者取於襁褓中投之樓下乳婢竊捧之誤以手觸眇其一目抱而逃竄劬勞養育年十餘歲遊戲不止其婢告之曰子之生也見弃於國子不忍竊養以至今日而子之狂如此必爲人所知則予與子俱不免爲之奈何弓裔泣曰若然則吾逝矣無爲母憂便去世達寺今之興教寺是也祝髮爲僧自號善宗及壯不拘檢僧律軒輊有膽氣嘗赴齋行次有烏鳥銜物落所持鉢中視之牙

① 삭제(鑄字本)
② 十(鑄字本)
③ 抵(鑄字本)
④ 棄, 予(鑄字本)

삼국사열전50/2

籤書王字則秘而不言頗自負見新羅衰季政荒民散王畿外州縣叛附相半遠近羣盜蜂起蟻聚善宗謂乘亂聚衆可以得志以真聖王即位五年大順二年辛亥投竹州賊魁箕萱箕萱侮慢不禮善宗鬱悒不自安潛結箕萱麾下元會申煊等爲友景福元年壬子投北原賊梁吉吉善遇之委任以事遂分兵使東略地於是出宿雉岳山石南寺行襲酒泉奈城鬱烏御珍等縣皆降之乾寧元年入溟州有衆三千五百人分爲十四隊金大黔毛昕長貴平張一等爲舍上(舍上謂部長也)與士卒同甘苦勞逸至於予奪公而不私是以衆心畏愛推爲將軍於是擊破猪足狌川夫若金城鐵圓等城軍聲甚盛現西賊寇來降者衆多善宗自以爲衆大可以開國稱君始設內外官職

我太祖自松岳郡來投便授鐵圓郡大守三年丙辰攻取僧嶺臨江兩縣四年丁巳仁物縣降善宗謂松岳郡漢北名郡山水奇秀遂定以爲

太

① 浿(節要)

삼국사열전50/3

都擊破孔巖黔浦穴口等城時梁吉猶在北原
取國原等三十餘城有之聞善宗地廣民衆大
怒欲以三十餘城勁兵襲之善宗潜認先擊
大敗之先化元年戊午春二月葺松岳城以
我太祖爲精騎大監伐楊州見州冬十一月始作
八關會三年庚申又命
太祖伐廣州忠州唐城青州(或云青川)槐壤等皆平
之以功授
太祖阿飡之職天復元年辛酉善宗自稱王謂

人曰往者新羅請兵於唐以破高句麗故平壤
舊都鞠爲茂草吾必報其讐蓋怨生時見
棄故有此言嘗南巡至興州浮石寺見壁畫新
羅王像發劒擊之其刃迹①猶在天祐元年甲子立
國號爲摩震年號爲武泰始置廣評省備員
匡治奈(今侍中)徐事(今侍郎)外書(今員外郎)又置兵部大龍部
(謂倉部)壽春部(今禮部)奉賓部(今禮賓省)義刑臺(今刑部)納
貨府(今大府寺)調位府(今三司)內奉省(今都省)禁書省(今秘書省)
南廂壇(今將作監)水壇(今水部)元鳳省(今翰林院)飛龍省

① 迹(鑄字本)

삼국사열전50/4

(今天僕寺)物藏省(今少府監)又置史臺(掌習諸譯語)植貨府(掌栽
植菓樹)障繕府(掌修理城隍)珠淘省(掌造成器物)又設正匡
元輔大相元尹佐尹正朝甫尹軍尹中尹等品
職秋七月移青州人戶一千入鐵圓城爲京伐
取尚州等三十餘州縣公州將軍弘奇來降天
祐二年乙丑入新京修葺觀闕樓臺窮奢極
侈改武泰爲聖冊元年分定浿西十三鎭平壤
城主將軍黔用降甑城赤衣黃衣賊明貴等歸
服善宗以強盛自矜意欲幷呑令國人呼新羅

爲滅都凡自新羅來者盡誅殺之朱梁乾化元
年辛未改聖冊爲水德萬歲元年改國號爲泰
封遣
太祖率兵伐錦城等以錦城爲羅州論功以
太祖爲大阿飡將軍善宗自稱彌勒佛頭戴金
幘身被方袍以長子爲青光菩薩①季子爲神光
菩薩②出則常騎白馬以綵飾其鬉尾使童男童
女奉幡蓋香花前導又命比丘二百餘人梵唄
隨後又自述經二十餘卷其言妖妄皆不經之

① 薩(鑄字本)
② 薩(鑄字本)

삼국사열전 50/5

事時或正坐講說僧釋聰謂曰皆邪說恠談不
可以訓善宗聞之怒鐵椎打殺之三年癸酉以
太祖爲波珍飡侍中四年甲戌改水德萬歲爲
政開元年以
太祖爲百舡將軍貞明元年夫人康氏以王多
行非法正色諫之王惡之曰汝與他人姧何耶
康氏曰安有此事王曰我以神迪觀之以烈火
熱鐵杵撞其陰殺之及其兩兒爾後多疑悪
怒諸寮佐將吏下至平民無辜受戮者頻頻有
之斧壤鐵圓之人不勝其毒焉先是有商客王昌
瑾自唐來寓鐵圓市廛至貞明四年戊寅於市
中見一人狀貌魁偉鬢髮盡白着古衣冠左手
持瓷椀右手持古鏡謂昌瑾曰能買我鏡乎昌
瑾即以米換之其人以米俵街巷乞兒而後不
知去處昌瑾懸其鏡於壁上日映鏡面有細字
書讀之若古詩其畧曰上帝降子於辰馬先操
鷄後搏鴨於已年中二龍見一則蔵身青木中
一則顯形黑金東昌瑾礿不知有文及見之謂

① 以(誠庵本)
② 通(節要)
③ 急(鑄字本)
④ 巳(節要), 藏(節要)
⑤ 初(鑄字本)

삼국사열전 50/6

非常遂告于王王命有司與昌瑾物色求其鏡
主不見唯於敎颯寺佛堂有鎮星塑像如其人
焉王嘆異久之命文人宋含弘白卓許原等解
之含弘等相謂曰上帝降子於辰馬者謂辰韓
馬韓也二龍見一藏身青木一顯形黑金者青
木松也松岳郡人以龍爲名者之孫今波珍飡
侍中之謂歟黑金鐵也今所都鐵圓之謂也今
主上初興於此終滅於此之驗也先操鷄後搏
鴨者波珍飡侍中先得鷄林後收鴨綠之意也
宋含等相謂曰今主上虐亂如此吾輩若以實
言不獨吾輩爲葅醢波珍飡亦必遭害迺飾辭
告之王凶虐自肆臣寮震懼不知所措夏六月
將軍弘述白玉三能山卜沙貴此洪儒裴玄慶
申崇謙卜知謙之少名也四人密謀夜詣
太祖私第言曰今主上淫刑以逞殺妻戮子誅
夷臣寮蒼生塗炭不自聊生自古廢昏立明天
下之大義也請公行湯武之事
太祖作色拒之曰吾以忠純自許今雖暴[illegible]

① 弘(節要)
② 雖(鑄字本), 亂不(鑄字本)

敢有二心夫以臣替君斯謂革命予實否德敢
効殷周之事乎諸將曰時乎不再來難遭而易失
天與不取反受其咎今政亂國危民皆疾視
其上如仇讎今之德望未有居公之右者况王
昌瑾所得鏡文如彼豈可雌伏取死獨夫之手
乎夫人柳氏聞諸將之議迺謂
太祖曰以仁伐不仁自古而然今聞衆議妾猶發
憤况大丈夫乎今羣心忽變天命有歸矣
手提甲領進

太祖諸將扶衛
太祖出門令前唱曰
王公已舉義旗於是前後奔走來隨者不知其
幾人又有先至宮城門鼓譟以待者亦一萬餘
人王聞之不知所圖迺微服逃入山林尋爲斧
壤民所①弓裔起自唐大順二年至朱梁貞明
四年凡二十八年而滅
甄萱尙州加恩縣人也本姓李後以甄爲氏父
阿慈介以農自活後起家爲將軍初萱生孺褓

① 害(鑄字本)

時父耕于野母餉之以兒置于林下虎來乳之
鄕黨聞者異焉及壯體貌雄奇志氣倜儻不凡
從軍入王京赴西南海防戍枕戈待敵其勇氣
恒爲士卒先以勞爲裨將唐昭宗景福元年是
新羅眞聖王在位六年嬖竪在側竊弄政柄綱
紀紊弛加之以饑饉百姓流移羣盜蜂起於是
萱竊有覦心嘯聚徒侶行擊京西南州縣所至
響應旬月之間衆至五千人遂襲武珍州自王
猶不敢公然稱王自署爲新羅西面都統指揮

兵馬制置持節都督全武公等州軍事行全州
刺史兼御史中丞上柱國漢南郡開國公食邑
二千戶是時北原賊良吉雄強弓裔自投爲麾
下萱聞之遙授良吉職爲裨將萱西巡至完山
州州民迎勞萱喜得人心謂左右曰吾原三國
之始馬韓先起後赫世勃興故辰卞從之而興
於是百濟開國金馬山六百餘年摠章中唐高
宗以新羅之請遣將軍蘇定方以船兵十三萬
越海新羅金庾信卷土歷黃山至泗沘①與唐兵

① 泚(百濟本紀 義慈王 20년조)

④ ③ ② 太 ①

合攻百濟滅之今子敢不立都於完山以雪義
慈宿憤乎遂自稱後百濟王設官分職是唐
光化三秊新羅孝恭王四秊也遣使朝呉越呉
越王報聘仍加檢校大保餘如故天復元秊萱攻
大耶城不下開平四秊萱怒錦城投于弓裔以
步騎三千圍攻之經旬不解乾化二秊萱與弓
裔戰于德津浦貞明四秊戊寅鐵圓京衆心
忽變推戴
我太祖即位萱聞之秋八月遣一吉湌閔郤稱

賀遂獻孔雀扇及地理山竹箭又遣使入呉
越進馬呉越王報聘加授中大夫餘如故六秊
萱率步騎一萬攻陷大耶城移軍於進禮城
新羅王遣阿湌金律求援於
太祖太祖出師萱聞之引退萱與
我太祖陽和而陰剋同光二秊秋七月遣子須
彌強發大耶聞韶二城卒攻曹物城城人爲
太祖固守且戰須彌強失利而歸八月遣使
獻驄馬於

① 予(誠庵本)
② 于(鑄字本)
③ 衆(鑄字本)
④ 部(節要)

太

太祖三秊冬十月萱率三千騎至曹物城
太祖亦以精兵來與之确時萱兵銳甚未決勝否
太祖欲權和以老其師移書乞和以堂弟王信
爲質萱亦以外甥眞虎交質十二月攻取居昌
等二十餘城遣使入後唐稱藩唐策授檢校大
尉兼侍中判百濟軍事依前持節都督全武公
等州軍事行全州刺史海東四面都統指揮兵
馬制置等事百濟王食邑二千五百户四秊眞
虎暴卒萱聞之疑故殺即囚王信獄中又使人

請還前秊所送驄馬
太祖笑還之天成二秊秋九月萱攻取近品城
燒之進襲新羅高鬱府逼新羅郊圻新
羅王求救於
太祖冬十月
太祖將出師援助萱猝入新羅王都時王與夫
人嬪御出遊鮑石亭置酒娛樂賊至狼狽不知
所爲與夫人歸城南離宮諸侍從臣寮及宮女
伶官皆陷没於亂兵萱縱兵大掠使人捉王至

前戕之使入居宮中強引夫人亂之以王族弟
金傅嗣立然後虜王弟孝廉宰相英景又取國
帑珍寶兵仗子女百工之巧者自隨以歸
太祖以精騎五千要萱於公山下大戰
太祖將金樂崇謙死之諸軍敗北
太祖僅以身免萱乘勝取大木郡契丹使裟姑
麻咄等三十五人來聘萱差將軍崔堅伴送麻
咄等航海北行遇風至唐登州悉被戮死時新
羅君臣以衰季難以復興謀引

我太祖結好爲援甄萱自有盜國心恐
太祖先之是故引兵入王都作惡故十二月日寄
書
太祖曰昨者國相金雄廉等將召足下入京有
同鼈應黿聲是欲鷃披隼翼必使生靈塗炭宗
社丘墟僕①是用先著祖鞭獨揮韓鉞誓百寮如
皦日諭六部以義風不意姦臣遁逃邦君薨變
遂奉景明王之表弟獻康王之外孫勸即尊位
再造危邦喪君有君於是乎在足下勿詳忠告

① 僕(鑄字本)

徒聽流言百計窺覦夕①方侵擾尚不能見僕馬
首拔僕牛毛冬初都頭索湘束手於星山陣下
月內左將金樂曝骸於美理寺前殺獲居多追
擒不少強羸若此勝敗可知所期者掛弓於平
壤之樓飲馬於浿江之水然以前月七日吳越
国②使班尚書主②傳王詔旨②知卿與高麗久通歡
好共契鄰盟比因質子之兩亡遂失和親之舊
好互侵疆境不戢干戈今專發使臣赴卿本道
又移文高麗宜各相親比永孚于③休僕義篤尊

王情深事大及聞詔諭即欲祗承恒慮足下欲
罷不能困而猶鬪今錄詔書寄呈請留心詳悉
且毚獹④迭憊終必貽譏蚌鷸相持亦爲所笑宜
迷復之爲戒無後悔之自貽三年正月
大⑤祖答曰伏奉吳越国⑤通和使班尚書所傳詔
書一道兼蒙足下辱示長書叙事者伏以華軺
膚使爰致制書尺素好音兼承教誨捧芝檢而
雖增感激闘⑥華牋而難遣嫌疑今託迴軒輒敷
危衽⑦僕仰承天假俯迫人推過叨將帥之權獲

① 多(鑄字本)
② 國, 至(誠庵本), 旨(鑄字本)
③ 于(鑄字本)
④ 獹(誠庵本)
⑤ 太, 國
⑥ 開(鑄字本) 혹은 闢(節要)
⑦ 衽(鑄字本)

① 辭 ② ③ 國 ④

赳經綸之會頃以三韓厄會九土凶荒黔黎多
屬於黃巾田野無非於赤土庶幾弭風塵之警
有以救邦国●之灾旻自善隣於焉結好果見數
千里農桑樂業七八年于茲卒閑眠及至酉年維
時陽月忽焉生事至於交兵足下始輕敵以直
前若螳蜋之拒轍終知難而勇退如蚊子之負
山拱手陳辞●指天作誓今日之後永世歡和苟
或渝盟神其殛矣僕亦尚止戈之武期不殺之
仁遂解重圍以休疲卒不辞質子但欲安民此
則我有大德於南人也豈謂歃●血未乾兇威復
作蜂蠆之毒侵害於生民狼虎之狂爲梗於畿
甸金城窘忽黃屋震驚仗義尊周誰似桓文之
覇乘間謀漢唯看莽卓之姧●致使王之至尊枉
稱子於足下尊卑失序上下同憂以爲非有元
輔之忠純豈得再安於社稷以僕心無匿惡志
切尊王將援置於朝廷使扶危於邦国●足下見
毫釐之小利忘天地之厚恩斬戮君王焚燒宮
闕葅醢卿●七虜劉士民姬妾則取以同車珍寶

① 國, 灾爰(鑄字本)
② 歃(鑄字本)
③ 奸(鑄字本) 혹은 姦(精文研)
④ 士(鑄字本)

① ② ③ ④ ⑤ 國

則奪之䌊●載元惡浮於桀紂不仁甚於鏡梟僕
惡●極崩天誠深却日誓効鷹鸇之逐以申犬馬
之勤再擧干戈兩更䝉柳陸擊則雷馳電擊水
攻則虎搏龍騰動必成功擧無虛發逐尹邠於
海岸積甲如山擒鄒造於城邊伏尸蔽野燕山
郡畔斬吉奐於軍前馬利城邊戮隨晤於纛下
拔任存之日邢積等數百人捐軀破清川●之時
直心等四五輩授首桐藪望旗而潰散京山銜
璧以投降康州則自南而來羅府則自西移屬
侵攻若此收復寧遙必期泜水營中雪張耳千
般之恨烏江岸上成漢王一捷之功竟息風波
求●清寰海天之所助命欲何歸況承吳越王殿
下德洽包荒仁深字小特出綸於丹禁諭戢難
於青丘既奉訓謀敢不尊奉若足下祗●承睿旨
悉戢凶機不惟副上国●之仁恩抑可紹海東之
絶緖若不過而能改其如悔不可追夏五月甞
潛師襲康州殺三百餘人將軍有文生降秋八
月甞命將軍官昕領衆築陽山

① 䌊(鑄字本), 獍梟(鑄字本)
② 怨(鑄字本)
③ 州(節要)
④ 永(鑄字本)
⑤ 祗(鑄字本)

④ ③ ② ①

삼국사열전 50/15

太祖命命旨城將軍王忠擊之退保大耶城◯
十一月萱選勁卒攻拔缶谷城殺守卒一千餘
人將軍楊志明式等生降四年秋七月萱以甲
兵五千人攻義城府城主將軍洪術戰死
太祖哭之慟曰吾失左右手矣萱大舉兵次古
昌郡瓶山之下與
太祖戰不克死者八千餘人翌日萱聚殘兵襲
破順州城將軍元逢不能禦棄城夜遁萱虜百
姓移入全州
太祖以元逢前有功宥之改順州號下枝縣長
興三年甄萱臣龔直勇而有智略來降
太祖萱收龔直二子一女烙斷股筋秋九月萱
遣一吉飡相貴以舡兵入高麗禮城江留三日
取鹽白貞三州舩一百艘焚之捉猪山嶋牧馬
三百匹而歸清泰元年春正月萱聞
太祖屯運州遂簡甲士五千至將軍黔弼及其
未陣以勁騎數千突擊之斬獲三千餘級熊津
以北三十餘城聞風自降萱麾下術士宗訓醫

① 成(鑄字本)
② 船, 島
③ 宣宗의 諱 '運'의 缺劃 誤刻.
④ 津(鑄字本)

② ① 書

삼국사열전 50/16

者訓謙勇將尚達崔弼等降於
太祖萱多娶妻有子十餘人第四子金剛身
長而多智萱特愛之意欲傳其位其兄神劍良
劍龍劍等知之憂悶時良劍為康州都督龍劍
為武州都督獨神劍在側伊飡能奐使人往康
武二州與良劍等陰謀至清泰二年春三月與
波珍飡新德英順等勸神劍幽萱於金山佛宇
遣人殺金剛神劍自稱大王大赦境內其敎書
曰如意特蒙寵愛惠帝得以為君律成濫處元
良太宗作而即位天命不易神器有歸恭惟大
王神武超倫英謀冠古生丁衰季自任經綸徇
地三韓復邦百濟廓淸塗炭而黎元安集鼓舞
風雷而邇遐駿奔功業幾於重興智慮忽其一
失幼子鍾愛姦臣弄權導大君於晉惠之昏陷
慈父於獻公之惑擬以大寶授之頑童所幸者
上帝降衷君子改過命我元子尹茲一邦顧非
震長之才豈有臨君之智兢兢慄慄若蹈冰淵
宜推不次之恩以示惟新之政可大赦境內限

① 太祖의 諱 '建'의 缺劃 誤刻.
② 氷(鑄字本)의 本字.

清泰二年十月十七日昧爽以前已發覺未發
覺已結正未結正大辟已下罪咸赦除之主者
施行萱在金山三朔六月與季男能乂女子衰①
福嬖妾姑比等逃奔錦城遣人請見於
太祖太祖喜遣將軍黔弼萬歲等由水路勞來
之及至待以厚禮以萱十年之長尊爲尚父授
館以南宮位在百官之上賜楊州爲食邑兼賜
金帛蕃縟奴婢各四十口內廐馬十匹甄萱壻
將軍英規密語其妻曰大王勤勞四十餘年功

業垂成一旦以家人之禍失地投於高麗夫貞
女不事二夫忠臣不事二主若捨己君以事逆
子則何顔以見天下之義士乎況聞高麗
王公仁厚勤儉以得民心殆天啓也必爲三韓
之主盍致書以安慰我王兼殷勤於
王公以圖將來之福乎其妻曰子之言是吾意
也於是天福元年二月遣人致意遂告
太祖曰若舉義旗請爲內應以迎王師
太祖大喜厚賜其使者而遣之兼謝英規曰若

① 哀(節要)

蒙恩一合無道路之梗則先致謁於將軍然後
升堂拜夫人兄事而姊尊之必終有以厚報之
天地鬼神皆聞此言夏六月萱告曰老臣所以
投身於殿下者願仗殿下威稜以誅逆子耳伏
望大王借以神兵殲其賊亂則臣雖死無憾
太祖從之先遣太子武將軍述希領步騎一萬
趣天安府秋九月
太祖率三軍至天安合兵進次一善神劒以兵
逆之甲午隔一利川相對布陣

太祖與尚父萱觀兵以大相堅權述希金山將
軍龍吉奇彥等領步騎三萬爲左翼大相金鐵
洪儒守卿①將軍王順俊良等領步騎三萬爲右
翼大匡順式太②相兢俊王謙王又②黔弼將軍貞
順宗熙等以鐵騎二萬步卒三千及黑水鐵利
諸道勁騎九千五百爲中軍大將軍公萱將軍
王含允以兵一萬五千爲先鋒鼓行而進百濟
將軍孝奉德述明吉等塗③兵勢大而整棄甲降
於陣前

① 鄕(鑄字本)
② 大, 乂(鑄字本)
③ 望(鑄字本)

삼국사열전 50/19

太祖勞慰之問百濟將帥所在孝奉等曰元帥
神劒在中軍
太祖命將軍公萱直擣中軍一軍齊進挾擊百
濟軍潰北神劒與二弟及將軍富達小達能奐
等四十餘人生降
太祖受降除能奐餘皆慰勞之許令與妻孥上
京問能奐曰始與良劒等密謀囚大王立其子
者汝之謀也爲臣之義當如是乎能奐俛首不
能言遂命誅之以神劒僭位爲人所脅非其本
心又且歸命乞罪特原其死一云三兄弟皆伏誅甄萱憂懣
發疽數日卒於黃山佛舍
太祖軍令嚴明士卒不犯秋毫故州縣安堵老
幼皆呼萬歲於是存問將士量材任用小民各
安其所業謂神劒之罪如前所言乃賜官位其
二弟與能奐罪同遂流於眞州尋殺之謂英規
前王失國後其臣子無一人慰藉者獨卿夫妻
千里嗣音以致誠意兼歸美於寡人其義不可
忘仍許職左丞賜田一千頃許借驛馬三十五

① 懣(鑄字本)
② 職(鑄字本)의 俗字.

삼국사열전 50/20

匹以迎家人賜其二子以官甄萱起唐景福元
年至晉天福元年共四十五年而滅
論曰新羅數窮道喪天無所助民無所歸於是
群盜投隙而作若猬毛然其劇者弓裔甄萱二
人而已弓裔本新羅王子而反以宗國爲讎圖
夷滅之至斬先祖之畫像其爲不仁甚矣甄萱
起自新羅之民食新羅之祿而包藏禍心幸國
之危侵軼都邑虔劉君臣若禽獮而草薙之實
天下之元惡大憝故弓裔見棄於其臣甄萱產
禍於其子皆自取之也又誰咎也雖項羽李密
之雄才不能敵漢唐之興而況裔萱之凶人豈可與
我太祖相抗歟但爲之歐民者也

三國史記卷第五十

① 歟(鑄字本)

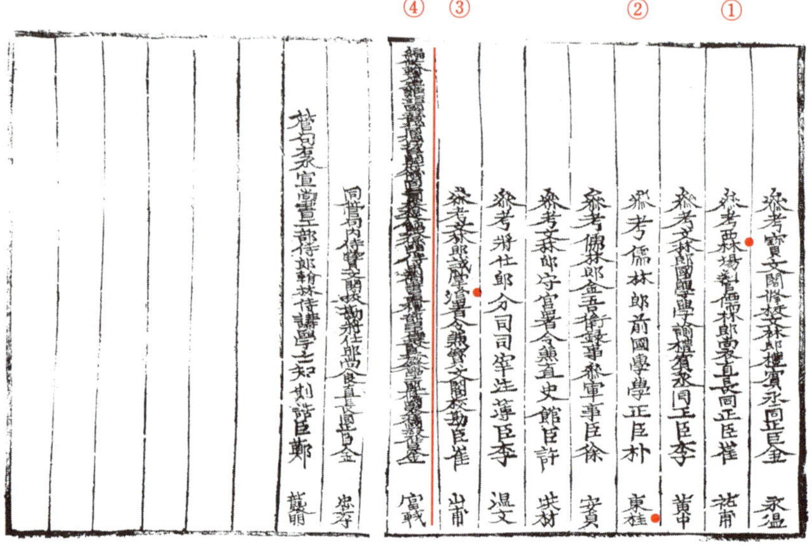

參考 寶文閣修校 文林郎 禮賓丞同正 臣金 永溫

參考 西林場判官 儒林郎 尚衣直長同正 臣崔 祐甫

參考 文林郎 國學學諭 禮賓丞同正 臣李 黃中

參考 儒林郎 前國學學正 臣朴 東桂

參考 儒林郎 金吾衛錄事參軍事 臣徐 安貞

參考 文林郎 守宮署令 兼直史館 臣許 洪材

參考 將仕郎 分司司宰注簿 臣李 溫文

參考 文林郎 試掌冶署令 兼寶文閣校勘 臣崔 山甫

[illegible] 臣金 富軾

同管句 內侍 寶文閣校勘 將仕郎 尚食直長同正 臣金 忠孝

管句 兼宣 尚書工部侍郎 翰林侍講學士 知制誥 臣鄭 襲明

① 材(誠庵本)
② 柱(誠庵本)
③ 冶(誠庵本)
④ 編修輸忠定難靖國贊化同德功臣開府儀同三司

檢校太師守太保門下侍中判尙書吏禮部事集賢殿大學士監修國史上柱國致仕臣金富軾(精文研)

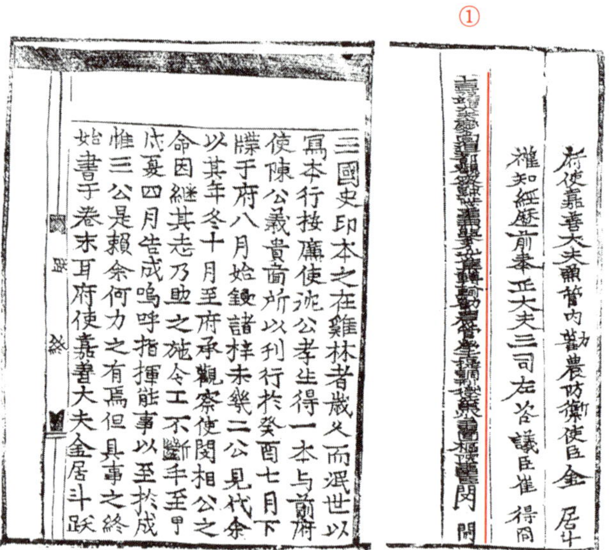

府使 嘉善大夫 兼管內勸農防禦使 臣金 居斗

權知經歷 前奉正大夫 三司右咨議 臣崔 得冏

[illegible] 臣閔 開

三國史印本之在雞林者歲久而泯世以寫本行按廉使沈公孝生得一本与前府使陳公義貴商所以刊行於癸酉七月下牒于府八月始鋟諸梓未幾二公見代余以其年冬十月至府承觀察使閔相公之命因繼其志乃勗之施令工不斷手至甲戌夏四月告成嗚呼指揮能事以至於成惟三公是賴余何力之有焉但具事之終始書于卷末耳府使嘉善大夫金居斗跋

① 嘉靖大夫慶尙道都觀察黜陟使兼監倉安集轉輸勸農管學事提調刑獄兵馬公事同知中樞院事臣閔開(精文研)

지은이 김부식 金富軾, 1075~1151

김부식은 1075년(문종 29) 김근(金覲)의 넷째 아들로 경주에서 출생했다. 1096년(숙종 1, 22세) 과거에 합격해 관료의 길로 들어섰다. 그후 요(遼)의 출병 요구를 반대하거나, 금(金)에 대한 유화적 관계를 주도하는 등 명분보다는 주로 현실적 이해를 크게 고려하는 외교 노선을 취했다. 과거시험 고시관인 지공거(知貢擧)를 몇 차례 역임했고, 왕에게 『주역』(周易)과 『상서』(尙書) 등을 강의했다. 1116년(예종 11, 42세) 송나라에 사신단의 서장관(書狀官)으로 파견된 경험을 포함하여 모두 세 차례 입송했다. 특히 그가 당시 문장의 고문체(古文體) 운동에 적극적이었던 것은 송 문화를 접했던 경험에서 비롯됐을 것이다. 왕권에 도전했던 이자겸의 행태를 논박한 글 「대외조의」(對外祖議)가 있으며 대각국사(大覺國師) 의천(義天)의 비문을 작성한 바 있다. 1135년(인종 13, 61세) 묘청 등이 주도한 서경(西京) 반란이 일어나자 토평총책이 되어 이를 진압했으며, 이 공으로 수충정난정국공신(輸忠定難靖國功臣)에 책봉되고, 문하시중(門下侍中)으로서 최고의 권력수반이 됐다. 그는 왕권 중심의 유교적 통치이념에 충실하고자 했으며, 신비주의적 사고나 급격한 개혁을 반대하고 비교적 온건한 현실 순응의 태도를 가지고 있었다. 1142년(인종 20, 68세) 개혁론자들의 복권을 계기로 정치력의 한계에 봉착하자 현직에서 물러났다. 이후 10여 명과 함께 『삼국사기』 편찬을 주관했다. 이 과정에서 그는 비슷한 정치환경에 있었던 송나라의 사마광과 그가 저술한 『자치통감』(資治通鑑)을 염두에 두고 있었던 것으로 생각된다. 1145년(인종 23, 71세) 『삼국사기』를 완성해 왕에게 바쳤으며 『예종실록』 『인종실록』의 편수에도 참여했다. 1151년(의종 5) 77세의 나이로 생을 마쳤다. 조정에서는 문열(文烈)이라는 시호(諡號)를 내렸으며 인종묘(仁宗廟)에 배향(配享)됐다.

교감자 이강래 李康來

이강래는 고려대학교 문과대학 사학과를 졸업하고
한국고대사를 전공해 박사학위를 받았다. 한국고대사학회 회장을 지냈으며,
현재 전남대학교 사학과 명예교수로 있다. 한국 고대사 관련 기본 자료의 성격 및
형성 과정, 그리고 그를 통해 본 한국 고대인들의 사유 방식 등 주로 사학사적 맥락과
지성사적 관점에서 고대 문헌 연구에 집중해왔다.
대표적 저술로는 『삼국사기 전거론』 『삼국사기 형성론』 『삼국사기 인식론』 등
『삼국사기』에 대한 점층적 문헌 연구 성과3 부작과 『고대의 풍경과 사유』
『한국 고대의 경험과 사유방식』 『한국 고대의 시선과 시각』 등이 있다.

HANGIL GREAT BOOKS 29

원본 삼국사기

지은이 김부식
교감자 이강래
펴낸이 김언호

펴낸곳 (주)도서출판 한길사
등록 1976년 12월 24일
주소 10881 경기도 파주시 광인사길 37
홈페이지 www.hangilsa.co.kr
전자우편 hangilsa@hangilsa.co.kr
전화 031-955-2000~3 **팩스** 031-955-2005

인쇄 오색프린팅 **제본** 경일제책사

제1판 제1쇄 1998년 8월 30일
제1판 제6쇄 2024년 4월 25일

값 30,000원

ISBN 978-89-356-5175-7 94910
ISBN 978-89-356-5172-6(세트)

한길그레이트북스 인류의 위대한 지적 유산을 집대성한다

1 관념의 모험
앨프레드 노스 화이트헤드 | 오영환

2 종교형태론
미르치아 엘리아데 | 이은봉

3·4·5·6 인도철학사
라다크리슈난 | 이거룡
2005 『타임스』 선정 세상을 움직인 100권의 책
『출판저널』 선정 21세기에도 남을 20세기의 빛나는 책들

7 야생의 사고
클로드 레비-스트로스 | 안정남
2005 『타임스』 선정 세상을 움직인 100권의 책
2008 『중앙일보』 선정 신고전 50선

8 성서의 구조인류학
에드먼드 리치 | 신인철

9 문명화과정 1
노르베르트 엘리아스 | 박미애
2005 연세대학교 권장도서 200선
2012 인터넷 교보문고 명사 추천도서
2012 알라딘 명사 추천도서

10 역사를 위한 변명
마르크 블로크 | 고봉만
2008 『한국일보』 오늘의 책
2009 『동아일보』 대학신입생 추천도서
2013 yes24 역사서 고전

11 인간의 조건
한나 아렌트 | 이진우
2012 인터넷 교보문고 MD의 선택
2012 네이버 지식인의 서재

12 혁명의 시대
에릭 홉스봄 | 정도영·차명수
2005 서울대학교 권장도서 100선
2005 『타임스』 선정 세상을 움직인 100권의 책
2005 연세대학교 권장도서 200선
1999 『출판저널』 선정 21세기에도 남을 20세기의 빛나는 책들
2012 알라딘 블로거 베스트셀러
2013 『조선일보』 불멸의 저자들

13 자본의 시대
에릭 홉스봄 | 정도영
2005 서울대학교 권장도서 100선
1999 『출판저널』 선정 21세기에도 남을 20세기의 빛나는 책들
2012 알라딘 블로거 베스트셀러
2013 『조선일보』 불멸의 저자들

14 제국의 시대
에릭 홉스봄 | 김동택
2005 서울대학교 권장도서 100선
1999 『출판저널』 선정 21세기에도 남을 20세기의 빛나는 책들
2012 알라딘 블로거 베스트셀러
2013 『조선일보』 불멸의 저자들

15·16·17 경세유표
정약용 | 이익성
2012 인터넷 교보문고 필독고전 100선

18 바가바드 기타
함석헌 주석 | 이거룡 해제
2007 서울대학교 추천도서

19 시간의식
에드문트 후설 | 이종훈

20·21 우파니샤드
이재숙
2005 서울대학교 권장도서 100선

22 현대정치의 사상과 행동
마루야마 마사오 | 김석근
2005 『타임스』 선정 세상을 움직인 100권의 책
2007 도쿄대학교 권장도서

23 인간현상
테야르 드 샤르댕 | 양명수
2007 서울대학교 추천도서

24·25 미국의 민주주의
알렉시스 드 토크빌 | 임효선·박지동
2005 서울대학교 권장도서 100선
2012 인터넷 교보문고 MD의 선택
2012 인터넷 교보문고 MD의 선택
2013 문명비평가 기 소르망 추천도서

26 유럽학문의 위기와 선험적 현상학
에드문트 후설 | 이종훈
2005 서울대학교 논술출제

27·28 삼국사기
김부식 | 이강래
2005 연세대학교 권장도서 200선
2012 인터넷 교보문고 필독고전 100선
2013 yes24 다시 읽는 고전

29 원본 삼국사기
김부식 | 이강래 교감

30 성과 속
미르치아 엘리아데 | 이은봉
2005 『타임스』 선정 세상을 움직인 100권의 책
2012 인터넷 교보문고 명사 추천도서
『출판저널』 선정 21세기에도 남을 20세기의 빛나는 책들

31 슬픈 열대
클로드 레비-스트로스 | 박옥줄
2005 서울대학교 권장도서 100선
2005 연세대학교 권장도서 200선
2008 홍익대학교 논술출제
2012 인터넷 교보문고 명사 추천도서
2013 yes24 역사서 고전
『출판저널』 선정 21세기에도 남을 20세기의 빛나는 책들

32 증여론
마르셀 모스 | 이상률
2003 문화관광부 우수학술도서
2012 네이버 지식인의 서재

33 부정변증법
테오도르 아도르노 | 홍승용

34 문명화과정 2
노르베르트 엘리아스 | 박미애
2005 연세대학교 권장도서 200선
2012 인터넷 교보문고 명사 추천도서
2012 알라딘 명사 추천도서

35 불안의 개념
쇠렌 키르케고르 | 임규정
2012 인터넷 교보문고 필독고전 100선

36 마누법전
이재숙·이광수

37 사회주의의 전제와 사민당의 과제
에두아르트 베른슈타인 | 강신준

38 의미의 논리
질 들뢰즈 | 이정우
2000 교보문고 선정 대학생 권장도서

39 성호사설
이익 | 최석기
2005 연세대학교 권장도서 200선
2008 서울대학교 논술출제
2012 인터넷 교보문고 필독고전 100선

40 종교적 경험의 다양성
윌리엄 제임스 | 김재영
2000 대한민국학술원 우수학술도서

41 명이대방록
황종희 | 김덕균
2000 한국출판문화상

42 소피스테스
플라톤 | 김태경

43 정치가
플라톤 | 김태경

44 지식과 사회의 상
데이비드 블루어 | 김경만
2002 대한민국학술원 우수학술도서

45 비평의 해부
노스럽 프라이 | 임철규
2001 『교수신문』 우리 시대의 고전

46 인간적 자유의 본질·철학과 종교
프리드리히 W.J. 셸링 | 최신한

47 무한자와 우주와 세계·원인과 원리와 일자
조르다노 브루노 | 강영계
2001 한국출판인회의 이달의 책

48 후기 마르크스주의
프레드릭 제임슨 | 김유동
2001 한국출판인회의 이달의 책

49·50 봉건사회
마르크 블로크 | 한정숙
2002 대한민국학술원 우수학술도서
2012 『한국일보』 다시 읽고 싶은 책

51 칸트와 형이상학의 문제
마르틴 하이데거 | 이선일
2003 대한민국학술원 우수학술도서

52 남명집
조식 | 경상대 남명학연구소
2012 인터넷 교보문고 필독고전 100선

53 낭만적 거짓과 소설적 진실
르네 지라르 | 김치수·송의경
2002 대한민국학술원 우수학술도서
2013 『한국경제』 한 문장의 교양

54·55 한비자
한비 | 이운구
한국간행물윤리위원회 추천도서
2007 서울대학교 추천도서
2012 인터넷 교보문고 필독고전 100선

56 궁정사회
노르베르트 엘리아스 | 박여성

57 에밀
장 자크 루소 | 김중현
2005 서울대학교 권장도서 100선
2000·2006 서울대학교 논술출제

58 이탈리아 르네상스의 문화
야코프 부르크하르트 | 이기숙
2004 한국간행물윤리위원회 추천도서
2005 연세대학교 권장도서 200선
2009 『동아일보』 대학신입생 추천도서

59·60 분서
이지 | 김혜경
2004 문화관광부 우수학술도서
2012 인터넷 교보문고 필독고전 100선

61 혁명론
한나 아렌트 | 홍원표
2005 대한민국학술원 우수학술도서

62 표해록
최부 | 서인범·주성지
2005 대한민국학술원 우수학술도서

63·64 정신현상학
G.W.F. 헤겔 | 임석진
2006 대한민국학술원 우수학술도서
2005 연세대학교 권장도서 200선
2005 프랑크푸르트도서전 한국의 아름다운 책100
2008 서우철학상
2012 인터넷 교보문고 필독고전 100선

65·66 이정표
마르틴 하이데거 | 신상희·이선일

67 왕필의 노자주
왕필 | 임채우
2006 문화관광부 우수학술도서

68 신화학 1
클로드 레비-스트로스 | 임봉길
2007 대한민국학술원 우수학술도서
2008 『동아일보』 인문과 자연의 경계를 넘어 30선

69 유랑시인
타라스 셰브첸코 | 한정숙

70 중국고대사상사론
리쩌허우 | 정병석
2005 『한겨레』 올해의 책
2006 문화관광부 우수학술도서

71 중국근대사상사론
리쩌허우 | 임춘성
2005 『한겨레』 올해의 책
2006 문화관광부 우수학술도서

72 중국현대사상사론
리쩌허우 | 김형종
2005 『한겨레』 올해의 책
2006 문화관광부 우수학술도서

73 자유주의적 평등
로널드 드워킨 | 염수균
2006 문화관광부 우수학술도서
2010 동아일보 '정의에 관하여' 20선

74·75·76 춘추좌전
좌구명 | 신동준

77 종교의 본질에 대하여
루트비히 포이어바흐 | 강대석

78 삼국유사
일연 | 이가원·허경진
2007 서울대학교 추천도서

79·80 순자
순자 | 이운구
2007 서울대학교 추천도서

81 예루살렘의 아이히만
한나 아렌트 | 김선욱
2006 『한겨레』 올해의 책
2006 한국간행물윤리위원회 추천도서
2007 『한국일보』 오늘의 책
2007 대한민국학술원 우수학술도서
2012 yes24 리뷰 영웅대전

82 기독교 신앙
프리드리히 슐라이어마허 | 최신한
2008 대한민국학술원 우수학술도서

83·84 전체주의의 기원
한나 아렌트 | 이진우·박미애
2005 『타임스』 선정 세상을 움직인 책
『출판저널』 선정 21세기에도 남을 20세기의 빛나는 책들

85 소피스트적 논박
아리스토텔레스 | 김재홍

86·87 사회체계이론
니클라스 루만 | 박여성
2008 문화체육관광부 우수학술도서

88 헤겔의 체계 1
비토리오 회슬레 | 권대중

89 속분서
이지 | 김혜경
2008 대한민국학술원 우수학술도서

90 죽음에 이르는 병
쇠렌 키르케고르 | 임규정
『한겨레』 고전 다시 읽기 선정
2006 서강대학교 논술출제

91 고독한 산책자의 몽상
장 자크 루소 | 김중현

92 학문과 예술에 대하여·산에서 쓴 편지
장 자크 루소 | 김중현

93 사모아의 청소년
마거릿 미드 | 박자영
20세기 미국대학생 필독 교양도서

94 자본주의와 현대사회이론
앤서니 기든스 | 박노영·임영일
1999 서울대학교 논술출제
2009 대한민국학술원 우수학술도서

95 인간과 자연
조지 마시 | 홍금수

96 법철학
G.W.F. 헤겔 | 임석진

97 문명과 질병
헨리 지거리스트 | 황상익
2009 대한민국학술원 우수학술도서

98 기독교의 본질
루트비히 포이어바흐 | 강대석

99 신화학 2
클로드 레비-스트로스 | 임봉길
2008 『동아일보』 인문과 자연의 경계를 넘어 30선
2009 대한민국학술원 우수학술도서

100 일상적인 것의 변용
아서 단토 | 김혜련
2009 대한민국학술원 우수학술도서

101 독일 비애극의 원천
발터 벤야민 | 최성만·김유동

102·103·104 순수현상학과 현상학적 철학의 이념들
에드문트 후설 | 이종훈
2010 대한민국학술원 우수학술도서

105 수사고신록
최술 | 이재하 외
2010 대한민국학술원 우수학술도서

106 수사고신여록
최술 | 이재하
2010 대한민국학술원 우수학술도서

107 국가권력의 이념사
프리드리히 마이네케 | 이광주

108 법과 권리
로널드 드워킨 | 염수균

109·110·111·112 고야
홋타 요시에 | 김석희
2010 12월 한국간행물윤리위원회 추천도서

113 왕양명실기
박은식 | 이종란

114 신화와 현실
미르치아 엘리아데 | 이은봉

115 사회변동과 사회학
레이몽 부동 | 민문홍

116 자본주의·사회주의·민주주의
조지프 슘페터 | 변상진
2012 대한민국학술원 우수학술도서
2012 인터파크 이 시대 교양 명저

117 공화국의 위기
한나 아렌트 | 김선욱

118 차라투스트라는 이렇게 말했다
프리드리히 니체 | 강대석

119 지중해의 기억
페르낭 브로델 | 강주헌

120 해석의 갈등
폴 리쾨르 | 양명수

121 로마제국의 위기
램지 맥멀렌 | 김창성
2012 인터파크 추천도서

122·123 윌리엄 모리스
에드워드 파머 톰슨 | 윤효녕 외
2012 인터파크 추천도서

124 공제격치
알폰소 바뇨니 | 이종란

125 현상학적 심리학
에드문트 후설 | 이종훈
2013 인터넷 교보문고 눈에 띄는 새 책
2014 대한민국학술원 우수학술도서

126 시각예술의 의미
에르빈 파노프스키 | 임산

127·128 시민사회와 정치이론
진 L. 코헨·앤드루 아라토 | 박형신·이혜경

129 운화측험
최한기 | 이종란
2015 대한민국학술원 우수학술도서

130 예술체계이론
니클라스 루만 | 박여성·이철

131 대학
주희 | 최석기

132 중용
주희 | 최석기

133 종의 기원
찰스 다윈 | 김관선

134 기적을 행하는 왕
마르크 블로크 | 박용진

135 키루스의 교육
크세노폰 | 이동수

136 정당론
로베르트 미헬스 | 김학이
2003 기담학술상 번역상
2004 대한민국학술원 우수학술도서

137 법사회학
니클라스 루만 | 강희원
2016 세종도서 우수학술도서

138 중국사유
마르셀 그라네 | 유병태
2011 대한민국학술원 우수학술도서

139 자연법
G.W.F 헤겔 | 김준수
2004 기담학술상 번역상

140 기독교와 자본주의의 발흥
R.H. 토니 | 고세훈

141 고딕건축과 스콜라철학
에르빈 파노프스키 | 김율
2016 세종도서 우수학술도서

142 도덕감정론
애덤스미스 | 김광수

143 신기관
프랜시스 베이컨 | 진석용
2001 9월 한국출판인회의 이달의 책
2005 서울대학교 권장도서 100선

144 관용론
볼테르 | 송기형·임미경

145 교양과 무질서
매슈 아널드 | 윤지관

146 명등도고록
이지 | 김혜경

147 데카르트적 성찰
에드문트 후설·오이겐 핑크 | 이종훈
2003 대한민국학술원 우수학술도서

148·149·150 함석헌선집 1·2·3
함석헌 | 함석헌편집위원회
2017 대한민국학술원 우수학술도서

151 프랑스혁명에 관한 성찰
에드먼드 버크 | 이태숙

152 사회사상사
루이스 코저 | 신용하·박명규

153 수동적 종합
에드문트 후설 | 이종훈
2019 대한민국학술원 우수학술도서

154 로마사 논고
니콜로 마키아벨리 | 강정인·김경희
2005 대한민국학술원 우수학술도서

155 르네상스 미술가평전 1
조르조 바사리 | 이근배

156 르네상스 미술가평전 2
조르조 바사리 | 이근배

157 르네상스 미술가평전 3
조르조 바사리 | 이근배

158 르네상스 미술가평전 4
조르조 바사리 | 이근배

159 르네상스 미술가평전 5
조르조 바사리 | 이근배

160 르네상스 미술가평전 6
조르조 바사리 | 이근배

161 어두운 시대의 사람들
한나 아렌트 | 홍원표

162 형식논리학과 선험논리학
에드문트 후설 | 이종훈
2011 대한민국학술원 우수학술도서

163 러일전쟁 1
와다 하루키 | 이웅현

164 러일전쟁 2
와다 하루키 | 이웅현

165 종교생활의 원초적 형태
에밀 뒤르켐 | 민혜숙 · 노치준

166 서양의 장원제
마르크 블로크 | 이기영

167 제일철학 1
에드문트 후설 | 이종훈
2021 대한민국학술원 우수학술도서

168 제일철학 2
에드문트 후설 | 이종훈
2021 대한민국학술원 우수학술도서

169 사회적 체계들
니클라스 루만 | 이철 · 박여성 | 노진철 감수

170 모랄리아
플루타르코스 | 윤진

171 국가론
마르쿠스 툴리우스 키케로 | 김창성

172 법률론
마르쿠스 툴리우스 키케로 | 성염

173 자본주의의 문화적 모순
다니엘 벨 | 박형신
2022 대한민국학술원 우수학술도서

174 신화학 3
클로드 레비스트로스 | 임봉길
2022 대한민국학술원 우수학술도서

175 상호주관성
에드문트 후설 | 이종훈

176 대변혁 1
위르겐 오스터함멜 | 박종일

177 대변혁 2
위르겐 오스터함멜 | 박종일

178 대변혁 3
위르겐 오스터함멜 | 박종일

179 유대인 문제와 정치적 사유
한나 아렌트 | 홍원표

180 장담의 열자주
장담 | 임채우

181 질문의 책
에드몽 자베스 | 이주환

182 과거와 미래 사이
한나 아렌트 | 서유경

183 영웅숭배론
토마스 칼라일 | 박상익

184 역사를 바꾼 권력자들
이언 커쇼 | 박종일

185 칸트의 정치철학
한나 아렌트 | 김선욱

186 클라우제비츠 전쟁론 완성하기
르네 지라르·브누아 샹트르 지음 | 김진식

● 한길그레이트북스는 계속 간행됩니다.